Strafrechtliche Risiken des Directors einer Private Company Limited by Shares mit Verwaltungssitz in Deutschland

Deutsches, europäisches und internationales Strafrecht und Strafprozessrecht

Herausgegeben von
Martin Waßmer

Band 5

PL ACADEMIC RESEARCH

Dominik Bender

Strafrechtliche Risiken des Directors einer Private Company Limited by Shares mit Verwaltungssitz in Deutschland

Eine Untersuchung unter besonderer Berücksichtigung der nationalen Rechtsprechung im Spiegel der Judikatur des Europäischen Gerichtshofs

PL ACADEMIC RESEARCH

Bibliografische Information der Deutschen Nationalbibliothek
Die Deutsche Nationalbibliothek verzeichnet diese Publikation in der Deutschen Nationalbibliografie; detaillierte bibliografische Daten sind im Internet über http://dnb.d-nb.de abrufbar.

Zugl.: Köln, Univ., Diss., 2017

D 38
ISSN 2197-8417
ISBN 978-3-631-73828-3 (Print)
E-ISBN 978-3-631-73955-6 (E-PDF)
E-ISBN 978-3-631-73956-3 (EPUB)
E-ISBN 978-3-631-73957-0 (MOBI)
DOI 10.3726/b12737

PL Academic Research ist ein Imprint der Peter Lang GmbH.

Peter Lang – Frankfurt am Main · Bern · Bruxelles · New York · Oxford · Warszawa · Wien

Diese Publikation wurde begutachtet.

www.peterlang.com

Vorwort

Die vorliegende Arbeit wurde von der Juristischen Fakultät der Universität zu Köln im Wintersemester 2016/2017 als Dissertation angenommen. Literatur und Rechtsprechung konnten bis Ende September 2016 berücksichtigt werden.

Mein besonderer Dank gilt meinem Doktorvater Herrn Prof. Dr. Jürgen Seier für die langjährige Betreuung der Arbeit und seine Bereitschaft, im Fachlichen als kompetenter Ansprechpartner und im Persönlichen als unersetzlicher Ratgeber stets zur Verfügung zu stehen. Sein Tod im Dezember 2016 hat mich zutiefst betroffen. Herrn Prof. Dr. Seier werde ich für immer im ehrenvollen Gedenken halten.

In diesem Zusammenhang möchte ich Herrn Prof. Dr. Martin Waßmer ganz herzlich danken, der die Betreuung dieser Arbeit im April 2016 in umgehender Hilfsbereitschaft übernommen, diese Arbeit durch profunde Gespräche weiter verfeinert und das Erstgutachten sehr zeitnah erstellt hat, was ich ihm sehr hoch anrechne. Gleichzeitige danke ich Herrn Prof. Dr. Martin Waßmer für die Aufnahme in die Reihe „Deutsches, europäisches und internationales Strafrecht und Strafprozessrecht". Für die zügige Erstellung des Zweitgutachtens möchte ich Herrn Prof. Dr. Cornelius Nestler vielmals danken; ebenso Herrn Prof. Dr. Michael Kubiciel, der vertretungsweise als Mitglied der Prüfungskommission die Disputation durchgeführt hat.

Danken möchte ich weiterhin den Geschäftsleitungen der Dr. Axe-Unternehmungen für die vertrauensvolle Geste der dreimonatigen Unternehmensfreistellung, die es mir letztendlich ermöglicht hat, diese Arbeit final fertigzustellen.

Zu großem Dank verpflichtet bin ich weiterhin Frau Sonja Fischer, deren geistreiche Anregungen in persönlicher wie auch in fachlicher Hinsicht diese Arbeit in hohem Maße gefördert haben. Für diese gute Freundschaft bin ich sehr dankbar.

Uneingeschränkter Dank in besonderem Maße gebührt meinen Eltern, meiner Schwester Eva-Maria, meiner Tante Hannelore und meiner Frau Sigrid. Insbesondere die uneingeschränkte Bereitschaft und Großzügigkeit meiner Eltern, mir das Studium bzw. das Referendariat zu ermöglichen, mich stets zu motivieren sowie die Entbehrungen meiner lieben Frau, den Weg bis zur Fertigstellung der Dissertation lange Jahre geduldig zu begleiten und liebevolle Unterstützung zu leisten, waren der Grundpfeiler dieser Arbeit. In tiefer Dankbarkeit ist diese Arbeit ihnen und meinem kleinen Sohn Felix gewidmet.

Inhaltsübersicht

Inhaltsverzeichnis

Abkürzungsverzeichnis

a.A.	andere Ansicht
a. a. O.	am angegebenen Ort
ABl.	Amtsblatt
Abs.	Absatz
AEUV	Vertrag über die Arbeitsweise der Europäischen Union
a.F.	alte Fassung
AG	Amtsgericht / Aktiengesellschaft / Die Aktiengesellschaft (Zeitschrift)
AktG	Aktiengesetz
Alt.	Alternative
Anm.	Anmerkung
AnwBl.	Anwaltsblatt
AO	Abgabenordnung
Art(t).	Artikel
AT	Allgemeiner Teil
Aufl.	Auflage
Az.	Aktenzeichen
BB	Betriebs-Berater
BeckRS	Beck-Rechtsprechung
BGB	Bürgerliches Gesetzbuch
BGBl.	Bundesgesetzblatt
BGH	Bundesgerichtshof
BGHSt	Entscheidungen des Bundesgerichtshofes in Strafsachen
BGHZ	Entscheidungen des Bundesgerichtshofes in Zivilsachen
BR-Drs.	Drucksachen des Bundesrates
BSG	Bundessozialgericht
Bspr.	Besprechung
bspw.	beispielsweise
BT	Besonderer Teil
BT-Drs.	Drucksache des Bundestages
BVerfG	Bundesverfassungsgericht
bzw.	beziehungsweise
CA	Companies Act

ca.	circa
CDDA	Company Directors Disqualification Act
ch.	chapter
DB	Der Betrieb
ders.	derselbe
Diss.	Dissertation
DRiZ	Deutsche Richterzeitung
DStR	Deutsches Steuerrecht
EG	Europäische Gemeinschaft
EGBGB	Einführungsgesetz zum Bürgerlichen Gesetzbuch
EGMR	Europäischer Gerichtshof für Menschenrechte
EGV	Vertrag zur Gründung der Europäischen Gemeinschaft
Einl.	Einleitung
EMRK	Konvention zum Schutz der Menschenrechte und Grundfreiheiten
EU	Europäische Union
EuGH	Europäischer Gerichtshof
EuGH Slg.	Entscheidungssammlung des Europäischen Gerichtshofes
EuInsVO	Europäische Insolvenzverordnung
EUR	Euro
EUV	Vertrag über die Europäische Union
EuZW	Europäische Zeitschrift für Wirtschaftsrecht
EWIV	Europäische wirtschaftliche Interessenvereinigung
EWR	Europäischer Wirtschaftsraum
f.	folgende
FamFG	Gesetz über das Verfahren in Familiensachen und in den Angelegenheiten der freiwilligen Gerichtsbarkeit
ff.	fortfolgende
Fn.	Fußnote
FS	Festschrift
GA	Goltdammer's Archiv für Strafrecht
GBP	Britisch Pfund
GbR	Gesellschaft bürgerlichen Rechts
gem.	gemäß
GewO	Gewerbeordnung
GG	Grundgesetz

ggf.	gegebenenfalls
ggü.	gegenüber
GmbH	Gesellschaft mit beschränkter Haftung
GmbHG	Gesetz betreffend die Gesellschaften mit beschränkter Haftung
GmbHR	GmbH-Rundschau
GRCh	Charta der Grundrechte der Europäischen Union
grds.	grundsätzlich
Habil.	Habilitation
Hdb.	Handbuch
HGB	Handelsgesetzbuch
h.M.	herrschende Meinung
HRRS	Online-Zeitschrift für Höchstrichterliche Rechtsprechung zum Strafrecht
Hs.	Halbsatz
IA	Insolvency Act
i.E.	im Ergebnis
IGH	Internationaler Gerichtshof
InsO	Insolvenzordnung
IntGesR	Internationales Gesellschaftsrecht
IPR	Internationales Privatrecht
IPRax	Praxis des Internationalen Privat- und Verfahrensrechts
IRG	Gesetz über die internationale Rechtshilfe in Strafsachen
i.R.v.	im Rahmen von
i.S.d.	im Sinne des
i.S.v.	im Sinne von
i.V.m.	in Verbindung mit
jurisPR	juris PraxisReport
JZ	Juristenzeitung
KG	Kammergericht / Kommanditgesellschaft
Komm.	Kommentar
LG	Landgericht
limited	private company limited by shares
ltd.	limited
lit.	litera
LK	Leipziger Kommentar

Mio.	Million(en)
MoMiG	Gesetz zur Modernisierung des GmbH-Rechts und zur Bekämpfung von Missbräuchen
MüKo	Münchener Kommentar
m.w.N.	mit weiteren Nachweisen
NBG	Niederländisches Bürgerliches Gesetzbuch
n.F.	neue Fassung
NJW	Neue Juristische Wochenschrift
NStZ	Neue Zeitschrift für Strafrecht
NZG	Neue Zeitschrift für Gesellschaftsrecht
NZI	Neue Zeitschrift für das Recht der Insolvenz und Sanierung
OHG	Offene Handelsgesellschaft
OLG	Oberlandesgericht
OWiG	Gesetz über Ordnungswidrigkeiten
plc.	public limited company
rd.	rund
RIW	Recht der Internationalen Wirtschaft
RL	Richtlinie
Rn.	Randnummer(n)
Rom I-VO	Verordnung (EG) Nr. 593/2008 des Europäischen Parlaments und des Rates über das auf vertragliche Schuldverhältnisse anzuwendende Recht
Rom II-VO	Verordnung (EG) Nr. 864/2007 des Europäischen Parlaments und des Rates über das auf außervertragliche Schuldverhältnisse anzuwendende Recht
RR	Rechtsprechungs-Report
Rs.	Rechtssache
Rz.	Randziffer(n)
S.	Seite(n)
s.a.	siehe auch
SA	Société anonyme
SCE	Europäische Genossenschaft
SDÜ	Schengener Durchführungsübereinkommen
SE	Societas Europaea
sec.	section
SGB	Sozialgesetzbuch
Slg.	Sammlung

s. o.	siehe oben
sog.	sogenannte(s)
StGB	Strafgesetzbuch
StPO	Strafprozessordnung
StRR	StrafRechtsReport
StV	Strafverteidiger (Zeitschrift)
s. u.	siehe unten
u.	und
u. a.	unter anderem
UG	Unternehmergesellschaft
UmwG	Umwandlungsgesetz
Univ.	Universität
Urt.	Urteil
USD	US-Dollar
USA	Vereinigte Staaten von Amerika
v.	von / vom
vgl.	vergleiche
VO	Verordnung
Vorb.	Vorbemerkung
WFBV	Wet op de formeel buitenlandse vennootschappen (niederländisches Gesetz)
wistra	Zeitschrift für Wirtschafts- und Steuerstrafrecht
WM	Wertpapiermitteilungen: Zeitschrift für Wirtschafts- und Bankrecht
ZGR	Zeitschrift für Unternehmens- und Gesellschaftsrecht
ZHR	Zeitschrift für das gesamte Handelsrecht und Wirtschaftsrecht
ZInsO	Zeitschrift für das gesamte Insolvenzrecht
ZIP	Zeitschrift für Wirtschaftsrecht
ZIS	Zeitschrift für Internationale Strafrechtsdogmatik
ZJS	Zeitschrift für das Juristische Studium
ZPO	Zivilprozessordnung
ZRP	Zeitschrift für Rechtspolitik
ZStW	Zeitschrift für die gesamte Strafrechtswissenschaft
zugl.	zugleich
ZVglRWiss	Zeitschrift für Vergleichende Rechtswissenschaft

Einführung

A. Einleitung

„Timeo Danaos et dona ferentes“[1]

Das „*Danaergeschenk*“ vermag symbolisch für den Kern des gesellschafts- und wirtschaftsstrafrechtlichen Diskurses zu stehen, der infolge der gesteigerten Geschäftstätigkeit europäischer Gesellschaften in Deutschland seit über einer Dekade in der nationalen Jurisprudenz geführt wird. Die beflügelnd anmutende Redewendung ist Sinnbild für ein vermeintlich wertvolles Geschenk, das sich für den Empfänger letztlich gar als unheilvoll und schadenstiftend erweisen könnte.[2]

In concreto handelt es sich bei dieser Geschenkgabe um Kapitalgesellschaften, die nach dem nationalen Gesellschaftsrecht anderer Mitgliedstaaten der Europäischen Union gegründet werden (wie etwa die in England sehr populäre *limited*[3]), ihre tatsächliche wirtschaftliche Geschäftstätigkeit jedoch überwiegend oder ausschließlich in Form einer Zweig- bzw. verkappten Hauptniederlassung in Deutschland entfalten. In der nationalen straf- und zivilrechtlichen Literatur sowie Rechtsprechung hat sich zwischenzeitlich die Begrifflichkeit der „Scheinauslandsgesellschaft“ (*pseudo-foreign corporation*) verhältnismäßig fest etabliert.[4]

Aus dem strafrechtlichen Spektrum erfolgt oftmals die pauschalisierende Feststellung, ausländische Unternehmensträger, insbesondere solche ohne eine haftende natürliche Person, eigneten sich für wirtschaftskriminelle Aktivitäten in besonderem Maße und würden in der Praxis auch entsprechend dafür ver-

---

1 „*Ich fürchte die Danaer* (Anm.: die Helenen / Griechen*), auch wenn sie Geschenke bringen.*“ (Übersetzung aus dem Lateinischen durch *Publius Vergilius Maro*, gewöhnlich benannt *Vergil,* Aeneis, Buch 2, Vers 49), abrufbar unter: http://www.gottwein.de/Lat/verg/aen02la.php#Verg.Aen.2,48 (letzter Abruf: 20.09.2016).

2 Bedeutungsübersicht bei Duden, abrufbar unter: http://www.duden.de/rechtschreibung/Danaergeschenk; (letzter Abruf: 20.09.2016).

3 Nach *Just*, Limited, S. 4, Rn. 13 u. 15, sind aktuell ca. 2,6 Millionen Kapitalgesellschaften in der Rechtsform der *limited* und ca. 8.400 Kapitalgesellschaften in der Rechtsform der *public limited company* (*plc.*) in England und Wales registriert, zu denen ca. 155.000 in Schottland registrierte *limiteds* und ca. 328 schottische Kapitalgesellschaften in der Rechtsform der *plc*. hinzukommen.

4 *Tiedemann/Rönnau*, in: Scholz, GmbHG, Vor §§ 82 ff., Rn. 74 u. Fn. 5 m.w.N.

wendet.[5] So wie sich die deutsche Kapitalgesellschaftsform der GmbH bereits als kriminalitätsanfälliger erwiesen habe, biete eine nach englischem Recht gegründete *private company limited by shares*[6] bei gleichartiger Struktur durch ihren Auslandsbezug noch mehr Möglichkeiten, als „Werkzeug für kriminelle Machenschaften zu dienen".[7] So wird in der Rechtspraxis beobachtet, dass eine *limited* letztlich allein als Vehikel dazu benutzt worden ist, in Deutschland anfallende Abgaben für Steuern und zur Sozialversicherung nicht zu entrichten.[8] Auch die zum Ausländerstrafrecht ergangene Entscheidung des BGH vom 22. Juli 2015[9], der die Gründung von Scheinfirmen zum Erschleichen von Aufenthaltstiteln (sog. „*Limited-Modell*") als Sachverhalt zugrunde gelegen hatte, zeigt die potentiellen missbräuchlichen Möglichkeiten zur Nutzung dieser Gesellschaftsform bei einem entsprechenden Einsatz krimineller Energie auf. Trotz der gleichzeitig in der vornehmlich strafrechtlichen Literatur getätigten Anmahnung, die Unterstellung wirtschaftskrimineller Absichten eines jeden ausländischen Rechtsträgers „kraft Rechtsnorm" im Zuge einer fortschreitenden europäischen Integration und Globalisierung sei verfehlt, wird gleichwohl ein gesundes Maß an Skepsis, wenn nicht gar Misstrauen, je nach konkreter Lage des Kontaktes und insbesondere bei fehlendem Bezug zum Gründungsstaat, angeraten.[10]

Um diese vielfach rechtspolitisch geprägten Befürchtungen im Ausgangspunkt hinreichend reflektieren zu können, bedarf es eines Rückblicks auf die Entwicklung der Geschäftstätigkeit ausländischer Kapitalgesellschaften im deutschen Wirtschaftsraum im Laufe des vergangenen Jahrzehntes. Der exponentielle Anstieg von Gründungen von Kapitalgesellschaften in der Rechtsform der *limited*, die ihre Geschäftstätigkeit jedoch nahezu ausschließlich in Deutschland[11]

---

5 *Müller-Gugenberger*, in: Müller-Gugenberger, Hdb. WistraOwiR, § 23, Rz. 134; *Richter*, in: FS Tiedemann, S. 1023 (1027).

6 Auch wenn es sich rechtstechnisch um die *private limited company by shares* handelt, ist es in der deutschen Literatur gebräuchlich, diese Gesellschaftsform lediglich als „englische *limited*" zu bezeichnen. Dieser Darstellung soll aus Gründen der Vereinfachung auch im Rahmen dieser Arbeit gefolgt werden. Weiterhin handelt es sich bei der *limited* unter Nennung des englischen Rechts streng genommen um die Rechtsnormen des *Königreichs England* sowie des *Fürstentums Wales*, die eine gemeinsame Rechtsordnung besitzen, vgl. dazu *Just*, Limited, S. 1, Fn. 1.

7 *Müller-Gugenberger*, in: Müller-Gugenberger, Hdb. WistraOwiR, § 23, Rz. 134.

8 *Bischoff*, ZInsO 2009, 164 (165).

9 *BGH*, NJW 2016, 419 ff. mit Anm. *Kretschmer*, NJW 2016, 423.

10 *Müller-Gugenberger*, in: Müller-Gugenberger, Hdb. WistraOwiR, § 23, Rz. 134.

11 Die vermehrte Aktivität ausländischer Kapitalgesellschaften (insbesondere der englischen *limited*) war auch in benachbarten EU-Staaten, insbesondere in Österreich, zu

entfaltet haben bzw. noch immer rege entfalten, wird im Detail unterschiedlich begründet.[12] Es ist jedoch zu konstatieren, dass die sich stets weiter fortentwickelte Rechtsprechung des Europäischen Gerichtshofs[13], welche auch zu einem Wandel innerhalb der nationalen höchstrichterlichen Rechtspraxis[14] geführt hat, maßgeblich den Grundstein für diesen „*Limited-Boom*"[15] gelegt haben dürfte. Vermeintlich offenkundige Vorzüge der *limited* – insbesondere gegenüber der GmbH – wie etwa verhältnismäßig geringe Gründungskosten bei einer kurzen Gründungsdauer und ohne nennenswerte Beibringung eines Mindestkapitals der neuen Gesellschaft[16] wurden von der Beraterseite oftmals effektiv beworben.[17] Von Unternehmensgründern wurde in der Folgezeit vielfach der vom EuGH geebnete Weg, die Freizügigkeit der europäischen Gesellschaftsformen, beschritten – der Wettbewerb der europäischen Gesellschaftsformen war eröffnet. Verlässliche Gründungszahlen divergieren hier stark. In dem „gründungsstärksten" Zeitraum zwischen 2004 und 2011 soll der Spitzenwert im März 2006 gelegen haben, wonach allein in diesem Monat eine Gründung von 1.400 *limiteds* erfolgt sein soll.[18] Anderen Schätzungen zufolge sollen aktuell 30.000 bis 40.000 *limiteds* mit tatsächlichem Verwaltungssitz in Deutschland tätig sein.[19] Hier ist zusätzlich zu beachten, dass der *director* einer *limited* seiner in Deutschland geltenden Verpflichtung,

---

beobachten. Untersuchungsgegenstand dieser Arbeit ist hingegen ausschließlich die gesellschafts-, insolvenz- und strafrechtliche Situation in Deutschland.

12 Ursächlich war dafür nach *Ringe*, NJW-aktuell 27/2013, 14 (14), die Möglichkeit, in Großbritannien unter Vermeidung der deutschen Mindestkapitalvorschriften auf schnelle sowie unbürokratische Weise einen Unternehmensträger mit beschränkter Haftung zu erwerben.

13 Siehe dazu im ersten Teil dieser Arbeit unter § 1 C.

14 Siehe dazu im ersten Teil dieser Arbeit unter § 2 A. und B.

15 *Rönnau*, ZGR 2005, 833 (836).

16 *Eidenmüller*, ZGR 2007, 168 (173 f.).

17 So bestehen etwa seit dem Jahre 2004 zahlreiche Internetpräsenzen, auf welchen „in beratender Funktion" die Gründung einer *limited* beworben wird. Oftmals werden zudem Tagungs- und Informationsveranstaltungen angeboten, die sich in erster Linie an (unerfahrene) Jungunternehmer richten, die mit dem Gedanken spielen, eine Gesellschaft zu gründen. „Praktischerweise" können gleich im Nachgang zu der Veranstaltung bereits in England als Vorratsgesellschaften gegründete *limiteds* erworben werden (plakativ beworben als „*limited to go*").

18 *Ringe*, NJW-aktuell 27/2013, S. 14.

19 *Ransiek/Hüls*, ZGR 2009, 157 (174) gingen zu Beginn des Jahres 2009 davon aus, dass bis zu 40.000 Auslands-Kapitalgesellschaften in Deutschland aktiv werbend tätig (gewesen) sind. Insoweit ist zum aktuellen Zeitpunkt das Bestehen einer weitaus höheren Anzahl von in Deutschland wirtschaftlich tätigen *limiteds* realistisch.

der Eintragung des Verwaltungssitzes der englischen Gesellschaft als deutsche Zweigniederlassung im (deutschen) Handelsregister gemäß § 13e Abs. 2 S. 1 HGB womöglich oftmals nicht nachkommt, so dass auch dies zu erheblichen Divergenzen hinsichtlich der Ermittlung der tatsächlichen Anzahl von im deutschen Inland operativ tätiger *limiteds* führen kann.

Eine gesicherte Erkenntnis ist hingegen der – für die strafrechtliche Risikoeinschätzung primär nicht relevante – grundsätzliche Rückgang der Gründungen von *limiteds* im Laufe der letzten Jahre.[20] Vielfach wurde bislang das vom deutschen Gesetzgeber im Jahre 2008 verabschiedete *Gesetz zur Modernisierung des GmbH-Rechts und zur Bekämpfung von Missbräuchen* (MoMiG), das Unternehmensgründern mit der sog. Unternehmergesellschaft (haftungsbeschränkt) nunmehr eine mindestkapitallose Gesellschaftsgründung zur Verfügung stellt, als Initiator des Rückgangs der *limited*-Gründungen bemüht. Da diese Zahlen jedoch bereits seit März 2006 stagnieren, das MoMiG jedoch erst zum 01.11.2008 in Kraft getreten ist, dürfte dieses dafür zumindest nicht alleinursächlich gewesen sein.[21] Vielmehr dürfte ein „bunter Strauß“ an vielfältigen Ursachen vorliegen. So besteht eine behördliche und gerichtliche Skepsis gegenüber der *limited* wegen befürchteter Missbrauchsoptionen, zumal eine mangelnde Akzeptanz und Reputation der *limited* als vermeintlich unredliches Vehikel im Geschäftsverkehr droht.[22] Ein weiterer Grund sind sicher auch nicht erfüllte Erwartungen der Gesellschaftsgründer selbst. Hier ist festzustellen, dass diese die laufenden Kosten für Übersetzungen und ausländischen Rechtsrat sowie die teilweise drastischen Mittel der englischen Behörden zur Durchsetzung der gesellschafts- und handelsrechtlichen Verpflichtungen – bis hin zur Löschung der Gesellschaft – schlichtweg unterschätzt haben dürften.[23]

Gleichzeitig ist die Anzahl der insolventen *limiteds* – und dies ist bedeutsam für das deutsche Insolvenzstrafrecht – im Laufe der letzten Jahre konstant gestiegen und dürfte im Jahre 2007 bereits seinen Scheitelpunkt erlangt haben. Ausweislich aktueller Statistiken waren in den deutschen Handelsregistern zum 01.01.2014

---

20 So lag nach *Ringe*, NJW-aktuell 27/2013, S. 14, bspw. Ende des Jahres 2011 die Zahl der *limited*-Gründungen bei gerade einmal rund 50 Gründungen pro Monat.

21 Dies erschließt sich nach *Ringe*, NJW-aktuell 27/2013, S. 14, aus einem zu Österreich vorgenommenen Vergleich, wonach auch dort seit dem Frühjahr 2006 ein entsprechender Gründungsrückgang zu verzeichnen und dies insofern beachtlich sei, als dass dort zu diesem Zeitpunkt eine mit Deutschland vergleichbare Gesellschaftsform der Unternehmergesellschaft (haftungsbeschränkt) noch nicht bestanden habe.

22 *Ringe*, NJW-aktuell 27/2013, S. 14.

23 *Ringe*, NJW-aktuell 27/2013, S. 14.

noch 10.491 *limiteds* und 3.117 *Ltd. & Co. KG* sowie zum Stichtag 01.01.2015 noch 9.703 *limiteds* und 2.975 *Ltd. & Co. KG* offiziell gemeldet.[24] Diese Zahlen stagnierten weiter, da zum 01.01.2016 deutschlandweit nur noch 8.968 *limiteds* sowie 2.809 *Ltd. & Co. KG* bei den Registergerichten erfasst waren.[25] Die Dunkelziffer der tatsächlich in Deutschland agierenden *limiteds* dürfte hingegen deutlich höher sein. Übergreifend betrachtet verdeutlicht diese Entwicklung der *limited* als „Lehrstück defensiven Regulierungswettbewerbs in der EU" anschaulich die Auswirkungen von grenzüberschreitendem Wettbewerb und nationaler Reformgesetzgebung,[26] auf die im weiteren Verlauf dieser Arbeit[27] noch dezidiert eingegangen werden soll.

B. Ausgangssituation und Gang der Arbeit

Maßgeblicher Ausgangspunkt dieser Untersuchung ist die Feststellung, dass im deutschen Wirtschaftsraum in zunehmendem Maße eine gesteigerte Geschäftstätigkeit ausländischer Kapitalgesellschaften verschiedenster Ausprägungen zu beobachten ist. Hierbei handelt es sich überwiegend um europäische Kapitalgesellschaften. Hinzugekommen sind im Laufe der letzten 10 Jahre zudem die supranationalen Gesellschaftsformen der Europäischen Aktiengesellschaft, der *societas europaea* (SE), und der Europäischen Genossenschaft (SCE), weiterhin existiert die Rechtsform der Europäischen Wirtschaftlichen Interessenvereinigung (EWIV), die jeweils dem nationalen Recht ihres Gründungsstaates, d. h. dem Recht der verschiedenen EU-Mitgliedstaaten, unterfallen. So setzt sich das Bild des europäischen Gesellschaftsrechts aktuell (noch) aus 28 nationalen Gesellschaftsrechtsordnungen, den vorgenannten supranationalen Gesellschaftsformen und darüber hinaus aus unzähligen europäischen Richtlinien zusammen, die regulativ bestimmend wirken. Zusätzlich zu diesem gesellschaftsrechtlichen Flickenteppich ist die Rechtsprechung des EuGH zu berücksichtigen, die für das nationale Recht von zentraler Bedeutung ist und auf die im weiteren Verlauf dieser Arbeit noch dezidiert einzugehen sein wird.

Allen nationalen Kapitalgesellschaften ist gemein, dass die Gründung der Gesellschaft, der originäre Geschäftsbetrieb als auch die Abwicklung einer insolventen Gesellschaft gleichzeitig eine latente Gefahr der Realisierung von Strafbarkeitsrisiken für die jeweilige Geschäftsleitung beinhalten. Die Harmonisierung

---

24 *Kornblum*, GmbHR 2015, 687 (688).

25 *Kornblum*, GmbHR 2016, 691 (692 u. 699 f.).

26 *Ringe*, NJW-aktuell 27/2013, S. 14.

27 Siehe dazu nachfolgend im ersten Teil dieser Arbeit unter § 2 A. V.

europäischen Rechts ist in vielen Rechtsbereichen bereits fortgeschritten. Im Bereich des materiellen Wirtschaftsstrafrechts ist dies bislang jedoch nur bedingt der Fall. Das Nebeneinander derartig zahlreicher nationaler Kapitalgesellschaftsformen führt zwangsläufig zu der Fragestellung, welchen Strafbarkeitsrisiken der Geschäftsleiter einer ausländischen Kapitalgesellschaft nationalen Rechts in Deutschland ausgesetzt sein könnte. Dem denklogisch noch vorgelagert ist zu untersuchen, ob und inwiefern deutsches Strafrecht in einem derartigen Fall überhaupt zur Anwendung gelangen kann.

Ist der Kern der eigentlichen Ausgangsproblematik ermittelt, bedarf es zur weiteren Verdeutlichung der einschlägigen Themenfelder einer exemplarischen Reduktion auf eine europäische Kapitalgesellschaft unter der Geltung nationalen Rechts. Exemplarisch für eine nationale Kapitalgesellschaft europäischen Rechts soll die Untersuchung anhand der englischen *limited* geführt werden. Hierbei handelt es sich um eine Betrachtung dieser insbesondere in Großbritannien beheimateten Gesellschaftsform. Es stellt sich mithin die Frage, wie sich der *director* einer in England gegründeten *limited*, die augenscheinlich zumindest zunächst englischem Gründungsrecht unterfällt, bei einer faktischen Geschäftstätigkeit in Deutschland nach deutschem Recht strafbar machen kann. Spätestens nach der ersten (und bislang einzigen) höchstinstanzlichen Entscheidung des BGH in Strafsachen vom 13. April 2010[28] zur strafrechtlichen Verantwortung des *directors* einer *limited* dürfte offenkundig sein, dass auch für die Geschäftsleiter derartiger Kapitalgesellschaften bei einer Geschäftstätigkeit in Deutschland nicht unerhebliche strafrechtliche Risiken bestehen. Kaum überprüfbar hingegen ist die tatsächliche Anzahl und Qualität der Urteilsgründe unveröffentlichter erstinstanzlicher Urteilssprüche bei vergleichbaren Sachverhalten und Rechtsfragen, die ebenfalls im Zusammenhang mit ausländischen Kapitalgesellschaften, insbesondere mit solchen EU-Auslandsgesellschaften wie der *limited*, erfolgt sein dürften.[29]

Insoweit führt die erhebliche Anzahl von EU-Auslandsgesellschaften dazu, dass die deutsche Rechtsordnung vor eine nicht unbeträchtliche Anzahl von rechtlichen und tatsächlichen Problemen in den verschiedensten Rechtsbereichen gestellt wird. Auch wenn sich diese Arbeit zum Ziel gesetzt hat, die Strafbarkeitsrisiken des *directors* einer mit ihrem tatsächlichen Verwaltungssitz in Deutsch-

28 *BGH*, NStZ 2010, 632 ff.

29 Aktuell sind dem Verfasser dieser Arbeit lediglich einige wenige strafrechtliche Entscheidungen in der deutschen Rechtsprechung bekannt, die eine strafrechtliche Verantwortlichkeit des *directors* einer englischen *limited* zum Gegenstand haben. Eine entsprechende Darstellung und Analyse der vorgenannten Entscheidungen folgt im zweiten Teil dieser Arbeit unter § 4 B.

land ansässigen *limited* näher zu beleuchten, ist zu konstatieren, dass deutlich über das originäre Wirtschaftsstrafrecht hinausgehende Bezüge bestehen. Selbst wenn vorliegend der Schwerpunkt im strafrechtlichen, exakter formuliert im wirtschaftsstrafrechtlichen, Bereich anzusiedeln ist, kommen dem Europarecht, dem deutschen Verfassungsrecht sowie dem deutschen, englischen und europäischen Gesellschafts- und Insolvenzrecht in diesem Kontext jeweils ein erheblicher Stellenwert zu.

In diesem Zusammenhang hat *Radtke* die Frage aufgeworfen, warum nun aber solche kapitalschwachen Kapitalgesellschaften ausländischen Rechts mit einem faktischen Sitz in Deutschland, wie etwa die *limited* englischen Rechts, das deutsche Strafrecht vor derartige Probleme stellen.[30] Als Ausgangspunkt und Auslöser der Problematik sind nach seinem Dafürhalten die Rechtsbereiche des Strafrechts, des Europarechts sowie des Verfassungsrechts zu erachten.[31] Den vierten (ungenannten) Grund stellt im Hinblick auf die vorliegende Untersuchung zweifellos das englische Recht selbst dar. Es ist die deutliche Friktion zu untersuchen, die zu den vorgenannten Rechtsbereichen durch die Anwendung des englischen Gesellschafts- und Insolvenzrechts im deutschen Rechtssystem entstehen kann.

Damit ist der Untersuchungsgegend dieser Arbeit im Schwerpunkt bereits benannt. Es bedarf zunächst einer Abklärung der Fragestellung, inwieweit das nationale Recht durch das europäische Recht beeinflusst wird, mithin in welchem Verhältnis das deutsche Wirtschaftsstrafrecht zu dem Unionsrecht steht, und wie sich das europäische Recht grundlegend auf das nationale Recht auswirkt. Einen nicht unmaßgeblichen Anteil daran weist die Rechtsprechung des EuGH auf. Dessen Rechtsprechung hat im Rahmen der hier interessierenden Thematik, der Aktivität einer *limited* in Deutschland, und der in Artt. 49, 54 AEUV verankerten Niederlassungsfreiheit europäischer Gesellschaften wesentlich dazu beigetragen, dass eben solche Gesellschaften nunmehr ihrer Geschäftstätigkeit auch in Deutschland nachgehen und von einem für sie grenzenlosen Europa profitieren können. Dies führte jedoch zu einer erheblichen Umgestaltung bzw. erforderlichen Umorientierung im deutschen Rechtssystem, die vordergründig zunächst das nationale Zivilrecht betraf und sich erst sekundär auf das nationale Wirtschaftsstrafrecht ausgewirkt hat. Damit einhergingen (und gehen) – dies dürfte keine allzu große Überraschung darstellen – rechtstechnische wie auch verfassungsrechtliche Problemstellungen, die aus einer Anwendung ausländischen Rechts, vorliegend des englischen Rechts, im nationalen Strafrecht resultieren.

---

30 *Radtke*, GmbHR 2008, 729 (730).

31 *Radtke*, GmbHR 2008, 729 (730).

Den vorstehend aufgeworfenen Fragestellungen beabsichtigt diese Arbeit im Folgenden nachzugehen.

Der **erste Teil** dieser Arbeit beschäftigt sich mit den europarechtlichen Grundlegungen. In **§ 1** wird zunächst die Niederlassungsfreiheit europäischer Kapitalgesellschaften in der Judikatur des EuGH vorgestellt. Diese soll zunächst im Spiegel der Rechtsprechung des EuGH näher beleuchtet werden, indem herausgearbeitet wird, wie sich aktuell das Zusammenspiel von Unionsrecht und nationalem Strafrecht verhält und zu welchen Auswirkungen dies bei der nationalen Rechtsanwendung führt (dazu unter A.). Sodann wird die in Artt. 49, 54 AEUV verankerte Niederlassungsfreiheit europäischer Kapitalgesellschaften in ihren wesentlichen Grundzügen vorgestellt (dazu unter B.). Besonderes Augenmerk gebührt der Judikatur des EuGH. Diese prägt die Niederlassungsfreiheit maßgeblich und wird vom EuGH in ständiger Rechtsprechung stets weiter verfeinert (dazu unter C.). Darauf aufbauend wird untersucht, ob die Niederlassungsfreiheit und deren Konkretisierung durch die Rechtsprechungslinie des EuGH grenzenlos gilt, oder ob die Niederlassungsfreiheit für die EU-Gesellschaften in bestimmten Konstellationen, etwa durch die Rechtsprechung des EuGH in der Rechtssache „*Keck*“ als tatbestandliches Steuerungselement, einschränkbar ist (dazu unter D. I.). Auch ist zu klären, ob darüber hinaus ein etwaiger Eingriff in die Niederlassungsfreiheit nicht jedenfalls gerechtfertigt sein kann (dazu unter D. II.). In diesem Kontext wird abschließend erörtert, ob die jüngste Rechtsprechung des EuGH auf eine Abkehr von der grundsätzlich auch für sog. Briefkastengesellschaften unbeschränkt geltenden Niederlassungsfreiheit hindeuten könnte (dazu unter D. III.).

In **§ 2** soll die unbestreitbar erhebliche Wirkung der Rechtsprechung des EuGH auf die Praxis der deutschen Judikatur im Zivil- und Strafrecht untersucht werden. Dabei ist zunächst der Einfluss auf das nationale Gesellschafts- und Insolvenzrecht, mithin die Bereiche, welche für das deutsche Wirtschaftsstrafrecht und diese Arbeit von besonderem Interesse sind, zu beleuchten. Insofern sollen die Auswirkungen der Rechtsprechung des EuGH insbesondere auf das nationale Gesellschaftskollisionsrecht dargelegt werden (dazu unter A). Dem nachfolgend wird ein erster Ausblick auf mögliche Ausstrahlungen auf das deutsche Wirtschaftsstrafrecht gewagt (dazu unter B.). Dabei ist herauszuarbeiten, wie es zu der – zumindest partiellen – Aufgabe der Sitztheorie kommen konnte (dazu unter B. I.), welche durch die heute überwiegend anzuwendende Gründungstheorie (dazu unter A. II.) ersetzt worden ist. Hier ist zu festzustellen, dass derzeit für sonstige Auslandsgesellschaften aus anderen Staaten noch immer andere Regeln zu gelten scheinen (dazu unter A. III.). Die Darstellung schließt mit einem Blick auf die legislatorischen Bestrebungen des deutschen Gesetzgebers als Ausfluss der

Rechtsprechung des EuGH (dazu unter A. IV.). Abschließend sollen die ersten Konsequenzen für das deutsche Wirtschaftsstrafrecht betrachtet werden (dazu unter B.), wobei auch hier zwischen „echten“ Auslandsgesellschaften und solchen Gesellschaften mit Verwaltungssitz in Deutschland zu differenzieren ist, die sich auf die unionsrechtliche Niederlassungsfreiheit berufen können.

Der **zweite Teil** dieser Arbeit steht unter dem Vorzeichen der Gesellschaftsform der *limited* und der dazu in Deutschland bereits ergangenen zivil- und strafrechtlichen Rechtsprechung.

In **§ 3** wird zum grundlegenden Verständnis der Rechtsform der *limited* diese Gesellschaftsform in ihren Grundzügen im englischen und deutschen Rechtssystem vorgestellt. Dabei erfolgt ein erster Überblick über die für englische Kapitalgesellschaften maßgeblich geltenden englischen Rechtsquellen (dazu unter A.). Hierbei handelt es sich – ohne zu viel vorwegnehmen zu wollen – um den *Companies Act 2006* (CA 2006), den *Insolvency Act 1986* (IA 1986) sowie den *Company Directors Disqualification Act 1986* (CDDA 1986). Sodann werden die verschiedenen Voraussetzungen des Entstehens der Gesellschaft (dazu unter B.), die entweder originär in England gegründet (dazu unter B. I.) oder in Deutschland als Mantelgesellschaft erworben wird (dazu unter B. II.), geschildert. Von besonderer Relevanz sind hier die Satzung der Gesellschaft (dazu unter C.) sowie deren Finanzverfassung, die das Kapital und den Kapitalschutz umfassen (dazu unter D.). Darüber hinaus ist die Organisationsverfassung der *limited* zu betrachten. Dies umfasst die Stellung der Gesellschafter sowie der verschiedenen Formen der Geschäftsleiter, so dass die konkrete Befugnis und der damit korrespondierende Pflichtenkreis der Geschäftsleitung der *limited* näher vorzustellen ist (unter E.). Da Pflichten oftmals zu einer Haftung führen können, ist es unabdingbar, auch die entsprechenden Haftungsfragen zu erörtern (dazu unter F.). Dabei ist zwischen der Haftung der Geschäftsleitung im Innen- und Außenverhältnis zu differenzieren (dazu unter F. I. und F. II.); auch hat eine einführende Darstellung zur Haftung der Gesellschafter zu erfolgen. Die mitentscheidende Fragestellung ist jedoch an dieser Stelle, inwiefern englische Haftungsvorschriften im deutschen Recht Berücksichtigung finden und welcher kollisionsrechtlichen Qualifikation diese unterfallen (dazu unter F. III.).

Da der Gläubigerschutz ein auch aus wirtschaftsstrafrechtlichen Sichtweise wichtiger Aspekt ist, werden die für die *limited* im englischen Recht geltenden Regelungen zur Buchführung, Rechnungslegung, Abschlussprüfung und Publizität näher dargelegt (dazu unter G. I. – III.). Die Darstellung zur *limited* beschäftigt sich darauf aufbauend mit der Situation der Verwaltungssitzverlegung nach Deutschland (dazu unter H.) und mündet in der Darstellung der *limited* in der

Insolvenz (dazu unter I.). Dabei wird zwischen der Beendigung einer *limited*, die den Schwerpunkt ihrer Geschäftstätigkeit in England entfaltet (dazu unter I. I.) sowie einer *limited*, die ihren geschäftlichen Aktivitäten überwiegend oder ausschließlich in Deutschland nachgeht, unterschieden (dazu unter I. II.). Bereits an dieser Stelle kann der Frage nachgegangen werden, inwiefern für die Geschäftsleitung der *limited* eine etwaige Berechtigung oder gar Verpflichtung zum Stellen eines (an diesem Punkt zunächst noch rein zivilrechtlichen) Insolvenzantrags besteht. In der gebotenen Kürze wird zudem auf die Sonderkonstellation einzugehen sein, wie sich das Fortbestehen einer in England aus dem Register gelöschten Gesellschaft in Deutschland auswirken könnte (dazu unter I. III.). Die Bearbeitung dieser Arbeit in § 3 schließt mit der Untersuchung, wie der Ausschluss der Geschäftsleitung in England und Deutschland in Form von Tätigkeitsverboten zu bewerkstelligen und was in diesem Zusammenhang zusätzlich noch zu beachten ist (dazu unter I. IV.).

Die Stellung der *limited* in der deutschen Rechtsprechungspraxis ist die zentrale Thematik des **§ 4**. Dabei wird – auch wenn die Grenzen oftmals fließend sind – zwischen der einschlägigen deutschen Zivilrechtsprechung (dazu unter A.) und der nationalen strafrechtlichen Judikatur (dazu unter B.) zu unterscheiden sein. Während die Rechtsprechung in Zivilsachen insbesondere im Hinblick auf ihre Relevanz für den wirtschaftsstrafrechtlichen Bereich untersucht werden soll (dazu unter A. I. 1. – 5.), gilt es die Judikatur in Strafsachen eingehend darzustellen und einer entsprechend kritischen Würdigung zu unterziehen (dazu unter B. I. 1. – 4.).

Der **dritte Teil** dieser Arbeit befasst sich mit rein wirtschaftsstrafrechtlichen Überlegungen.

In **§ 5** wird zunächst die Frage aufgeworfen, wie die Dualität des nationalen Strafrechts und der Fremdrechtsanwendung zu verorten ist und inwieweit sich die Anwendung fremden Rechts im deutschen Strafrecht als ein womöglich altbekanntes Problem im neuen Gewand darstellt. Dabei wird der Fragestellung nachgegangen, inwiefern eine vollständige Beachtung der verfassungsrechtlichen Vorgaben durch die strafrechtliche Judikatur erfolgt und wie dies mit dem Bestimmtheitsgrundsatz, dem Rechtsstaatsprinzip sowie dem Vorbehalt des Parlamentsgesetzes in Einklang zu bringen ist (dazu unter A. I. und II.). Dem nachgelagert wird die Fremdrechtsanwendung in der Rechtspraxis untersucht (dazu unter B.), wobei zunächst die Frage der konkreten Rechtsanwendung und Rechtsfindung bei nicht (vollständig) feststellbarem ausländischen Recht aufzuwerfen ist (dazu unter B. I.), bevor untersucht wird, inwieweit die Wahrung nationaler Interessen bei nicht korrespondierenden ausländischen Rechtspflichten durch die Anwendung des *ordre-public*-Vorbehalts nach Art. 6 EGBGB erreicht werden könnte (dazu unter B. II.).

In **§ 6** wird auf die vorstehend dargestellten europarechtlichen und wirtschaftsstrafrechtlichen Grundlagen aufgebaut. Unter Heranziehung der bislang zur *limited* ergangenen deutschen Rechtsprechung sowie unter Berücksichtigung der europarechtlichen Vorgaben in Form der Rechtsprechung des EuGH werden die konkreten Strafbarkeitsrisiken für die Geschäftsleitung einer *limited* mit Verwaltungssitz in Deutschland einer umfassenden Überprüfung unterzogen. Begonnen werden soll mit dem zuweilen eher exotisch anmutenden Straftatbestand des § 82 Abs. 1 Nr. 5 GmbHG, der für den *director* der *limited* in Deutschland erste Strafbarkeitsrisiken wegen der Abgabe unrichtiger Versicherungen über die Eignung als Geschäftsleiter bergen kann (dazu unter A.).

Dem nachfolgend wird der Untreuestraftatbestand gemäß § 266 StGB in den Blick genommen (dazu unter B.). Nachdem abzuklären ist, inwiefern für die *limited* ein umfassender Rechtsgüterschutz durch das deutsche Strafrecht bewerkstelligt wird (dazu unter B. I.), folgt zur systematischen Einordnung der Strafnorm ein kurzer Überblick über die Struktur des § 266 StGB (dazu unter B. II.). In der Folge wird zwischen den verschiedenen Formen der Geschäftsleitung der *limited* differenziert, der danach taugliche Täterkreis der Untreue herausgearbeitet und dezidiert untersucht werden, ob sich die gefundenen Erkenntnisse mit den unionsrechtlichen Vorgaben zur Niederlassungsfreiheit vereinbaren lassen. Den Kernpunkt der Untersuchung im Rahmen der Untreuestrafbarkeit stellt die Untersuchung der tatbestandlichen Pflichtverletzung im Sinne des § 266 Abs. 1 StGB dar (dazu unter B. IV.). Ist tatbestandlich bereits zwischen entsprechenden Missbrauchs- und Treubruchshandlungen zu differenzieren (dazu unter B. IV. 1. und 2.), schließt sich die äußerst relevante Thematik an, inwiefern für den *director* der *limited* eine Vermögensbetreuungspflicht besteht (dazu unter B. IV. 3.). Dabei ist gleichsam die Frage aufzuwerfen, inwiefern hier eine wirksame Einwilligung des Vermögensinhabers im Rahmen des Missbrauchs- und Treubruchtatbestands erfolgen kann (dazu unter B. IV. 4.), und ob nicht jedenfalls potentielle Möglichkeiten einverständlichen Begrenzung der anderenfalls womöglich strafbewehrten Pflichtwidrigkeit bestehen (dazu unter B. IV. 5.). Es folgt die Überlegung, wie dies bei der *limited* als Kapitalgesellschaft englischen Rechts begründet werden könnte. Dabei wird abgeklärt, ob dazu eine Heranziehung der Kapitalerhaltungsregeln der §§ 30, 31 GmbHG möglich bzw. erforderlich ist. Dabei stellt sich die Frage, ob die strafrechtlich relevante Existenzgefährdung auf Grundlage der zivilrechtlichen Existenzvernichtung auch auf den *director* der *limited* übertragbar ist und ob dies noch zu einer Konformität mit der unionsrechtlichen Niederlassungsfreiheit führt.

Dem schließt sich eine Untersuchung der konkreten Strafbarkeitsrisiken des *directors* der *limited* wegen des Vorenthaltens und Veruntreuens von Arbeitsentgelt nach § 266a StGB an. Dieser Straftatbestand wird in der wirtschaftsstrafrechtlichen Praxis vielfach als Norm wahrgenommen, die eine nicht unerhebliche Schnittmenge zu den Wirtschaftsstraftatbeständen der §§ 266, 283 StGB aufweist (dazu unter C.). Im Rahmen der Tatbestandsmäßigkeit des § 266a StGB wird zunächst der potentielle taugliche Täterkreis dargestellt (dazu unter C. I.), bevor die eigentliche Tathandlung näher beleuchtet (dazu unter C. II.) und die gewonnene Erkenntnis mit der erforderlichen Konformität der Niederlassungsfreiheit abgeglichen wird (dazu unter C. III.).

Von besonderer Bedeutung ist zudem das Insolvenzstrafrecht (dazu unter D.). Nachdem es herauszuarbeiten gilt, dass eine Strafbarkeit der Geschäftsleitung einer *limited* wegen Insolvenzverschleppung gemäß § 84 Abs. 1 Nr. 2 GmbHG a. F. i.V. mit § 64 GmbHG a. F. vor Inkrafttreten des MoMiG noch auszuscheiden hatte (dazu unter D. I.), werden die Strafbarkeitsrisiken wegen Insolvenzverschleppung nach § 15a Abs. 1 i.V. mit Abs. 4 InsO dargestellt (dazu unter D. II.). An dieser Stelle ist abzuklären, inwieweit die Strafnorm des § 15a InsO bei einer *limited* als ausländische Kapitalgesellschaft im Grundsatz überhaupt Anwendung finden kann (dazu unter D. II. 1.), bevor der Frage nachzugehen sein wird, wie der mögliche Täterkreis im Sinne des § 15a Abs. 1 i.V. mit Abs. 4 InsO ausgestaltet ist (dazu unter D. II. 2.). Auch hier bedarf das gefundene Ergebnis einer kritischen Betrachtung in Bezug auf die erforderliche Vereinbarkeit mit der unionsrechtlichen Niederlassungsfreiheit (dazu unter D. II. 3.).

Der Legung eines letzten Schwerpunktes bedarf es im Rahmen dieser Arbeit bei der Betrachtung etwaiger Strafbarkeitsrisiken des *directors* der *limited* im Bankrottstrafrecht (dazu unter E.). Letztlich ist neben der Ermittlung des einschlägigen Täterkreises (dazu unter E. I.) exemplarisch § 283 Abs. 1 StGB als Grundtatbestand der Bankrottdelikte auf dessen Anwendbarkeit auf den *director* der *limited* hin zu untersuchen (dazu unter E. II.). Dabei wird insbesondere im Hinblick auf die verschiedenen Alternativen der Buchführungsdelikte gemäß § 283 Abs. 1 Nr. 5–7 StGB deutlich, dass eine Anwendbarkeit dieser Strafnorm maßgeblich davon abhängt, wie eine kollisionsrechtliche Qualifikation der Buchführungsvorschriften gemäß §§ 238 ff. HGB bzw. der Rechnungslegungsvorschriften gemäß §§ 242 ff. HGB *in concreto* vorzunehmen ist. Dies gilt es kritisch zu hinterfragen und dabei auch eine potentielle Publizitätspflicht einer *limited* nach § 325a HGB nicht zu vernachlässigen (dazu unter E. II. 2.). Zuletzt sollen potentielle Strafbarkeitsrisiken *des directors* wegen Bilanzdelikten nach §§ 331 ff. HGB (dazu unter F.) und wegen Betrugs gemäß § 263 StGB (dazu unter G.) näher beleuchtet und damit die Darstellung der konkreten strafrechtlichen Risiken des *directors* einer in Deutschland tätigen *limited* abgerundet werden.

Der **Schlussteil** dieser Arbeit befasst sich in **§ 7** übergreifend mit der nationalen Praxis der Strafverfolgung bei Sachverhalten mit Auslandsbezug und mündet in **§ 8** mit einer thesenartigen Zusammenfassung der Arbeit und einem abschließend gezogenen Resümee.

Erster Teil: Europarechtliche Grundlegungen

§ 1 Die Niederlassungsfreiheit europäischer Kapitalgesellschaften im Spiegel der Rechtsprechung des EuGH

Für das nationale Strafrecht weist die Judikatur des EuGH zur Niederlassungsfreiheit der (Kapital-)Gesellschaften insbesondere im Hinblick auf die im deutschen Rechtssystem agierenden europäischen Kapitalgesellschaften eine erhebliche Relevanz auf. Denn erst durch diese Rechtsprechung wird der eigentliche europarechtliche Grundstein für das Verständnis der Wirkungsweise der verschiedenen Regelungsmechanismen gelegt. Dies ermöglicht in der Folge eine differenzierte Einschätzung der Strafbarkeitsrisiken des *directors* einer *limited* als prominentestes Exempel für Geschäftsleiter europäischer Kapitalgesellschaften. Zur Bestimmung des Wirkungskreises des deutschen Wirtschaftsstrafrechts bedarf es bereits wegen der Akzessorietät des Rechts einer notwendigen Grenzziehung zwischen Erlaubtem und Nicht-Erlaubtem, die sich aus den für diese Arbeit hauptsächlich relevanten Bereichen des nationalen Gesellschafts- bzw. Insolvenzrechts herleitet. Dem notwendigerweise vorgelagert ist die Frage des Zusammenspiels zwischen Unionsrecht und nationalem Recht, da national nur das strafrechtlich sanktioniert werden kann, was im Rahmen der Rechtsfindung und der Rechtsanwendung nicht unionswidrig ist (dazu unter A.).

Einen maßgeblichen Einfluss besitzt in diesem Zusammenhang die in Artt. 49, 54 AEUV unionsrechtlich verbürgte Niederlassungsfreiheit, die durch die Rechtsprechung des EuGH stetig inhaltlich konkretisiert wird und eine unmittelbare Ausstrahlungswirkung auf die Praxis der deutschen Rechtsprechung aufweist. Insofern wird die in Artt. 49, 54 AEUV verankerte Niederlassungsfreiheit für europäische Gesellschaften in ihren wesentlichen Grundzügen dargelegt (dazu unter B.). Sodann wird die maßgebliche Rechtsprechung des EuGH vorgestellt (dazu unter C.) und diesbezüglich untersucht, ob die Niederlassungsfreiheit für die EU-Gesellschaften grenzenlos besteht bzw. diese nicht in bestimmten Konstellationen jedenfalls rechtfertigend eingeschränkt werden muss (dazu unter D. I. und II.). In diesem Kontext wird abschließend der Frage nachgegangen, ob die Ende des Jahres 2015 ergangene Rechtsprechung des EuGH auf eine Abkehr von der unbeschränkten – auch für sog. Briefkastengesellschaften grundsätzlich geltenden – Niederlassungsfreiheit hindeuten könnte (dazu unter D. III.).

A. Das Zusammenspiel zwischen Unionsrecht und deutschem Strafrecht – die Auswirkungen auf die nationale Rechtsfindung

In den vergangenen Jahrzehnten ist eine sukzessive Europäisierung des nationalen (materiellen) Strafrechts zu verzeichnen. Dieses unterliegt in seiner Anwendung einer ständigen Beeinflussung – wenn nicht gar einer (zumindest partiellen) finalen Steuerung – durch europäisches Recht. Das ist nachvollziehbar und insoweit folgerichtig, da sich auch das nationale Strafrecht im Grundsatz nicht der fortschreitenden Europäisierung des Rechts entziehen kann.[32] Eine explizit für das Strafrecht geltende unionsrechtliche Tabuzone würde unter dem Deckmantel des Strafrechts zu einer Unterminierung der Grundprinzipien und Ziele des Unionsrechts durch die europäischen Mitgliedstaaten führen.[33]

Dies steht im (scheinbaren) Konflikt zu dem unbedingten Souveränitätsverständnis der Mitgliedstaaten, eine Kriminalstrafe als Ausdruck des sozialethischen Unwert-Urteils auszusprechen.[34] So hat das Bundesverfassungsgericht im sog. *Lissabon-Urteil*[35] hervorgehoben, dass die Strafrechtspflege – sowohl was die Voraussetzungen der Strafbarkeit als auch was die Vorstellungen von einem fairen, angemessenen Strafverfahren anbelangt – von kulturellen, historisch gewachsenen, auch sprachlich geprägten Vorverständnissen abhängig sei, die die jeweils öffentliche Meinung bewegen.[36] Die Pönalisierung sozialen Verhaltens sei aber nur eingeschränkt aus europaweit geteilten Werten und sittlichen Prämissen normativ ableitbar.[37] Die Entscheidung über strafwürdiges Verhalten, über den Rang von Rechtsgütern und den Sinn und das Maß der Strafandrohung sei vielmehr in besonderem Maße dem demokratischen Entscheidungsprozess überantwortet.[38] Die Sicherung des Rechtsfriedens in Gestalt der Strafrechtspflege sei

---

32 *Zieschang*, in: Festschrift Tiedemann, S. 1303 (1303), weist darauf hin, dass die Intensität und die Art und Weise der Einwirkung der Europäischen Union auf das deutsche Strafrecht, mithin die europäische Dimension und Tragweite, den Rechtsanwendern in der Praxis nicht wirklich bewusst sein soll. Zwischenzeitlich dürfte es hingegen sowohl in der gerichtlichen, staatsanwaltlichen als auch rechtsanwaltlichen Praxis zu einem Umbruch und einem entsprechend geänderten Verständnis gekommen sein.

33 *Satzger*, Internationales und Europäisches Strafrecht, § 9, Rz. 2, S. 126.

34 *Satzger*, Internationales und Europäisches Strafrecht, § 9, Rz. 9, S. 129.

35 *BVerfG*, NJW 2009, 2267 ff.

36 *BVerfG*, NJW 2009, 2267 (2274).

37 *BVerfG*, NJW 2009, 2267 (2274).

38 *BVerfG*, NJW 2009, 2267 (2274).

seit jeher als zentrale Aufgabe staatlicher Gewalt zu verstehen.[39] Die mit der fortschreitenden Europäisierung des Rechts bestehende reale Gefahr von Brüchen mit den sozial-ethischen Wertvorstellungen einer Gesellschaft und dem damit einhergehenden drohenden Verlust der Akzeptanz europäischen Rechts innerhalb der Bevölkerung ist indes nicht von der Hand zu weisen.[40] Da es bereits aus kriminalpolitischen Überlegungen heraus keine Lösung sein kann, das Strafrecht vollständig aus dem Anwendungsbereich des EUV[41] herauszunehmen, ist vielmehr darauf zu achten, das nationale Strafrecht zumindest vor unverhältnismäßigen Eingriffen durch europäisches Recht zu bewahren.[42] Gestützt auf Art. 4 Abs. 2 S. 1 EUV, in welchem die Achtung der nationalen Identitäten der Mitgliedstaaten statuiert ist, sowie auf Art. 4 Abs. 3 EUV, aus dem eine Loyalitätspflicht der Union zur Berücksichtigung nationaler Interessen gegenüber ihren Mitgliedstaaten abgeleitet werden kann, wird insbesondere von *Satzger* ein „strafrechtsspezifischer Schonungsgrundsatz" hergeleitet.[43] Diesen gilt es insbesondere auch aus strafrechtlicher Perspektive dann im Blick zu behalten, wenn aus der Anwendung des Unionsrechts in Form der Niederlassungsfreiheit europäischer Kapitalgesellschaften nationale Interessen und damit einhergehend grundgesetzlich geschützte Werte tangiert werden könnten. Das ist – wie sich im weiteren Verlauf dieser Arbeit zeigen wird – zumindest dann von gesteigerter Bedeutung, wenn aus der unmittelbaren Heranziehung des Unionsrechts eine Anwendung ausländischen (Gesellschafts-)Rechts im deutschen Strafrecht resultiert, die mit den nationalen Interessen im Widerspruch stehen kann und insoweit geeignet sein könnte, von dem nationalen *Ordre-Public*-Vorbehalt erfasst zu werden.

Ist der Ausgangspunkt der grundlegenden Bewertung des Verhältnisses zwischen dem Unionsrecht und dem nationalen Strafrecht der Mitgliedstaaten sowie das damit ebenfalls verbundene Spannungsverhältnis festgelegt, führt dies zwangsläufig zu Folgefragen. Hierbei handelt es sich etwa um die Möglichkeit einer eigenen Gesetzgebungskompetenz der EU[44] oder der konkreten Ausgestal-

39 *BVerfG*, NJW 2009, 2267 (2287).

40 *Satzger*, Internationales und Europäisches Strafrecht, § 9, Rz. 7 f., S. 128 f.

41 Der neue *EU-Vertrag* (EUV) ist neben dem *Vertrag über die Arbeitsweise der Europäischen Union* (AEUV) durch den am 13.12.2007 unterzeichneten *Vertrag von Lissabon* eingeführt worden, vgl. *Engelhart*, in: Müller-Gugenberger, Hdb. WistraOwiR, § 6, Rn. 15,17, S. 121 m.w.N.

42 *Satzger*, Internationales und Europäisches Strafrecht, § 9, Rz. 9, S. 129.

43 *Satzger*, Internationales und Europäisches Strafrecht, § 9, Rz. 9, S. 129.

44 Vgl. dazu instruktiv *Zieschang*, in: Festschrift Tiedemann, S. 1303 (1306 ff.).

tung einer Einflussnahme der EU auf die nationale Straf*gesetzgebung*.[45] Davon zu unterscheiden ist hingegen die Einflussnahme der EU auf die nationale Strafrechts*anwendung*, die für die Behandlung der vorliegend untersuchten Grundproblematik, die Stellung europäischer Kapitalgesellschaften im deutschen Wirtschaftsstrafrecht, maßgeblich ist. Hier steht vordergründig die Behandlung der Rechtsfrage im Fokus, inwieweit die nationale Strafrechts*anwendung* den europäischen Vorgaben im konkreten Fall (noch) gerecht werden kann. So ist es zwischenzeitlich vollumfänglich anerkannt, dass es dem Strafrechtsanwender verwehrt ist, einen Straftatbestand heranzuziehen, der auf der Tatbestands- bzw. Rechtsfolgenseite im Widerspruch zum Unionsrecht steht. Die *Neutralisierung*[46] des Straftatbestandes und dessen Unanwendbarkeit wäre die Konsequenz.[47] Aus der in Art. 4 Abs. 3 EUV statuierten Loyalitätspflicht folgt das Erfordernis einer unionsrechtskonformen Auslegung des nationalen Rechts, so dass unter mehreren nach nationalem Verständnis vertretbaren Auslegungsvarianten einer Strafnorm diejenige auszuwählen ist, welche als unionrechtskonform zu qualifizieren ist, wobei der Wortlaut der Norm auch hier die Grenze der zulässigen Auslegung markiert.[48] Die Verpflichtung zur unionsrechtskonformen Auslegung, die auch in der Rechtsprechung des BGH[49] entsprechend Berücksichtigung findet, gilt grundsätzlich auch für den Bereich des Straf- und Strafverfahrensrechts.[50] Diese erfährt jedoch durch andere, ebenfalls unionsweit gültige Rechtsgrundsätze – wie die des Gebots der Tatbestandsbestimmtheit strafbaren Verhaltens, des Analogieverbots sowie des Rückwirkungsverbots – eine nicht zu unterschätzende Einschränkung.[51] Änderungen des nationalen Wirtschaftsstrafrechts durch europäisches Recht sind damit durch zwei sich teilweise ergänzende oder aber auch teils gegenläufige Wege möglich.[52] Hierbei kann es sich um direkte Vorgaben durch den Erlass europäischer Richtlinien bzw. Verordnungen handeln oder aber im Rahmen der

---

45 Die Abhandlung dieser noch offenen Rechtsfragen würde den Rahmen dieser Arbeit sprengen. Insbesondere zu der Problematik der strafrechtlichen Anweisungskompetenz der EU einführend etwa *Zieschang*, in: Festschrift Tiedemann, S. 1303 (1309 ff.).

46 *Satzger*, Europäisierung des deutschen Strafrechts, S. 127 f.

47 *Zieschang*, in: Festschrift Tiedemann, S. 1303 (1314).

48 *Zieschang*, in: Festschrift Tiedemann, S. 1303 (1314).

49 *BGH*, NJW 1991, 1621 (1622), zur unionskonformen Auslegung im Umweltstrafrecht.

50 *Ambos*, Internationales Strafrecht, § 11, Rn. 46, S. 582.

51 *Engelhart*, in: Müller-Gugenberger, Hdb. WistraOwiR, § 6, Rn. 87, S. 151, zur unionsrechtskonformen Auslegung von EU-Richtlinien; *Safferling*, Internationales Strafrecht, § 11, Rn. 17, S. 450.

52 *Schmitz*, in: Joerden/Szwarc, Europäisierung des Strafrechts in Polen und Deutschland, S. 199 (199).

Rechtsfindung bzw. Rechtsanwendung um eine indirekte Rechtsänderung durch die erforderliche Beachtung der Rechtsprechung des EuGH, aus der für die Mitgliedstaaten dann die Pflicht resultieren kann, nationale Rechtskonstruktionen anderer Mitgliedstaaten innerhalb ihrer Rechtsordnung anzuerkennen.[53] Die nachfolgend dargestellte Auslegung der Niederlassungsfreiheit durch die Rechtsprechung des EuGH ist ein herausragendes Beispiel für eine derartige, indirekte Rechtsänderung des nationalen Wirtschafts(-straf)rechts.

B. Europäische Kapitalgesellschaften und die Niederlassungsfreiheit aus Artt. 49, 54 AEUV

Die in den Artt. 49, 54 AEUV verankerte Niederlassungsfreiheit ist in wesentlichen Rechtsbereichen der eigentliche Motor der Europäisierung des Rechts. Die grenzüberschreitende Mobilität ausländischer Gesellschaften wird erst durch das in den EU-Grundfreiheiten verbriefte Zugeständnis, sich innerhalb der EU wirtschaftlich frei entfalten zu können, hinreichend ermöglicht und gefördert. Die Geschäftstätigkeit verschiedenster Gesellschaftsformen erfordert für den nationalen Gesetzgeber und die Jurisprudenz der Mitgliedstaaten auf nationaler Ebene eine ständige Auseinandersetzung mit den vielfältigen Schnittmengen gesellschafts-, insolvenz-, sozial-, steuer- und strafrechtlicher Art. Faktisch resultiert hieraus eine fortlaufende – wenn auch nur schrittweise – Harmonisierung der verschiedenen nationalen Rechtssysteme auf europäischer Ebene, welche die Polyvalenz des Einflusses des europäischen Rechts[54] auf das nationale Recht verdeutlicht. Eine dominierende Stellung nimmt in diesem Zusammenhang der EuGH ein, der die Niederlassungsfreiheit für europäische Gesellschaften durch seine wegweisenden Entscheidungen erst definiert hat und dessen Judikatur sich weiterhin in stetem Fluss befindet.

I. Anwendungsbereich der Artt. 49, 54 AEUV

Die in den Artt. 49, 54 AEUV statuierte Niederlassungsfreiheit europäischer Gesellschaften wird systematisch der in Art. 26 Abs. 2 AEUV verankerten Grundfreiheit der Freizügigkeit von Personen zugeordnet.[55] Während Art. 49 AEUV

---

53 *Schmitz*, in: Joerden/Szwarc, Europäisierung des Strafrechts in Polen und Deutschland, S. 199 (199).

54 *Weller*, AnwBl. 2007, 320 (325).

55 Bei der Warenverkehrsfreiheit, der Freizügigkeit von Personen, der Dienstleistungsfreiheit sowie der Kapitalverkehrsfreiheit handelt es sich um die vier Grundfreiheiten nach Art. 26 Abs. 2 AEUV.

zunächst nur die Niederlassungsfreiheit natürlicher Personen in den Blick nimmt, regelt Art. 54 Abs. 1 AEUV, dass die Niederlassungsfreiheit für Gesellschaften und über Art. 54 Abs. 2 AEUV für juristische Personen gilt.[56] Voraussetzung dafür ist nach Art. 54 Abs. 1 Hs. 1 AEUV, dass die Gesellschaft nach dem Recht eines Mitgliedstaates der EU oder des EWR (wirksam) gegründet worden ist[57] und ihren satzungsmäßigen Sitz, ihre Hauptverwaltung oder ihre Hauptniederlassung[58] innerhalb der EU unterhält.[59] Insoweit ist es einer Gesellschaft, die außerhalb der EU bzw. des EWR gegründet worden ist und die nicht zu den sog. assoziierten Gebieten gehört, bereits verwehrt, sich auf die Niederlassungsfreiheit nach Artt. 49, 54 AEUV zu berufen.[60] Daraus ist der Schluss zu ziehen, dass derartigen Gesellschaften auch im deutschen Rechtssystem Grenzen gesetzt sind und eine etwaige Beschränkung der Niederlassungsfreiheit bereits mangels eines eröffneten Anwendungsbereichs dann nicht geltend gemacht werden kann.

Im Umkehrschluss bedeutet dies jedoch auch, dass die Artt. 49, 54 AEUV im Sinne einer kassatorischen Funktion jede unzulässige Beschränkung der Niederlassungsfreiheit einer EU-Auslandsgesellschaft durch das Recht der Mitgliedstaaten ausschließen.[61] In diesem Zusammenhang ist festzustellen, dass aus Art. 49 Abs. 1 S. 2 AEUV weiter folgt, dass die Gründung und Führung einer Zweigniederlassung in einem anderen Mitgliedstaat[62] ebenfalls von der Niederlassungsfreiheit umfasst ist, so dass sich hieraus *de facto* die eigentliche Legitimität für die grenzüberschreitende Sitzverlegung europäischer Kapitalgesellschaften nach Deutschland ergibt.[63] Bei einer überwiegend bzw. ausschließlich in Deutschland wirtschaftlich tätigen englischen *limited* befindet sich der Satzungssitz in Form des *registered office* bzw. des *domicile* in England, der maßgebliche Verwaltungssitz hingegen in Deutschland, so dass dies ausschlaggebend ist, um einen grenzüberschreitenden Sachverhalt im Sinne des Art. 49 Abs. 1 S. 2 AEUV zu bejahen.

---

56 *Kotzur*, in: Geiger/Khan/Kotzur, EUV/AEUV, Komm., Art. 54, Rn. 1.

57 *Schlag*, in: Schwarze, EU-Kommentar, Art. 54 AEUV, Rn. 18.

58 *Kotzur*, in: Geiger/Khan/Kotzur, EUV/AEUV, Komm., Art. 54, Rn. 8.

59 *Rehm*, in: Eidenmüller, Ausl. Kapitalgesellschaften im deutschen Recht, § 2 Rn. 74.

60 *Schlag*, in: Schwarze, EU-Kommentar, Art. 54 AEUV, Rn. 18.

61 *Eidenmüller*, NJW 2005, 1618 (1620).

62 Die Geltendmachung der Niederlassungsfreiheit ist nach der ständigen Rechtsprechung des EuGH nur bei Vorliegen eines unionsrechtlichen Sachverhalts möglich, d.h. es bedarf eines grenzüberschreitenden Sachverhalts, vgl. *EuGH*, EuZW 2002, 595 ff. – *MRAX*, sowie *EuGH*, Slg. 1992, I-2720, Rn. 9 – *Steen* jeweils m.w.N.

63 *Kotzur*, in: Geiger/Khan/Kotzur, EUV/AEUV, Komm., Art. 54, Rn. 12.

II. Verbot der offenen oder versteckten Diskriminierung

Ist die Niederlassungsfreiheit in ihrem Anwendungsbereich skizziert, bedarf es einer konkreten inhaltlichen Festlegung derselben. Nach dem aus Art. 49 AEUV abzuleitenden Grundsatz der Inländergleichbehandlung[64] folgt das *Verbot einer offenen oder versteckten Diskriminierung* von Ausländern im Vergleich zu Inländern.[65] Die Vorschrift verbietet eine unterschiedliche Behandlung aus Gründen der Staatsangehörigkeit. Derjenige, der in einem anderen Mitgliedstaat eine Haupt- oder Zweigniederlassung errichten möchte, darf nicht schlechter gestellt werden als ein Inländer in einer vergleichbaren Situation – was beispielsweise dann der Fall ist, wenn das nationale Recht die Aufnahme oder Ausübung einer selbstständigen Erwerbstätigkeit explizit den eigenen Staatsangehörigen vorbehält.[66] Es würde sich dann um eine diskriminierende Maßnahme handeln, da *de facto* – trotz des Vorliegens einer gleichartigen Situation – verschiedene Vorschriften zur Anwendung herangezogen bzw. spiegelbildlich dazu zwei unterschiedliche Sachverhalte durch dieselbe Vorschrift rechtlich bewertet werden sollen, ohne dass ein objektiver Rechtfertigungsgrund vorliegt.[67]

Eine *offene* Diskriminierung von Ausländern im strafrechtlichen Bereich ist dann gegeben, wenn bereits der Gesetzeswortlaut strengere Anforderungen an Geschäftsleiter ausländischer Gesellschaften stellt, so dass eine strafrechtliche Norm z. B. nicht zwischen dem von einer Gesellschaft unterhaltenen Satzungs- oder Verwaltungssitz im In- oder Ausland differenzieren darf.[68] *Versteckte* Diskriminierungen sind hingegen dadurch gekennzeichnet, dass Vorschriften über die Aufnahme und Ausübung eines Berufes nicht unmittelbar an die Staatsangehörigkeit anknüpfen, jedoch solche Anforderungen statuieren, die Einheimische automatisch erfüllen, währenddessen die Voraussetzungen von Staatsangehörigen anderer Mitgliedstaaten kaum oder gar nicht zu erfüllen sind.[69] Bezogen auf die hier zu untersuchende Konstellation, in der eine englische *limited* ihren Satzungssitz in England und den eigentlichen Verwaltungssitz im Rahmen ihrer Geschäftstätigkeit in Deutschland unterhält, bedeutet dies letztendlich, dass

---

64 *Schlag*, in: Schwarze, EU-Kommentar, Art. 49 AEUV, Rn. 33.

65 *EuGH*, NJW 2006, 425 (425) – *Sevic*, wonach eine reine Inländerdiskriminierung grundsätzlich nicht unter den Schutzbereich von Art. 49 AEUV fällt; vgl. *Kotzur*, in: Geiger/Khan/Kotzur, EUV/AEUV, Komm., Art. 49, Rn. 10; *Schlag*, in: Schwarze, EU-Kommentar, Art. 49, Rn. 42.

66 *Schlag*, in: Schwarze, EU-Kommentar, Art. 49 AEUV, Rn. 33.

67 *Kotzur*, in: Geiger/Khan/Kotzur, EUV/AEUV, Komm., Art. 49, Rn. 10.

68 *Kotzur*, in: Geiger/Khan/Kotzur, EUV/AEUV, Komm., Art. 49, Rn. 7.

69 *Schlag*, in: Schwarze, EU-Kommentar, Art. 49 AEUV, Rn. 37.

deutsche Normen nur dann nicht diskriminierend wirken (können), wenn der Gesetzeswortlaut keine strengeren Anforderungen an die Gesellschaft selbst und den *director* der *limited* im Vergleich zu einer inländischen nationalen Kapitalgesellschaft und deren Geschäftsleitung stellt. Gleichfalls darf die anzuwendende nationale Norm nicht so ausgestaltet sein, dass automatisch nur inländische Kapitalgesellschaften bzw. deren Geschäftsleiter deren Voraussetzungen erfüllen können und dies für die *limited* bzw. den *director* nicht oder nur unter erschwerten Bedingungen möglich wäre. Die vorstehenden Prämissen gilt es bei Vorschriften, die einen Bezug zu europäischen Gesellschaften und deren Geschäftsleitern aufweisen könnten, stets in den Blick zu nehmen, um eine offene oder versteckte Diskriminierung zu vermeiden.

III. Allgemeines Beschränkungsverbot

Der Schutzgehalt des Art. 49 AEUV beinhaltet darüber hinaus noch ein allgemeines Beschränkungsverbot.[70] Danach steht Art. 49 AEUV einer nationalen Regelung entgegen, die zwar ohne eine entsprechende Diskriminierung aus Gründen der Staatsangehörigkeit anwendbar, jedoch dazu geeignet ist, die Ausübung der durch den Vertrag garantierten grundlegenden Freiheiten zu behindern oder weniger attraktiv zu machen.[71] Eine Rechtfertigung des allgemeinen Beschränkungsverbots ist nach der Rechtsprechung des EuGH nur dann möglich, wenn mit der Regelung ein berechtigter Zweck erfüllt wird, der aus zwingenden Gründen des Allgemeininteresses gerechtfertigt ist und die Regelung geeignet und erforderlich ist, den verfolgten Zweck zu gewährleisten.[72] Diese Rechtsprechung hat der EuGH weiter konkretisiert.[73] Ausgangspunkt ist der Grundsatz der Inländergleichbehandlung, wonach diskriminierungsfreie Anforderungen an die Aufnahme und Ausübung einer selbstständigen Erwerbstätigkeit den Mitgliedstaaten zwar durchaus erlaubt sind, diese jedoch *in concreto* vier Voraussetzungen erfüllen müssen, sofern es sich um nationale Maßnahmen handelt, die die Ausübung der durch den Vertrag garantierten Freiheiten behindern oder weniger attraktiv machen können.[74] Danach müssen die von einem Mitgliedstaat beabsichtigten Maßnahmen

(1) in nicht diskriminierender Weise angewendet werden,
(2) aus zwingenden Gründen des Allgemeininteresses gerechtfertigt sein,

---

70 *Müller-Graff*, in: Streinz, EUV/AEUV, Komm., Art. 49, Rn. 81.
71 *Schlag*, in: Schwarze, EU-Kommentar, Art. 49 AEUV, Rn. 47.
72 *EuGH*, Slg. 1993, I-1663, Rn. 32 – *Kraus*.
73 *EuGH*, NJW 1996, 579 ff. – *Gebhard*.
74 *Schlag*, in: Schwarze, EU-Kommentar, Art. 49 AEUV, Rn. 47.

(3) geeignet sein, die Verwirklichung des mit ihnen verfolgten Ziels zu gewährleisten und
(4) sie dürfen nicht über das hinausgehen, was zur Erreichung des Ziels erforderlich ist.[75]

Diese elementaren Grundsätze sind der nationalen Rechtsanwendung immanent und bedürfen der zwingenden Beachtung bei der Rechtsfindung im Rahmen der Beurteilung der strafrechtlichen Risiken der Geschäftsleitung einer in Deutschland tätigen *limited*. Bemerkenswert ist die diesbezüglich ergangene Rechtsprechung des EuGH, dessen Judikatur die maßgeblichen Voraussetzungen im Hinblick auf die unionsrechtlich gewährleistete Niederlassungsfreiheit europäischer Gesellschaften weiter verfeinert und damit erst die im nationalen Mitgliedstaat gesellschaftsrechtlich zu beachtenden Vorgaben aufbereitet hat.

C. Die maßgebliche Rechtsprechung des EuGH

In mehreren Vorabentscheidungsverfahren nationaler (auch deutscher) Gerichte wurden dem EuGH Sachverhalte zur Entscheidung vorgelegt, die diesem die Weiterentwicklung der in Artt. 49, 54 AEUV statuierten Niederlassungsfreiheit für europäische Gesellschaften[76] in einer Reihe aufsehenerregender Entscheidungen ermöglicht haben.

I. Die Geltung der Niederlassungsfreiheit für europäische Kapitalgesellschaften

Der EuGH hat den Anwendungsbereich der Niederlassungsfreiheit – vornehmlich für europäische Kapitalgesellschaften – mit den Entscheidungen *Daily Mail, Centros, Überseering, Inspire Art, Sevic, Cartesio, VALE* und zuletzt *Kornhaas* fundamental umstrukturiert. Bei den Urteilen *Centros, Überseering, Inspire Art*, sowie sinngemäß *Sevic* und *VALE* handelte es sich um sog. *Zuzugskonstellationen*. Den Entscheidungen *Centros, Überseering, Inspire Art* sowie *Kornhaas* lagen Sachver-

---

75 Vgl. dazu die Entscheidung des *EuGH*, NJW 1996, 579 (581) – *Gebhard*, die als Ausgangspunkt dessen ständiger Rechtsprechung zur Auslegung des Art. 49 AEUV und der Qualifikation als allgemeines Beschränkungsverbot gilt; vgl. dazu auch *Schlag*, in: Schwarze, EU-Kommentar, Art. 49 AEUV, Rn. 49.

76 Die Niederlassungsfreiheit gilt für alle Gesellschaftsformen und beschränkt sich nicht auf Kapitalgesellschaften; so handelte es sich in der Entscheidung des EuGH in der Rechtssache *Cartesio* etwa um eine Personengesellschaft ungarischen Rechts (siehe dazu nachfolgend die Darstellung im ersten Teil dieser Arbeit unter § 1 C. I. 6.).

halte zugrunde, in denen die Gesellschaften rechtswirksam in ihrem Mitgliedstaat gegründet worden waren und beabsichtigt hatten, ihren Verwaltungssitz in einen anderen Mitgliedstaat zu verlegen, um dort ihre Geschäftstätigkeit auszuüben. In den Rechtssachen *Sevic* und *VALE* hingegen sollte die Sitzverlegung in Form einer Umwandlung erfolgen. In allen den Entscheidungen zugrundeliegenden Sachverhalten bestand für die Gesellschaften das Bedürfnis, unter Berufung auf die Niederlassungsfreiheit in dem Zuzugsstaat als ausländische Gesellschaft in der bisherigen Gesellschaftsform anerkannt zu werden. Demgegenüber handelte sich bei den Entscheidungen *Daily Mail* und *Cartesio* um *Wegzugskonstellationen*, in denen die Mitgliedstaaten den Wegzugsbemühungen einer nach ihrem Recht gegründeten Gesellschaft gegenübertraten. Es bedurfte einer Klärung der Rechtsfrage, ob europäischen Gesellschaften unter Berufung auf die Niederlassungsfreiheit ein Wegzugsrecht eingeräumt werden kann. Mithin war zu eruieren, ob diese Gesellschaften das Recht besitzen, ihren Verwaltungssitz ohne nationale Beschränkungen desjenigen Mitgliedstaates, dessen Gründungsstatut sie aufweisen, unter Beibehaltung ihres bisherigen Personalstatuts in einen anderen europäischen Mitgliedstaat verlegen zu dürfen.

1. „Daily Mail“

In der Entscheidung *Daily Mail*[77] vom 27. September 1988 hatte sich der EuGH mit der Frage auseinanderzusetzen, ob sich eine Gesellschaft auf die Niederlassungsfreiheit berufen kann und ihr das Recht zusteht, ihren Sitz in einen anderen Mitgliedstaat zu verlegen. Bei dem Unternehmen handelte es sich um die nach englischem Recht gegründete *Daily Mail and General Trust plc.*, die den Sitz ihrer Geschäftsleitung aus steuerrechtlichen Gesichtspunkten in die Niederlande verlegen wollte. Dazu bedurfte es nach dem nationalen Recht einer Zustimmung der zuständigen Finanzbehörden zur Verwaltungssitzverlegung, die im konkreten Fall jedoch nicht erfolgt war. In dem folgenden Prozess vertrat die Gesellschaft die Rechtsansicht, dass für sie aufgrund der Niederlassungsfreiheit die Berechtigung bestehe, den Sitz ihrer Geschäftsleitung auch ohne Zustimmung des Gründungsstaates in einen anderen europäischen Mitgliedstaat zu verlegen.[78]

Der EuGH urteilte dazu erstmals, dass die Niederlassungsfreiheit zwar grundsätzlich auch den Wegzug von Gesellschaften erfasse,[79] nicht jedoch eine Verwaltungssitzverlegung unter Wahrung der (bisherigen) nationalen Rechtsform

---

77 *EuGH*, NJW 1989, 2186 ff. – *Daily Mail.*
78 *EuGH*, NJW 1989, 2187 (2187) – *Daily Mail.*
79 *EuGH*, NJW 1989, 2187 (2187) – *Daily Mail.*

der Gesellschaft. Insoweit stelle sich das Zustimmungserfordernis des Finanzministeriums aus gemeinschaftsrechtlicher Sicht als unbedenklich dar; dieses sei auch nicht an der Niederlassungsfreiheit zu messen.[80] Es sei mangels weiterer einschlägiger gemeinschaftsrechtlicher Regelungen allein den Mitgliedstaaten selbst überlassen, bei einer nach ihrem Recht gegründeten Gesellschaft die Möglichkeiten und etwaige Modalitäten einer Verlegung des satzungsmäßigen oder wahren Sitzes festzulegen.[81] Da nach Ansicht des EuGH derartige Vorschriften im Wegzugsfall demnach nicht dem originären Schutzbereich der Niederlassungsfreiheit unterfallen, gewährt diese Grundfreiheit den Gesellschaften nationalen Rechts im Ergebnis kein Recht, den Geschäftsleitungssitz unter Bewahrung ihrer Eigenschaft als Gesellschaften des Gründungsmitgliedstaates in einen anderen Mitgliedstaat zu verlegen.[82]

In dieser Rechtssache ging es damit lediglich um die Frage, ob eine Gesellschaft von dem Gründungsstaat (der Gesellschaft) und durch dessen nationales Rechtssystem an dem Wegzug gehindert werden kann. Infolgedessen wurde zu diesem Zeitpunkt in der (deutschen) Literatur noch geschlussfolgert, dass den Mitgliedstaaten bei der Behandlung der nach ihrem Recht gegründeten und wegzugswilligen Gesellschaft ein beträchtlicher Entscheidungsspielraum zustehe.[83]

2. „Centros“

In der Rechtssache *Centros*[84] entschied der EuGH mit Urteil vom 09. März 1999 erstmalig über die Reichweite der Niederlassungsfreiheit für eine europäische Kapitalgesellschaft in einem *Zuzugsfall* und konstatierte dabei die unmittelbare Geltung sowie eigenständige Bedeutung der Niederlassungsfreiheit für eine Auslandsgesellschaft.

Dänische Staatsangehörige hatten die *Centros ltd.* im Jahre 1992 in England und Wales gegründet. Als Satzungssitz diente die Adresse eines in England wohnhaften Freundes. Als die Gesellschaftsgründer die Eintragung der Gesellschaft als Zweigniederlassung in Dänemark beantragten, wurde ihnen dies durch die dänische Zentralverwaltung für Handel und Gesellschaften mit der Begründung verweigert, dass – was von den Antragstellern nicht bestritten wurde – seit der Gründung der Gesellschaft keine Geschäftstätigkeit in England erfolgt sei. Es

80 *EuGH*, NJW 1989, 2187 (2187 f.) – *Daily Mail.*
81 *EuGH*, NJW 1989, 2187 (2187 f.) – *Daily Mail.*
82 *EuGH*, NJW 1989, 2187 (2188) – *Daily Mail.*
83 *Ringe*, in: Schmidt/Lutter, AktG, IntGesR, Rn. 25.
84 *EuGH*, NJW 1999, 2027 ff. – *Centros.*

wurde seitens der Behörde argumentiert, es solle unter Umgehung der nationalen Vorschriften keine Zweigniederlassung, sondern vielmehr eine faktische Hauptniederlassung errichtet werden, um das Erfordernis der Einzahlung eines Mindestgesellschaftskapitals in Dänemark letztlich zu vermeiden.[85]

Der EuGH stellte zu dem ihm vorgelegten Sachverhalt fest, dass dieser von dem Anwendungsbereich der Niederlassungsfreiheit erfasst sei und die Gesellschaft durch die Verweigerung der Eintragung einer Zweigniederlassung durch einen anderen Mitgliedstaat an der Ausübung der ihr zustehenden Niederlassungsfreiheit gehindert werde.[86] Gesellschaften stände es frei, ihre Tätigkeit in einem anderen Mitgliedstaat durch eine Agentur, eine Zweigniederlassung oder eine Tochtergesellschaft auszuüben, wobei ihr satzungsmäßiger Sitz, ihre Hauptverwaltung oder ihre Hauptniederlassung, ebenso wie die Staatsangehörigkeit bei natürlichen Personen, dazu diene, ihre Zugehörigkeit zur Rechtsordnung eines Mitgliedstaates zu bestimmen.[87] Insofern zog der EuGH daraus das Zwischenfazit, dass die Errichtung einer Gesellschaft in einem Mitgliedstaat, dessen gesellschaftsrechtliche Vorschriften die größte Freiheit einräumen, und die anschließende Gründung einer Zweigniederlassung in einem anderen Mitgliedstaat ebenfalls von dem Schutzbereich der Niederlassungsfreiheit umfasst sind.[88]

Der EuGH stellte damit fest, dass allein die fehlende Ausübung der Geschäftstätigkeit in dem Mitgliedstaat, in dem der satzungsmäßige Sitz liegt, und die ausschließliche Geschäftstätigkeit kein missbräuchliches Ausnutzen der Niederlassungsfreiheit darstellt.[89] Sofern demnach einer in einem Mitgliedstaat wirksam gegründeten Gesellschaft bei gleichzeitiger Beibehaltung ihres statuarischen Sitzes die Eintragung der Zweigniederlassung in einem anderen Mitgliedstaat verweigert wird, obwohl sie dort ausschließlich ihre Geschäftstätigkeit entfalten möchte, stellte dies nach Auffassung des EuGH einen Verstoß desjenigen Mitgliedstaats, in dem die Zweigniederlassung liegen soll, gegen die unionsrechtliche Niederlassungsfreiheit dar.[90]

---

85 *EuGH*, NJW 1999, 2027 (2028) – *Centros*.
86 *EuGH*, NJW 1999, 2027 (2028) – *Centros*.
87 *EuGH*, NJW 1999, 2027 (2028) – *Centros*.
88 *EuGH*, NJW 1999, 2027 (2028) – *Centros*.
89 *EuGH*, NJW 1999, 2027 (2028 f.) – *Centros*.
90 *EuGH*, NJW 1999, 2027 (2029) – *Centros*.

3. „Überseering“

Der Entscheidung des EuGH vom 05. November 2002 in der Rechtssache *Überseering*[91] lag ein Vorlagebeschluss des BGH vom 30. März 2000[92] zugrunde. Bei der europäischen Kapitalgesellschaft, die Gegenstand des Beschlusses des BGH gewesen war, handelte es sich um die rechtswirksam in den Niederlanden gegründete *Überseering BV*.[93] Nachdem deren Gesellschaftsanteile von zwei deutschen Staatsangehörigen erworben worden waren, sollte eine Verlegung des Verwaltungssitzes nach Deutschland erfolgen. Dies war nach niederländischem Recht durchaus zulässig.[94] Im Rahmen eines in der Folgezeit von der *Überseering BV* in Deutschland geführten Zivilprozesses, in dem Gewährleistungsansprüche gegen eine deutsche GmbH geltend gemacht worden waren, wurde die Klage letztlich abgewiesen, da der Gesellschaft als Prozessklägerin aufgrund der zu diesem Zeitpunkt in Deutschland geltenden Sitztheorie[95] die fehlende Rechts- und Parteifähigkeit bescheinigt wurde. So sollte eine nach deutschem Recht erfolgte Neugründung die einzige Option zur vertraglichen Anspruchsgeltendmachung gegen eine deutsche Gesellschaft vor der deutschen Gerichtsbarkeit darstellen.[96] Der BGH legte dem EuGH sodann die Frage zur Auslegung vor, ob einer wirksam nach dem Recht eines anderen EU-Mitgliedstaates gegründeten Gesellschaft mit deren Verwaltungssitzverlegung in einen anderen EU-Mitgliedstaat gleichzeitig deren Rechts- und Parteifähigkeit abgesprochen werden könne.[97]

Der EuGH differenzierte hier zunächst zwischen der bereits bekannten Möglichkeit einer Zuzugs- bzw. Wegzugskonstellation. Im vorliegenden Fall handelte es sich nach Ansicht des EuGH um eine *Wegzugs*konstellation. Der EuGH sah eine ungerechtfertigte Beschränkung der Niederlassungsfreiheit der *Überseering BV* im Ergebnis als gegeben an. Nach seiner Ansicht sei eine in ihrem Gründungsstaat wirksam konstituierte Kapitalgesellschaft auch bei der Verlegung ihres tatsächlichen Verwaltungssitzes in einen anderen Mitgliedstaat in ihrem Gesellschaftsstatut als partei- und rechtsfähig zu erachten.[98] Bei der Inanspruchnahme der

---

91 *EuGH*, NJW 2002, 3614 ff. – *Überseering.*

92 *BGH*, NZG 2000, 926 f.

93 Bei der in der Wirtschaftspraxis gebräuchlichen Kurzbezeichnung „*BV*“ handelt es sich bei der *Besloten Vennootschap met beperkte aansprakelijkeid* um eine niederländische Kapitalgesellschaft mit beschränkter Haftung.

94 *EuGH*, NJW 2002, 3614 (3616) – *Überseering.*

95 Siehe dazu im Folgenden ausführlich unter § 2 A. I.

96 *EuGH*, NJW 2002, 3614 (3616) – *Überseering.*

97 *BGH*, NZG 2000, 926 f.

98 *EuGH*, NJW 2002, 3614 (3616 f.) – *Überseering.*

Niederlassungsfreiheit durch Gesellschaften im Rahmen der Verlegung ihres tatsächlichen Verwaltungssitzes in einen anderen Mitgliedstaat stehe die Reglementierung des Zuzugsstaats unter Bezugnahme auf dessen nationale Vorschriften des Gesellschaftsrechts nicht im Einklang mit den Grundsätzen der Niederlassungsfreiheit, so dass sich dies als unionsrechtswidrig darstelle.[99] Gleichzeitig konstatierte der EuGH zwar auch, dass – was in der Rechtssache *Überseering* noch nicht gegeben schien – zwingende Gründe des Allgemeinwohls, wie etwa auch der Gläubigerschutz, unter bestimmten Umständen und unter Beachtung exakter Voraussetzungen zu einer Beschränkung der Niederlassungsfreiheit führen können, jedoch liege in der Aberkennung der Rechts- und Parteifähigkeit einer in einem Mitgliedstaat wirksam errichteten Gesellschaft keine Rechtfertigung der Beschränkung der Niederlassungsfreiheit.[100] Im Übrigen stellte der EuGH klar, dass im Rahmen des Art. 54 AEUV alle Gesellschaftsformen – demzufolge auch Personengesellschaften – von der Anerkennungsverpflichtung durch die Mitgliedstaaten erfasst sind.[101] In der deutschen Literatur wurde die Entscheidung vielfach als Wendemarke für das nationale und internationale Gesellschaftsrecht betrachtet.[102]

4. „Inspire Art"

Mit der Entscheidung vom 30. September 2003[103], dem vielfach plakativ bemühten „*Inspire Art*-Urteil", bestätigte der EuGH seine Rechtsprechung aus den Entscheidungen *Centros* und *Überseering* und führte diese in der Sache weiter aus. Bei der *Inspire Art ltd.* handelte es sich um eine Kapitalgesellschaft englischen Rechts mit Sitz in England, deren Geschäftstätigkeit von ihrem niederländischen Gründer und Alleingesellschafter in den Niederlanden im Rahmen einer Zweigniederlassung betrieben werden sollte.[104]

Aus Sichtweise der niederländischen Handelskammer handelte es sich bei dieser Gesellschaft aufgrund der ausschließlich in den Niederlanden ausgeführten Geschäftstätigkeit um eine reine Briefkastenfirma, so dass bei dieser das *Wet op de formeel buitenlandse vennootschappen* (WFBV), das niederländische Gesetz

---

99 *EuGH*, NJW 2002, 3614 (3615) – *Überseering*.
100 *EuGH*, NJW 2002, 3614 (3616) – *Überseering*.
101 *EuGH*, NJW 2002, 3614 (3616) – *Überseering*.
102 Exemplarisch dazu: *Großerichter*, DStR 2003, 159 (159).
103 *EuGH*, NJW 2003, 3331 ff. – *Inspire Art*.
104 *EuGH*, NJW 2003, 3331 (3331) – *Inspire Art*.

über formal ausländische Gesellschaften, einschlägig sein sollte.[105] Die Intention des niederländischen Gesetzgebers bestand bei dem Erlass dieses Gesetzes in der Schaffung bestimmter Mindeststandards für ausländische Scheinauslandsgesellschaften.[106] Diese sollten etwa die Ausstattung der Gesellschaften mit einem Mindestkapital in Art. 4 Abs. 4 WFBV, dazu korrespondierend eine persönliche gesamtschuldnerische Geschäftsführerhaftung sowie unter anderem auch die gesetzliche Regelung von bestimmten Publizitätspflichten umfassen.[107] Zur Kenntlichmachung im niederländischen Rechtsverkehr sollte die *Inspire Art ltd.* nach diesem Gesetz zusätzlich verpflichtet werden, den namentlichen Zusatz "*formal ausländische Gesellschaft*" zu tragen. Zugleich schrieb das Gesetz in Art. 5 Abs. 4 WFBV die jährliche Hinterlegung einer Bescheinigung der Eintragung der Gesellschaft in das Handelsregister Englands als Gründungsstaat und der Niederlande als Aufnahmestaat vor.[108] Letztlich ging es um die entscheidende Frage, ob die vorgenannten Vorschriften des WFBV mit der in Artt. 49, 54 AEUV statuierten Niederlassungsfreiheit überhaupt vereinbar sind.

Der EuGH stellte in nunmehr ständiger Rechtsprechung fest, dass auch die Errichtung einer Gesellschaft in einem Mitgliedstaat zwecks alleiniger Niederlassung in einem anderen Mitgliedstaat zur dortigen Ausübung ihrer wesentlichen oder ausschließlichen Geschäftstätigkeit von der Niederlassungsfreiheit gedeckt sei.[109] Die bloße Intention, in den Genuss vorteilhafter Rechtsvorschriften zu kommen, könne keinen Missbrauch der Niederlassungsfreiheit begründen,[110] so dass die Gründung der *Inspire Art ltd.* nach englischem Recht selbst zur ausschließlichen Umgehung der niederländischen Mindestkapitalvorschriften vom Anwendungsbereich der Niederlassungsfreiheit umfasst sei.[111] Daraus schlussfolgerte der EuGH, dass die einschlägigen niederländischen Vorschriften des WFBV eine Einschränkung der Niederlassungsfreiheit darstellten, da es sich mithin um Regelungen eines Mitgliedstaates handelte, die die Ausübung der Freiheit zur Errichtung einer Zweigniederlassung in dem Zuzugsstaat entgegen des Rechts des Gründungsstaates von bestimmten gesetzlichen Voraussetzungen abhängig machten.[112]

---

105 *EuGH*, NJW 2003, 3331 (3331) – *Inspire Art.*
106 *EuGH*, NJW 2003, 3331 (3331) – *Inspire Art.*
107 *EuGH*, NJW 2003, 3331 (3332 f.) – *Inspire Art.*
108 *EuGH*, NJW 2003, 3331 (3332 f.) – *Inspire Art.*
109 *EuGH*, NJW 2003, 3331 (3333) – *Inspire Art.*
110 *EuGH*, NJW 2003, 3331 (3333) – *Inspire Art.*
111 *EuGH*, NJW 2003, 3331 (3333) – *Inspire Art.*
112 *EuGH*, NJW 2003, 3331 (3334) – *Inspire Art.*

Der niederländische Staat hatte im Verfahren vor dem EuGH noch argumentiert, die potentielle Einschränkung der Niederlassungsfreiheit durch die maßgeblichen niederländischen Regelungen des Mindestkapitals sowie der Geschäftsführerhaftung werde durch zwingende Gründe des Allgemeininteresses – wie den Gläubigerschutz, die Bekämpfung einer missbräuchlichen Ausnutzung der Niederlassungsfreiheit, die Erhaltung der Wirksamkeit der Steuerkontrollen und die Lauterkeit des Handelsverkehrs – gerechtfertigt.[113] Dieser Argumentation folgte der EuGH im Ergebnis jedoch nicht. Eine Rechtfertigung der Beschränkung der Niederlassungsfreiheit aus zwingenden Gründen des Allgemeininteresses komme bei Anwendung des sog. *Vier-Kriterien-Tests*[114] bei nationalen Normen, welche zu einer Einschränkung oder mangelnden Attraktivität der Niederlassungsfreiheit führen, auch aus Gründen des Gläubigerschutzes nicht in Betracht. Dazu bedürfe es einer nicht diskriminierenden Anwendung der Vorschrift, einer Rechtfertigung aus zwingenden Gründen des Allgemeininteresses und der Geeignetheit zur Erreichung des verfolgten Ziels. Zudem dürfe das diesbezüglich Erforderliche zur Zielerreichung auch nicht darüber hinausgehen.[115] Der EuGH führte dazu weiter aus, potentielle Gläubiger der Gesellschaft seien bereits durch das Auftreten der *Inspire Art Ltd.* in der Gesellschaftsform der *limited* hinreichend darüber informiert, dass es sich um eine von dem Recht der Niederlande abweichende englische Gesellschaftsform handelt, die womöglich anderen rechtlichen Standards im Kapitalschutz oder hinsichtlich der gesamtschuldnerischen Geschäftsführerhaftung unterfallen könne.[116] Hiermit statuierte der EuGH das sog. „*Informationsmodell*“, was es im weiteren Verlauf dieser Arbeit noch näher zu betrachten gilt. Zu einem missbräuchlichen Ausnutzen der Niederlassungsfreiheit wiederholte der EuGH abschließend seinen bereits in der Rechtssache *Centros* dargestellten Argumentationsstrang, wonach das ausschließliche Entfalten der Geschäftstätigkeit der Gesellschaft im Zuzugsstaat noch kein missbräuchliches und betrügerisches Verhalten begründen kann.[117] Im Ergebnis beinhaltete dies letztlich somit eine europarechtlich gewährte Legitimation des Ausnutzens der im Zuzugsstaat womöglich vorteilhafteren rechtlichen Behandlung der EU-Gesellschaft.

113 *EuGH*, NJW 2003, 3331 (3334) – *Inspire Art.*
114 *EuGH*, NJW 2003, 3331 (3334) – *Inspire Art.*
115 *EuGH*, NJW 2003, 3331 (3334) – *Inspire Art.*
116 *EuGH*, NJW 2003, 3331 (3334) – *Inspire Art.*
117 *EuGH*, NJW 2003, 3331 (3334) – *Inspire Art.*

5. „Sevic“

Gegenstand der Entscheidung des EuGH vom 13. Dezember 2005 in der Rechtssache *Sevic*[118] war eine beabsichtigte Verschmelzung der luxemburgischen *Security Vision Concept SA* auf ihre in Deutschland sitzende Muttergesellschaft, die *SEVIC Systems AG*, so dass ein Fall der sog. „Hereinverschmelzung“[119] vorlag. Ausweislich des Verschmelzungsvertrages sollte die luxemburgische Gesellschaft ohne eine Abwicklung aufgelöst werden und die Vermögensübertragung auf die Muttergesellschaft erfolgen. Den entsprechenden Eintragungsantrag lehnte das AG Neuwied jedoch mit Verweis auf § 1 Abs. 1 Nr. 1 UmwG a. F. ab. Auf die Beschwerde der *SEVIC Systems AG* hin legte das LG Koblenz dem EuGH die Frage vor, ob die vorgenannte gesetzliche Regelung des UmwG mit der Niederlassungsfreiheit vereinbar sei.[120] Vorliegend handelte es sich mithin um einen Sachverhalt, der einer Zuzugskonstellation lediglich ähnelte. So lag dem Verfahren keine grundsätzliche Rechtsformanerkennung zugrunde, sondern eine Beschränkung des Umfangs des nationalen Gesellschaftsrechts durch eine Konkretisierung der gesetzlichen Regelung auf eine eigene nationale Rechtsform.

Der EuGH urteilte, dass eine Regelung, welche die Eintragung einer Verschmelzung grundsätzlich verweigert, sofern der Sitz einer der beiden beteiligten Gesellschaften nicht im gleichen Mitgliedstaat, sondern in einem anderen Mitgliedstaat liegt, und eine Verschmelzung bei zwei Gesellschaften des gleichen Mitgliedstaates unter bestimmten Voraussetzungen möglich sei, eine nicht gerechtfertigte Diskriminierung darstelle. Die Regelung des § 1 Abs. 1 Nr. 1 UmwG a. F. sei mit den Regelungen der Niederlassungsfreiheit gemäß Artt. 49, 54 AEUV daher unvereinbar.[121]

Dies führte in der Rechtspraxis dazu, dass Registergerichte eine Verweigerung der Eintragung der Verschmelzung nach § 1 Abs. 1 Nr. 1 UmwG nicht mehr aussprechen konnten.[122] Im Übrigen ist festzuhalten, dass der EuGH die gemeinschaftsrechtswidrige Anwendung der Verschmelzungsvorschriften nicht auf Kapitalgesellschaften beschränkte, so dass auch Personengesellschaften von dem Schutzbereich der Artt. 49, 54 AEUV als erfasst gelten und sich daher im Falle einer generellen Verweigerung ebenfalls auf Artt. 49, 54 AEUV berufen können.[123]

---

118 *EuGH*, NJW 2006, 425 f. – *Sevic*.

119 *Bilitewski*, in: Limmer, Handbuch der Unternehmensumwandlung, S. 1165, Rn. 316.

120 *EuGH*, NJW 2006, 425 (425) – *Sevic*.

121 *EuGH*, NJW 2006, 425 (426) – *Sevic*.

122 *Bayer/Schmidt*, ZIP 2006, 210 (212).

123 *Bayer/Schmidt*, BB 2008, 454 (459).

6. „Cartesio“

In der Rechtssache *Cartesio* hatte der EuGH mit Urteil vom 16. Dezember 2008[124] wiederum über eine Wegzugskonstellation zu entscheiden. Bei der Gesellschaft *Cartesio Oktató és Szolgáltató Bt* handelte sich um eine Kommanditgesellschaft ungarischen Rechts, deren Antrag über die Bestätigung der Sitzverlegung nach Italien von dem ungarischen Registergericht abgelehnt worden war. Im ungarischen Recht ist die Sitzverlegung einer in Ungarn gegründeten Gesellschaft ins Ausland unter Beibehaltung des ungarischen Personalstatuts nicht möglich, da das nationale Gesetz die Eintragung des Verwaltungssitzes in das Handelsregister vorsieht und demnach den Register- und den Verwaltungssitz miteinander koppelt.[125] Die Gesellschaft berief sich auf die Niederlassungsfreiheit, durch die dem ungarischen Recht untersagt werde, der Gesellschaft derartige auf das Sitzland bezogene Wegzugsbeschränkungen aufzuerlegen.[126]

In seinen Entscheidungsgründen betonte der EuGH, dass die Frage der Existenz einer schützenswerten Gesellschaft in Ermangelung einer einheitlichen gemeinschaftsrechtlichen Definition der Gesellschaften, die von dem Privileg der Niederlassungsfreiheit profitieren, nur nach dem geltenden nationalen Recht beantwortet werden könne.[127] In der Konsequenz führe dies dazu, dass für einen Mitgliedstaat die Befugnis bestehe, es einer nach seinem nationalen Recht wirksam gegründeten Gesellschaft zu untersagen, den Sitz unter Beibehaltung des nationalen Gesellschaftsstatuts in das Ausland zu verlegen.[128] Mit dieser Entscheidung setzte der EuGH seinen in der Rechtssache *Daily Mail* bereits aufgenommenen Kurs in den Fällen der sog. Wegzugskonstellationen insoweit konsequent weiter fort.

7. „VALE“

Die für die Niederlassungsfreiheit europäischer Gesellschaften äußerst relevante Serie der Entscheidungen des EuGH fand ihre Fortsetzung in dessen Urteil vom 12. Juli 2012[129] in der Rechtssache *VALE*. Im Mittelpunkt der Entscheidung stand die Frage, inwieweit der Schutzbereich der Niederlassungsfreiheit auch die grenzüberschreitende Umwandlung im Sinne eines grenzüberschreitenden

---

124 *EuGH*, NJW 2009, 569 ff. – *Cartesio*.
125 *EuGH*, NJW 2009, 569 (569) – *Cartesio*.
126 *EuGH*, NJW 2009, 569 (569) – *Cartesio*.
127 *EuGH*, NJW 2009, 569 (570 f.) – *Cartesio*.
128 *EuGH*, NJW 2009, 569 (571) – *Cartesio*.
129 *EuGH*, NJW 2012, 2715 ff. – *VALE Építési kft*.

Formwechsels[130] umfasst, wobei es sich inhaltlich hingegen um die Verlegung des Satzungssitzes handelt.

Die *VALE COSTRUZIONI Srl* war im Jahre 2000 in Italien als Gesellschaft mit beschränkter Haftung italienischen Rechts gegründet und im römischen Handelsregister eingetragen worden. Da die Gesellschaft beabsichtigte, ihre Tätigkeit in Italien im Jahre 2006 einzustellen und eine Verlegung ihres Satzungs- und Verwaltungssitzes nach Ungarn zur dortigen Wiederaufnahme ihrer Geschäftstätigkeit vorzunehmen, beantragte sie bei dem italienischen Handelsregister die Löschung der Gesellschaft aus dem Handelsregister, welche sodann am 13. Februar 2006 verbunden mit dem Hinweis, dass die Gesellschaft ihre gesamte Tätigkeit nun nach Ungarn verlegt habe, erfolgt ist. In der Folgezeit schlossen der Geschäftsleiter der Gesellschaft und eine weitere Person am 14. November 2006 einen Gesellschaftsvertrag, um nunmehr die Rechtsnachfolgerin, die *VALE Epitesi Kft,* eine Gesellschaft mit beschränkter Haftung ungarischen Rechts, in das ungarische Handelsregister eintragen zu lassen. Die am 19. Januar 2007 beantragte Eintragung der *VALE Epitesi Kft.* als Rechtsnachfolgerin der *VALE COSTRUZIONI Srl* wurde sowohl vom dem zuständigen Gericht in Budapest als auch von dem Bezirksgerichtshof als Beschwerdeinstanz verweigert. Begründet wurde dies damit, dass eine ausländische Gesellschaft nach ungarischem Recht nicht als Rechtsvorgängerin in das Handelsregister eingetragen werden könne[131] und das nationale (ungarische) Recht nur Umwandlungen kenne, die eine Rechtsformänderung bzw. eine Spaltung oder Verschmelzung von inländischen Gesellschaften betreffen.[132] Der EuGH hingegen sah in der Verweigerung der Eintragung der Gesellschaft in das ungarische Handelsregister aufgrund der Argumentationslinie der ungarischen Judikatur einen Verstoß gegen Artt. 49, 54 AEUV.[133]

Zu der Frage des Eingriffs in den Schutzbereich der Niederlassungsfreiheit im Falle einer grenzüberschreitenden und formwechselnden Umwandlung präzisierte der EuGH seine in der Rechtssache *Cartesio* gesprochenen Rechtsausführungen. Mangels einer unionseinheitlichen Definition entscheide zwar das für die Gründung und die Funktionsweise einer Gesellschaft zuständige nationale Recht über die eigentliche Frage der Existenz der Gesellschaft im Sinne der Artt. 49, 54 AEUV und deren Möglichkeit, sich auf die Niederlassungsfreiheit

---

130 Hierbei handelt es sich um eine identitätswahrende Verlegung des Satzungs- als auch des Verwaltungssitzes einer Gesellschaft, so dass die Gesellschaft in der Folge im Herkunftsstaat erlischt und in dem anderen (neuen) Staat neu entsteht.

131 *Vorlagebeschluss des Obersten Gerichts Ungarn*, ZIP 2010, 1956 (1957).

132 *Vorlagebeschluss des Obersten Gerichts Ungarn*, ZIP 2010, 1956 (1958 f.).

133 *EuGH*, NJW 2012, 2715 (2717) – *VALE Építési kft.*

berufen zu können.[134] Das Urteil *Cartesio* sei jedoch nicht so zu verstehen, dass eine grenzüberschreitende Umwandlung generell nicht von dem Schutzbereich der Niederlassungsfreiheit umfasst sei. Maßgeblich sei vielmehr, ob innerstaatliche Umwandlungen in dem nationalen Recht ermöglicht werden, so dass damit der Schutzbereich der Artt. 49, 54 AEUV eröffnet sei und dies einen grenzüberschreitenden Formwechsel ermögliche.[135] Sofern eine gesetzliche nationale Regelung zwischen einer grenzüberschreitenden oder innerstaatlichen Umwandlung unterscheide, könne diese Ungleichbehandlung Gesellschaften davon abhalten, von ihrer Niederlassungsfreiheit Gebrauch zu machen, so dass es sich hierbei um eine Beschränkung der Artt. 49, 54 AEUV handele.[136] Selbst wenn es sich bei Interessen der Gläubiger, der Minderheitengesellschafter und der Arbeitnehmer sowie der Wahrung der Wirksamkeit steuerlicher Kontrollen und der Lauterkeit des Handelsverkehrs um anerkannte Gründe des Allgemeininteresses handele, müsse für die Rechtfertigung der Verhältnismäßigkeitsgrundsatz gewahrt bleiben. Dieses Erfordernis sei von der gesetzlichen Regelung ungarischen Rechts nicht erfüllt, da ein grenzüberschreitender Formwechsel generell ausgeschlossen sei.[137]

Abschließend stellte der EuGH fest, die Niederlassungsfreiheit setze „*die tatsächliche Ansiedlung der betreffenden Gesellschaft und die Ausübung einer wirklichen wirtschaftlichen Tätigkeit in diesem Staat*" voraus, so dass die reine Verlegung des Registersitzes der Gesellschaft ohne eine tatsächliche Tätigkeit in dem neuen Mitgliedstaat nicht ausreiche.[138] Die Überprüfung der registerrechtlichen Voraussetzungen obliege hingegen dem nationalen Vorlagegericht.[139] Die Ausführungen des EuGH hinsichtlich der tatsächlichen Ansiedlung einer Gesellschaft und einer damit einhergehenden Ausübung einer wirklichen wirtschaftlichen Tätigkeit sorgten über den vorgeschilderten Problemkreis hinaus – insbesondere im Hinblick auf die vollumfängliche Geltung der Niederlassungsfreiheit für sog. Briefkastengesellschaften – für kontroverse Ausführungen in der deutschen Literatur[140], auf die im weiteren Verlauf dieser Arbeit noch einzugehen sein wird.

---

134 *EuGH*, NJW 2012, 2715 (2716) – *VALE Építési kft.*

135 *EuGH*, NJW 2012, 2715 (2716 f.) – *VALE Építési kft.*

136 *EuGH*, NJW 2012, 2715 (2717) – *VALE Építési kft.*

137 *EuGH*, NJW 2012, 2715 (2717) – *VALE Építési kft.*

138 *EuGH*, NJW 2012, 2715 (2717) – *VALE Építési kft.*

139 *EuGH*, NJW 2012, 2715 (2717) – *VALE Építési kft.*

140 Vgl. dazu etwa *Bayer/Schmidt*, ZIP 2012, 1481 ff.; *Behrens*, EuZW 2012, 625; *Benrath/König*, Der Konzern, 2012, 377 ff.; *Drygala*, EuZW 2013, 569 ff.; *Kindler*, EuZW 2012, 888 ff.; *Schön*, ZGR 2013, 352 f.

8. „Kornhaas“

Die zuletzt in der Rechtssache *Kornhaas* am 10. Dezember 2015 ergangene Entscheidung des EuGH[141] ist der (bisherige) Abschluss der Judikatur des EuGH betreffend den Themenkontext der Niederlassungsfreiheit europäischer (Kapital-) Gesellschaften und für diese Arbeit von zentraler Bedeutung. Der Entscheidung des EuGH lag der Vorlagebeschluss des BGH vom 02. Dezember 2014[142] zugrunde, der über die Entscheidung des OLG Jena[143] zu befinden hatte. Das für die von der Beklagten eingelegte Berufung zuständige OLG Jena hatte das landgerichtliche Urteil bestätigt, jedoch die Revision zum BGH zugelassen. Die erste Vorlagefrage des BGH lautete, ob Art. 4 EuInsVO dahingehend auszulegen sei, dass in den Anwendungsbereich der Vorschrift eine Klage vor einem deutschen Gericht falle, mit der der *director* der *limited,* über deren Vermögen das Insolvenzverfahren in Deutschland eröffnet worden ist, vom Insolvenzverwalter dieser Gesellschaft auf der Grundlage einer nationalen Bestimmung wie § 64 Abs. 2 S. 1 GmbHG a. F. auf Ersatz von Zahlungen in Anspruch genommen wird, die der *director* vor Eröffnung des Insolvenzverfahrens, aber nach dem Zeitpunkt, auf den der Eintritt der Zahlungsunfähigkeit festgesetzt wurde, geleistet hat.[144] Die zweite Vorlagefrage des BGH war deutlich komprimierter. Sie lautete schlicht, ob eine Klage der vorstehenden Art gegen die Niederlassungsfreiheit im Sinne der Artt. 49, 54 AEUV verstoße.[145]

Im Rahmen der ersten vorgelegten Fragestellung verwies der EuGH[146] zunächst auf seine bisherige Rechtsprechungslinie, wonach Art. 3 Abs. 1 EuInsVO dergestalt auszulegen sei, dass die Gerichte des Mitgliedstaats, in dessen Gebiet ein Insolvenzverfahren über das Vermögen einer Gesellschaft eröffnet wird, nach dieser Bestimmung für die Entscheidung über eine Klage zuständig sind, die der Insolvenzverwalter der Gesellschaft gegen deren Geschäftsführer auf Rückzahlung von Beträgen erhebt, die nach Eintritt der Zahlungsunfähigkeit der Gesellschaft

---

141 *EuGH*, NJW 2016, 223 ff. – *Kornhaas.*

142 *BGH*, ZWH 2015, 76 ff. mit Anm. *Cranshaw*, jurisPR-InsR 4/2015, Anm. 1; *Hoos/Köhler*, ZWH 2015, 78 f.; *Hübner*, IPRax 2015, 297 ff.; Schall, ZIP 2016, 289 ff.; *Servatius*, DB 2015, 1087 ff. Mit Urteil vom 15.03.2016 hat der *BGH* jüngst das Abschluss-Urteil in der Rechtssache gesprochen, vgl. *BGH*, DB 2016, 949 f.

143 *OLG Jena*, ZIP 2013, 1820 ff. mit Anm. *Poertzgen*, NZI 2013, 809 f. u. *Weller/Schulz*, IPRax 2014, 336 ff.

144 *EuGH*, NJW 2016, 223 (223) – *Kornhaas.*

145 *EuGH*, NJW 2016, 223 ff. – *Kornhaas.*

146 *EuGH*, NJW 2016, 223 (223 f.) – *Kornhaas.*

oder nach Feststellung ihrer Überschuldung geleistet wurden.[147] Eine nationale Bestimmung wie § 64 Abs. 2 S. 1 GmbHG a. F., welche die Verpflichtung des Geschäftsführer einer zahlungsunfähigen Gesellschaft zum Ersatz der Zahlungen vorsehe, die er nach Eintritt ihrer Zahlungsunfähigkeit für ihre Rechnung geleistet habe, weiche in ihrem Regelungsgehalt wegen der bloßen Frage der Zahlungsunfähigkeit bereits von den allgemeinen Regeln des Zivil- und Handelsrechts ab. Da Art. 4 Abs. 2 EuInsVO die *lex fori concursus* u. a. in dem Kontext regele, unter welchen Voraussetzungen das Insolvenzverfahren eröffnet werde, sei die Regelung zu ihrer praktischen Wirksamkeit dahin auszulegen, dass „*in ihren Anwendungsbereich erstens die Voraussetzungen für die Eröffnung eines Insolvenzverfahrens, zweitens die Regeln für die Bestimmung der zur Stellung des Antrags auf Eröffnung dieses Verfahrens verpflichteten Personen und drittens die Folgen eines Verstoßes gegen diese Verpflichtung fallen.*“[148] Somit seien nationale Bestimmungen wie § 64 Abs. 1 u. Abs. 2 S. 1 GmbHG a. F., mit denen der Sache nach ein Verstoß gegen die Pflicht zur Beantragung der Eröffnung eines Insolvenzverfahrens geahndet werde, auch aus diesem Blickwinkel als in den Anwendungsbereich von Art. 4 EuInsVO fallend anzusehen.

Im Hinblick auf die zweite zur Entscheidung vorgelegte Fragestellung, ob eine Klage der vorgelegten Art gegen die Niederlassungsfreiheit nach Artt. 49, 54 AEUV verstoße, äußerte sich der EuGH ebenfalls dezidiert.[149] Unter Heranziehung seiner in der Rechtssache „*Überseering*“ aufgestellten Kriterien bekräftigte der EuGH zunächst, dass unter bestimmten Umständen eine mit den Artt. 49, 54 AEUV grundsätzlich nicht vereinbare Beschränkung der Niederlassungsfreiheit vorliegen könne, wenn ein Mitgliedstaat einer Gesellschaft, die nach dem Recht eines anderen Mitgliedstaats gegründet wurde und dort ihren satzungsmäßigen Sitz hat, wegen der bloßen Verlegung ihres Verwaltungssitzes in sein Hoheitsgebiet die Anerkennung ihrer Rechtsfähigkeit versage.[150] Auch verdeutlichte der EuGH unter Verweis auf die Entscheidung in der Rechtssache „*Inspire Art*“, dass im Fall der Unvereinbarkeit nationaler Bestimmungen über das Mindestkapital mit der in den Artt. 49, 54 AEUV garantierten Niederlassungsfreiheit zwangsläufig dasselbe für Sanktionen zu gelten habe, die etwa an eine persönliche gesamtschuldnerische Haftung der Geschäftsführer bei Nicht-Erreichen des im nationalen Recht vorgeschriebenen Mindestbetrags oder des Absenkens dieses (gesellschaftsspezifischen) Mindest-

---

147 *EuGH*, NZG 2015, 154 ff. – „*H. / H.K.*“, beruhend auf dem Vorlagebeschluss des *LG Darmstadt* vom 15.05.2013, NZI 2013, 712 ff.

148 *EuGH*, NJW 2016, 223 (224) – *Kornhaas.*

149 *EuGH*, NJW 2016, 223 (224) – *Kornhaas.*

150 *EuGH*, NJW 2016, 223 (225) – *Kornhaas.*

betrags während des Geschäftsbetriebs anknüpfen.[151] Jedoch betreffe eine nationale Bestimmung wie § 64 Abs. 2 S. 1 GmbHG a. F. nicht den Fall, dass ein Mitgliedstaat sich weigere, die Rechtsfähigkeit einer nach dem Recht eines anderen Mitgliedstaates gegründeten Gesellschaft, die ihren tatsächlichen Verwaltungssitz in das Hoheitsgebiet des erstgenannten Mitgliedstaats verlegt hat, anzuerkennen.[152] Vielmehr knüpfe die persönliche Haftung der Geschäftsführer einer Gesellschaft bei § 64 Abs. 2 S. 1 GmbHG a. F. nicht daran an, dass das Kapital dieser Gesellschaft nicht den im deutschen Recht oder dem Recht, nach dessen Bestimmungen diese gegründet wurde, vorgeschriebenen Mindestbetrag erreicht, sondern lediglich daran, dass durch die Geschäftsführer der Gesellschaft Zahlungen in einem Stadium geleistet wurden, in dem für diese die Verpflichtung bestanden habe, einen Antrag auf Eröffnung des Insolvenzverfahrens nach § 64 Abs. 1 GmbHG a. F. zu stellen.[153] Daraus zieht der EuGH den Schluss, dass die Anwendung einer nationalen Bestimmung wie § 64 Abs. 2 S. 1 GmbHG a. F. weder die Gründung einer Gesellschaft in einem bestimmten Mitgliedstaat noch ihre spätere Niederlassung in einem anderen Mitgliedstaat betrifft, da *„diese Bestimmung des nationalen Rechts nur nach der Gründung der Gesellschaft im Rahmen ihrer Tätigkeit Anwendung findet, genauer gesagt, entweder ab dem Zeitpunkt, zu dem sie nach dem nationalen Recht, das gemäß Art. 4 der Verordnung Nr. 1346/2000 anwendbar ist, als zahlungsunfähig anzusehen ist, oder ab dem Zeitpunkt, zu dem ihre Überschuldung im Einklang mit diesem nationalen Recht festgestellt wird“*.[154] Kann somit eine nationale Vorschrift wie § 64 Abs. 2 S. 1 GmbHG a. F. die Niederlassungsfreiheit nicht beeinträchtigen, so kommt der EuGH zu dem abschließenden Ergebnis, dass die Artt. 49, 54 AEUV der Anwendung einer nationalen Bestimmung wie des § 64 Abs. 2 S. 1 GmbHG a. F. auf den *director* einer *limited*, über deren Vermögen in Deutschland das Insolvenzverfahren eröffnet worden ist, nicht entgegenstehen.

II. Kein Gleichlauf für europäische Gesellschaften in sog. Zuzugs- und Wegzugskonstellationen

Als erstes Resümee der vorstehend aufgezeigten Rechtsprechung des EuGH ist festzuhalten, dass ein stringenter Gleichlauf für europäische Gesellschaften in den sog. *Zuzugs-* wie auch *Wegzugskonstellationen* im Hinblick auf durch die Niederlassungsfreiheit statuierte Rechte und Pflichten nicht existiert. Die Zu-

151 *EuGH*, NJW 2016, 223 (225) – *Kornhaas.*
152 *EuGH*, NJW 2016, 223 (225) – *Kornhaas.*
153 *EuGH*, NJW 2016, 223 (226) – *Kornhaas.*
154 *EuGH*, NJW 2016, 223 (226) – *Kornhaas.*

zugsfreiheit gewährleistet die grundsätzliche Anerkennung einer in einem Mitgliedstaat gegründeten Gesellschaft in ihrer bisherigen Rechtsform bei einem grenzüberschreitenden Zuzug in einen anderen Mitgliedstaat. Dabei folgt aus den Rechtssachen *„Überseering", „Inspire Art" und „Centros"*, dass der Zuzug weder auf kollisionsrechtlicher- noch auf sachrechtlicher Ebene von zusätzlichen Anforderungen abhängig gemacht oder gar ohne Weiteres verweigert werden darf.[155] Im Rahmen der Niederlassungsfreiheit geboten ist die Anerkennung der Gesellschaft *als solche*, die im Rahmen des geltenden Rechts des jeweiligen Gründungsstaates rechtswirksam gegründet worden ist. Dies bedeutet, dass der tatsächliche Verwaltungssitz einer so gegründeten Gesellschaft – bei gleichzeitiger Beibehaltung des originären Satzungssitzes der Gesellschaft im Gründungsstaat – in jeden beliebigen anderen Mitgliedstaat verlegt werden darf.[156] Es ist jedoch zu beachten, dass nach der jüngsten Rechtsprechung des EuGH insbesondere auf der sachrechtlichen Ebene die Anwendung einer nationalen Bestimmung, die weder die Gründung einer Gesellschaft in einem bestimmten Mitgliedstaat noch ihre spätere Niederlassung in einem anderen Mitgliedstaat betrifft und die ersichtlich erst nach der Gründung der Gesellschaft im Rahmen ihrer Tätigkeit Anwendung findet, mit der für europäische Gesellschaften geltenden Niederlassungsfreiheit aus Artt. 49,54 AEUV durchaus vereinbar sein kann.

Dem gegenüber setzt der EuGH in den sog. *Wegzugsfällen* einen deutlich differenzierten Maßstab an. In solchen Fällen wird von der Prämisse ausgegangen, dass für die Gesellschaften jenseits ihrer originären nationalen Rechtsordnung, welche die Gründung und die Existenz der jeweiligen Gesellschaftsform regeln, keine zugesicherte Existenzberechtigung auch außerhalb der Landesgrenzen besteht. Insoweit ist der Mitgliedstaat im Grundsatz berechtigt, einer nach seinem nationalen Recht gegründeten Gesellschaft zu untersagen, ihre Eigenschaft als Gesellschaft innerstaatlichen Rechts zu behalten, sofern diese beabsichtigt, ihren Sitz in einen anderen Mitgliedstaat zu verlegen. Sofern eine Gesellschaft hingegen lediglich eine Verlegung ihres Verwaltungssitzes in einen anderen Mitgliedstaat bei gleichzeitiger Umwandlung in eine von dem Aufnahmestaat angebotene Rechtsform begehrt, ist es dem Herkunftsstaat verwehrt, eine Auflösung und Li-

155 *EuGH*, NJW 2012, 2715 (2717) – *VALE Építési kft.*

156 Inwiefern die Zuzugsfreiheit auch für sog. *Briefkastengesellschaften*, die im Gastland ihren sämtlichen wirtschaftlichen Geschäftstätigkeiten nachgehen, noch weiterhin Geltung beanspruchen kann, ist nach der Rechtsprechung des EuGH in der Rechtssache „*VALE*" heftig umstritten. Auf diese relevante Rechtsfrage wird im weiteren Verlauf dieser Arbeit noch ausführlich eingegangen werden (vgl. dazu unter § 1 D. III.).

quidation der Gesellschaft zu verlangen.[157] Weiterhin ist es dem Wegzugsstaat dem Grundsatz nach untersagt, eine Sitzverlegung durch zusätzliche Verpflichtungen zu erschweren, die bei rein inländischen Sitzverlegungen nicht erforderlich wären, außer die Regelung ist nach den vom EuGH aufgestellten vier Grundkriterien gerechtfertigt.[158] Damit ist die Zuzugsfreiheit auch nach den Judikaten „*Cartesio*", „*VALE*" und zuletzt „*Kornhaas*" im unionsrechtlichen Sinne noch immer umfassender ausgebaut als die Wegzugsfreiheit.

D. Niederlassungsfreiheit ohne Grenzen?

Unter Berücksichtigung der vorstehend skizzierten Rechtsprechung des EuGH ist nachfolgend zu untersuchen, ob die Niederlassungsfreiheit für europäische Gesellschaften grenzenlos gilt oder nicht doch in bestimmten Konstellationen einer europarechtlich konformen Beschränkung bedarf. In diesem Zusammenhang ist zunächst festzuhalten, dass es für die Beantwortung der Frage, ob die *limited* durch deutsche Vorschriften in ihrer Niederlassungsfreiheit behindert wird, nicht allein entscheidend auf die einzelne Zuordnung bzw. Qualifizierung der jeweiligen Vorschrift ankommt, sondern vielmehr die rechtliche, tatsächliche, direkte oder indirekte Auswirkung der Norm auf die Niederlassungsfreiheit entscheidend ist.[159] Dies hat zur Folge, dass dem Grundsatz nach jede Norm, welche die Eignung besitzt, die Ausübung der Niederlassungsfreiheit zu unterbinden, zu behindern oder zumindest unattraktiv zu machen, als Beschränkung derselben einer Rechtfertigung erfordert. Somit bedarf es grundsätzlich auch einer Rechtfertigung, sofern solche Vorschriften zur Anwendung gelangen, die einer nichtgesellschaftsrechtlichen Anknüpfung unterfallen.[160] Dies hat zumindest dann zu gelten, wenn der Schutzbereich der Niederlassungsfreiheit nicht eingeschränkt werden kann. Insofern sind solche als insolvenz- oder deliktsrechtlich einzustufenden Vorschriften im niederlassungsrechtlichen Sinne nicht von vornherein vollkommen unbedenklich.[161] Dies ist umso mehr von Bedeutung, da die gesellschafts-, insolvenz-, oder beispielsweise deliktsrechtliche Einordnung einer Vor-

---

157 *EuGH*, NJW 2009, 569 (571) – *Cartesio.*

158 Vgl. dazu *EuGH*, NZG 2012, 114 (115) – *National Grid.*

159 *Eidenmüller*, in: Eidenmüller, Ausl. Kapitalgesellschaften im deutschen Recht, § 3, Rn. 8.

160 *Eidenmüller*, in: Eidenmüller, Ausl. Kapitalgesellschaften im deutschen Recht, § 3, Rn. 8.

161 *Eidenmüller*, in: Eidenmüller, Ausl. Kapitalgesellschaften im deutschen Recht, § 3, Rn. 9.

schrift den maßgeblichen Grundstein für eine etwaige strafrechtliche Ahndung darstellen kann.

Eine umfassende Geltung der Niederlassungsfreiheit für die jeweiligen Gesellschaften könnte in der Folge für das deutsche Wirtschaftsstrafrecht bewirken, dass womöglich bereits die bloße Existenz und grundsätzliche Anwendung des deutschen Strafrechts als Bestandteil der deutschen Rechtsordnung in Form einer Sonderanknüpfung eine unzulässige Beschränkung der Niederlassungsfreiheit darstellt. Insoweit bedarf es einer klaren Linie, was *in concreto* von der Niederlassungsfreiheit erfasst ist bzw. was keine Beschränkung derselben darstellt.

Eine Einschränkung der Niederlassungsfreiheit könnte insoweit dann nicht in Betracht kommen, wenn womöglich bereits der Schutzbereich der Niederlassungsfreiheit nach der sog. „*Keck*"-Rechtsprechung des EuGH bei einer rein tätigkeitsbezogenen Beschränkung teleologisch zu reduzieren wäre (dazu unter I.). Weiterhin kann ein Eingriff in die Niederlassungsfreiheit jedenfalls dann ausgeschlossen sein, wenn eine Rechtfertigung nach Art. 52 AEUV vorliegt (dazu unter II. 1.), indem die vom EuGH insbesondere im Rahmen seiner „*Centros*"-Rechtsprechung aufgestellten vier Kriterien erfüllt sind (dazu unter II. 2.) oder aber wenn sich eine Berufung auf die Niederlassungsfreiheit im konkreten Fall als missbräuchlich darstellt (dazu unter II. 3.). Letztlich ist zu diskutieren, inwiefern die jüngste Rechtsprechung des EuGH auf eine von diesem sukzessiv beabsichtigte Einschränkung des Schutzbereichs der Niederlassungsfreiheit jedenfalls für sog. Briefkastengesellschaften hindeuten könnte (dazu unter III.).

I. Die „*Keck*"-Rechtsprechung des EuGH als tatbestandliches Steuerungselement der Niederlassungsfreiheit?

Dem weiten Schutzbereich der Niederlassungsfreiheit und der damit einhergehenden gesellschaftsfreundlichen Rechtsprechung des EuGH ist das Risiko immanent, dass sich eine EU-Auslandsgesellschaft wie die *limited* in jeglichem Rechtsbereich eines anderen Mitgliedstaates, in den die Gesellschaft ihren Verwaltungssitz verlagert hat, auf eine potentielle Verletzung der Niederlassungsfreiheit berufen könnte – beispielsweise bei der Anwendung des Deliktsrechtes des Zuzugsstaates. Insofern bedarf es der Erörterung der Frage, ob die sog. „*Keck*"-Rechtsprechung des EuGH ein tatbestandlich teleologisch wirkendes Steuerungselement auch im Rahmen der Niederlassungsfreiheit darstellen kann.

So hat der EuGH eine derartige Einschränkung der Niederlassungsfreiheit in der Rechtssache „*Keck*"[162] vollzogen und entschieden, dass bloße Verkaufsmoda-

162 *EuGH*, NJW 1994, 121 – *Keck*.

litäten als vertriebsbezogene Beschränkungen nicht als verbotene Maßnahme einzustufen sind,[163] *„(...) sofern sie für alle betroffenen Wirtschaftsteilnehmer gelten, die ihre Tätigkeit im Inland ausüben, und sofern sie den Absatz der inländischen Erzeugnisse und der Erzeugung aus anderen Mitgliedstaaten rechtlich wie tatsächlich in der gleichen Weise berühren.“*[164] Dies habe dann zur Folge, dass diese Regelungen – anders als produktbezogene Vorschriften – nicht dazu geeignet wären, *„(...) den Marktzugang für diese Erzeugnisse zu versperren oder stärker zu behindern, als sie dies für inländische Erzeugnisse (tun).“*[165] In seiner neueren Rechtsprechungslinie hat der EuGH hingegen dem Merkmal des *Marktzugangs* eine erhebliche Relevanz zugeordnet, so dass insbesondere bei dessen wesentlicher Behinderung und damit des Binnenmarktes auch bei uniform geltenden nationalen Regelungen der Anwendungsbereich der Artt. 49, 54 AEUV wieder eröffnet sein kann und es einer Rechtfertigung der beschränkenden Regelung durch den betroffenen Mitgliedstaat bedarf.[166]

Ob die „*Keck*“-Rechtsprechung des EuGH (sog. „*Keck-Formel*“) auf die Niederlassungsfreiheit übertragen werden kann, ist durch den EuGH bislang noch nicht abschließend entschieden worden.[167] Es ist mithin noch unklar, ob die zu Art. 34 AEUV in der Entscheidung „*Keck*“ entwickelte Abgrenzung zwischen produkt- und vertriebsbezogenen Regelungen, die lediglich nichtdiskriminierende Verkaufsmodalitäten festlegen, auf die Niederlassungsfreiheit übertragen werden kann.[168] Es gibt jedoch gewisse Judikate des EuGH, die eine Übertragung auf die Niederlassungsfreiheit nahelegen,[169] so z. B. die Rechtssache „*Semeraro*“, der im Wesentlichen der Streit über die Anwendbarkeit einer Ladenschlussregelung zugrunde lag.[170] Die Entscheidungsfindung in dieser Streitfrage ist insoweit von immenser Bedeutung und das ermittelte Ergebnis auch im Hinblick auf den wirtschaftsstrafrechtlichen Bereich von richtungsweisender Wirkung. Letztlich könnte eine derartige tatbestandliche Einschränkung des Schutzbereichs der Niederlassungsfreiheit grundsätzlich dazu geeignet sein, bestimmte Straftat-

---

163 *Eidenmüller*, in: Eidenmüller, Ausl. Kapitalgesellschaften im deutschen Recht, § 3, Rn. 11.

164 *EuGH*, NJW 1994, 121 (121) – *Keck*.

165 *EuGH*, NJW 1994, 121 (121) – *Keck*.

166 *Schanze/Jüttner*, AG 2003, 661 (667) m.w. N. zu der Rechtsprechung des *EuGH*.

167 *Kotzur*, in: Geiger/Khan/Kotzur, EUV/AEUV, Komm., Art. 49, Rn. 27.

168 *Schlag*, in: Schwarze, EU-Kommentar, Art. 49 AEUV, Rn. 56.

169 *Eidenmüller*, in: Eidenmüller, Ausl. Kapitalgesellschaften im deutschen Recht, § 3, Rn. 14 m.w.N.

170 *EuGH*, Rs. C-418/93, Slg, I-2975, Rn. 32 – *Semeraro*.

bestände – vorbehaltlich des Vorliegens der tatbestandlichen Voraussetzungen der jeweiligen Norm – aus Gründen der Unionsrechtskonformität auch auf den *director* einer *limited* für anwendbar zu halten.

1. *Zustimmende Ansicht in der deutschen Literatur*

In der deutschen Literatur wird die Anwendbarkeit der Grundsätze der „*Keck*"-Rechtsprechung des EuGH auf die Niederlassungsfreiheit von europäischen Gesellschaften mehrheitlich bejaht.[171] Dabei wird eine Übertragbarkeit dieser vom EuGH richterrechtlich geschaffenen Rechtssätze und insofern eine rechtfertigende Einschränkung der Niederlassungsfreiheit dann befürwortet, sofern es sich um Bestimmungen handelt, die erst dann ansetzen, nachdem die jeweilige grenzüberschreitende Niederlassung erfolgt ist und die daher für alle Teilnehmer des inländischen Wirtschaftsverkehrs gelten.[172] Hierbei könne es sich insbesondere um solche Vorschriften handeln, die sich als Bestandteil eines offenen und wirtschaftlichen Ordnungsrahmens darstellen, da derjenige, der sich in einem anderen Mitgliedstaat niederlasse, von den dortigen rechtlichen Rahmenbedingungen eine entsprechende Kenntnis besitzen müsse und sich diesen im Falle einer erfolgten Niederlassung freiwillig unterwerfe.[173] Andere Befürworter einer entsprechenden Anwendbarkeit der „*Keck*"-Rechtsprechung auf die Niederlassungsfreiheit verweisen auf die Rechtsprechungslinie des EuGH, wonach produktbezogene Regelungen von der entsprechenden Beschränkbarkeit umfasst sein sollen und folgern daraus im Umkehrschluss, dass eine allzu starke Einbeziehung der „*Keck*"-Rechtsprechung nicht förderlich sei. Die Vertreter dieser Ansicht sehen daher nur solche Vorschriften als tauglich an, die Niederlassungsfreiheit rechtfertigend zu beschränken, die an allgemeine Pflichten anknüpfen und für jedermann gelten sollen.[174] Insoweit ist als erstes Zwischenfazit festzuhalten, dass diese Ansicht in der deutschen Lehre eine Einschränkung des tatbestandlichen Schutzbereichs der Niederlassungsfreiheit durch die Grundsätze der „*Keck*"-Rechtsprechung jedenfalls dann als möglich erachtet, wenn es sich dabei um solche nationale Bestimmungen handelt, die erst nach dem grenzüberschreitenden Markteintritt der

---

171 Exemplarisch dafür: *Eidenmüller*, in: Eidenmüller, Ausl. Kapitalgesellschaften im deutschen Recht, § 3, Rn. 14; *Habersack/Verse*, Europäisches Gesellschaftsrecht, S. 13, Rn. 7; *Schanze/ Jüttner*, AG 2003, 661 (666 f.); *Spindler/Berner*, RIW 2004, 7 (10 f.) – alle jeweils m.w.N.

172 *Habersack/Verse*, Europäisches Gesellschaftsrecht, S. 32 f., Rn. 28 f.

173 *Eidenmüller*, NJW 2005, 1618 (1618).

174 *Spindler/Berner*, RIW 2004, 7 (10).

Gesellschaft in dem Zuzugsstaat unmittelbar ihre rechtliche Wirkung entfalten und die für jedermann, d. h. für alle Teilnehmer des inländischen Wirtschaftsverkehrs, uneingeschränkt Geltung beanspruchen.

2. *Ablehnende Ansicht in der deutschen Literatur*

Die Gegenansicht, die sich gegen eine entsprechende Anwendung der „*Keck*"-Rechtsprechung auf die Niederlassungsfreiheit stellt und in dieser somit keine wirksame Rechtfertigung der Einschränkung der Niederlassungsfreiheit erblickt, argumentiert anders. Danach stelle sich die „*Keck*"-Rechtsprechung des EuGH im Ergebnis lediglich als eine wertungsverdeckende Ergebnisformel ohne die Existenz konkret ausfüllbarer Kriterien dar.[175] Diese eigne sich nicht zur Anwendung auf die Niederlassungsfreiheit, da sich eine generelle Ausgrenzung eines gesamten Teils eines bestehenden nationalen Ordnungssystems im Vergleich zu der Prüfung einer Rechtfertigung als immanente Schranke als zu grobes Raster darstelle.[176] Darüber hinaus wird der Wortlaut des Art. 49 AEUV gegen eine Übertragbarkeit der Grundsätze der „*Keck*"-Rechtsprechung angeführt. Angesichts des Wortlauts des Art. 49 AEUV, wonach auf die „*Aufnahme und Ausübung*" Bezug genommen wird, und der in der Niederlassungsfreiheit allgemein bereits innewohnenden Komplexität dürfte sich eine Anwendung der „*Keck*"-Rechtsprechung des EuGH als nicht sachgerecht darstellen.[177] So soll der Wortlaut des Art. 49 AEUV einer Übertragbarkeit der mit verhältnismäßig weichen Kriterien versehenen „*Keck*"-Rechtsprechung, die vertriebsbezogene Regelungen betreffe, im Verhältnis zu „korporativ wirkenden Regelungen" im Ergebnis entgegenstehen.[178] Nach dieser Ansicht ist die Anwendbarkeit der Grundsätze der „*Keck*"-Rechtsprechung auf die Niederlassungsfreiheit folglich nicht möglich, so dass eine teleologische Reduktion des Schutzbereichs der Niederlassungsfreiheit hiernach ausscheidet.

3. *Stellungnahme*

Die Argumentation derjenigen Ansicht, welche sich gegen eine Anwendbarkeit der Grundsätze der „*Keck*"-Rechtsprechung stellt, ist in einer ersten Überlegung zuzugestehen, dass sich eine generelle Ausgrenzung eines gesamten Teils eines bestehenden nationalen Ordnungssystems im Vergleich zu der Prüfung einer

---

175 *Müller-Graff*, in: Streinz, EUV/AEUV, Art. 49, Rn. 62.
176 *Müller-Graff*, in: Streinz, EUV/AEUV, Art. 49, Rn. 62.
177 *Schlag*, in: Schwarze, EU-Kommentar, Art. 49 AEUV, Rn. 56.
178 *Eidenmüller*, in: Eidenmüller, Ausl. Kapitalgesellschaften im deutschen Recht, § 3, Rn. 16 u. 17.

Rechtfertigung als immanente Schranke in der Tat als zu grobes Raster darstellen könnte. Hier ist jedoch zu berücksichtigen, dass auch der Aspekt der Rechtssicherheit für die jeweiligen Rechtsanwender nicht zu unterschätzen ist. Darüber hinaus dürfte die bloße Existenz bestimmter nationaler Ordnungsregeln, die sich an die Allgemeinheit eines europäischen Mitgliedstaates richten, vom Grundsatz her schwerlich geeignet erscheinen, eine Verletzung der Niederlassungsfreiheit zu begründen. Dies würde im Ergebnis zu einem Niedergang des nationalen Rechtssystems führen, das seine Ordnungsvorschriften nicht mehr effektiv durchsetzen kann. Letztlich rechtfertigt auch die Niederlassungsfreiheit – wie die Warenverkehrsfreiheit – keine Generalüberprüfung der nationalen Rechtsordnung eines EU-Mitgliedstaates. Insofern ist auch für eine neu hinzugezogene EU-Auslandsgesellschaft die maßgebliche Konsequenz, dass eine Integration in die Volkswirtschaft eines bestimmten Mitgliedstaates bewirkt, dass eine Standort*entscheidung* getroffen wird, die auch die jeweiligen Standort*bedingungen* zu umfassen hat.[179] Es bleibt festzuhalten, dass unter Berücksichtigung des äußerst weit gezogenen Anwendungsbereichs der Niederlassungsfreiheit, die auch der EuGH in seiner Rechtsprechung weiter ausgedehnt hat, die Grundsätze der „*Keck*“-Rechtsprechung des EuGH regulatorisch hinreichend geeignet sind, eine zulässige Beschränkung der Niederlassungsfreiheit auch für europäische Kapitalgesellschaften herbeizuführen. Bekräftigt wird dies im Ergebnis durch die jüngste Rechtsprechung des EuGH in der Rechtssache „*Kornhaas*“, wonach die Anwendung einer nationalen Bestimmung, die weder die Gründung einer Gesellschaft in einem bestimmten Mitgliedstaat noch ihre spätere Niederlassung in einem anderen Mitgliedstaat betrifft, sondern die erst nach der Gründung der Gesellschaft im Rahmen ihrer Tätigkeit Anwendung findet, die Niederlassungsfreiheit bereits tatbestandlich nicht beeinträchtigt.[180] Damit bedürfen nur solche Vorschriften, die den tatsächlichen Marktzugang für Gesellschaften europäischer Mitgliedstaaten versperren oder im Vergleich mit inländischen Gesellschaften rechtlich oder tatsächlich zumindest erheblich erschweren, zur Begrenzung der Niederlassungsfreiheit einer Rechtfertigung, deren Grundsätze nachfolgend dargestellt werden.

---

179 *Eidenmüller*, in: Eidenmüller, Ausl. Kapitalgesellschaften im deutschen Recht, § 3, Rn. 16 u. m.w.N. in Fn. 20–22 zu der im europarechtlichen Bereich geführten Diskussion.

180 *EuGH*, NJW 2016, 223 (226) – *Kornhaas*.

II. Rechtfertigende Begrenzung der Niederlassungsfreiheit

Ist eine tatbestandliche Reduktion der Niederlassungsfreiheit nach hiesiger Ansicht – wie vorstehend dargelegt – durch die Heranziehung der Grundsätze der „*Keck*"-Rechtsprechung des EuGH grundsätzlich in bestimmten Rechtsbereichen möglich, ist eine darüber hinaus mögliche Begrenzung der Niederlassungsfreiheit im Rahmen der nachgelagerten Stufe der Rechtfertigung eines potentiellen Eingriffs in Augenschein zu nehmen.

1. Die Regelung des Art. 52 Abs. 1 AEUV

Zunächst ist zu eruieren, ob die Niederlassungsfreiheit nicht auch durch die Regelung des Art. 52 AEUV eine hinreichende Beschränkung erfahren kann. Innerhalb des Schrifttums wird dies durchaus für möglich gehalten.[181] Dies gilt unabhängig davon, ob unterschiedlich oder unterschiedslos wirkend, für Begrenzungen jeder Art.[182] Nach Art. 52 Abs. 1 AEUV erfolgt keine beeinträchtigende und damit eine mit der Niederlassungsfreiheit konforme Anwendung der Rechts- und Verwaltungsvorschriften, die eine Sonderregelung für Ausländer vorsehen, sofern dies aus *Gründen der öffentlichen Ordnung, Sicherheit oder Gesundheit* gerechtfertigt ist. Art. 52 Abs. 1 AEUV ist jedoch keine Generalklausel, sondern bedarf einer engen Auslegung ausschließlich auf der Rechtfertigungsebene.[183] Das heißt, nicht jede Gesetzesverletzung wird ein Eingreifen der Ausnahme begründen können, vielmehr bedarf es einer einschränkenden Auslegung des Art. 52 AEUV in der Weise, dass die Wirkungsweise der als notwendig empfundenen Beschränkung die zu schützenden Interessen in den Blick nimmt.[184]

Bricht man diese etwas verklausulierte Formulierung auf, so ergibt sich daraus, dass nicht jede Verletzung nationaler Vorschriften bereits als Verstoß gegen die öffentliche Ordnung gewertet werden kann. Es bedarf vielmehr einer tatsächlichen und hinreichend schweren Gefährdung, die ein Grundinteresse der Gesellschaft berührt, wobei eine hinreichende Schwere nur dann vorliegt, wenn der betreffende Mitgliedstaat auch gegen einen sich vergleichbar verhaltenden eigenen Staatsangehörigen Zwangsmaßnahmen oder andere ähnlich effektive Maßnahmen zur Bekämpfung seines Verhaltens ergreift und sich ein kausaler Zusammenhang zwischen gegenwärtiger Gefährdung und der ergriffenen Maß-

---

181 *Schlag*, in: Schwarze, EU-Kommentar, Art. 49 AEUV, Rn. 53.
182 *Kotzur*, in: Geiger/Khan/Kotzur, EUV/AEUV, Komm., Art. 49, Rn. 27.
183 *Kotzur*, in: Geiger/Khan/Kotzur, EUV/AEUV, Komm., Art. 49, Rn. 27.
184 *Schlag*, in: Schwarze, EU-Kommentar, Art. 52 AEUV, Rn. 6.

nahme ergibt.[185] Daraus erschließt sich im Ergebnis, dass es sich hierbei um einzelfallbezogene Sachverhalte mit einem gewissen Schweregrad der Gefährdung der Grundinteressen der inländischen Gesellschaft handeln muss. Die praktische Bedeutung dieser für die Niederlassungsfreiheit geltenden Bereichsausnahme in Bezug auf eine in Deutschland ansässige *limited* stellt sich letztlich als sehr gering dar.[186] Eine Rechtfertigung der Einschränkung der Niederlassungsfreiheit über Art. 52 Abs. 1 AEUV lässt sich vorliegend für Fälle des bloßen Zuzugs von Kapitalgesellschaften – wie der *limite*d, die ihren Verwaltungssitz in Deutschland unterhält – indes nicht begründen.

2. *Zwingende Gründe des Allgemeininteresses*

Darüber hinaus bedarf es der Überprüfung, ob die Niederlassungsfreiheit nicht dann rechtfertigend eingeschränkt werden kann, sofern es sich um zwingende Gründe des Allgemeininteresses handelt. Dies erfordert insoweit eine vorsichtige Herangehensweise, da Art. 49 AEUV dem Grundsatz nach einer nationalen Regelung prinzipiell entgegensteht, die zwar ohne eine entsprechende Diskriminierung aus Gründen der Staatsangehörigkeit anwendbar ist, jedoch geeignet ist, die Ausübung der durch den Vertrag garantierten grundlegenden Freiheiten zu behindern oder weniger attraktiv zu machen.[187] Dabei bedarf es einer Wahrung des Grundsatzes der Inländergleichbehandlung, der den Mitgliedstaaten solche diskriminierungsfreien Anforderungen an die Aufnahme und Ausübung einer selbstständigen Erwerbstätigkeit dann gestattet, wenn die nationalen Maßnahmen, welche die Ausübung der Niederlassungsfreiheit behindern oder weniger attraktiv machen können, nicht für Inländer diskriminierend wirken.[188] Sofern es sich um unterschiedslos wirkende Maßnahmen handelt, kann die Niederlassungsfreiheit in rechtfertigender Weise zumindest dahingehend eingeschränkt werden, als dass eine Rechtfertigung nur dann gegeben ist, wenn mit der Regelung ein Zweck erfüllt wird, der aus zwingenden Gründen des Allgemeininteresses gerechtfertigt ist und die Regelung geeignet und erforderlich ist, um den verfolgten Zweck zu gewährleisten.[189] Als solche zwingenden Gründe des

---

185 *Schlag*, in: Schwarze, EU-Kommentar, Art. 52 AEUV, Rn. 8 m.w.N. zu der maßgeblichen Rechtsprechung des EuGH.

186 *Eidenmüller*, in: Eidenmüller, Ausl. Kapitalgesellschaften im deutschen Recht, § 3, Rn. 19; *Kienle*, in: Süß/Wachter, Hdb. Internationales GmbH-Recht, S. 169, § 3, Rn. 60.

187 *Schlag*, in: Schwarze, EU-Kommentar, Art. 49 AEUV, Rn. 47.

188 *Schlag*, in: Schwarze, EU-Kommentar, Art. 49 AEUV, Rn. 47.

189 *EuGH*, Slg. 1993, I-1663, Rn. 32 – *Kraus*.

Allgemeininteresses stellen sich nach der diesbezüglich als gefestigt geltenden Rechtsprechung des EuGH insbesondere die Interessen der Gläubiger, der Minderheitengesellschafter, der Arbeitnehmer und des Fiskus zwingende Gründe des Allgemeininteresses im Gesellschaftsrecht dar. Die Mitgliedstaaten besitzen insoweit einen gewissen Spielraum, um ihr Schutzanliegen zu definieren.[190] In der Literatur sind als zwingende Gründe des Allgemeininteresses unter anderem die gewerberechtliche Zuverlässigkeit, der Gläubiger- und Minderheitenschutz, der Verbraucherschutz, aber auch die Lauterkeit des Handelsverkehrs anerkannt.[191]

Im Hinblick auf die *Geeignetheit* zur Verwirklichung des von dem Mitgliedstaat verfolgten Ziels besteht für diesen die Berechtigung, entsprechende Prognosen im Rahmen einer Einschätzungsprärogative[192] zu treffen. Doch liegt eine Geeignetheit dann nicht mehr vor, wenn das Mittel vollkommen untauglich erscheint, das Ziel zu erreichen, bzw. wenn sich das Vorgehen des Mitgliedstaates als inkonsequent darstellt.[193]

Zudem muss die jeweilige Beschränkung der Niederlassungsfreiheit auch zur Verwirklichung des verfolgten Ziels *erforderlich* sein, so dass es sich hier um eine entsprechende Abwägungsentscheidung handelt.[194] Es bedarf insoweit einer Abwägung zwischen dem konkret benannten Allgemeininteresse und der Bedeutung der Niederlassungsfreiheit sowie der Intensität ihrer Beeinträchtigung durch die Anwendung der Beschränkung. Hier kommt dem nationalen Gesetzgeber (wiederum) eine entsprechende Einschätzungsprärogative zu, welche diesem dem Grundsatz nach zur Wahrung seiner Belange auch zusteht.[195] Gleichzeitig ist von besonderer Bedeutung, dass die Erforderlichkeit regelmäßig dann nicht (mehr) gegeben ist, wenn weniger einschneidende Maßnahmen des innerstaatlichen Rechts zur Verfügung stehen oder diese zumindest vorgesehen werden könnten.[196] Das hat der EuGH in der Rechtssache „*Centros*“ eingefordert, wobei dies nach Ansicht des EuGH nicht bedingt, dass das mildere Mittel das verfolgte Ziel in einer ebenso effektiven Weise verwirklichen können muss, so dass es im Grundsatz

---

190 *Eidenmüller*, in: Eidenmüller, Ausl. Kapitalgesellschaften im deutschen Recht, § 3, Rn. 22.

191 Exemplarisch dazu: *Eidenmüller*, in: Eidenmüller, Ausl. Kapitalgesellschaften im deutschen Recht, § 3, Rn. 23.

192 *Kienle*, in: Süß/Wachter, Hdb. Internationales GmbH-Recht, S. 170, § 3, Rn. 65.

193 *Müller-Graff*, in: Streinz, EUV/AEUV, Art. 49, Rn. 94.

194 *Eidenmüller*, in: Eidenmüller, Ausl. Kapitalgesellschaften im deutschen Recht, § 3, Rn. 30.

195 *Kienle*, in: Süß/Wachter, Hdb. Internationales GmbH-Recht, S. 170 f., § 3, Rn. 66.

196 *Kienle*, in: Süß/Wachter, Hdb. Internationales GmbH-Recht, S. 171, § 3, Rn. 68.

ausreichend erscheint, wenn durch das alternative Instrumentarium zumindest eine teilweise Verwirklichung des angestrebten Ziels erreicht werden kann.[197]

Soweit den Mitgliedstaaten selbst eine gewisse selbstständige Einschätzung obliegt bzw. diese dazu die Berechtigung besitzen, gibt der EuGH mit dem sog. „*Informationsmodell*" den Mitgliedstaaten bestimmte, zu beachtende Vorgaben an die Hand. Danach verbietet sich aus den Grundfreiheiten die Befugnis eines nationalen Gesetzgebers, zwingende inhaltliche Vorschriften zu schaffen bzw. zu verwenden und diese sodann auf ausländische Marktteilnehmer anzuwenden, wenn das damit verfolgte Schutzinteresse gleichzeitig auch bereits durch eine entsprechende Aufklärung erreicht werden könnte.[198] Hierbei kommt es zu einer Übertragung des Argumentationsstrangs auf die Niederlassungsfreiheit durch den EuGH, den dieser im Rahmen der Warenverkehrsfreiheit entwickelt hatte. Dem liegt die Konzeption des mündigen Verbrauchers zugrunde, dessen etwaige Gefährdung durch eine angemessene Informationsvergabe unter gleichzeitiger Unterstellung seines qualifizierten Urteilsvermögens vermieden werden soll.[199] Diese Übertragung auf die Niederlassungsfreiheit erfolgt dergestalt, indem den Gläubigern der jeweiligen EU-Gesellschaft eine eigenverantwortliche Absicherung durch entsprechende Informationsbeschaffung zugemutet werden könne.[200] Unter praktischer Bezugnahme auf nationale Kapitalaufbringungs- bzw. Kapitalerhaltungsregelungen bedeutet dies, dass diese nach Ansicht des EuGH als nicht erforderlich einzuordnen sind und diese Regelungen damit keinen zwingenden Grund des Allgemeininteresses darstellen können. In diesem Zusammenhang gilt vorliegend somit, dass bereits reine Informationsregelungen in Form der nationalen Registerpublizität genügen (können), dem Rechtsverkehr aufzuzeigen, wie es etwa um das Kapital einer Gesellschaft bestellt ist.

Diese im Rahmen der Prüfung der Erforderlichkeit zur Erreichung eines verfolgten Zieles bzw. einer beabsichtigten Maßnahme aufgestellten Grundsätze gilt es auch bei dem vorstehend bereits benannten *Informationsmodell*, das der EuGH in der Rechtssache „*Centros*"[201] konstruiert hat, zu beachten. Hier hatte der EuGH sinngemäß ausgeführt, dass das Auftreten der englischen Gesellschaft eben als Gesellschaft englischen und – in dem konkreten Fall – nicht dänischen Rechts bewirkt, dass den Gläubigern bekannt ist und bekannt sein muss, dass die Gesell-

---

197 *Eidenmüller*, in: Eidenmüller, Ausl. Kapitalgesellschaften im deutschen Recht, § 3, Rn. 63.

198 *EuGH*, NJW 1979, 1766 f. – *Cassis de Dijon*.

199 *EuGH*, NJW 1979, 1766 f. – *Cassis de Dijon*.

200 *Schanze/Jüttner*, AG 2003, 661 (663).

201 *EuGH*, NJW 1999, 2027 (2029) – *Centros*.

schaft nicht dem dänischen Recht über die Errichtung von Gesellschaften mit beschränkter Haftung unterliegt. Demnach gelte, dass derjenige, der als informierter Gläubiger in Geschäftsbeziehungen zu einer Auslandsgesellschaft tritt, sich selbst schützen kann, so dass es eines Schutzes durch nationale Regelungen grundsätzlich nicht bedarf.[202] Insoweit ist daraus zu schlussfolgern, dass das *Informationsmodell* des EuGH eine Effektuierung im Wesentlichen bei den handelsrechtlichen Registrierungs- und Firmierungspflichten gewährleistet.[203]

Das *Informationsmodell* des EuGH ist jedoch insbesondere in dem Punkt kritikwürdig, dass der Selbstschutz letztlich nur vertraglichen Gläubigern der Gesellschaft, die sich im Vorfeld eines Geschäftsabschlusses informieren und über den Vertragsschluss autonom entscheiden können, zulässigerweise aufgebürdet werden kann. Sofern es sich – was bei den im Rahmen dieser Arbeit untersuchten wirtschaftsstrafrechtlichen Handlungsweisen vielfach der Fall sein wird – jedoch um rein deliktisch handelnde Gläubiger handelt, versagt das Informationsmodell des EuGH auf ganzer Linie. Ein Gläubiger, der seinen Anspruch auf Deliktsrecht stützt, besitzt im Zweifel gerade nicht die Möglichkeit, sich selbst entsprechend zu schützen, wenn er durch eine unerlaubte Handlung der Geschäftsleitung einer Auslandsgesellschaft geschädigt wird.[204] Es kommt im Rahmen des Informationsmodells des EuGH mithin zu einem Auseinanderfallen zwischen vertraglichen und deliktischen Gläubigern, was auf der Rechtfertigungsebene bei der Einschränkung der Niederlassungsfreiheit von Kapitalgesellschaften entsprechend Berücksichtigung zu finden hat.

Im Ergebnis lässt sich jedoch festhalten, dass – auch wenn der EuGH für den jeweiligen Mitgliedstaat hohe Hürden bezüglich der Erforderlichkeit von Regelungen zum Schutz des Allgemeininteresses statuiert[205] – die Niederlassungsfreiheit durchaus einschränkungsfähig ist und dieser Eingriff bei dem Vorliegen von zwingenden Gründen des Allgemeininteresses auch im Rahmen der Rechtfertigungsebene Bestand haben kann.

---

202 *Eidenmüller*, JZ 2004, 24 (27), der sich ebenfalls kritisch gegenüber einer umfassenden Geltung des Informationsmodells des EuGH positioniert.

203 *Kienle*, in: Süß/Wachter, Hdb. Internationales GmbH-Recht, S. 171 f., § 3, Rn. 69 f.

204 *Schanze/Jüttner*, AG 2003, 661 (663 f.); *Spindler/Berner*, RIW 2004, 7 (14).

205 *Eidenmüller*, in: Eidenmüller, Ausl. Kapitalgesellschaften im deutschen Recht, § 3, Rn. 72.

3. *Konstellationen des Missbrauchs und des Betruges*

Abschließend ergibt sich eine weitere Möglichkeit der rechtfertigenden Beschränkung der Niederlassungsfreiheit in sog. Missbrauchs-Konstellationen, in denen die missbräuchliche oder betrügerische Berufung auf die Niederlassungsfreiheit auch nach der Rechtsprechung des EuGH nicht gestattet ist.[206] Vorausschauend hat der EuGH kollisionsrechtlich entstehende Schutzlücken durch die Geltung des Gründungsrechtes als tauglichen Gegenstand eines Einwands im Sinne eines Missbrauchs ausgeschlossen und den Einwand auf konkrete Fälle einer missbräuchlichen Gestaltung beschränkt.[207] Insofern hat der EuGH in der Rechtssache „*Centros*" explizit und unmissverständlich ausgeführt:

> *„Damit kann es für sich allein keine missbräuchliche Ausnutzung des Niederlassungsrechts darstellen, wenn ein Staatsangehöriger eines Mitgliedsstaats, der eine Gesellschaft gründen möchte, diese in dem Mitgliedstaat errichtet, dessen gesellschaftsrechtliche Vorschriften ihm die größte Freiheit lassen (...). (...) Dass eine Gesellschaft in dem Mitgliedstaat, in dem sie ihren Sitz hat, keine Geschäftstätigkeit entfaltet und ihre Tätigkeit ausschließlich im Mitgliedstaat ihrer Zweigniederlassung ausübt, belegt (...) noch kein missbräuchliches oder betrügerisches Verhalten, das es dem letzteren Mitgliedstaat erlauben würde, auf diese Gesellschaft die Gemeinschaftsvorschriften über die Niederlassungsfreiheit nicht anzuwenden."*[208]

Indem der EuGH verdeutlicht, das reine Ausnutzen eines Regelungsgefälles zwischen den einzelnen Mitgliedstaaten könne keinen Rechtsmissbrauch darstellen,[209] führt dies zu der unumstößlichen Fragestellung, wann ein missbräuchliches bzw. betrügerisches Ausnutzen der Niederlassungsfreiheit nach Ansicht des EuGH überhaupt einschlägig sein kann. Auch wenn eine konkrete Unterscheidung des EuGH zwischen missbräuchlichem und betrügerischem Verhalten nicht ohne weiteres gegeben erscheint, dürfte ein Missbrauch der Niederlassungsfreiheit jedenfalls dann vorliegen, wenn sich ein Marktteilnehmer durch rechtliche Gestaltungen einen Vorteil verschaffen möchte, der nicht durch den Zweck der ihm

---

206 *EuGH*, ZIP 2003, 1885 ff. – *Inspire Art*; *ders.*, ZIP 1999, 438 ff. – *Centros.*

207 *Kienle*, in: Süß/Wachter, Hdb. Internationales GmbH-Recht, S. 174, § 3, Rn. 76.

208 *EuGH*, NJW 1999, 2027 (2028) – *Centros.*

209 Der *BGH* ist dem gefolgt, vgl. *BGH*, EuZW 2005, 733 (734), wonach im konkreten Fall eine liechtensteinische Gesellschaft ihre Geschäftstätigkeit weitestgehend im deutschen Inland ausgeübt hatte und diese bewusste Ausnutzung unterschiedlicher Rechtssysteme von dem *BGH* im Rahmen der auch im EWR-Raum geltenden Niederlassungsfreiheit als nicht-missbräuchliches Verhalten eingestuft wurde.

gemeinschaftsrechtlich eingeräumten Rechtsposition gedeckt ist, wobei allein entscheidend ist, dass die Niederlassungsfreiheit *zweckentfremdet* wird.[210]

Damit könnten dem Grundsatz nach zwar auch die sog. „*U-turn-Konstruktionen*“[211] erfasst werden, so dass im Falle einer Scheinauslandsgesellschaft eine missbräuchliche Gestaltung darin gesehen werden könnte, dass eine Inlandsgesellschaft künstlich die Voraussetzungen für einen Statutenwechsel herbeiführt, ohne dass es zu einer korrespondierenden Veränderung der tatsächlichen Verhältnisse kommt.[212] Dies erscheint äußerst zweifelhaft. Schließlich ist zu bedenken, dass dafür eine Neukonstituierung unter der gewünschten Rechtsordnung unter Beibehaltung der tatsächlichen Verhältnisse, d. h. die Neugründung im Ausland unter Beibehaltung des tatsächlichen Verwaltungssitzes im Inland, erforderlich wäre, was jedoch im Endergebnis lediglich die europarechtlich legitime Ausnutzung der vom EuGH eingeforderten Rechtsformfreiheit darstellt.[213]

Im Einklang mit der Rechtsprechung des EuGH dürften indes die zwei praxisrelevanten Konstellationen der fraudulösen Betriebsaufspaltung sowie der Umgehung von inländischen Tätigkeitsverboten als Inbegriff des Missbrauchs stehen.

Eine *fraudulöse Betriebsaufspaltung*[214] und die insoweit damit einhergehende missbräuchliche Berufung auf die Niederlassungsfreiheit liegt dann vor, wenn es sich bei der neu gegründeten Gesellschaft allein um einen „Schuldenträger“, eine sog. „Aschenputtel-Gesellschaft“ handelt, die eigentlichen Aktiva des Unternehmens hingegen einer anderen inländischen Gesellschaft zugewiesen werden.[215] Eine derartige Fallkonstellation lag der Entscheidung des AG Hamburg vom 14. Mai 2003 zugrunde, in der eine englische *limited* als ebensolche Aschenputtel-Gesellschaft gegründet worden war, während die Aktiva der Gesellschaft in der deutschen GmbH untergebracht wurden.[216]

Darüber hinaus kann eine missbräuchliche Berufung auf die Niederlassungsfreiheit angenommen werden, wenn eine Auslandsgesellschaft im Einzelfall gegründet wird, um *inländische Tätigkeitsverbote zu umgehen*. Dies kann dann

---

210 *Eidenmüller*, JZ 2004, 24 (26).

211 Vgl. dazu umfassend: *Eidenmüller*, in: Eidenmüller, Ausl. Kapitalgesellschaften im deutschen Recht, § 3, Rn. 88 ff.

212 *Kienle*, in: Süß/Wachter, Hdb. Internationales GmbH-Recht, S. 175, § 3, Rn. 80.

213 So auch *Kienle*, in: Süß/Wachter, Hdb. Internationales GmbH-Recht, S. 175, § 3, Rn. 80.

214 Zur Begrifflichkeit: *Kienle*, in: Süß/Wachter, Hdb. Internationales GmbH-Recht, S. 176, § 3, Rn. 81.

215 *Eidenmüller*, JZ 2004, 24 (26).

216 *AG Hamburg*, NJW 2003, 2835 (2836).

angenommen werden, wenn ein Inländer, dem ein bestimmtes Gewerbe untersagt ist, sich einer (Schein-) Auslandsgesellschaft und deren Zweigniederlassung bedienen will, um der ihm untersagten Tätigkeit im Inland dennoch nachgehen zu können.

Im Falle des *betrügerischen Ausnutzens der Niederlassungsfreiheit* geht es hingegen – anders als bei der missbräuchlichen Berufung – um eine Täuschung über Tatsachen. Die Rechtsprechungslinie des EuGH ist sehr restriktiv. Nationale Gerichte können lediglich im Einzelfall das betrügerische Verhalten der Betroffenen auf der Grundlage objektiver Kriterien feststellen, um ihnen gegebenenfalls die Berufung auf das einschlägige Gemeinschaftsrecht zu versagen. Es ist allerdings zu beachten, dass auch in diesen Fällen das Ziel, eine Gesellschaft in dem jeweiligen Mitgliedstaat zu gründen, der einem Marktteilnehmer die größten Freiheiten lässt, oder die Tatsache einer fehlenden Geschäftstätigkeit in dem Gründungsstaat, nicht bereits für sich als betrügerisch gewertet werden kann.[217] Dies schließt nach Ansicht des EuGH nicht aus, *„dass die Behörden des betreffenden Mitgliedstaats alle geeigneten Maßnahmen treffen können, um Betrügereien zu verhindern oder zu verfolgen. Dies gilt sowohl (…) gegenüber der Gesellschaft selbst als auch gegenüber den Gesellschaftern, wenn diese sich mittels der Errichtung der Gesellschaft ihren Verpflichtungen gegenüber inländischen privaten oder öffentlichen Gläubigern entziehen möchten.“*[218] Insofern spielt das Bestreben einer Nutzung der Auslandsgesellschaft zur Entziehung solcher Verpflichtungen gegenüber Inlandsgläubigern eine maßgebliche Rolle, um ein betrügerisches Berufen auf die Niederlassungsfreiheit begründen zu können. Eine derartige betrügerische Berufung dürfte z. B. dann vorliegen, wenn die Gründung der Auslandsgesellschaft allein zu dem Zweck erfolgt, den redlichen Rechtsverkehr durch ein betrügerisches Geschäftsmodell unter Ausnutzung der bei Auslandsgesellschaften meist vorhandenen größeren Täuschungsmöglichkeiten zu gefährden.[219]

Demnach lässt sich abschließend festhalten, dass es den Mitgliedstaaten dem Grundsatz nach unbenommen ist, die missbräuchliche Umgehung ihrer (nationalen) Rechtsnormen entsprechend zu sanktionieren. Dies kann insoweit auch unter dem – vom EuGH geschützten – Deckmantel des rechtfertigenden Eingriffs in die Niederlassungsfreiheit erfolgen. Wann ein missbräuchliches Ver-

---

217 *Eidenmüller*, in: Eidenmüller, Ausl. Kapitalgesellschaften im deutschen Recht, § 3, Rn. 107 mit weiteren Hinweisen zu der Rechtsprechung des EuGH.

218 *EuGH*, NJW 1999, 2027 (2029) – *Centros*.

219 *Eidenmüller*, JZ 2004, 24 (26); *ders.*, in: Eidenmüller, Ausl. Kapitalgesellschaften im deutschen Recht, § 3, Rn. 117 ff., mit vertiefenden Darstellungen zu Konstellationen eines betrügerischen Berufens auf die Niederlassungsfreiheit.

halten hingegen genau vorliegt, bestimmt sich allein nach objektiven Gesichtspunkten, so dass rein subjektive Absichten keinen Rechtsmissbrauch darstellen können, wenn aus dem äußeren Erscheinungsbild der Anwendungsbereich der Niederlassungsfreiheit eröffnet ist. Der Umstand, dass eine Gesellschaft in einem Mitgliedstaat nur gegründet wurde, um in den Genuss vorteilhafterer Rechtsvorschriften in dem anderen Mitgliedstaat zu kommen, in dem die hauptsächliche oder gar ausschließliche Tätigkeitsausübung erfolgen soll, stellt nach der Rechtsprechung des EuGH[220] ausdrücklich keinen Missbrauch der vom Aufnahmestaat zu beachtenden Niederlassungsfreiheit dar.

III. Kehrtwende des EuGH in der Rechtsprechung zur Niederlassungsfreiheit europäischer Briefkastengesellschaften?

Die jüngste Rechtsprechung des EuGH wirft die Frage auf, ob dieser den Anwendungsbereich der Niederlassungsfreiheit nicht jedenfalls für sog. *Briefkastengesellschaften* tatbestandlich (wieder) begrenzen und den bisherigen Kurs seiner vorstehend skizzierten Rechtsprechung zur nahezu bedingungslosen Niederlassungsfreiheit europäischer Kapitalgesellschaften ändern möchte. Hatte der EuGH in der Rechtssache „*Centros*“ eine Einschränkung der Niederlassungsfreiheit nur für sog. Missbrauchsfälle zugelassen[221], setzte er in der sog. „*Cadbury-Schweppes*“-Entscheidung[222] die Hürde einer entsprechenden Beschränkung augenscheinlich dezent herab, sofern es sich um künstliche Gestaltungen von bestimmten gesellschaftsrechtlichen Konstrukten von sog. „Briefkasten-Gesellschaften“ handelte. In dieser Entscheidung aus dem Jahre 2006 hatte eine englische Gesellschaft eine irische Tochtergesellschaft mit der Intention gegründet, dass diese Tochtergesellschaft in Irland dem dort (als im Vergleich zu England) günstigeren Steuerrecht unterstellt werden sollte. Der EuGH urteilte, dass die steuervermeidende „Briefkasten-Konstruktion“ nicht dem durch die Unionsfreiheiten gewährleisteten Schutz unterfallen könne, da es sich um eine rein künstliche Gestaltung handele, die dazu bestimmt sei, den normalerweise geschuldeten nationalen Steuern zu entgehen.[223]

---

220 *EuGH*, NJW 1999, 2027 (2028) – *Centros*; *ders.*, ZIP 2003, 1885 (1891 u. 1893) – *Inspire Art*.
221 Siehe oben im ersten Teil unter § 1 D. II. 3.
222 *EuGH*, EuZW 2006, 337 ff. – *Cadbury Schweppes*.
223 *EuGH*, EuZW 2006, 337 (338) – *Cadbury Schweppes*.

Eine „längst überfällige Kurskorrektur“[224], wonach die Gründung einer Briefkastengesellschaft generell nicht mehr von dem Umfang der Niederlassungsfreiheit umfasst sei, kann in der „*Cadbury Schweppes*“-Entscheidung des EuGH hingegen nicht erblickt werden. In ihrer Existenz wurde die irische Gesellschaft, die auch nicht das Ziel nationaler Beschränkungen gewesen war, von dem EuGH nicht in Frage gestellt. Betraf die zu prüfende Beschränkung doch die Untersagung der Verlagerung der erwirtschafteten Gewinne der englischen Mutter- auf die irische Tochtergesellschaft. Es handelte sich somit um eine bloße Beschränkung des Herkunfts- aber nicht des Zuzugsstaates, der die Errichtung einer Auslandsniederlassung weniger attraktiv gemacht hatte.[225] Folglich stellte die Rechtssache „*Cadbury Schweppes*“ letztlich einen reinen Wegzugsfall dar, der keine Deutung als Kehrtwende der EuGH-Rechtsprechung in den sog. Zuzugsfällen zulassen kann.[226]

Mit der Entscheidung „*VALE*“[227] hat sich die in der Entscheidung „*Cadbury Schweppes*“ angedeutete Tendenz des EuGH verschärft. In der jüngsten Zeit wurde teilweise diskutiert, inwiefern der EuGH in seiner „*VALE*“-Entscheidung zumindest teilweise von seiner bisherigen Rechtsprechung zu den Rechtssachen „*Centros*“, „*Überseering*“ und „*Inspire Art*“ abweiche und nun doch ein bestimmtes Mindestmaß an unternehmerischer Betätigung im Gründungsstaat fordere, so dass sog. Briefkastengesellschaften sich nicht mehr ohne weiteres auf die Niederlassungsfreiheit berufen könnten.[228] An dieser Stelle sei ausdrücklich vor zu hohen an den EuGH und dessen Judikatur geknüpften Erwartungen gewarnt. Die Forderung des EuGH nach einem „*genuine link*“ betrifft dem Grundsatz nach nicht die wirtschaftliche Tätigkeit im Aufnahmestaat, sondern lediglich eine (zusätzliche) realwirtschaftliche Präsenz im *Herkunfts*staat, der nach der „*Cartesio*“-Entscheidung des EuGH[229] darüber hinaus auch zu bestimmten Einschränkungen der Niederlassungsfreiheit berechtigt wäre.

Dies kann auf eine in der Zukunft restriktivere Handhabung des EuGH auch bei sog. Zuzugsfällen hindeuten. Eine solche Deutung ist aber nicht zwingend. Aus rechtspolitischer Sicht ist die vom EuGH erzeugte Unsicherheit[230] insbeson-

---

224 *Kindler*, in: MüKo, BGB, Bd. 11, IntGesR, Rn. 128.

225 *Teichmann*, in: Süß/Wachter, Hdb. Internationales GmbH-Recht, S. 237, § 4, Rn. 38.

226 So auch *Hübner*, S. 66.

227 *EuGH*, NJW 2012, 2715 ff. – *VALE Építési kft.*

228 Vgl. hierzu etwa *Kindler*, EuZW 2012, 888 (891); *Wicke*, DStR 2012, 1756 (1558 u. in Fn. 20 m.w.N.).

229 Vgl. *EuGH*, ZIP 2009, 24 (28 f.) – *Cartesio.*

230 *Servatius*, in: Henssler/Strohn, GesR, Komm., IntGesR, S. 2695, Rn. 18.

dere der Behandlung gesellschaftsrechtlicher Zuzugsfälle zu kritisieren, so dass eine einheitliche Linie des EuGH einzufordern ist. Solange eine solche Linie nicht gefunden ist, lässt sich festhalten, dass derzeit auch reine Briefkastengesellschaften (noch) zu dem Kreis der Gesellschaften zu zählen sind, die sich auf die Niederlassungsfreiheit berufen können. Der Gedanke einer zwangsläufig missbräuchlichen oder betrügerischen Berufung auf die Niederlassungsfreiheit, der solche Briefkastenfirmen im Ergebnis ausschließen würde, ist aus kriminalistischer und kriminalpolitischer Sichtweise zwar charmant. Er verleitet jedoch gleichzeitig vorschnell zu einer Bejahung des Erfordernisses einer zusätzlichen Geschäftstätigkeit, so dass Briefkastengesellschaften womöglich tatsächlich strengeren Voraussetzungen unterliegen könnten. Gesichert ist dies nach der aktuellen Rechtsprechung des EuGH jedoch nicht. Bereits aus Gründen der Rechtssicherheit bei der Rechtsfindung und -anwendung der nationalen Gerichte ist aktuell davon auszugehen, dass die Niederlassungsfreiheit dem Grundsatz nach uneingeschränkt für jede europäische Gesellschaft – ungeachtet des Umfangs der Geschäftstätigkeit – vollumfängliche Geltung beanspruchen muss und im Ergebnis nur unter der Heranziehung der Grundsätze der „*Keck*"-Rechtsprechung des EuGH und im Rahmen der vorstehenden Rechtfertigungsoptionen europarechtskonform einschränkungsfähig ist.

§ 2 Der Einfluss der Judikatur des EuGH auf die Praxis der deutschen Rechtsprechung

Erscheint die Rechtsprechung des EuGH zur Niederlassungsfreiheit im Zusammenhang mit dem grenzüberschreitenden europaweiten Zu- und Wegzug von Gesellschaften auch unter der zuletzt erfolgen Entscheidung „*Kornhaas*" als klar und zielführend, ist die Untersuchung des konkreten Einflusses auf die deutsche Rechtsprechungspraxis von erheblicher Bedeutung.

Für die deutsche Rechtsprechungspraxis ist eine Stringenz der Judikatur des EuGH zur Niederlassungsfreiheit europäischer Gesellschaften elementar. Denklogisch gelangen zunächst das nationale Gesellschafts- und Insolvenzrecht, mithin diejenigen Bereiche, die für das deutsche Wirtschaftsstrafrecht von besonderem Interesse sind, in den unmittelbaren Blickpunkt. Gleichzeitig ist für die Strafrechtswissenschaft eine nationale (zivilrechtliche) Rechtsprechung von Bedeutung, die ihren Fokus auf alle ausländischen (nicht nur die europäischen) Gesellschaftsformen legt, so dass eine möglichst einheitliche und transparente Beurteilung der Rechtslage auch im Bereich des materiellen Strafrechts erfolgen kann und mithin festzustellen ist, welchen Risiken Geschäftsleiter ausländischer – nicht zwingend europäischer – Kapitalgesellschaften in Deutschland ausgesetzt sind. Nachfolgend werden zunächst die konkreten Auswirkungen der Rechtsprechung des EuGH auf das nationale Gesellschaftskollisionsrecht beleuchtet und eine umfassende Zuweisung des anzuwendenden Gesellschaftsstatuts für EU- als auch Nicht-EU-Gesellschaften ausländischen Rechts vorgenommen (dazu unter A.). Im Anschluss daran soll ein erster Ausblick auf die möglichen Auswirkungen auf das deutsche Wirtschaftsstrafrecht gewagt werden (dazu unter B.).

A. Auswirkungen auf das nationale Gesellschaftskollisionsrecht

Die Auswirkungen der vorgezeichneten Rechtsprechung des EuGH besitzen eine hohe Ausstrahlungswirkung auf das deutsche Gesellschaftskollisionsrecht. Da sich die Rechtsfähigkeit einer Gesellschaft nach dem Gesellschaftsstatut bestimmt und das (deutsche) Internationale Privatrecht zum Zeitpunkt der einschlägigen EuGH-Rechtsprechung über keine entsprechende durch den deutschen Gesetzgeber herbeigeführte Kodifikation des Gesellschaftsstatuts[231] verfügte, hatte die deutsche Rechtsprechung das Gesellschaftsstatut für ausländische Gesellschaften maßgeblich selbst bestimmt.

I. Partielle Aufgabe der Sitztheorie

Nach der *originären Sitztheorie* des BGH ergaben sich das Gesellschaftsstatut einer Gesellschaft und das mithin auf sie anzuwendende Recht daraus, an welchem Ort der tatsächliche Verwaltungssitz der Gesellschaft lag.[232] Dies war nach der sog. *Sandrock'schen Formel*[233] der Tätigkeitsort der Geschäftsführung, d. h. der Ort, an dem grundlegende Entscheidungen der Unternehmensleitung effektiv in laufende Geschäftsführungsakte umgesetzt werden.[234] Dies bedeutete im Ergebnis, dass die Bestimmung der Rechtsfähigkeit einer Gesellschaft für den Fall, dass der Verwaltungssitz einer ausländischen Gesellschaft in Deutschland lag, auch durch deutsches Recht erfolgte. Da dem deutschen Recht die „ausländische Gesellschaft“ im enumerativen Kanon der Gesellschafsformen jedoch fremd war, bedurfte es für das Entstehen der Rechtsfähigkeit dieser Gesellschaft deren Neugründung und Eintragung in das Handelsregister nach den Vorschriften des deutschen Gesellschaftsrechts.[235] Mithin kam es zu einem Statutenwechsel. Das auf die Gesellschaft anzuwendende deutsche Sachrecht bestimmte sich nach einem Vergleich der ausländischen Gesellschaft mit den verschiedenen Typen des deutschen Gesellschaftsrechts, so dass die GbR oder OHG als maßgebliche Rechtsform in Frage kamen, bei einer ausländischen Ein-Personen-Gesellschaft erfolgte eine Einordung als Einzelperson. Die Folgen waren für die Betroffenen drastisch, da die Gesellschafter nunmehr einer unbeschränkten (persönlichen) Haftung unterlagen.[236] Erfolgte hingegen keine gesellschaftsrechtliche Neugründung, war die ausländische Gesellschaft ausweislich der deutschen Rechtsprechungspraxis als sog. „*Nullum*“ zu qualifizieren.[237]

---

231 Auf den am 07.01.2008 vom Bundesministerium der Justiz eingebrachten Referentenentwurf für ein *Gesetz zum Internationalen Privatrecht der Gesellschaften, Vereine und juristischen Personen*, der bislang noch nicht umgesetzt worden ist, wird nachfolgend im Rahmen dieser Arbeit noch einzugehen sein.

232 *BGHZ* 25, 134 (144, 146 f.); 51, 27 (29); 53, 181 (183); 97, 269 (271); 151, 204 (206).

233 *Sandrock*, in: FS Beitzke, S. 669 (683).

234 *Albrecht*, ZInsO 2013, 1623 (1624); *Schneider*, BB 2008, 566 (567).

235 *Albrecht*, ZInsO 2013, 1623 (1624).

236 *Servatius*, in: Henssler/Strohn, GesR, Komm., IntGesR, S. 2694, Rn. 16.

237 *BGH*, NJW 1986, 2194.

Durch die geänderte Rechtsprechungspraxis des EuGH zur Niederlassungsfreiheit von Gesellschaften im europäischen Raum[238] waren national geprägte Abschottungsbemühungen gegen Auslands-Gesellschaften nunmehr obsolet. Die Anwendung der Sitztheorie war und ist aufgrund deren grundsätzlicher Eignung, rechtliche Hürden für die beabsichtigte Niederlassung einer europäischen Gesellschaften in Form einer deutschen Zweigniederlassung aufzustellen, als Mobilitätshindernis und damit im Ergebnis als unionsrechtswidrig anzusehen. Sofern die Gründung der jeweiligen europäischen Kapitalgesellschaft nach dem Recht ihres Heimatstaates rechtswirksam erfolgt war, erschien nun grundsätzlich[239] eine rechtsformwahrende Sitzverlegung aus dem europäischen Ausland nach Deutschland als möglich.[240]

Mit der Entwicklung der sog. *Wechselbalg-Lehre* versuchte der BGH dem zumindest partiell entgegenzuwirken, um seine bisherige Rechtsprechungspraxis mit den durch den EuGH in der Entscheidung „*Centros*" neu statuierten Anforderungen in Bezug auf die Niederlassungsfreiheit noch rechtsdogmatisch in Einklang zu bringen.[241] Überwiegend aus Gläubigerschutzgesichtspunkten sollte eine ausländische Kapitalgesellschaft mit tatsächlichem Verwaltungssitz in Deutschland als Personengesellschaft deutschen Rechts qualifiziert werden.[242] Infolge der weiteren Entscheidungen des EuGH in den Sachen „*Überseering*" und „*Inspire*

---

238 Vgl. dazu auch die umfassende Darstellung der kaum noch überschaubaren Beiträge aus der Literatur zu den Auswirkungen der EuGH-Judikatur auf die deutsche Rechtsprechung etwa bei *Wilms*, S. 60 f.

239 Zu beachten ist hier, dass nach der bereits skizzierten Entscheidung des EuGH in der Rechtssache „*Cartesio*" Wegzugsbeschränkungen des Gründungsstaates hingegen möglich sind und diese nicht gegen die Niederlassungsfreiheit verstoßen. Dies kann darin münden, dass ein Mitgliedstaat, der der Sitztheorie folgt, einen Wegzug „seiner" Kapitalgesellschaftsform unionskonform verhindern kann. Ein praktisches Beispiel ist nach *Teichmann*, ZGR 2014, 220 (230 u. FN 64), das *Großherzogtum Luxemburg*. Dort wird das „*Domizil*" einer inländischen Gesellschaft durch den Ort der Hauptverwaltung bestimmt, wobei das luxemburgische Gesetz vermutet, dass sich der Hauptverwaltungssitz auch am Satzungssitz befindet.

240 *Horn*, NJW 2004, 893 (895).

241 *Albrecht*, ZInsO 2013, 1623 (1624).

242 *BGH*, NJW 2002, 3539 (3539); nach *Albrecht*, ZInsO 2013, 1623 (1624), handelte es sich bei dieser Entscheidung um eine auf der Kanalinsel Jersey gegründete Ltd., die von der Niederlassungsfreiheit gem. Art. 299 VI lit. c EGV a. F. i.V. mit dem Protokoll zur Beitrittsakte von 1972 ohnehin nicht erfasst war; *Goette*, DStR 2005, 197 (197), geht hingegen davon aus, dass der Entscheidung des BGH vielmehr Überlegungen zur Verhinderung ansonsten unangemessener Folgen zugrunde lagen.

Art“ war auch das rechtliche Konstrukt der Wechselbalg-Lehre nicht weiter haltbar, da bereits die neu begründeten Haftungsrisiken mit der durch den EuGH vorgenommenen Auslegung der Artt. 49, 54 AEUV nicht mehr zu vereinbaren waren. Der BGH musste die Sitztheorie zumindest in Bezug auf europäische Gesellschaftsformen endgültig aufgeben.[243] Die Gründungstheorie fand Einzug in das deutsche Gesellschaftsrecht und die Praxis der deutschen Rechtsprechung.[244]

II. Überwiegende Anwendung der Gründungstheorie

Unter der Anwendung der Gründungstheorie können in der EU gegründete Gesellschaften unter Beibehaltung ihres Gründungsstatutes in Deutschland nun eine Niederlassung eröffnen und sowohl rechts- als auch parteifähig agieren.[245] Die Motive für die Gründung der Gesellschaft im europäischen Ausland sind dabei unerheblich.[246] Zu beachten ist in diesem Zusammenhang, dass die Verweisung auf die Gründungstheorie als Gesamtnormverweisung dazu führt, dass über Art. 4 Abs. 1 S. 2 EGBGB auf das Internationale Privatrecht der anderen Rechtsordnung verwiesen wird.[247] Sofern der Gründungsstaat seinerseits der Gründungstheorie folgt, ist somit das Recht des Gründungsstaates maßgeblich.[248] Dies führt dazu, dass bereits zum heutigen Zeitpunkt eine große Anzahl verschiedener Rechtssysteme der europäischen Mitgliedstaaten und darüber hinaus der sog. assoziierten Staaten und Überseegebiete, die mit Dänemark, Frankreich, den Niederlanden und dem Vereinigten Königreich besondere Beziehungen unterhal-

---

243 *BGHZ* 154, 185 (189 f.).

244 Vgl. *BGH*, NJW 2003, 1461 ff. (Abschlussurteil des VII. Zivilsenats zu Überseering); *ders.*, NJW-RR 2004, 1618 ff. (Delaware-Urteil); *ders.*, NJW 2009, 289 ff. (Trabrennbahn); *ders.*, NJW 2005, 1648 (1649); *ders.*, ZIP 2009, 2385 ff. (betreffend eine *ltd.* nach Recht nach dem Recht des Staates Singapur).

245 Der Gestaltungsfreiheit sind hier kaum (gesellschaftsrechtliche) Grenzen gesetzt. So sind in Deutschland u. a. Gesellschaftsformen wie die der *limited & Co. KG* realisierbar, in der die *limited* dann zulässigerweise die Funktion der Komplementärin einnimmt, vgl. *Just*, Limited, S. 93, Rn. 348; *Teichmann*, ZGR 2014, 220 (234, 237).

246 *Mansdörfer/Habetha*, S. 80, Rn. 233.

247 *Kienle*, in: Süß/Wachter, Hdb. Internationales GmbH-Recht, S. 156, § 3, Rn. 21.

248 Anders liegt der Fall jedoch, wenn der Gründungsstaat seinerseits der Sitztheorie folgt und das anwendbare Sachrecht des Wegzugstaates den identitätswahrenden Wegzug untersagt. Infolge der Rückverweisung in das deutsche Recht sind dann die deutschen Sachvorschriften gemäß Art. 4 Abs. 1 S. 2 EGBGB anzuwenden. Dies bewirkt aufgrund der eingangs skizzierten modifizierten Sitztheorie des BGH eine Umdeutung der ausländischen Gesellschaft in eine rechtsfähige Personengesellschaft deutschen Rechts.

ten, zu berücksichtigen sind.[249] So hält beispielsweise auch das Rechtssystem der British Virgin Islands, das bereits Gegenstand der strafrechtlichen Entscheidung des BGH vom 10. April 2010 zur Untreue-Problematik gewesen ist, Einzug in die deutsche Rechtspraxis.

Der Anwendungsbereich der Niederlassungsfreiheit erfährt aufgrund des Abkommens über den *Europäischen Wirtschaftsraum* (EWR)[250], dem aktuell Norwegen, Island und Liechtenstein[251] zugehörig sind, eine zusätzliche räumliche Erweiterung. Die von dem EuGH herausgearbeiteten Grundsätze zur Niederlassungsfreiheit gelten damit nämlich nicht nur für europäische Gesellschaften, sondern auch für solche Gesellschaften, die in einem Mitgliedstaat, der das EWR-Abkommen ratifiziert hat, gegründet worden sind.[252] Diese sind nach der Judikatur des BGH aus dem Jahre 2005[253] ebenfalls von dem Wirkungskreis der Gründungstheorie umfasst. Als Zwischenfazit ist festzuhalten, dass die Gründungstheorie nunmehr umfänglich für Gesellschaften aus dem EU- oder EWR-Raum zur Bestimmung des Gesellschaftsstatuts in Deutschland maßgeblich ist.

Davon abzugrenzen sind *Drittstaaten* außerhalb der EU bzw. des EWR-Raums, mit denen entsprechende Staatsverträge geschlossen worden sind.[254] Sollte die Bestimmung der Rechtsfähigkeit über das Gesellschaftsstatut mangels Berechtigung der Inanspruchnahme der Niederlassungsfreiheit im Grundsatz nicht über die Gründungstheorie, sondern vielmehr über die modifizierte Sitztheorie erfolgen,

---

249 Neben den EU-Mitgliedstaaten sind das auch sehr exotische Staaten wie etwa Neukaledonien, Französisch-Polynesien, Aruba, die Niederländischen Antillen, die Britischen Jungferninseln oder Bermuda. Eine umfassende Aufzählung der assoziierten Staaten und Überseegebiete findet sich etwa bei *Servatius* in: Henssler/Strohn, GesR, Komm., IntGesR, S. 2695, Rn. 19.

250 Abkommen über den Europäischen Wirtschaftsraum v. 03.11.1994, ABl. EG 1994 L 1, S. 1 ff.

251 Die Schweiz hat das EWR-Abkommen nicht ratifiziert. Dies ist entscheidend für die Beurteilung des Gesellschaftsstatuts, so dass die Gründungstheorie für die Schweiz nach der Rechtsprechung des BGH explizit nicht gilt, vgl. *Kienle* in: Süß/Wachter, Hdb. Internationales GmbH-Recht, § 3, S. 156, Rn. 23.

252 *Albrecht*, ZInsO 2013, 1623 (1624).

253 *BGH*, NJW 2005, 3351 ff. betreffend den Fall einer in Liechtenstein gegründeten Kapitalgesellschaft; zuletzt *ders.*, NJW 2009, 289 (290).

254 Eine umfassende Darstellung spezieller Kapitalschutzabkommen, auf deren Grundlage die Gründungstheorie zumindest halbseitig, d. h. für zumindest in Deutschland agierende ausländische Kapitalgesellschaften Anwendung findet, bieten *Rehm,* in: Eidenmüller, Ausl. Kapitalgesellschaften im deutschen Recht, § 2, Rn. 15 sowie *Servatius,* in: Henssler/Strohn, GesR, Komm., IntGesR, S. 2695, Rn. 18 f.

liegt der Fall hier anders. Die Anwendbarkeit der Gründungstheorie beschränkt sich nicht auf Staaten aus der EU oder dem EWR-Raum, vielmehr werden auch Staaten außerhalb der EU, mit denen Deutschland bilaterale Vereinbarungen getroffen hat, von den faktischen Rechtsfolgen der Gründungstheorie grundsätzlich erfasst.[255] Insofern können beispielsweise auch US-amerikanische Gesellschaften aufgrund Art. XXV Abs. 5 S. 2 des zwischen der Bundesrepublik Deutschland und den USA geschlossenen Freundschafts- Handels- und Schifffahrtsvertrages vom 29.10.1954[256], ihre Geschäftstätigkeit ohne einen Wechsel ihrer Rechtsform im deutschen Inland ausüben.[257] In dem Staatsvertrag wurde die Regelung getroffen, dass das rechtliche Statut der Gesellschaften, die rechtswirksam in dem Gebiet des einen Vertragsteils gegründet worden sind, bei einer Sitzverlegung in das Hoheitsgebiet des anderen Vertragsteils rechtsformwahrend anerkannt wird.[258]

Der BGH hat in mehreren Entscheidungen festgehalten, dass das Personalstatut einer in den USA gegründeten Gesellschaft grundsätzlich dem Recht ihres Gründungsstaates unterfällt, so dass die Rechts- und Parteifähigkeit einer wirksam nach US-amerikanischen Vorschriften gegründeten Gesellschaft nach dem US-Recht zu beurteilen ist.[259] Einschränkend wird als zusätzliche Voraussetzung das Bestehen einen sog. „*genuine link*" der US-Gesellschaft zu den USA postuliert.[260] Nach dem vom Internationalen Gerichtshof entwickelten Ansatz ist einem Staat die Berufung auf die völkerrechtliche Zugehörigkeit einer natürlichen oder juristischen Person nur dann gestattet, wenn ein effektiver Anknüpfungspunkt in Form einer nicht rein formellen, sondern effektiven Verbindung zu diesem Staat besteht.[261] Das grundsätzliche Erfordernis eines „*genuine link*" zu den USA sieht auch der BGH als maßgeblich an. Gleichzeitig wird betont, dass eine Korrektur dieser staatsvertraglich festgelegten Anerkennung nur in extremen Ausnahmefällen bei einem offensichtlichen Gestaltungsmissbrauch erfolgen könne, so dass bereits ein Telefonanschluss, eine Adresse oder eine Bankverbindung in den

---

255 Vgl. *Spahlinger/Wegen*, Internationales Gesellschaftsrecht in der Praxis, S. 55 ff. mit weiteren Ausführungen zu Staaten, mit denen die Bundesrepublik Deutschland bilaterale Abkommen geschlossen hat.

256 Der Vertrag ist mit Wirkung zum 14.07.1956 in Kraft getreten, vgl. BGBl. II 1956, 487, 736.

257 BGBl. II 1956 S. 487; vgl. instruktiv dazu *Drouven/Mödl*, NZG 2007, 7 ff.

258 *Albrecht*, ZInsO 2013, 1623 (1625).

259 *BGH*, NZG 2005, 44 ff.; *ders.*, NZG 2003, 531 (531 f.).

260 *OLG Düsseldorf*, NJW-RR 1995, 1124 (1125 f.).

261 *IGH* v. 06.05.1954, ICJ-Rep. 1955, 4, 22 f. – *Nottebohm*; *Albrecht*, ZInsO 2013, 1623 (1625).

USA zwar als notwendig, aber auch bereits als ausreichend für die Erfüllung des „*genuine link*“ erachtet werden.[262] Es liegt auf der Hand, dass dieses vom BGH befürwortete weiche Erfordernis eines „*genuine link*“ somit in der Regel auch in den USA gegründete Briefkastengesellschaften erfassen dürfte.

III. Weiterhin: Modifizierte Sonderstellung für Auslandsgesellschaften aus bestimmten Drittstaaten

Für ausländische Gesellschaften, die außerhalb der EU bzw. des EWR-Raums gegründet wurden und mit deren Gründungsstaaten keine entsprechenden bilateralen völkerrechtlichen Abkommen geschlossen wurden, gilt weiterhin die vorstehend skizzierte modifizierte Sitztheorie des BGH. Hatte danach das OLG Hamburg im Jahre 2007 bereits eine auf der *Isle of Man* gegründete Kapitalgesellschaft im Rahmen ihrer Sitzverlegung nach Deutschland nach der *Wechselbalg-Lehre* als rechtsfähige Personengesellschaft eingeordnet,[263] blieb auch der BGH dieser Argumentationslinie treu.[264] In der viel beachteten Entscheidung „*Trabrennbahn*“[265] aus dem Jahre 2009 wurde eine in der Schweiz gegründete AG als rechtsfähige Personengesellschaft „umqualifiziert“. Begründet wurde dies damit, dass sich die Schweiz nicht auf die Niederlassungsfreiheit des EGV a. F. berufen konnte, da sie aufgrund der fehlenden Ratifizierung nicht Partei des EWR-Abkommens ist und die Artt. 31, 34 des EWR-Abkommens daher nicht für diese gelten.[266] Die Ausführlichkeit der Entscheidungsbegründung des BGH lässt dessen Intention vermuten, seine bisherige Rechtsprechungslinie lediglich bei einer Entscheidung des deutschen Gesetzgebers, die Gründungstheorie generell zur Anwendung gelangen zu lassen, verlassen zu wollen, bzw. mit seinen Rechtsausführungen zumindest eine gesteigerte Auseinandersetzung mit dieser Rechtsfrage in der gesellschaftsrechtlichen Praxis zu erreichen.[267]

Die Folge der Nichtanerkennung einer mit ihrem tatsächlichen Verwaltungssitz im deutschen Inland ansässigen Kapitalgesellschaft aus einem Drittstaat ist deren Einordnung in den Verband deutscher Gesellschaftsformen. In Ermangelung der Gründungsvoraussetzungen der GmbH oder AG kann es nur bei einer

---

262 *BGH*, ZIP 2004, 2230 ff.; *Servatius*, in: Henssler/Strohn, GesR, Komm., IntGesR, S. 2696, Rn. 27.

263 *OLG Hamburg*, GmbHR 2007, 763 ff.

264 *Albrecht*, ZInsO 2013, 1623 (1625).

265 *BGH*, NZG 2009, 68 ff.

266 *BGH*, NZG 2009, 68 (69 f.); siehe auch *OLG Hamburg*, BB 2007, 1519 ff. betreffend eine auf der Isle of Man gegründete *limited*.

267 *Geibel*, ZJS 2009, 83 (84).

rechtlichen Zuordnung als Personengesellschaft in der Rechtsform der GbR oder bei Betrieb eines Handelsgewerbes der OHG verbleiben.[268]

IV. Zwischenfazit

Für europäische (Kapital-)Gesellschaften gilt in Deutschland aufgrund der zur Niederlassungsfreiheit ergangenen Rechtsprechung des EuGH die Gründungstheorie, wonach zur Bestimmung der Rechtsfähigkeit einer Gesellschaft das nationale Gesellschaftsstatut des Gründungsstaates maßgeblich ist.[269] Europäischen Unternehmern steht mit der ihnen gewährten Rechtsformfreiheit insoweit die ganze Bandbreite der europäischen Gesellschaftsformen zur Verfügung, so dass sich *Entrepreneure* für zu gründende Einzel- oder Konzerngesellschaften „*a la carte*" aus den vielfältigen Angeboten der Gesellschaftsrechtsordnungen sämtlicher Mitgliedstaaten bedienen können.[270] Eine grenzüberschreitende Mobilität zuziehender Gesellschaften in das deutsche Inland ist insofern ohne einen entsprechenden Rechtsformwandel möglich. Nach der Rechtsprechung des BGH ist die Übertragung der vom EuGH postulierten Grundsätze zur Niederlassungsfreiheit auch auf eine innerhalb des EWR-Raums gegründete Kapitalgesellschaft zulässig, so dass auch für solche Kapitalgesellschaften die vorgenannten Privilegien der Gründungstheorie greifen.

Sofern es sich um eine ausländische Kapitalgesellschaft handelt, die in einem Staat gegründet worden ist, mit dem – wie etwa mit den USA – ein bilateraler Vertrag geschlossen und eine entsprechende Anerkenntnis der Rechtsformwahrung bei einer Sitzverlegung nach Deutschland vereinbart worden ist, findet die Gründungstheorie ebenfalls sinngemäß Anwendung. Für diese ausländischen

---

268 *Kienle*, in: Süß/Wachter, Hdb. Internationales GmbH-Recht, § 3, Rn. 23, S. 149; *Servatius*, in: Henssler/Strohn, GesR, Komm., IntGesR, S. 2694 f., Rn. 16.

269 Hier ist zu beachten, dass die Verweisung auf die Gründungstheorie als Gesamtnormverweisung dazu führt, dass gem. Art. 4 Abs. 1 S. 2 EGBGB auch auf das Internationale Privatrecht der anderen Rechtsordnung verwiesen wird, vgl. *Kienle*, in: Süß/Wachter, Hdb. Internationales GmbH-Recht, § 3, S. 156, Rn. 21. Sofern der Gründungsstaat seinerseits der Gründungstheorie folgt, ist das Recht des Gründungsstaates maßgeblich. Anders liegt der Fall jedoch, wenn der Gründungsstaat seinerseits der Sitztheorie folgt, da infolge der Rückverweisung in das deutsche Recht die deutschen Sachvorschriften gem. Art. 4 Abs. 1 S. 2 EGBGB anzuwenden sind. Infolge der eingangs skizzierten modifizierten Sitztheorie des BGH bewirkt dies eine Umdeutung der ausländischen Gesellschaft in eine rechtsfähige Personengesellschaft deutschen Rechts.

270 *Zimmer*, NJW 2003, 3585 (3591).

Kapitalgesellschaften gelten die Privilegien einer grenzüberschreitenden Mobilität nach Deutschland ohne das Erfordernis des Rechtsformwandels bzw. einer zwangsweisen Umdeutung als deutsche Personengesellschaft durch die deutsche Rechtsprechung. Dieses Privileg gilt – soweit ersichtlich – bisher für alle anderen Staaten nicht.

V. Legislatorische Bestrebungen des deutschen Gesetzgebers als Ausfluss der Rechtsprechung des EuGH

Der deutsche Gesetzgeber hat im Anschluss an die vorstehend aufgezeigte Rechtsprechung des EuGH zur Niederlassungsfreiheit europäischer Auslandsgesellschaften mit legislatorischen Bestrebungen reagiert. Wurde eine Verlegung des Verwaltungssitzes über die Grenze hinweg bislang eher als stillschweigender Beschluss zur Auflösung der nationalen Gesellschaft bewertet, hat der Gesetzgeber mit dem Inkrafttreten des *MoMiG*[271] eine erste Modernisierung des nationalen Gesellschaftsrechts in zwei verschiedenen „Stoßrichtungen" eingeläutet.

Der GmbH und der AG wurden die Möglichkeiten eingeräumt, auch ihrerseits grenzüberschreitend im europäischen Wirtschaftsraum tätig zu werden, indem § 4a Abs. 2 GmbHG a. F. bzw. § 5 AktG a. F., in denen jeweils das Erfordernis des Zusammenfallens von Satzungs- und Verwaltungssitz geregelt war, gestrichen wurden. Gleichzeitig wurde potentiellen Gesellschaftsgründern als Konkurrenz zu der englischen *limited* mit der *haftungsbeschränkten Unternehmergesellschaft* (UG), die bereits mit einem Gründungskapital von 1,- EUR errichtet werden kann, eine inländische Alternative geboten.[272]

Darüber hinaus sieht der vom Bundesministerium der Justiz am 07. Januar 2008 eingebrachte *Referentenentwurf für ein Gesetz zum Internationalen Privatrecht der Gesellschaften, Vereine und juristischen Personen* in Art. 10 Abs. 1 EGBGB einen generellen, auch Drittstaaten berücksichtigenden Übergang zur Geltung der Gründungstheorie vor[273], wobei aufgrund der weitreichenden und

---

271 Gesetz zur Modernisierung des GmbH-Rechts und zur Bekämpfung von Missbräuchen vom 23.10.2008, BGBl. I, S. 2026.

272 *Kienle*, in: Süß/Wachter-*Kienle*, Hdb. Internationales GmbH-Recht, § 3, Rn. 16, S. 147.

273 Art. 10 Abs. 1 EGBGB-E des Referentenentwurfs für ein Gesetz zum Internationalen Privatrecht der Gesellschaften, Vereine und juristischen Personen v. 07.01.2008 lautet in seiner Entwurfsform wie folgt: *„Gesellschaften, Vereine und juristische Personen des Privatrechts unterliegen dem Recht des Staates, in dem sie in ein öffentliches Register eingetragen sind. Sind sie nicht oder noch nicht in ein öffentliches Register eingetragen, unterliegen sie dem Recht des Staates, nach dem sie organisiert sind."*

„systemumstürzenden“[274] Konsequenzen bezweifelt wird, ob der Referentenentwurf tatsächlich umgesetzt wird.[275] Zum aktuellen Zeitpunkt sind jedenfalls keine legislatorischen Bestrebungen des deutschen Gesetzgebers erkennbar, eine endgültige Kodifikation des Referentenentwurfs weiter vorantreiben zu wollen.

Auf europäischer Ebene verbleibt es bei der Erkenntnis, dass ein spezielles Internationales Gesellschaftsrecht fehlt. Schuldverhältnisse, die sich aus dem Gesellschaftsrecht, dem Vereinsrecht und dem Recht der juristischen Personen ergeben, sind nach Art 1 Abs. 2 f) Rom I-VO und Art. 1 Abs. 2 d) Rom II-VO von den betreffenden Kollisionsnormen nicht erfasst.[276] Indem das deutsche Internationale Gesellschaftsrecht bis auf Weiteres in seiner Ausgestaltung der Rechtsprechung und der rechtswissenschaftlichen Literatur überlassen bleibt, resultiert daraus weiterhin eine gesetzlich nicht kodifizierte Rechtsunsicherheit, die sich letztlich als klarer Wettbewerbsnachteil für das deutsche Recht darstellt.[277]

B. Konsequenzen für das deutsche Wirtschaftsstrafrecht – ein erster Ausblick

Die bisherige Behandlung der Thematik, ob für Geschäftsleiter einer ausländischen Kapitalgesellschaft, die ihre Geschäftstätigkeit in Deutschland ausüben möchte, entsprechende Strafbarkeitsrisiken bestehen, erlaubte den Rechtsanwendern bisher – jedenfalls im Bereich des deutschen Strafrechts – eine verhältnismäßig komfortable Ermittlung der jeweiligen Rechtsfindung. Da die Sitztheorie des BGH bislang jeder ausländischen Gesellschaft zivilrechtlich eine fehlende Partei- und Rechtsfähigkeit im deutschen Recht attestiert hatte,[278] bedurfte es *de facto* einer Neugründung der jeweiligen Gesellschaft nach den gesellschaftsrechtlichen Vorgaben des deutschen Rechts. Mithin wurde bei einer beabsichtigten Sitzverlegung aus dem Ausland nach Deutschland – verbundenen mit dem Wunsch des Bestehens einer Gesellschaft ohne erhöhte Haftungsrisiken für die

---

274 *Leuering*, ZRP 2008, 73 (77) mit einer Darstellung der Kernpunkte des Referentenentwurfs.

275 *Kienle*, in: Süß/Wachter, Hdb. Internationales GmbH-Recht, § 3, S. 155, Rn. 17.

276 Vgl. *Servatius*, in: Henssler/Strohn, GesR, Komm., IntGesR, S. 2688, Rn. 3, wonach es sich etwa um die Einrichtung durch Eintragung oder auf andere Weise, die Rechts- und Handlungsfähigkeit, die innere Verfassung und die Auflösung von Gesellschaften, Vereinen und juristischen Personen, die persönliche Haftung der Gesellschafter und der Organe für Verbindlichkeiten der Gesellschaft, des Vereins oder der juristischen Person handelt.

277 So auch *Servatius*, in: Henssler/Strohn, GesR, Komm., IntGesR, S. 2688, Rn. 3.

278 Siehe dazu oben im ersten Teil dieser Arbeit unter § 2 A. 1.

Gesellschafter – nunmehr eine Kapitalgesellschaft mit beschränkter Haftung in Form einer deutschen GmbH gegründet.[279] Diese wiederum unterlag den gängigen strafrechtlichen Bewertungen und bildete die bereits bekannten potentiellen strafrechtlichen Risiken für die Geschäftsleitung der Gesellschaft ab.[280] Das Wirtschaftsstrafrecht war insofern von Einflüssen mit maßgeblich ausländischem Bezug (noch) weitestgehend verschont geblieben.

Mit der Entwicklung der Rechtsprechung des EuGH zur Niederlassungsfreiheit europäischer (Kapital)-Gesellschaften[281] bedurfte es einer erheblichen Kurskorrektur im deutschen Wirtschaftsstrafrecht. Insoweit gelten nunmehr deutlich verschärfte Grundsätze zumindest für diejenigen Auslandsgesellschaften, deren Gründung in einem europäischen Mitgliedstaat und deren assoziierten Gebieten oder einem dem EWR-Abkommen zugehörigen Staat nach dem dortigen nationalen Recht vollzogen wurde und deren Satzungssitz sich noch immer in dem jeweiligen EU-Mitgliedstaat befindet, während hingegen der tatsächliche Verwaltungssitz der Gesellschaft im deutschen Inland belegen ist.

Daher bedarf es für die Einordnung ausländischer Kapitalgesellschaften im deutschen Wirtschaftsstrafrecht einer maßgeblichen Kategorisierung der jeweiligen Gesellschaft nach ihrem eigentlichen Gesellschaftsstatut. Diese Klassifizierung erfordert die weichenstellende Klärung der Frage, ob es sich um eine „echte“ Auslandsgesellschaft handelt oder vielmehr eine sog. Scheinauslandsgesellschaft vorliegt, wobei hier sinnvollerweise noch zwischen einer tatsächlichen und einer (lediglich) „vorgeschobenen“ Scheinauslandsgesellschaft zu unterscheiden ist.

I. „Echte“ Auslandsgesellschaften und die zivilrechtliche Sitztheorie – weiterhin eine Weichenstellung für das deutsche Strafrecht?

Bei einer „echten“ Auslandsgesellschaft handelt es sich um im Ausland gegründete und dort mit ihrem effektiven Verwaltungssitz tätige Unternehmen, deren Ausübung der wirtschaftlichen Handlungsfreiheit sich indessen nach den Regeln des Zuzugslandes richten.[282] Dies umfasst die nationalen Regelungen des Deliktsrechts ebenso wie die des Steuer-, Sozialversicherungs- oder eben des Strafrechts.[283] Aus strafrechtlicher Sicht folgt daraus, dass die ausländischen Gesellschaften

---

279 *Schlösser*, wistra 2006, 81 (82).

280 *Schlösser*, wistra 2006, 81 (82).

281 Siehe dazu oben im ersten Teil dieser Arbeit unter § 1 C. I.

282 *Mansdörfer/Habetha*, S. 79, Rn. 232.

283 So auch *Mansdörfer/Habetha*, S. 80, Rn. 232.

und deren Geschäftsleitungen weiterhin grundsätzlich uneingeschränkt den in Deutschland geltenden Strafvorschriften unterliegen.[284]

Die tatsächlichen nach deutschem Recht begründeten Strafbarkeitsrisiken für Geschäftsleiter ausländischer Gesellschaften richten sich nach den Vorgaben des Internationalen Strafrechts, das in den §§ 3 ff. StGB normiert ist. Das deutsche Strafrecht gilt danach gemäß §§ 3, 9 StGB grundsätzlich für alle Taten, die im deutschen Inland begangen werden[285] oder die gemäß § 7 Abs. 1 StGB im Ausland gegen einen Deutschen begangen werden, wenn und soweit die Tat am Tatort mit Strafe bedroht ist.[286]

Dass allerdings selbst bei einem strafrechtlich relevanten Sachverhalt, der im unmittelbaren Kontext mit einer „echten" Auslandsgesellschaft steht, in der Praxis des deutschen Wirtschaftsstrafrechts begründete Strafverfolgungsrisiken für die jeweilig handelnden Leitungsorgane der Auslandsgesellschaften bestehen, darf bezweifelt werden. Neben dem Aspekt, dass rechtstatsächlich bislang kaum Bemühungen erkennbar sind, das deutsche Strafrecht effektiv durchsetzen zu wollen, korrespondiert damit die gesetzliche Regelung des § 153c StPO, wonach explizit eine Ausnahme von der nach dem Legalitätsprinzip an sich bestehenden Pflicht zur Strafverfolgung normiert ist.[287] Der Kreis schließt sich, wenn selbst die höchstrichterliche Rechtsprechung bei Auslandssachverhalten den schonenden Einsatz von justiziellen Ressourcen anmahnt,[288] was in der (jetzigen und auch zukünftigen) strafrechtlichen Praxis eine gewisse Zurückhaltung der Strafverfolgungsbehörden bei den entsprechenden Ermittlungen erwarten lässt.

II. EU-Auslandsgesellschaften mit Verwaltungssitz in Deutschland

Zur Durchsetzung der innereuropäischen Niederlassungsfreiheit hat der EuGH mit seiner Rechtsprechung das deutsche Gesellschaftsrecht – und das vieler anderer europäischer Mitgliedstaaten – nachhaltig erschüttert und mittelbar auch das einzelstaatliche Strafrecht in eine – zumindest anfänglich – schwierige Lage gebracht.[289]

---

284 *Richter*, in: FS Tiedemann, S. 1023 (2027).

285 Sog. *Territorialitätsprinzip*, vgl. *Eser*, in: Schönke-Schröder, StGB, Vorbem. §§ 3–9, Rn. 12.

286 Sog. *Personalitätsprinzip*, vgl. *Eser*, in: Schönke-Schröder, StGB, § 7, Rn. 1.

287 *Mansdörfer/Habetha*, S. 80, Rn. 232.

288 *BGH*, NStZ 2010, 632 (634).

289 *Müller-Gugenberger*, in: FS Tiedemann, S. 1003 (1003).

Sofern die Rechtsprechung des EuGH vornehmlich „lediglich“ Gesellschaftsgründungen innerhalb der EU bzw. des EWR betrifft, führt dies jedoch zu keiner effektiven Begrenzung der Auswirkungen der EuGH-Rechtsprechung auf das deutsche Strafrecht. Hinzu treten nämlich Gesellschaften, mit deren Herkunftsstaaten entsprechende bilaterale Verträge geschlossen worden sind. Dementsprechend ist zu prognostizieren, dass die fortlaufende Globalisierung über kurz oder lang die letzten Barrieren, welche durch die deutsche Rechtsprechung (noch) mit der modifizierten Sitztheorie errichtet worden sind, einreißen wird.[290]

Doch führen Änderungen des nationalen Wirtschaftsrechts, wie sie durch die Rechtsprechung des EuGH zur Niederlassungsfreiheit europäischer Gesellschaften erfolgt sind, zwangsläufig auch zu einer Umstrukturierung des Wirtschaftsstrafrechts als gleichsam nachgelagerte Rechtsmaterie. Während eine direkte Beeinflussung durch europäische Richtlinien und Verordnungen dazu führt, dass Mitgliedstaaten verpflichtet werden, Verstöße gegen die umzusetzende Regelungsmaterie durch verhältnismäßige, wirksame und abschreckende Maßnahmen, wie etwa die Schaffung von neuen Straftatbeständen, zu sanktionieren,[291] ist die Lage bei einer indirekten Beeinflussung durch europäisches Recht diffiziler gestaltet. Da das nationale Wirtschaftsstrafrecht nicht unmittelbar auf ausländische Gesellschaftsformen zugeschnitten ist und für diese ausländischen Gesellschaftsformen nach der Rechtsprechung des EuGH das Gesellschaftsstatut des jeweiligen (ausländischen) Gründungsstaates gilt, kann es zu einer partiellen Inkompatibilität der nationalen Strafrechtsordnung kommen, so dass dies in derartigen Fällen zu einem entsprechend erforderlichen Anpassungsbedarf des nationalen Wirtschaftsstrafrechts führen kann.[292] Aus strafrechtlicher Sicht wurde bereits im Hinblick auf das Internationale Gesellschaftsrecht der Befund erhoben, dieses leide unter erheblicher Rechtsunsicherheit, die auch durch den Referentenentwurf zum Internationalen Gesellschaftsrecht nicht beseitigt werden könne, zumal dessen Konsequenzen für das deutsche Strafrecht in dem Entwurf selbst nicht ansatzweise angesprochen worden sei.[293]

Teilweise wird vermutet, die steigende Zahl der einschlägigen staatsanwaltlichen Ermittlungsverfahren zeige, dass sich Auslandsgesellschaften nicht nur als begrüßenswerte Blüten neuer unternehmerischer Freiheiten darstellen, sondern

---

290 *Müller-Gugenberger*, in: FS Tiedemann, S. 1003 (1012).

291 *Schmitz*, in: Joerden/Szwarc, Europäisierung des Strafrechts in Polen und Deutschland, S. 199 (201).

292 *Schmitz*, in: Joerden/Szwarc, Europäisierung des Strafrechts in Polen und Deutschland, S. 199 (201).

293 *Altenhain/Wietz*, NZG 2008, 569 (570).

auch ein nicht zu übersehendes Gefährdungspotential beinhalten, dessen angemessene Ahndung erhebliche Schwierigkeiten bereitet und dass das deutsche Strafrecht aufgrund seiner bislang gefestigten Tradition auf solche neue Auslandsgesellschaften nur unzureichend vorbereitet ist.[294] So zeichnen sich etwa für bestimmte Rechtsformen vorgesehene Straftatbestände durch eine präzise Bestimmung des jeweiligen Adressaten der jeweiligen Vorschrift aus, so dass derartige Sonderdelikte den Kreis der Verantwortlichen, an die sich die Strafdrohung richtet und auch das konkret bestimmte, strafbewehrte Tatverhalten – auch terminologisch – eindeutig festlegen.[295] Letztlich folgt aus der Wahl der jeweiligen Rechtsform für den jeweils Verantwortlichen gleichzeitig die Wahl der einschlägigen Strafvorschriften, was als durchaus „nutzerfreundliches Konzept" bezeichnet werden darf.[296]

Bei ausländischen Gesellschaftsformen ist dies aus rechtspolitischer Sicht hingegen anders. Hier erweist sich der vorgenannte Vorzug dem ersten Anschein nach als immenser rechtspolitischer Nachteil. Sofern gewisse Straftatbestände für bestimmte, exakt festgelegte inländische Gesellschaftsformen bestimmt sind, folgt daraus ein Anwendungsausschluss für ausländische Gesellschaften, selbst wenn diese in vielerlei Hinsicht womöglich frappierende Ähnlichkeiten mit den deutschen Rechtsformen besitzen sollten.[297] Dies dürfte dem Grundsatz nach unbestritten sein. Die Stellung des Wirtschaftsstrafrechts als Sekundärmaterie führt letztlich dazu, dass mit der anwachsenden Intensität einer Norm mit außerstrafrechtlichem Bezug gleichzeitig eine Einschränkung der eigenständigen strafrechtlichen Begriffsbildung einhergeht, so dass Änderungen der Bezugsmaterie auf das Strafrecht ausstrahlen, was rechtstechnisch über normative Tatbestandsmerkmale und Blanketttatbestände erfolgt[298] und durch eine entsprechende Rechtsanwendung und Rechtsfortbildung durch die deutsche Rechtsprechung auch gelöst werden kann. Sofern bislang somit infolge der zivilrechtlichen Sitztheorie mittelbar auch für das deutsche Strafrecht eine bislang geordnete Situation bestand, folgt aus der neuen Freizügigkeit juristischer Personen und der nunmehr überwiegend geltenden Gründungstheorie das grundsätzliche Erfordernis rechtsformneutraler Strafnormen, dem der Gesetzgeber bereits nachgekommen ist, indem der Straftatbestand der Insolvenzverschleppung rechtsformneutral neu gefasst und in § 15a InsO verankert wurde.

---

294 *Müller-Gugenberger*, in: FS Tiedemann, S. 1003 (1013).
295 *Müller-Gugenberger*, in: FS Tiedemann, S. 1003 (1013).
296 *Müller-Gugenberger*, in: FS Tiedemann, S. 1003 (1013).
297 *Müller-Gugenberger*, in: FS Tiedemann, S. 1003 (1014).
298 *Altenhain/Wietz*, NZG 2008, 569 (570).

Soweit die Auslandsgesellschaften auch den Strafnormen ihrer jeweiligen Gründungsstaaten unterliegen, gleicht das eine Straflosigkeit in Deutschland nicht aus. Es ist davon auszugehen, dass ausländische Strafverfolgungsbehörden im Ausland von Ausländern begangene Delikte lediglich aufgrund der Nutzung einer Rechtsform ihres Gründungsstaates nur ausnahmsweise aktiv verfolgen werden. Deutschen Strafverfolgungsbehörden hingegen ist es verwehrt, ausländische Strafnormen anzuwenden.[299] Die Rechtsfindung für EU-Auslandsgesellschaften wie die *limited* ist für die Strafverfolgungsorgane und auch die anwaltlichen Rechtsbeistände nicht einfacher geworden. Das ohnehin nicht unkomplizierte deutsche Wirtschaftsstrafrecht hat durch die Rechtsprechung des EuGH zur Niederlassungsfreiheit eine weitere, in der Wissenschaft und Rechtsprechung ausfüllungsbedürftige Facette erhalten, die es im weiteren Verlauf dieser Arbeit noch näher zu beleuchten gilt.

---

299 *Vallender*, ZGR 2006, 425 (459 f.).

Zweiter Teil:
Die *limited* und die nationale Judikatur

§ 3 Die *limited* in ihren Grundzügen im englischen und deutschen Rechtssystem

Nachfolgend steht die nach englischem Recht gegründete *limited* stellvertretend im Blickpunkt für solche europäische EU-Kapitalgesellschaften, die den Schwerpunkt ihrer Geschäftstätigkeit in Deutschland ausüben und damit faktisch ihren Hauptverwaltungssitz in Deutschland unterhalten. Bei der *limited* handelt es sich um die mit Abstand beliebteste europäische Kapitalgesellschaft, die ihre wirtschaftlichen Betätigungen in Deutschland entfaltet. Die Darstellung der *limited* soll beispielhaft verdeutlichen, welchen (zivil- und darauf aufbauend auch strafrechtlichen) Risiken die Geschäftsleiter anderer europäischer Kapitalgesellschaften mit beschränkter Haftung bei einer entsprechenden Geschäftstätigkeit ihrer Gesellschaft im deutschen Inland ausgesetzt sind.

Aus diesem Grund werden zunächst die Voraussetzungen der Gründung, die maßgeblichen Bestimmungen zur Satzung, der Organisations- sowie Finanzverfassung und zuletzt auch die gesetzlichen Regelungen zur Abwicklung der Gesellschaft, insbesondere in der Insolvenz, behandelt, die für die strafrechtliche Bewertung potentieller Strafbarkeitsrisiken des Geschäftsleiters unerlässlich sind. Ein besonderes Augenmerk soll hierbei auf den für die Geschäftsleiter der *limited* maßgeblich geltenden Pflichtenkreis (*duties*) im Rahmen der Gründung, des Geschäftsbetriebs sowie der Abwicklung der Gesellschaften, vornehmlich in der Insolvenz, gelegt werden. Dieser Pflichtenkreis ist von gesteigerter Bedeutung. Insoweit soll aufgezeigt werden, welchen zunächst rein zivilrechtlichen (zunächst englischen) Haftungsrisiken der *director* der *limited* auch bei einer Geschäftstätigkeit in Deutschland im Einzelnen unterliegt, wobei die konkrete Ausarbeitung des maßgeblichen Pflichtenkreises, auf den im Rahmen der späteren Darstellung der konkreten strafrechtlichen Risiken rekurriert werden wird, den *director* der *limited* unmittelbar betrifft.

Neben der *limited* ist die *public limited company by shares* (*plc.*), welche in ihren wesentlichen Grundzügen der deutschen Rechtsform der Aktiengesellschaft gleicht, in England sehr populär. Auch der englischen *plc.*[300] steht es infolge der Judikatur des EuGH grundsätzlich frei, ihre wirtschaftliche Geschäftstätigkeit

300 Prominentestes Beispiel dürfte derzeit die Holdinggesellschaft *Air Berlin plc.* sein, die im Jahre 2005 als *plc.* englischen Rechts gegründet worden ist. Der Sitz der Geschäftsleitung befindet sich in Berlin; vgl. auch *Weller/Schulz*, IPRax 2014, 336 (336) mit weiteren Beispielen für in Deutschland operativ tätige EU-Kapitalgesellschaften,

unter Berufung auf die Niederlassungsfreiheit ausschließlich in Deutschland auszuüben.[301] Das englische Gesellschaftsrecht sieht für beide Gesellschaftsformen teilweise identische gesellschaftsrechtliche Regelungen, insbesondere im Hinblick auf den Pflichtenkreis der Geschäftsleiter, vor. Aufgrund der gesteigerten Bedeutung, welche die *plc.* zunehmend auch im deutschen Rechtsraum erlangt, sollen – sofern es im Folgenden von Relevanz ist – nachfolgend auch Hinweise auf die gesellschaftsrechtlichen Grundzüge der *plc.* erfolgen.[302]

A. Erster Überblick über die englischen Kapitalgesellschaften und deren Rechtsquellen

Die *limited* und die *plc.* unterfallen dem sog. *common law*, das sehr stark durch seine Rechtstradition und als Ausdruck derselben durch das Richterrecht und die gelebte Rechtspraxis geprägt wird. Die für die *limited* und die *plc.* relevanten Vorschriften, welche die Gründung der Gesellschaft und deren Geschäftstätigkeit regeln, finden sich im Wesentlichen in dem *Companies Act 2006* (CA 2006)[303], während der *Insolvency Act 1986* (IA 1986) Regelungen betreffend die Abwicklung von Gesellschaften enthält. Von erheblicher Relevanz ist zudem der *Company Directors Disqualification Act 1986* (CDDA 1986), nach dem bestimmt wird, wann der Geschäftsleiter einer Gesellschaft nicht mehr in der Lage ist, ein solches Amt auszuüben und „disqualifiziert" werden muss.

Als praxisrelevantestes Regelwerk dient der CA 2006, der als „Zentralgestirn" die Ausrichtung der anderen, vorgenannten Kodifikationen vorgibt.[304] Im Rahmen der bisherigen zivil- und auch strafrechtlichen Diskussion in Deutschland wurde bislang nur teilweise bemerkt, dass der englische Gesetzgeber das maßgebliche Gesellschaftsrecht in den letzten Jahren weitestgehend reformiert und umstrukturiert hat. Zur (weiteren) Förderung der Attraktivität der *limited* im Wettkampf mit anderen europäischen Gesellschaftsformen, insbesondere solchen mit beschränkter Haftung, infolge europarechtlicher Vorgaben sowie größerer

---

die bspw. auch in der Rechtsform der niederländischen BV oder der österreichischen GmbH organisiert sein können.

301 *Ladiges/Pegel*, DStR 2006, 2069 (2069, Fn. 1).

302 Zur verbesserten Verständlichkeit und Darstellbarkeit der Arbeit werden die markanten Unterschiede der *plc.* in den Fußnoten dargestellt.

303 Online abrufbar unter http://www.legislation.gov.uk/ukpga/2006/46/contents (letzter Abruf: 20.09.2016).

304 *Just*, Limited, S. 4, Rn. 16.

Wirtschaftsskandale in England[305] wurden der bisherige *Companies Act 1985* (CA 1985), der sich noch stark an den *public companies* orientiert hatte,[306] sowie das auch im englischen Gesellschaftsrecht vorherrschende *case law*[307] in dem CA 2006 zumindest teilweise gesetzlich zusammengefasst und kodifiziert.[308] Der CA 2006 ist sukzessive und mit den letzten Regelungen zum 01.10.2009 in Kraft getreten.[309] Zuletzt geändert wurde er im Jahre 2013 in Form der *CA 2006 (Amendment Part 18) Regulations 2013*, durch den bestimmte Regelungen des CA 2006 bezüglich des Rückkaufs von Gesellschaftsanteilen modifiziert wurden.[310]

Der CA 2006 geht – anders als das deutsche Gesellschaftsrecht, das den dominierenden Kapitalgesellschaften der GmbH und der AG mit dem GmbHG und dem AktG eigene gesetzliche Regularien bietet – von dem Prinzip einer einheitlichen Kapitalgesellschaftsform aus, so dass hier die *limited* und die *plc.* einer grundsätzlich gemeinsamen gesetzlichen Regelung im CA 2006 unterliegen.[311] Die zentrale Weichenstellung ist dort die Unterscheidung zwischen einer *private company* und einer *public company*. Dies hat zur Folge, dass es sich im Ausschlussverfahren gemäß sec. 4 (1) CA 2006 automatisch um eine *private company* handelt, sofern die Gesellschaft nicht ausdrücklich als *public company* registriert werden soll. Als weiteres wichtiges Differenzierungsmerkmal können die Geschäftsanteile einer *private company* gemäß sec. 74 *Financial Services and Markets Act 2000* nicht zum öffentlichen Handel an der London Stock Exchange oder dem Alternative Investment Market (AIM) zugelassen werden, der öffentliche Handel von Anteilen (*shares*) oder Schuldverschreibungen einer *limited* ist nach sec. 755 (1) und (5) CA 2006 nicht zulässig.[312] Auch bedarf es gemäß sec. 4 (2), 9 (2) und 763 (1) CA 2006 (nur) bei der *public company* eines festgeschriebenen Kapitals von 50.000,- GBP, wobei mindestens 12.500,- GBP samt Agio eingezahlt werden müssen.[313]

---

305 *Servatius*, in: Henssler/Strohn, GesR, Komm., IntGesR, S. 2700, Rn. 46.

306 *Just*, Limited, S. 6, Rn. 25 sowie *Dierksmeier/Scharbert*, BB 2006, 1517 (1519), detailliert zu dem englischen Gesetzgebungsverfahren im Jahre 2006.

307 Vgl. dazu die instruktive Darstellung zur Bedeutung des *case law* bei *Schall*, in: Schall, Companies Act 2006, S. LXX.

308 Gemäß sec. 1 (1) CA 2006 gilt der CA 2006 für alle Gesellschaften, die nach dem CA 2006 bzw. den vorgelagerten Gesetzgebungsakten gegründet worden sind.

309 Eine Übersicht, die das zeitlich gestaffelte Inkrafttreten des CA 2006 wiedergibt, findet sich auf: http://webarchive.nationalarchives.gov.uk/20121212135622/http://www.bis.gov.uk/files/file53065.pdf (letzter Abruf: 20.09.2016).

310 *Vorpeil*, RIW 2013, 657 (677).

311 *Just*, Limited, S. 3, Rn. 11; *Witt*, ZGR 2009, 872 (888).

312 *Witt*, ZGR 2009, 872 (888, Fn. 72).

313 *Seitz*, S. 90 f.; *Witt*, ZGR 2009, 872 (888, Fn. 72).

Zuletzt folgt aus der Art der möglichen Haftungsbeschränkung eine relevante Unterscheidung zwischen der *private company* und der *public company*. Beide Gesellschaftsformen können die Haftung auf Anteile (*shares*) beschränken, wobei lediglich der *private company* eine weite Haftungsbeschränkung offen steht. Dies erfolgt, indem eine Garantiesumme (*guarantee*) vereinbart[314] und die Haftung dadurch auf die im Gesellschaftsvertrag genannte Summe beschränkt wird.[315] Der *public company* hingegen ist eine derartige Haftungsbeschränkung gemäß sec. 5 (1) CA 2006 ausdrücklich untersagt.[316]

B. Die Gründung der *limited*

Im Hinblick auf die Gründung einer *limited* ist zunächst zwischen der Gesellschaftsgründung in England (dazu nachfolgend unter B. I.) und einer im Anschluss daran erfolgenden Verwaltungssitzverlegung nach Deutschland und den damit verbundenen registerrechtlichen Anforderungen im deutschen Recht zu unterscheiden (dazu unter H.). Die originäre Gründung einer *limited* kann in Form einer tatsächlichen Neugründung oder im Falle einer zeitnah beabsichtigten Geschäftstätigkeit auch durch eine rein wirtschaftliche (und nicht rechtliche) Neugründung in Form des Erwerbs einer Vorratsgesellschaft (*shelf company*) erfolgen,[317] deren Modalitäten im Folgenden ebenfalls dargestellt werden sollen.

I. Die originäre Gründung der Gesellschaft in England

Im Rahmen der originären Neugründung in England ist für die *limited* kein gesetzlich erforderliches Gründungskapital vorgeschrieben.[318] Die Gesellschaftsgründung erfordert gemäß sec. 7 CA 2006 die Beibringung verschiedener Unterlagen bei dem in England zuständigen Gesellschaftsregister, dem sog. *Companies House*. Hierbei handelt es sich unter anderem um das sog. *memorandum of asso-*

---

314 Dies ist nach *Just*, Limited, S. 3, Rn. 12, häufig bei Gesellschaften ohne eine entsprechende Gewinnerzielungsabsicht der Fall.

315 Praktische Relevanz hat dies für ein ausgeschiedenes Gesellschaftsmitglied, da dieses dann keine Haftung trifft, sofern es ein Jahr vor der Auflösung aus der Gesellschaft ausgeschieden ist, vgl. *Just*, Limited, S. 3, Rn. 12.

316 Weitere relevante Unterscheidungsmerkmale zwischen der *limited* und der *plc.* finden sich (noch zu dem alten Recht CA 1985, jedoch teilweise mit noch uneingeschränkter Geltung) bei *Rehm*, in: Eidenmüller, Ausl. Kapitalgesellschaften im deutschen Recht, § 10, Rn. 11.

317 *Just*, Limited, S. 8, Rn. 29.

318 *Ebert/Levedag*, in: Süß/Wachter, Hdb. Internationales GmbH-Recht, S. 693, Rn. 78.

ciation, das gemäß sec. 8 CA 2006 eine Erklärung über die beabsichtigte Gesellschaftsgründung und die Übernahme eines Gesellschaftsanteils darstellt, einen Registrierungsantrag und den Gesellschaftsvertrag, der mit den sog. *articles of association* lediglich aus einer Erklärung im Hinblick auf das Kapital, die ersten Kapitalanteile sowie der Erklärung der Einhaltung der gesetzlichen Anforderungen bestehen muss.[319]

Die Gründungsgebühr beträgt grundsätzlich 40,- GBP bzw. bei einer Eintragung am gleichen Tag 100,- GBP; sofern – was möglich ist – eine Gründung online erfolgen soll, ermäßigen sich die Gebühren auf 12,- GBP.[320] Im Unterschied zu der Gründung einer GmbH bedarf es jedoch keiner Hinzuziehung eines Notars.[321] Nach einer (positiven) Dokumentenprüfung durch das *Companies House* wird eine Gründungsbescheinigung, das sog. *certificate of incorporation*, versandt, welche das Vorliegen der Gründungsvoraussetzungen bescheinigt.[322] Gemäß sec. 15 CA 2006 weist diese Bescheinigung das formelle Gründungsdatum der Gesellschaft aus, so dass die Gesellschaft ab diesem Zeitpunkt rechtlich existiert und als juristische Person mit einer auf das Gesellschaftsvermögen beschränkten Haftung am Rechtsverkehr teilnehmen kann.[323]

II. Der Erwerb einer Mantelgesellschaft in Deutschland

Durch den Erwerb einer Mantelgesellschaft besteht die zusätzliche Option eines schnellen und verhältnismäßig unkomplizierten Markteintritts mit der neuen Gesellschaft. Bei einem Mantelkauf wurde die Gesellschaft bereits von dem Verkäufer rechtswirksam gegründet, so dass der Erwerb bereits durch die Übernahme der Gesellschaftsanteile und den Erhalt der *certificate of incorporation* durch das *Companies House* vollzogen werden kann und es insoweit lediglich der förmlichen Amtsniederlegung durch den bisherigen *director* und der Berufung eines neuen

---

319 Vgl. *Servatius*, in: Henssler/Strohn, GesR, Komm., IntGesR, S. 2701, Rn. 56 ff.

320 Vgl. den Internetauftritt des *Companies House*, online abrufbar unter: https://www.gov.uk/limited-company-formation/register-your-company (letzter Abruf: 20.09.2016).

321 *Servatius*, in: Henssler/Strohn, GesR, Komm., IntGesR, S. 2701, Rn. 62.

322 Die *plc*. bedarf gemäß sec. 761 CA 2006 noch eines sog. *Trading Certificate*, um ihre Geschäfte führen zu dürfen.

323 Nach *Just*, Limited, S. 10, Rn. 36, wird in der Praxis trotz des einfachen Gründungsvorgangs überwiegend auf Vorratsgesellschaften (*shelf companies*) zurückgegriffen, die von spezialisierten Dienstleistungsunternehmen angeboten werden, da diese Gesellschaften in der Regel eine Standardverfassung besitzen, in der als Unternehmensgegenstand lediglich die allgemeine wirtschaftliche Betätigung genannt wird.

directors bedarf.[324] Hier gilt es insbesondere für die Erwerber der Mantelgesellschaft zu beachten, dass das englische Gesellschaftsrecht das dem deutschen Recht bekannte Institut der Vorgesellschaft nicht kennt,[325] so dass gemäß sec. 51 CA 2006 eine persönliche Verpflichtung des Vertreters der Gesellschaft begründet wird, sobald Verträge im Namen der noch nicht existenten Gesellschaft geschlossen werden und kein Haftungsausschluss vorgenommen wurde.[326] In der Praxis wird ein entsprechender Vertrag folglich oftmals nach der Gesellschaftsgründung neu geschlossen oder gar erst dann unterzeichnet.[327] Änderungen des Firmennamens, des Gesellschaftskapitals, der Bezeichnung des Unternehmensgegenstandes und der Satzung können bereits vor dem Übergang individuell auf den Erwerber angepasst werden. Daraus folgt, dass bis auf den Vollzug der Firmierung der Gesellschaft, der erst später durch einen separaten Gesellschafterbeschluss bei dem Registergericht eingereicht wird, der Erwerb einer *limited*, die ihren Geschäftsbetrieb umgehend aufnehmen kann, theoretisch innerhalb von 30 Minuten denkbar und praktizierbar ist.[328]

C. Die Satzung (*constitution* und *constitutional documents*)

Die *articles of association* bilden zusammen mit den in sec. 29 CA 2006 genannten Gesellschafterbeschlüssen die Satzung der *limited* nach sec. 17 CA 2006, die als *constitution* bezeichnet wird, und aus der sich für die Geschäftsleiter der Gesellschaft die wesentlichen Befugnisse im Außen- und Innenverhältnis der Gesellschaft ergeben. Als Basis dient grundsätzlich eine Mustersatzung[329] für alle Neugründungen. Die Gesellschafter haben jedoch gemäß sec. 19 CA 2006 das Recht, einzelne Veränderungen an der Mustersatzung vorzunehmen bzw. selbst eine maßgeschneiderte Gesellschaftssatzung zu errichten.[330] Um die konkreten Regelungen des Gesellschaftsvertrages (*articles of association*) zu ändern, bedarf

---

324 *Christ*, S. 35.

325 *Levedag*, in: Süß/Wachter, Hdb. Internationales GmbH-Recht, S. 696, Rn. 100.

326 *Rehm*, in: Eidenmüller, Ausl. Kapitalgesellschaften im deutschen Recht, § 10, Rn. 12; *Servatius*, in: Henssler/Strohn, GesR, Komm., IntGesR, S. 2700, Rn. 50; eine analoge Haftung aus § 11 Abs. 2 GmbHG scheidet für die *limited* ausweislich der Rechtsprechung des *BGH* aus, vgl. *BGH*, NJW 2005, 1648 ff.

327 *Just*, Limited, S. 8, Rn. 30.

328 *Levedag*, in: Süß/Wachter, Hdb. Internationales GmbH-Recht, S. 696, Rn. 97 f.

329 Ein Abdruck der Mustersatzung betreffend die *limited* findet sich bei *Just*, Limited, S. 100 ff.; auch für die *plc*. kann diese Mustersatzung (table A) Anwendung finden, vgl. dazu *Seitz*, S. 91.

330 *Just*, Limited, S. 23, Rn. 78.

es eines besonderen Gesellschafterbeschlusses nach sec. 21 (1) CA 2006. Die Angaben zur Firmierung, dem Sitz, dem Unternehmensgegenstand, der Haftungsbeschränkung und zur Kapitalklausel sind Teil der *articles* und damit auch Bestandteil der Satzung. So ist der grundsätzlich frei zu wählende Firmenname im *certificate of incorporation* zu bezeichnen und muss – wie auch im deutschen Recht bei der GmbH – zwingend zur Kennzeichnung der Haftungsbeschränkung den abschließenden Zusatz „*Limited*“ oder „*Ltd.*“ tragen.[331]

Bei der Registrierung in England bedarf es aufgrund der Gegebenheiten des Vereinigten Königreichs einer Unterscheidung zwischen Gesellschaftssitz und satzungsmäßigem Sitz (*registered office*). Der Gesellschaftssitz erfordert gemäß sec. 9 (2) b CA 2006 zunächst die Angabe darüber, ob sich der Gesellschaftssitz in England, Wales, Schottland oder Nordirland befinden soll. Gemäß sec. 15 (2) e CA 2006 wird im *certificate of incorporation* der eigentliche satzungsmäßige Sitz, das *registered office*, ausgewiesen. Dieser besitzt jedoch lediglich die Funktion, den ordnungsgemäßen Empfang offizieller und an die Gesellschaft adressierter Zustellungen und Mitteilungen im Sinne des sec. 1139 (1) CA 2006 zu gewährleisten, so dass es dort keiner Geschäftstätigkeitsausübung bedarf und es sich etwa auch um Räumlichkeiten eines Rechtsanwalts oder Buchprüfers handeln kann.[332]

Der Unternehmensgegenstand einer *limited* kann gemäß sec. 31 (1) CA 2006 grundsätzlich unbeschränkt sein, darf jedoch auch beschränkt werden.[333] Ob eine Beschränkung des Unternehmensgegenstandes aus Sicht der Geschäftsleitung stets von Vorteil ist, mag diesseits bezweifelt werden, da ein Geschäft, das außerhalb des beschränkten Unternehmensgegenstandes der Gesellschaft liegt, die Gesellschaft durchaus rechtlich bindet. Das kann für die Geschäftsleiter zur Folge haben, dass diese bei einer entsprechenden Überschreitung ihrer Befugnisse im Innenverhältnis gemäß sec. 171 CA 2006 Schadensersatzansprüchen der Gesellschaft ausgesetzt sind.[334] Im Rahmen der Gesellschaftsgründung bedarf es weiterhin gemäß sec. 9 (2) CA 2006 Angaben zur Haftungsbeschränkung, wobei die bloße Bezeichnung als „*limited*“ genügt und eine etwaige Beschränkung der Haftungssumme (*guarantee*) im Antrag ausdrücklich aufgeführt werden muss.[335]

---

331 *Just*, Limited, S. 23, Rn. 81 f. mit weiteren Erfordernissen bei der Firmierung.

332 *Just*, Limited, S. 24, Rn. 87.

333 Vgl. *Witt*, ZGR 2009, 872 (890), zu den Regelungen vor der Kodifizierung des CA 2006, wonach der Unternehmensgegenstand grundsätzlich hinreichend bestimmt sein musste.

334 *Levedag*, in: Süß/Wachter, Hdb. Internationales GmbH-Recht, S. 707, Rn. 152; *Witt*, ZGR 2009, (872, 890).

335 *Just*, Limited, S. 26, Rn. 91.

Indem die *certification of incorporation* erteilt wird, erfolgt eine auf die Einlage beschränkte Haftung und bewirkt damit, dass die Gesellschaft nunmehr durch den sog. „Schleier der Rechtspersönlichkeit" (*veil of incorporation*) geschützt ist.[336]

D. Die Finanzverfassung (Kapital und Kapitalschutz)

Im Rahmen der Einleitung zu dieser Arbeit wurde bereits thematisiert, dass der Anreiz vieler aus Deutschland initiierter Unternehmensgründungen darin gelegen haben mag, mit der *limited* als europäischer Kapitalgesellschaft im deutschen Wirtschaftsraum zu agieren und am heimischen Rechtsverkehr ohne das Bestehen eines Mindestkapitalerfordernisses teilzunehmen. Gleichzeitig ist offenkundig, dass sich Verletzungen von Kapitalaufbringungs- und Kapitalerhaltungsregelungen aus gesellschafts- sowie insolvenzrechtlicher Sichtweise maßgeblich dazu eignen, im Strafrecht als späterer Maßstab etwaiger Untreue- oder Bankrott- bzw. Insolvenzdelikte zu dienen. Insofern soll im Folgenden die Finanzverfassung der *limited* mit ihren gängigen Kapitalaufbringungs- und Kapitalerhaltungsregelungen in ihren wesentlichen Grundzügen beleuchtet werden.

I. Mindestkapital und Kapitalaufbringung

Charakteristisch für die *limited* ist der Umstand, dass diese bei ihrer Gründung keiner Einzahlung eines speziell festgelegten Mindestkapitals bedarf, so dass zur Gesellschaftsgründung kein hohes Kapital erforderlich, sondern im Sinne von sec. 123 CA 2006 vielmehr grundsätzlich auch die Gründung mit einem Kapital von lediglich 1 Pence möglich ist.[337] Es ist den Gesellschaftern jedoch unbenommen, freiwillige (höhere) Einlageverpflichtungen in Form von gezeichnetem Kapital zu übernehmen (*issued shared capital*),[338] das dann die eigentliche Haftungssubstanz darstellt. Eine von den Gesellschaftern tatsächlich geleistete Einlage (*paid-up capital*)[339] kommt zwar der Funktion des aus dem GmbHG vertrauten Eigenkapital nahe, ist jedoch in seiner gesetzlichen Gewährleistung zu Gunsten der

---

336 *Just*, Limited, S. 26, Rn. 91.

337 *Gross/Schork*, NZI 2006, 10 (11 f.) sowie *Ulmer*, NJW 2004, 1201 (1201); nach *Rehm*, in: Eidenmüller, Ausl. Kapitalgesellschaften im deutschen Recht, § 10, Rn. 35, sollen insbesondere solche Gesellschaften mit einem Stammkapital von 2,- GBP verbreitet sein.

338 *Levedag*, in: Süß/Wachter, Hdb. Internationales GmbH-Recht, S. 712, Rn. 176 f.; *Servatius*, in: Henssler/Strohn, GesR, Komm., IntGesR, S. 2706, Rn. 99.

339 Zur Begrifflichkeit: *Levedag*, in: Süß/Wachter, Hdb. Internationales GmbH-Recht, S. 712, Rn. 175.

Gesellschaftsgläubiger nur in Einzelaspekten ausgeprägt. Ein stringenter, an der Ziffer des gezeichneten Kapitals ausgerichteter Schutz der realen Kapitalaufbringung und ein hierauf bezogenes Einlagenrückgewährverbot existieren im englischen Recht indes nicht.[340] Die Kapitalaufbringungsregelungen im englischen Recht sehen für die *limited*[341] insbesondere in sec. 582 (1) CA 2006 vor, dass nicht nur Barzahlungen oder Sachleistungen einlagefähig sein sollen, sondern auch künftig zu erbringende – von den Gesellschaftern bzw. *directors* selbstständig zu bewertende – Dienstleistungen, die keiner Überprüfung durch Wirtschaftsprüfer bedürfen.[342] Dabei dürfen die *directors* bei der Bewertung der Sacheinlage jedoch keine zu hohe Werteinschätzung treffen, da ansonsten eine nach sec. 580 CA 2006 unzulässige Ermäßigung vorliegen würde.[343]

II. Gesetzliche Bestimmungen zur Kapitalerhaltung

Eine erheblich gesteigerte Relevanz – insbesondere im Hinblick auf etwaige strafrechtliche Risiken aus §§ 266, 283 ff. StGB – weisen die gesetzlichen Regelungen zur Kapitalerhaltung auf. Die Haftungsmasse der *limited* und Schutzobjekt der englischen Kapitalerhaltungsvorschriften ist das von den Gesellschaftern gezeichnete oder eingebrachte Kapital. Spezifische Kapitalerhaltungsvorschriften, die entsprechenden Schutz vor unberechtigten Kapitalabzügen durch die Gesellschafter bieten sollen, betreffen den Erwerb eigener Anteile und Gewinnausschüttungen. Beide Regelungssegmente eignen sich in der Praxis des Wirtschaftsstrafrechts hervorragend dazu, das Gesellschaftskapital „durch die Hintertür" zu schmälern und in der Folge eine wirtschaftliche Existenzgefährdung der Gesellschaft zu bewirken.

1. Verbot des Erwerbs eigener Anteile und Kapitalherabsetzung

Der Rückkauf eigener Anteile wird im englischen Gesellschaftsrecht nach sec. 617 (5) CA 2006 wie eine mittelbare Form der Kapitalherabsetzung bewertet, wobei dies oftmals praktiziert wird, wenn missliebige Gesellschafter herausgekauft werden sollen.[344] Grundsätzlich besteht für die Gesellschaft gemäß sec. 658 (1) CA 2006 ein Verbot des Erwerbs eigener Anteile, da dies faktisch eine Rück-

340 *Servatius*, in: Henssler/Strohn, GesR, Komm., IntGesR, S. 2706, Rn. 99.
341 Für die *plc.* bestehen hier andere, weitaus strengere Regelungen in sec. 593 CA 2006.
342 *Servatius*, in: Henssler/Strohn, GesR, Komm., IntGesR, S. 2706, Rn. 100.
343 *Siems*, in: Schall, Companies Act, S. 665, Rn. 5.
344 *Levedag*, in: Süß/Wachter, Hdb. Internationales GmbH-Recht, S. 716, Rn. 197.

zahlung des geleisteten Gesellschaftskapitals darstellt,[345] so dass bei einem Verstoß gegen die Vorschrift der dem Anteilskauf zugrundeliegende schuldrechtliche Vertrag unwirksam sein kann und darüber hinaus auch Geldstrafen gegen die beteiligten Personen drohen. Unter bestimmten Voraussetzungen können jedoch gemäß sec. 684 CA 2006 rückkaufbare Anteile (*redeemable shares*) von der Gesellschaft ausgegeben werden, die sie selbst zurückerwerben kann bzw. einziehen muss (*share buy back* und *redemption).*[346]

Davon abzugrenzen sind die Möglichkeiten der Kapitalherabsetzung, die ebenfalls eine Minderung der Haftungssubstanz bewirken. Bei dem von den gesetzlichen Regelungen in sec. 641, 610 (4), 669 CA 2006 zur Kapitalherabsetzung geschützten Kapital handelt es sich bei der *limited* in der Praxis regelmäßig um das ausgegebene Kapital (*iussed share capital*) der Gesellschaft und die bei der Ausgabe gebildete Rücklage aus Aufgeldern (*share premium account*).[347] Zu einer wirksamen Kapitalherabsetzung bedarf es eines gemäß sec. 641 CA 2006 mit qualifizierter Mehrheit von 75 % zu fassenden Gesellschafterbeschlusses, der gemäß sec. 644 CA 2006 erst mit der formellen Eintragung im Register bei gleichzeitigem Vorliegen einer sog. „Solvenz-Erklärung" der *directors* gemäß sec. 643 CA 2006 wirksam wird. Das sog. *solvency statement* bedarf der Erklärung aller *directors* der *limited*, wonach die Gesellschaft solvent und in der Lage ist, in den der Kapitalherabsetzung folgenden 12 Monaten allen ihren Verpflichtungen nachzukommen.[348] Optional besteht für die *limited* weiterhin die Möglichkeit einer Kapitalherabsetzung per gerichtlicher Zustimmung im Rahmen des sog. *court-approved procedure* gemäß sec. 641 (1) CA 2006.[349]

2. *Ordnungsgemäße und verdeckte Gewinnausschüttungen*

Für Gewinnausschüttungen bestehen im englischen Recht strikte Regelungen. Grundsätzlich darf kein geschütztes Kapital ausgeschüttet werden. Es dürfen gemäß sec. 830 (1) CA 2006 vielmehr lediglich Auszahlungen solcher Gewinne erfolgen, die seit dem Bestehen der Gesellschaft erwirtschaftetet wurden und von

---

345 *Servatius*, in: Henssler/Strohn, GesR, Komm., IntGesR, S. 2706, Rn. 102.

346 Siehe zu weiteren Details in sec. 684–708 CA 2006: *Levedag*, in: Süß/Wachter, Hdb. Internationales GmbH-Recht, S. 717, Rn. 200 ff.; *Thole*, in Schall, Companies Act, S. 752, Rn. 1 f.; *Witt*, ZGR 2009, 872 (892 f.).

347 *Levedag*, in: Süß/Wachter, Hdb. Internationales GmbH-Recht, S. 721, Rn. 222.

348 *Witt*, ZGR 2009, 872 (893, Fn. 100).

349 Für die *plc.* ist dies weiterhin verpflichtend, vgl. dazu *Witt*, ZGR 2009, 872 (893 u. Fn. 101).

denen etwaige Verlustvorträge zuvor in Abzug gebracht worden sind,[350] so dass grundsätzlich nur der Nettogewinn ausschüttungsfähig ist.[351] Sofern dennoch Auszahlungen erfolgt sind, die gemäß sec. 830 CA 2006 als unzulässig zu qualifizieren sind, zieht das aufgrund einer Treuepflichtverletzung der *directors* im Innenverhältnis eine entsprechende Innenhaftung gemäß sec. 847 (3) CA 2006 gegenüber der Gesellschaft nach sich. Gemäß sec. 847 (1,2) CA 2006 besteht ein eigener Anspruch der Gesellschaft auf eine entsprechende Rückzahlungsverpflichtung gegen bösgläubige Gesellschafter, wobei es des Nachweises bedarf, dass der Dividendenempfänger bzw. Anteilseigner positive Kenntnis von den nicht erfüllten Voraussetzungen der Dividendenausschüttung und deren Nichtbeachtung besessen hat.[352]

Verdeckte Gewinnausschüttungen hingegen sind im englischen Recht weitaus weniger stringent kodifiziert als vergleichsweise im deutschen GmbH-Recht. Typischer Fall ist hier eine Zuwendung an einen Gesellschafter, die nicht offiziell als Gewinnausschüttung deklariert wird, sondern zumeist als (behauptete) Gegenleistung innerhalb eines Drittgeschäfts erfolgt.[353] Eine verdeckte Gewinnausschüttung liegt beispielsweise nach der englischen Judikatur nicht bereits dann vor, wenn es an einer Gleichwertigkeit der Leistungen fehlt oder der Marktpreis deutlich von dem Standard abweicht, vielmehr bedarf es eines krassen Missverhältnisses.[354] Weiterhin ist eine im subjektiven Bereich verankerte Umgehungsabsicht erforderlich, um eine Treuepflichtverletzung begründen zu können und damit die entsprechende Haftung des *directors* bzw. eine Rückzahlung durch bereicherte Gesellschafter zu erreichen.[355]

E. Die Organisationsverfassung

Im Rahmen der Organisationsverfassung sind bei der *limited* die Gesellschafter, die Gesellschafterversammlung sowie die *directors* als Geschäftsleiter der Gesellschaft von maßgeblicher Bedeutung. Die Einrichtung eines Überwachungsgre-

---

350 *Servatius*, in: Henssler/Strohn, GesR, Komm., IntGesR, S. 2707, Rn. 104.

351 Siehe auch *Witt*, ZGR 2009, 872 (892), wonach eine *plc.* hingegen zusätzlich noch einen sog. *balance sheet net asset test* anstellen muss, nach dem das Vermögen immer gebunden bleibt.

352 *Levedag*, in: Süß/Wachter, Hdb. Internationales GmbH-Recht, S. 726, Rn. 251 f.

353 *Servatius*, in: Henssler/Strohn, GesR, Komm., IntGesR, S. 2707, Rn. 105.

354 *Servatius*, in: Henssler/Strohn, GesR, Komm., IntGesR, S. 2707, Rn. 105.

355 *Servatius*, in: Henssler/Strohn, GesR, Komm., IntGesR, S. 2707, Rn. 105.

miums der originären Geschäftsleitung in Form eines Aufsichtsrates ist hingegen bei der *limited* nicht erforderlich.[356]

I. Gesellschafter und Gesellschafterversammlung im englischen Recht

Im englischen Recht nehmen die Gesellschafterversammlung und die einzelnen Gesellschafter eine exponierte Stellung ein, die in ihren Grundzügen vorgestellt werden sollen.

1. *Die Gesellschafter (*members *bzw.* shareholder*)*

Eine *limited* kann durch mehrere natürliche Personen, juristische Personen oder auch als Ein-Personen-Gesellschaft gegründet werden; eine Höchstzahl an Gesellschaftern ist nicht vorgesehen.[357] Während die Gesellschafter, die das sog. *memorandum* als sog. *subscribers* unterzeichnen, automatisch als erste Gesellschafter anzusehen sind, gilt bei der Aufnahme neuer Gesellschafter, dass diese gemäß sec. 112 (2) CA 2006 erst nach Aufnahme ihres Namens in das Gesellschaftsregister offiziell als Gesellschafter gelten.[358] Grundsätzlich sind die Gesellschafter im Verhältnis ihrer Anteile auch Gesellschaftseigentümer; die *directors* hingegen entscheiden üblicherweise über die Anzahl der auszugebenden Anteile und an wen diese Anteile veräußert werden, wobei ein Gesellschafter auch gleichzeitig als geschäftsführender *director* der Gesellschaft, dessen Funktion im Folgenden dargestellt werden wird, agieren kann.[359] In die Kernkompetenz der Gesellschafter fallen grundliegende Entscheidungen wie die Abberufung der *directors* gemäß sec. 168 CA 2006, die Änderung der Firma gemäß sec. 77 (1) CA 2006 oder gemäß sec. 188 (1), (2) CA 2006 die Genehmigung eines über die Laufzeit von zwei Jahren hinausgehenden Dienstvertrages mit einem *director*.[360]

---

356 Bei der *plc.* bedarf es zwingend der Bestellung von vier Organen: Die Hauptversammlung, den nur noch für die *plc.* erforderlichen und für formal-administrative Aufgaben im Sinne eines Urkundsbeamten zuständigen *secretary* gemäß sec. 273 CA 2006, einen Abschlussprüfer (*auditor*) gemäß sec. 489 (1) CA 2006 und das sog. *board of directors*, wobei aufgrund der Satzungsfreiheit auch weitere Organe eingerichtet werden können, vgl. dazu *Seitz* S. 91 ff.

357 *Levedag*, in: Süß/Wachter, Hdb. Internationales GmbH-Recht, S. 699, Rn. 109.

358 *Servatius*, in: Henssler/Strohn, GesR, Komm., IntGesR, S. 2703, Rn. 75.

359 *Just*, Limited, S. 28, Rn. 101.

360 *Just*, Limited, S. 28 f., Rn. 101.

2. *Die Gesellschafterversammlung* (general meeting)

Die ordentliche[361] Gesellschafterversammlung, bestehend aus den einzelnen Gesellschaftern, stellt das wichtigste Organ der *limited* dar.[362] An der Gesellschafterversammlung können alle Gesellschafter und auch die *directors* teilnehmen. Bestand nach altem Recht die Verpflichtung, die Gesellschafterversammlung einmal jährlich einzuberufen, wurde dies insbesondere im Hinblick auf die kleinen und mittleren Gesellschaften als unnötiger Verwaltungsaufwand angesehen, so dass der englische Gesetzgeber die jährliche Verpflichtung für die *limited*[363] abgeschafft hat.[364] Im Rahmen der Gesellschafterversammlung können die Gesellschafter – sofern es sich nicht um eine auch im englischen Recht gemäß sec. 123 CA 2006 zulässige Ein-Personen-Gesellschaft handelt – eine Kontrollfunktion ausüben, den *director* zum Geschäftsverlauf befragen und die Jahresabschlüsse besprechen.[365]

II. Die Geschäftsleitung (*directors*)

Die *directors* treffen als Geschäftsleiter für die *limited* als auch als sog. *board of directors*[366] für die *plc.*, die als Kapitalgesellschaft entsprechender Vertretungsorgane bedarf, die für sie im Rechtsverkehr handeln, die wirtschaftlichen Entscheidungen und schließen in ihrem Namen die Gesellschaft bindende Verträge.[367] Gemäß sec. 154 (1) CA 2006 bedarf es mindestens eines *directors*,[368] die Mustersatzung sieht

---

361 Das englische Recht sieht auch die Möglichkeit der Einberufung einer außerordentlichen Gesellschafterversammlung gemäß sec. 305 CA 2006 durch die Gesellschafter und die *directors* vor.

362 *Just*, Limited, S. 28, Rn. 97.

363 Für die *plc.* hingegen besteht noch immer gemäß sec. 336 (1) CA 2006 die Verpflichtung einer Durchführung einer jährlichen Gesellschafterversammlung innerhalb von sechs Monaten nach Rechnungsperiodenbeginn. In der gleichen Frist bedarf es darüber hinaus gemäß sec. 437 CA 2006 auch der Vorlegung des Jahresabschlusses bei der Gesellschaft und gemäß sec. 442 CA 2006 der entsprechenden Einreichung bei dem Registergericht.

364 *Servatius*, in: Henssler/Strohn, GesR, Komm., IntGesR, S. 2705, Rn. 91.

365 *Just*, Limited, S. 30, Rn. 105; *ders.*, S. 31 ff. zu den Arten der Gesellschafterbeschlüsse gemäß sec. 281 ff. CA 2006 und den expliziten Mitgliedschaftsrechten der Gesellschafter.

366 *Seitz*, S. 92.

367 *Just*, Limited, S. 37, Rn. 137.

368 Bei der *plc.* bedarf es mindestens zwei *directors* als sog. *board of directors* gemäß sec. 154 (2) CA 2006. Konkrete weitere Anforderungen, die dabei speziell für die *plc.*

in Article 11 (2) *Model Articles* hingegen sogar das Erfordernis von zwei *directors* vor.[369] Zu beachten ist hier die Besonderheit des englischen Rechts, wonach unter den Voraussetzungen des sec. 155 (2) CA 2006 auch eine juristische Person wiederum als director der *limited* fungieren kann.[370]

1. *Bestellung und Formen der Geschäftsleitung*

Das englische Recht generalisiert unabhängig von seiner ausdrücklichen Bestellung die Begrifflichkeit des *director*.[371] Der *director* bekleidet nicht – wie vergleichsweise im deutschen Recht der Geschäftsführer einer GmbH – die formelle Stellung eines Organs, sondern wird vielmehr als Beauftragter[372] der Gesellschaft (*agent*) qualifiziert.[373] Bei mehreren in der Gesellschaft bestellten *directors* wird auch bei der *limited* von einem *board of directors* gesprochen, wobei das englische System grundsätzlich von einem eingliedrigen, monistischen System ausgeht. Der CA 2006 stellt abgesehen von dem in sec. 157 (1) CA 2006 geregelten Alterserfordernis des *directors* von 16 Jahren keine weiteren Anforderungen an den zu bestellenden *director*, die eigentliche Satzung der Gesellschaft hingegen kann weitreichendere Anforderungen enthalten.[374] Bei der Bestellung eines *director* ist zusätzlich der *Company Directors Disqualification Act 1986* (CDDA 1986) zu beachten, wonach der *director* nicht „disqualifiziert" sein darf. Bei einer in Deutschland in Form einer Zweigniederlassung ansässigen *limited* gilt darüber hinaus, dass auch für diesen *director* keine

---

gelten, finden sich in den sec. 154 ff. CA 2006, sind jedoch für diese Untersuchung nur von untergeordneter Relevanz.

369 *Just*, Limited, S. 37, Rn. 137 mit Verweis auf die Mustersatzung, die auf S. 114 abgedruckt ist.

370 Zur Begrenzung der Thematik dieser Arbeit und aufgrund des bisherigen Umstandes, dass es eine Strafbarkeit juristischer Personen in Deutschland (noch) nicht gibt, wird im weiteren Verlauf dieser Abhandlung stets von einer natürlichen Person, die als *director* der *limited* handelt und potentiellen Strafbarkeitsrisiken ausgesetzt sein könnte, ausgegangen.

371 *Just*, Limited, S. 37, Rn. 137.

372 Dies ist im Hinblick auf eine spätere Einordnung der Stellung des *directors* in § 14 StGB in Verbindung mit weiteren Straftatbeständen wie §§ 266, 266a, 283 ff. StGB von gesteigerter Relevanz.

373 *Rehm*, in: Eidenmüller, Ausl. Kapitalgesellschaften im deutschen Recht, § 10, Rn. 60, der auch auf *Shearman*, GmbHR 1992, 149 (154), verweist, wonach nach dem *common law* ein derartiges Rechtsverhältnis als unentgeltlich zu qualifizieren ist, so dass dem *director* nur ein entsprechender Vergütungsanspruch zusteht, sofern ein selbstständiger Anstellungsvertrag zwischen ihm und der Gesellschaft geschlossen worden ist.

374 *Doralt*, Managerpflichten in der englischen Limited, S. 29, Rn. 2.

Umstände vorliegen dürfen, die einer Bestellung eines Geschäftsführers bezüglich den anwendbaren Regelungen der § 6 Abs. 2 S. 2 Nr. 2 GmbHG sowie § 6 Abs. S. 3 GmbHG entgegenstehen.[375] Im englischen Recht wiederum ist mit sec. 1182 ff. CA 2006 neu geregelt worden, dass auch ausländische Bestellverbote grundsätzlich geeignet sind, eine Bestellung zum *director* in England zu verhindern.

a. director (de iure director)

Die eigentliche Stellung des formell bestellten *directors* (*de iure director*) ähnelt dem des Geschäftsführers einer GmbH, der innerhalb der Gesellschaft eine exponierte Stellung bekleidet und das operative Tagesgeschäft wahrnimmt.[376] Die bei der Gesellschaftsgründung zunächst benannten *directors* sind die ersten offiziellen Geschäftsleiter der Gesellschaft gemäß sec. 9 (4) c, sec. 12 (1) a und (3) CA 2006. Nach der Gründung der Gesellschaft erfolgt die Bestellung der *directors* durch die Gesellschafterversammlung oder durch die Entscheidung der bereits bestellten *directors* in Form einer *ordinary resolution* nach sec. 282 CA 2006.[377] Eine Besonderheit des englischen Kapitalgesellschaftsrechts stellt die im *board* – oftmals der *plc.* und seltener bei der *limited* – vorgenommene Unterteilung zwischen dem *executive director* und dem *non-executive director* dar, wodurch die Geschäftsleitung und das Verwaltungs- bzw. Kontrollorgan in einer monistischen Struktur zusammengefasst werden.[378] Dem *non-executive director* obliegt dabei je nach konkreter Ausgestaltung der Gesellschaftssatzung die Kontrolle der strategischen Grundausrichtung der Gesellschaft sowie der strategischen Entscheidungen des *boards*,[379] das die Interessen der Gesellschaft und nicht etwa eigene Interessen wahrnehmen soll.[380] Der CA 2006 selbst trifft keine Unterscheidung zwischen den *executive directors* und den *non-executive directors* und behandelt beide Formen gleich.[381]

---

375 *Servatius*, in: Henssler/Strohn, GesR, Komm., IntGesR, S. 2709, Rn. 120, wonach eine die Eintragung verhindernde Inhabilität vorliegt, wenn die betreffende Person einem Berufs- oder Gewerbeverbot unterliegt oder vorbestraft ist.

376 Vgl. *Model Article* 12 (1), abgedruckt bei *Just*, Limited, S. 114.

377 *Servatius*, in: Henssler/Strohn, GesR, Komm., IntGesR, S. 2710, Rn. 124.

378 *Just*, Limited, S. 38, Rn. 141.

379 *Doralt*, Managerpflichten in der englischen Limited, S. 25 f., Rn. 13.

380 *Just*, Limited, S. 38, Rn. 141.

381 *Doralt*, Managerpflichten in der englischen Limited, S. 29, Rn. 2. Dieser faktischen Gleichbehandlung der beiden verschiedenen Formen des *directors* soll im weiteren Verlauf dieser Arbeit durch die einheitliche Bezeichnung als *director* entsprechend gefolgt werden.

b. shadow director *und* de facto director

Mit dem sog. *shadow director* stellt das englische Gesellschaftsrecht in sec. 251 CA 2006 eine Rechtsfigur zur Verfügung, die zwar im Wesentlichen der des faktischen GmbH-Geschäftsführers ähnelt, jedoch in gewissen Punkten über dessen Pflichtenstellung und Rechtswirkung hinausgeht. Bei dem *shadow director* handelt es sich gemäß sec. 251 CA 2006[382] um eine Person, deren Weisungen von den eigentlichen *directors* einer Gesellschaft gewöhnlich befolgt werden. Hierbei übt dieser als faktisch entscheidender Hintermann einen direkten hohen Einfluss auf die *directors* und somit indirekt auf deren Entscheidungsgewalt im Innenverhältnis aus.[383] Es ist hierbei nicht erforderlich, dass das gesamte *board* den Weisungen des (vermeintlichen) *shadow director* folgt, das *board* muss lediglich etwas tun, was in Übereinstimmung mit den Instruktionen des *shadow director* liegt, wobei dies selbstverständlich nur dann von praktischer Relevanz ist, wenn die Weisungen des *shadow directors* auch von dem eigentlichen *director* bzw. dem *board* umgesetzt werden.[384]

Der *de facto director* nimmt als Geschäftsleiter zwar keinen indirekten Einfluss auf die *directors*, agiert jedoch trotz einer fehlenden ordentlichen Bestellung derart, als ob er der eigentliche *director* wäre und ähnelt daher am ehesten der dem deutschen Recht bekannten Rechtsfigur des *faktischen Geschäftsführers*.[385] Allgemeingültige Abgrenzungskriterien zu dem *de iure director* bestehen zwar in der englischen Rechtsprechung nicht, es bedarf jedoch zumindest eines Verhaltens des *de facto directors*, das gewöhnlich nur von dem *de iure director* zu erwarten ist, wobei weder die bloße Teilnahme am Gesellschaftsmanagement noch die bloße Bezeichnung als „*director*“ als ausreichend erachtet wird.[386] Insofern ist festzuhalten, dass den *de facto director* die gleichen Sorgfalts- und Treuepflichten treffen, die auch dem ordnungsgemäß bestellten *director* obliegen und eine Pflichtverletzung dessen entsprechende – noch im Folgenden darzustellende – Haftung begründen kann.[387]

---

382 Die Rechtsfigur des *shadow director* findet sich mit einer jeweils fast identischen Definition auch in sec. 251 IA 1986 sowie sec. 22 (5) CDDA.

383 *Servatius*, in: Henssler/Strohn, GesR, Komm., IntGesR, S. 2711, Rn. 133; *Just*, Limited, S. 38, Rn. 142.

384 *Vorpeil*, RIW 2006, 221 (221).

385 *Schmidtmann/Bischoff*, ZInsO 2009, 1561 (1567).

386 *Schmidtmann/Bischoff*, ZInsO 2009, 1561 (1567).

387 Vgl. insoweit die Entscheidung des High Court v. 06.03.2012 betreffend die Pflichtverletzung eines *de facto director*, dargestellt und analysiert von *Vorpeil*, RIW 2012, 577 (586 f.).

Der *shadow director* und der *de facto director* haben insofern gemeinsam, dass sie nicht oder nicht wirksam zu Geschäftsleitern bestellt worden sind, gleichwohl jedoch einen vergleichbaren Einfluss auf die Geschäftsführung besitzen, der dem der eigentlichen Geschäftsleiter gleichkommt.[388] Letztlich besteht der Unterschied lediglich darin, dass sich der *de facto director* – im Gegensatz zum *shadow director* – auch nach außen hin erkennbar als Geschäftsleiter der Gesellschaft ausgibt.[389]

2. Befugnisse der Geschäftsleitung

Die *directors* (*board of directors*) sind mit der Geschäftsleitung der Gesellschaft betraut und grundsätzlich zur Wahrnehmung aller Aufgaben berechtigt.[390] Bei dem im Tagesgeschäft operativ agierenden *managing director* werden dessen Befugnisse im Innen- und Außenverhältnis ganz überwiegend durch die *articles* und den Anstellungsvertrag geregelt, so dass die englischen Gerichte die Position des *directors* als „normalem *director*, dem besondere Befugnisse anvertraut sind" beschrieben haben.[391] Die grundsätzliche Einflussnahme durch Gesellschafter ist formell betrachtet – sofern es sich nicht um einen *shadow director* handelt – nicht in der CA 2006 vorgesehen und kann nur durch entsprechende Änderungen der *articles* selbst per besonderem Gesellschafterbeschluss erfolgen.[392] Grundsätzlich ist der *director* daher in seinen Entscheidungen frei und unabhängig von Weisungen der Gesellschafter.

Die den *directors* eingeräumten Befugnisse üben diese im gesetzlichen Regelfall in Form einer Gesamtvertretungsmacht aus, wobei in den *articles* auch andere Regelungen getroffen werden können.[393] Dementsprechend wird die *limited* durch den *director*, dem grundsätzlich die umfassende Vertretungsbefugnis der Gesellschaft zusteht, gerichtlich und außergerichtlich vertreten. Den *directors* steht damit im Rahmen ihrer Entscheidungskompetenz ein nicht unerheblicher (freier) Gestaltungsspielraum im Innen- und Außenverhältnis zu, wobei als Gegenstück

---

388 *Habersack/Verse*, ZHR 168 (2004), 174 (189).

389 *Habersack/Verse*, ZHR 168 (2004), 174 (193); insoweit ungenau *Richter*, in: FS Tiedemann, S. 1023 (1031), der davon ausgeht, dass es sich bei dem *shadow director* um den faktischen Geschäftsführer der Gesellschaft handelt; ebenfalls insoweit pauschalisierend: *AG Stuttgart*, wistra 2008, 226 (228).

390 *Servatius*, in: Henssler/Strohn, GesR, Komm., IntGesR, S. 2712, Rn. 141.

391 *Just*, Limited, S. 38, Rn. 140 m.w.N.

392 *Servatius*, in: Henssler/Strohn, GesR, Komm., IntGesR, S. 2712, Rn. 144; vgl. auch *Just*, Limited, S. 39, Rn. 144.

393 *Servatius*, in: Henssler/Strohn, GesR, Komm., IntGesR, S. 2711, Rn. 136.

zu diesen weitreichenden Geschäftsführungsbefugnissen auch hohe Anforderungen an Loyalität und Integrität der Geschäftsleitung gestellt werden.[394]

3. *Maßgeblicher Pflichtenkreis* (directors's duties)

Der maßgebliche Pflichtenkreis des *directors* ist vielfältig. Dies resultiert aus der besonderen Stellung des *directors*, wonach dieser Vertreter der Gesellschaft ist (*agent*), durch die Kontrolle des Gesellschaftsvermögens und die Ausübung der Befugnisse der Gesellschaft treuhänderisch handelt (*trustee*) und als professioneller Berater (*professional advisor*) durch die von ihm ordnungsgemäß zu erbringenden Dienstleistungen (*duty of skills and care*) fungiert.[395] Die aus dieser Gemengelage resultierenden Pflichten des *directors* bestehen insoweit grundsätzlich nicht gegenüber den Gesellschaftern, sondern nahezu ausschließlich gegenüber der Gesellschaft.[396]

Seit jeher war es in England Gegenstand richterlicher Rechtsfortbildung zu konkretisieren, welche Pflichten im Einzelnen den *directors* einer englischen Kapitalgesellschaft obliegen, so dass in der Rechtspraxis oftmals eine größere Unklarheit und Unsicherheit bestand, welchen konkreten Anforderungen ein Geschäftsleiter unterliegt und was möglicherweise zu einer Haftungsbegründung führen könnte.[397] Die erstmalige umfassende Kodifizierung in dem CA 2006 schafft insofern (in England) eine erste Rechtssicherheit und erleichtert zudem die Rechtsvergleichung und Rechtsfindung.

a. *Treuepflichten aus den sec. 170 ff. CA 2006*[398]

Im Rahmen der Neukodifizierung des CA 2006 wurde die bisherige strikte Zweiteilung des Pflichtenkreises, wonach zwischen den aus dem *common law* als Fallrecht (*case law*) und dem Billigkeitsrecht (*equity*) stammenden und als Treuepflichten zu verstehenden *fiduciary duties* einerseits und den zusätzlichen

---

394 *Levedag*, in: Süß/Wachter, Hdb. Internationales GmbH-Recht, S. 770, Rn. 491.

395 So pointiert formuliert dies *Just*, Limited, S. 41, Rn. 156.

396 *Just*, Limited, S. 41, Rn. 156.

397 *Witt*, ZGR 2009, 872 (894).

398 Die in den sec. 170 ff. CA 2006 statuierten Treuepflichten, welche für die Geschäftsleitung der *limited* als auch der *plc.* Geltung beanspruchen, weisen eine im Rahmen dieser Arbeit erhebliche Relevanz auf. Die Treuepflichten stellen sich als zentraler Punkt der folgenden Untersuchung der Strafbarkeitsrisiken der Untreue nach § 266 StGB für die Geschäftsleitungsebenen der *limited* dar.

gesetzlichen Verpflichtungen (*statuty duties*) andererseits differenziert wurde, grundsätzlich aufgegeben.[399]

Bislang wurde bei den aus dem Richterrecht heraus entwickelten Treuepflichten eine Verpflichtung des *directors* daran festgemacht, dass er die ihm eingeräumten Befugnisse redlich und in gutem Glauben ausübte (*duty to act in good faith and bona fide in the interest of the company*) und er die ihm im Rahmen seiner Geschäftstätigkeitsausübung obliegenden Sorgfalt und Gewissenhaftigkeit beachtete (*duty of skills and care*).[400] Die Regelung dieser Treuepflichten in dem CA 2006 stellt mithin eine Kodifizierung des aus dem *common law* herrührenden Richterrechts dar. Hier gilt es jedoch zu beachten, dass diese Gesetzesregelung als nicht abschließend, sondern durch die künftige Rechtsprechung als auslegungs- und ergänzungsbedürftig verstanden wird und die bisherige Rechtsprechung zudem auch weiterhin rechtsgültig bleibt.[401] Insofern sind für die Konkretisierung der sec. 170 ff. CA 2006 auch in Zukunft noch weitere Entwicklungen zu erwarten.[402]

aa. Die allgemeine Regelung des sec. 170 CA 2006

Der richterrechtliche Ursprung der Treuepflichten wird insbesondere durch sec. 170 (4) CA 2006 verdeutlicht, wonach die Anwendung der nachfolgend dargestellten sec. 171 bis 177 CA 2006 und die Auslegung der darin festgeschriebenen allgemeinen Pflichten (*general duties*) im Einklang mit dem *common law* und *equity* erfolgen sollen und die Auflistung des in sec. 171 ff. CA 2006 statuierten Pflichtenkatalogs keineswegs als abschließend zu verstehen ist.[403] Im Übrigen stellt sec. 170 (1) CA 2006 klar, dass für die *directors* die allgemeinen Pflichten gegenüber der Gesellschaft bestehen. Daraus lässt sich bereits der Schluss ziehen, dass der *director* allein der Gesellschaft die Erfüllung seiner ihm obliegenden Pflichten schuldet und im Umkehrschluss auch nur diese gegenüber dem *director* die Erfüllung der ihr zustehenden Pflichten verlangen kann.

Normadressat des sec. 170 CA 2006 ist neben dem *director* grundsätzlich auch der *de facto director.* Für den *shadow director* gilt, dass dieser ebenfalls von der Regelung erfasst wird, sofern er auch von dem Pflichtenkatalog des *common law*

---

399 *Just*, Limited, S. 42, Rn. 157.

400 *Just*, Limited, S. 42, Rn. 157.

401 *Just*, Limited, S. 42, Rn. 157.

402 *Doralt*, Managerpflichten in der englischen Limited, S. 48, Rn. 2; vgl. insoweit *Vorweil*, RIW 2014, 632 (638); *ders.*, RIW 2013, 577 (670); *ders.* RIW 2012, 577 (586), jeweils zu Entscheidungen englischer Gerichte betreffend verschiedener Pflichtverletzungen, die *directors* in englischen Zivilverfahren vorgeworfen wurden.

403 *Witt*, ZGR 2009, 872 (895).

sowie den *equitable principles* betroffen ist, wobei im Ergebnis davon auszugehen ist, dass die allgemeinen Pflichten auch für den *shadow director* gelten, sofern jedenfalls ein tatsächlicher Einfluss auf das *board* gegeben ist.[404] Dies dürfte unter Berücksichtigung der eigentlichen Definition des *shadow directors*, wonach es sich um eine Person handelt, deren Weisungen von den eigentlichen *directors* einer Gesellschaft gewöhnlich befolgt werden und dem im Innenverhältnis grundsätzlich ein hoher Einfluss auf die Entscheidungsfreiheit der Geschäftsleitung attestiert wird,[405] regelmäßig auch der Fall sein.

Sec. 170 (1) CA 2006 kodifiziert insofern das Konzept der zuvor gesetzlich nicht geregelten Binnenhaftung der *directors* gegenüber der Gesellschaft,[406] so dass die *directors* grundsätzlich ausschließlich der Gesellschaft die Einhaltung der sie treffenden Pflichten schulden und somit lediglich in außergewöhnlichen Situationen direkte Pflichten gegenüber Dritten, zumeist den Anteilseignern, entstehen können.[407]

bb. Sec. 171 CA 2006

Im Rahmen des sec. 171 CA 2006 ist festgelegt, dass der *director* die ihm von der Satzung der Gesellschaft (*constitution*) auferlegten Grenzen einzuhalten hat und er von seinen Befugnissen nur für den mit ihrer Übertragung verknüpften Zweck Gebrauch machten darf, so dass jede aus sachfremden Motiven erfolgende Handlung somit einen relevanten Pflichtenverstoß darstellt.[408] Hervorzuheben ist hierbei, dass die dem *director* auferlegte Pflicht objektiv zu bemessen ist, so dass es bei Verstößen nicht darauf ankommt, ob ihn ein Verschulden trifft oder eine bloß unbewusste Überschreitung der durch die *constitution* gesetzten Grenzen vorliegt.[409] Das Verbot der Verfolgung eigennütziger Ziele des *directors*, die im Übrigen objektiv unter Ermittlung des Hauptzwecks bestimmt werden und nicht auf die subjektive Intention des *directors* abstellen, entspricht dabei inhaltlich den organschaftlichen Treuepflichten des deutschen Kapitalgesellschaftsrechts.[410]

---

404 *Doralt*, Managerpflichten in der englischen Limited, S. 52, Rn. 1.

405 *Servatius*, in: Henssler/Strohn, GesR, Komm., IntGesR, S. 2711, Rn. 133.

406 *Doralt*, Managerpflichten in der englischen Limited, S. 53, Rn. 4.

407 *Doralt*, Managerpflichten in der englischen Limited, S. 54, Rn. 7.

408 *Witt*, ZGR 2009, 872 (895).

409 *Doralt*, Managerpflichten in der englischen Limited, S. 57, Rn. 3, der darauf hinweist, dass dies einen starken Anreiz für den *director* darstellen sollte, sich mit der Gesellschaftsverfassung und insbesondere der Satzung hinreichend genau auseinanderzusetzen.

410 *Doralt*, Managerpflichten in der englischen Limited, S. 58, Rn. 7 f.

Als Rechtsfolge bei etwaigen Verstößen gegen sec. 171 CA 2006 droht dem *director* die in sec. 178 (1) und (2) CA 2006 statuierte Schadensersatzpflicht (*compensation*). In diesem Zusammenhang ist darauf hinzuweisen, dass sec. 178 CA 2006 im Falle eines Verstoßes gegen die in sec. 171 bis 177 CA 2006 normierten Pflichten ausschließlich auf die Rechtsfolgen hinweist, die im *common law* und *equity* von der englischen Rechtsprechung herausgearbeitet wurden. Dies hat zur Folge, dass sich die Rechtsfolgen im Ergebnis weiterhin nach den durch das englische Richterrecht entwickelten Regelungen zum Schadenersatz sowie – dazu korrespondierend – weiterer Sanktionsmöglichkeiten bestimmen.[411]

cc. Sec. 172 CA 2006

In sec. 172 CA 2006 befindet sich die Kodifizierung der im anglo-amerikanischen Bereich traditionell als *duty of loyalty* bezeichneten zentralen Treuepflicht des *directors*.[412] Hiernach besteht für den *director* die Verpflichtung, sich für den Erfolg der Gesellschaft einzusetzen.[413] Indem dem *director* in sec. 172 (1) CA 2006 zugebilligt wird, auf Grundlage einer subjektiven, unbefangenen und auf sorgfältiger Basis getroffenen Einschätzungsprorogative in gutem Glauben (*good faith*) in Bezug auf die Interessen der Gesellschaft handeln zu dürfen, handelt es sich um eine Fundamentalpflicht aus ihrer Stellung als *fiduciary*.[414] Hierbei haben die *directors* ihre geschäftspolitischen Entscheidungen zum Wohle der Gesellschaft vorzunehmen und am Interesse der Gesellschaft im Sinne einer Gesellschaftsgesamtheit auszurichten. Sec. 172 (1) CA 2006 konstituiert eine Pflicht des *directors* zur unabhängigen und neutralen Abwägung anhand der Berücksichtigung folgender gesetzlich aufgestellter Kriterien:[415]

(1) die langfristigen Folgen seiner Entscheidung für die Gesellschaft,
(2) die Auswirkungen auf die Beziehungen zu den Geschäftspartnern der Gesellschaft,
(3) die Folgen der Entscheidung für die Allgemeinheit und die Umwelt,
(4) die Folgen für den Ruf der Gesellschaft und
(5) die Gebote der Fairness und Gleichheit gegenüber Geschäftspartnern.

Von Bedeutung ist hier, dass sec. 172 (1) CA 2006 nur exemplarisch und nicht abschließend die verschiedenen Wertungsgesichtspunkte benennt, wobei dem

---

411 *Witt*, ZGR 2009, 872 (898).
412 *Witt*, ZGR 2009, 872 (896).
413 *Witt*, ZGR 2009, 872 (896).
414 *Doralt*, Managerpflichten in der englischen Limited, S. 61, Rn. 2.
415 Aufzählung des englischen Gesetzestextes nach *Mansdörfer/Habetha*, S. 83, Rn. 239.

Erfolg der Gesellschaft im Ergebnis stets der Vorrang zu gewähren ist.[416] Die Klarstellung, wonach bei der Entscheidungsfindung insbesondere die langfristigen Konsequenzen zu berücksichtigen sind, geht in die Richtung eines auf Nachhaltigkeit und nicht nur auf kurzfristige Gewinninteressen gerichteten *shareholder value*.[417] Dem *director* wird dadurch ein weiter Entscheidungsspielraum eröffnet, innerhalb dessen es ihm frei steht, die Gesellschaft nach bestem Wissen und Gewissen zu leiten, ohne befürchten zu müssen, dass seine wirtschaftlichen Entscheidungen zu einem späteren Zeitpunkt einer gerichtlichen Kontrolle unterliegen.[418] Daher dürfte eine gerichtliche Entscheidung bei einer von dem *director* sorgfältig vorgenommenen Entscheidungsfindung, welcher der gute Glaube einer im Interesse der Gesellschaft vorgenommenen Handlung zugrunde liegt, kaum zu einer faktischen gerichtlichen Überprüfung des dem *director* eingeräumten Ermessens führen, da sec. 172 CA 2006 nicht zuletzt einen subjektiven Maßstab (*bona fide*) statuiert[419] und die allfällige gerichtliche Durchsetzung *per se* erschwert wird.[420] Insofern wird die Ansicht vertreten, es handele sich hierbei um das letztlich unausgesprochene Bekenntnis des englischen Gesetzgebers zu der US-amerikanischen *business judgment rule*.[421] Eine Verletzung der in sec. 172 CA 2006 benannten Pflichten ist für den Geschäftsleiter haftungsbegründend und führt zu den in sec. 178 (1) CA 2006 festgelegten Rechtsfolgen.[422]

---

416 *Doralt*, Managerpflichten in der englischen Limited, S. 61, Rn. 4.

417 *Doralt*, Managerpflichten in der englischen Limited, S. 62, Rn. 5.

418 *Witt*, ZGR 2009, 872 (896).

419 *Doralt*, in: Schall, Companies Act, S. 296, Rn. 9; *ders*., Managerpflichten in der englischen Limited, S. 62, Rn. 9; vgl. aber auch die Entscheidung des High Court v. 16.12.2013, dargestellt und analysiert von *Vorpeil*, RIW 2014, 632 (638), wonach die Pflicht eines *director* aus sec. 172 CA 2006 auch verletzt sein kann, wenn der betreffende *director* nur glaubt, im besten Interesse der Gesellschaft zu handeln. Konkret ging es hier jedoch um unzulässige Kapitalausschüttungen gem. sec. 830 CA 2006 eines zweiten *directors*, von denen der andere *director* maßgeblich Kenntnis besessen hatte.

420 *Doralt*, in: Schall, Companies Act, S. 297, Rn. 9.

421 *Witt*, ZGR 2009, 872 (896, u. Fn. 118) mit Verweis auf *Steffek*, GmbHR 2007, 810 (812); *Thole*, RIW 2008, 606 (608 f.), die in sec. 172 CA 2006 ebenfalls weitgehende Übereinstimmungen mit der *business judgment rule* des US-Rechts erkennen; *Servatius*, in: Henssler/Strohn, GesR, Komm., IntGesR, S. 2713, Rn. 149, sieht hingegen nur eine bedingte Vergleichbarkeit zu dem in § 93 Abs. 1 S. 2 AktG verankerten *business judgment rule*.

422 Vgl. weitere Einzelheiten bei *Doralt*, in: Schall, Companies Act, S. 310 ff.

dd. Sec. 173 CA 2006

Gemäß sec. 173 CA 2006 besteht für die *directors* die Verpflichtung einer unabhängigen Entscheidungsfindung, sofern sich aus den gesellschaftsinternen Vereinbarungen oder aus der Satzung nichts Gegenteiliges ergibt.[423] Daraus folgt, dass die Beeinflussung der *directors* in ihrer Amtsführung durch Dritte ebenso wenig zulässig ist wie eine Delegation ihrer originären Kompetenzen.[424] Die Intention der Vorschrift ist demnach die unter der Prämisse des Erfolgs der Gesellschaft stehende Sicherung des dem *director* zustehenden Ermessens in seiner Entscheidungsfindung, die im steten Interesse der Gesellschaft zu liegen hat. Kein Pflichtenverstoß liegt hingegen gemäß sec. 173 (2) CA 2006 vor, sofern der *director* eine Entscheidung trifft, die zwar ohne eine weitere Abwägung von entsprechenden Alternativen erfolgt, die Verpflichtung zur Ausübung der Maßnahme jedoch bereits die Gesellschaft selbst gegenüber Dritten verpflichtet ist oder die Handlungsweise durch die Satzung der Gesellschaft festgelegt ist.[425]

ee. Sec. 174 CA 2006

Die in sec. 174 (1) CA 2006 statuierte Pflicht zur sorgfältigen Erledigung der übertragenen Aufgaben (*duty of care, skill and diligence*) regelt im Wesentlichen eine Haftung für die mangelhafte Führung der Geschäfte durch die Geschäftsleitung, wofür ein objektiver Sorgfaltsmaßstab angelegt wird, der bei der Delegation von Aufgaben durch die *directors* für diese auch ein Überwachungsverschulden begründen kann.[426] Hier soll es nach der neueren englischen Rechtsprechung maßgeblich darauf ankommen, dass das Verhalten der handelnden Geschäftsleitung mit dem eines typisierten, objektivierten und befähigten Geschäftsleiters verglichen wird, wobei im Rahmen des sec. 174 (2) (b) CA 2006 bei Fachleuten ein höherer Pflichtenmaßstab angelegt wird, sofern auf einem Gebiet besondere Kenntnisse bestehen.[427] Insofern werden grundsätzlich Kenntnisse, Fähigkeiten und Erfahrungen verlangt, wie sie vernünftigerweise von jemanden erwartet werden (können), der die Tätigkeit eines *directors* in dieser Gesellschaft ausübt.[428] Es handelt sich mithin um eine Beurteilung, die sowohl objektive wie subjektive

---

423 *Witt*, ZGR 2009, 872 (895).
424 *Steffek*, GmbHR 2007, 810 (812); *Thole*, RIW 2008, 606 (609).
425 *Thole*, RIW 2008, 606 (609).
426 *Levedag*, in: Süß/Wachter, Hdb. GmbH-Recht, S. 772, Rn. 501.
427 *Levedag*, in: Süß/Wachter, Hdb. GmbH-Recht, S. 772, Rn. 502.
428 *Doralt*, Managerpflichten in der englischen Limited, S. 69, Rn. 3.

Elemente beinhaltet.[429] Dies führt im Ergebnis dazu, dass eine Grundlage für die Abstufung der Anforderungen je nach Größe, Komplexität und Branche der Gesellschaft geschaffen wird und insofern der in Deutschland gängigen Frage entspricht, welche konkreten Anforderungen an ein Vorstands oder Aufsichtsratsmitglieds gestellt werden (dürfen).[430] Wann ein derartiger Verstoß gegen Sorgfaltspflichten vorliegt, wird die englische Rechtsprechung noch weiter ermitteln müssen, wobei die gängigen *corporate-governance*-Standards bereits zunehmend durch die Gerichte Berücksichtigung finden werden.[431] Als Rechtsfolge folgt bei Verstößen gegen die in sec. 174 CA 2006 geregelte Sorgfaltspflicht aus sec. 178 CA 2006 eine entsprechende Schadenersatzpflicht.

ff. Sec. 175 CA 2006 bis sec. 177 CA 2006

Den in sec. 175–177 CA 2006 kodifizierten Regelungen ist gemein, dass dort die Vermeidung von Interessenkonflikten statuiert wird. *Sec. 175 CA 2006* fordert von den *directors* die Vermeidung solcher Situationen, in denen die eigenen Interessen mit denen der Gesellschaft in Konflikt treten könnten. Die in sec. 175 (1) CA 2006 verwendete Formulierung geht so weit, dass auch solche Situationen zu vermeiden sind, in denen erst potentiell ein Konflikt entstehen könnte. Rein exemplarisch zählt sec. 175 (2) CA 2006 dazu einige in der Praxis besonders häufige Konfliktfälle auf, die die Nutzung von Eigentum, Informationen oder Geschäftschancen der Gesellschaft betreffen, so dass die Aufzählung nicht als erschöpfend zu verstehen ist (*particulary*).[432] Insbesondere geht es in der Kodifizierung des sec. 175 CA 2006 um die gesetzliche Statuierung der zentralen Anwendungsfälle für Interessenkonflikte, bei denen es um die Nutzung von Geschäftschancen der Gesellschaft durch die *directors* geht, wobei die Verpflichtung zur Vermeidung von Interessenkonflikten selbst solche Fälle erfasst, in denen die Gesellschaft selbst die Geschäftsangelegenheit nicht genutzt hätte bzw. hätte nutzen können.[433] Eine Pflichtverletzung im Sinne des sec. 175 (1) und (2) CA 2006 ist hingegen ausnahmsweise nicht gegeben, wenn gemäß sec. 175 (4) CA 2006 (a) kein Interessenkonflikt zu erwarten ist oder (b) eine Genehmigung der *directors* vorliegt.[434]

---

429 *Buchmann*, S. 63 f.

430 *Doralt*, Managerpflichten in der englischen Limited, S. 70, Rn. 4.

431 *Doralt*, Managerpflichten in der englischen Limited, S. 71, Rn. 8.

432 *Doralt*, Managerpflichten in der englischen Limited, S. 72, Rn. 1.

433 *Doralt*, Managerpflichten in der englischen Limited, S. 72, Rn. 5.

434 Hier ist nach *Witt*, ZGR 2009, 872 (895) zu unterscheiden, dass das konfliktträchtige Handeln bei der *limited* durch die Einholung einer entsprechenden Zustimmung der unabhängigen *directors* vorgenommen werden kann, während bei der *plc.* ein

Sec. 176 CA 2006 regelt hingegen – in tatsächlicher Überschneidung zu sec. 175 CA 2006 – solche Fälle, denen die Gefahr von Interessenkonflikten besonders immanent ist. Hier ist es dem *director* insbesondere nicht gestattet, von Dritten angebotene Zuwendungen anzunehmen, die im Zusammenhang mit seiner Funktion als *director* oder in der Erwartung einer Handlung oder eines Unterlassens erfolgen.[435] Dieses Verbot der Vorteilsannahme soll eine von gesellschaftsfremden Anreizen möglichst unbeeinflusste Geschäftsleitung der *directors* gewährleisten, so dass hier zum Schutz des Gesellschaftsinteresses auch keine Möglichkeit der Zustimmung durch die anderen *directors* möglich ist.[436]

Sec. 177 CA 2006 beinhaltet zuletzt die Verpflichtung des *directors*, die Natur und Reichweite jedes einzelnen Interesses, das er an einem von der Gesellschaft in Aussicht genommenen Geschäftes besitzt, den anderen *directors* gegenüber offenzulegen, sofern nicht eine in sec. 177 CA 2006 benannte Ausnahme vorliegt.[437] Insoweit stellt sec. 177 CA 2006 Informationspflichten der *directors* vor dem Abschluss der jeweiligen rechtsgeschäftlichen Handlung im Namen der Gesellschaft auf, wobei der *director* nicht Vertragspartei sein muss und selbst indirekte Interessen genügen.[438]

Sec. 177 (5) und (6) CA 2006 formulieren entsprechende Ausnahmen von der grundsätzlichen Informationspflicht wegen Eigeninteressen des *directors.* Dies ist unter anderem der Fall, wenn dieser gemäß sec. 177 (5) CA 2006 vernünftigerweise keine Kenntnis von den Geschäften bzw. den Eigeninteressen gehabt hat,[439] so dass hier ein objektiver Maßstab anzubringen ist und eine Exkulpation damit nur bedingt möglich wird. Die Ausnahmeregelung des sec. 177 (6) CA 2006 besagt weiterhin, dass keine Informationspflicht droht, sofern dies (a) eine vernünftige Betrachtung ergibt oder (b) aber die anderen *directors* von den entsprechenden Tatsachen bereits Kenntnis besessen haben. Als Rechtsfolge bei einem Verstoß gegen die Pflicht aus sec. 177 CA 2006 gilt, dass ein etwaig abgeschlossener Vertrag zwar nicht als nichtig zu qualifizieren ist, der Dritte jedoch gewissen Herausgabeverpflichtungen unterliegt und den *director* auch hier in haftungsrechtlicher Sicht die Folgen des sec. 178 CA 2006 treffen.[440]

---

derartiges konfliktträchtiges Handeln gemäß sec. 175 (5) CA 2006 nur bei einer entsprechenden Regelung in der *constitution* zulässig ist.

435 *Witt*, ZGR 2009, 872 (895).

436 *Doralt*, Managerpflichten in der englischen Limited, S. 75, Rn. 1 u. 4.

437 *Witt*, ZGR 2009, 872 (895 f.).

438 *Doralt*, Managerpflichten in der englischen Limited, S. 77, Rn. 1.

439 *Servatius*, in: Henssler/Strohn, GesR, Komm., IntGesR, S. 2715, Rn. 157.

440 *Doralt*, Managerpflichten in der englischen Limited, S. 78, Rn. 6.

b. Weitere gesetzlich kodifizierte Verpflichtungen des directors

Neben dem in den sec. 171 ff. CA 2006 geregelten Pflichtenkreis obliegen den *directors* noch weitere gesetzliche Verpflichtungen, wobei es sich überwiegend um Informationspflichten handelt.[441] So ist der *director* für die ordnungsgemäße Buchführung nach sec. 386, 394 und 423 ff. CA 2006 und die jährliche Aufstellung des Jahresabschlusses (*annual report*) verantwortlich, der den Gesellschaftern vorzulegen und sodann dem *Companies House* zu übersenden ist. Darüber hinaus ist der *director* auch für die Einreichung einer Jahresmeldung (*annual return*) beim Companies House nach sec. 854 CA 2006 verantwortlich.[442]

F. Haftungsfragen

Im Rahmen der Haftungsfragen ist zunächst zwischen einer Haftung der *directors* und einer etwaigen Durchgriffshaftung gegen die Gesellschafter zu unterscheiden.

I. Haftung der Geschäftsleitung (*directors*)

Bei der Haftung der *directors* bedarf es einer Differenzierung zwischen einer gegenüber der Gesellschaft bestehenden Haftung im Rahmen einer Innenhaftung und einer Außenhaftung der *directors* gegenüber Ansprüchen Dritter.

1. Haftung gegenüber der Gesellschaft (Innenhaftung)

Eine ausdrückliche als Innenhaftung oder Binnenhaftung konzipierte Haftungsregelung fehlt im englischen Recht, so dass sec. 178 CA 2006 insoweit maßgeblich ist, der bei der Verletzung der *im common law* verankerten Treue- und Sorgfaltspflichten der sec. 171 ff. CA 2006 (*fiduciary duties* bzw. *duty of care, skill and diligence*) auf die Regeln des *common law* und der *equitable principles* verweist, so dass sich im Ergebnis *case law* und *statuary law* wechselseitig ergänzen sollen.[443] Eine weitere Innenhaftung kann auch aus der Verletzung gesetzlicher Pflichten (*statutory duties*) resultieren, die ebenfalls bereits exemplarisch benannt worden sind.[444]

Von besonderer Bedeutung ist die im englischen Recht grundsätzlich mögliche vorherige und nachträgliche Pflichtenentbindung des *directors.* Um eine voll-

---

441 *Just*, Limited, S. 45, Rn. 167 m.w.N.

442 *Just*, Limited, S. 45, Rn. 167.

443 *Servatius*, in: Henssler/Strohn, GesR, Komm., IntGesR, S. 2716, Rn. 159.

444 Vgl. auch *Just*, Limited, S. 45, Rn. 168, mit weiteren Angaben zu den *directors* obliegenden Pflichten.

ständige, für die Zukunft geltende Freistellung des *directors* von seiner etwaigen Haftung zu vermeiden, ist eine vollumfängliche Entbindung von seinen Pflichten nach sec. 232 CA 2006 grundsätzlich nicht möglich. Jedoch kann im Vorfeld einer konkreten beabsichtigten Handlung bzw. Maßnahme des *directors* nach sec. 180 (4) (a) CA 2006 eine entsprechende Autorisierung erfolgen (*authorisation*).[445] Sec. 180 (4) (a) CA 2006 gibt der Gesellschaft insofern einen Spielraum, ein Verhalten zu erlauben, das anderenfalls eine Pflichtverletzung darstellen würde, indem vorab per Gesellschafterbeschluss eine Zustimmung erteilt wird.[446] Im Nachgang zu einer Maßnahme oder Handlung eines *directors* kann ebenfalls eine entsprechende Genehmigung ausgesprochen werden (*ratification*), wobei es auch hier eines wirksamen Gesellschafterbeschlusses gemäß sec. 239 (2) CA 2006 bedarf, der auf Basis einer umfassenden Informationslage gefasst werden muss.[447] Auch wenn die Grenzen einer nachträglichen Zustimmung in der englischen Rechtspraxis für den Einzelfall noch nicht hinreichend geklärt sind, bestehen Grenzen einer zulässigen Genehmigung und damit einer nachträglichen Entlastung des *directors*. Dies ist etwa dann der Fall, wenn das gegenständliche Verhalten zu einer Benachteiligung der Minderheitengesellschafter führt, es zu einer Veruntreuung des Gesellschaftsvermögens kommt, sonstige Betrugshandlungen vorliegen oder die Pflichtverletzung des *directors* ausschließlich auf Kosten der Gläubiger geht bzw. bei einer in der Krise befindlichen Gesellschaft mehr die Gläubiger als die Gesellschafter belastet werden.[448] Zu beachten ist schließlich, dass die liberale Satzungsgestaltung in sec. 180 (4) CA 2006 selbstverständlich auch umgekehrt geeignet ist, weitergehende als durch das Gesetz vorgesehene Kontroll- oder Zustimmungserfordernisse aufzustellen und dadurch den *director* einer strengeren Aufsicht durch andere *directors* bzw. die Gesellschafter selbst zu unterwerfen.[449] Es handelt sich mithin bei der vermeintlich äußerst liberalen Handhabung, eine von dem *director* vorgenommene potentielle Pflichtverletzung nachträglich einer heilenden Genehmigung zu unterziehen, um keine Einbahnstraße im Sinne einer Haftungsfreistellung, so dass die Satzung der Gesellschaft als geeignetes Korrektiv in beide Richtungen für den *director* eine exponierte Stellung einnimmt.

---

445 *Doralt*, in: Schall, Companies Act, S. 321, Rn. 9.
446 *Doralt*, in: Schall, Companies Act, S. 321, Rn. 9.
447 *Doralt*, in: Schall, Companies Act, S. 373, Rn. 4.
448 *Doralt*, in: Schall, Companies Act, S. 376, Rn. 16 f. m.w.N.
449 *Doralt*, Managerpflichten in der englischen Limited, S. 92, Rn. 13.

2. *Haftung gegenüber Dritten (Außenhaftung)*

Eine persönliche als Außenhaftung zu qualifizierende Verpflichtung des *directors* gegenüber Dritten kommt im englischen Recht dem Grundsatz nach nicht in Betracht. Durchbrochen werden kann dieser Grundsatz jedoch dann, wenn die Gesellschaft aufgrund einer Geschäftsführungsmaßnahme im Rahmen eines gesetzlichen Schuldverhältnisses gegenüber Dritten aus deliktischem Handeln (*tort*) haftet. Nach der aktuellen Rechtsprechung in England bedarf es dann für die persönliche Haftung des *directors* eines über die Wahrnehmung seiner reinen Organverpflichtungen hinausgehenden Verhaltens bzw. zumindest einer Kenntnis der entsprechenden Maßnahmen, welche das deliktische Verhalten begründen.[450] Das kann eine mögliche Inanspruchnahme des *directors* und der Gesellschaft als Gesamtschuldner aus dem deliktischen Verhalten durch den geschädigten Dritten zur Folge haben (*joint tortfeasor*).[451]

Eine entsprechende Durchgriffshaftung gegen den *director* selbst wird im englischen Recht insbesondere dann angenommen, sofern ein bewusstes betrügerisches Handeln gemäß sec. 213 IA 1986 (*fraudulent trading*) vorliegt oder aber wenn es zu einer bewussten Gläubigerbenachteiligung einer später insolventen Gesellschaft gemäß sec. 214 IA 1986 (*wrongful trading*) gekommen ist.[452] Diese beiden Haftungsinstitute gilt es im Folgenden näher zu beleuchten.

a. *Haftungsinstitut des* fraudulent trading *(sec. 213 IA 1986)*

In den Fällen der betrügerischen Fortführung eines Unternehmens besteht mit dem in sec. 213 IA 1986 geregelten *fraudulent trading* eine gesetzliche Regelung, die eine Fortführung der Gesellschaft in der Krise und eine damit vollständige Verlagerung des unternehmerischen Risikos auf die Gesellschaftsgläubiger verhindern soll.[453] Der von der Norm weit gefasste Personenkreis bezieht sich sowohl auf den *director*, den *shadow director*, den *de facto director* als auch auf Gesellschafter und weitere beteiligte dritte Personen.

Gemäß sec. 213 (1) IA 1986 wird die Gesellschaftsfortführung mit der damit verbundenen Absicht der Täuschung der Gesellschaftsgläubiger bzw. Gläubiger anderer Personen sowie das zu betrügerischen Zwecken erfolgte Betreiben der Geschäfte untersagt. Hierbei ist die Fortführung der Geschäfte sehr weit zu ver-

---

450 *Levedag*, in: Süß/Wachter, Hdb. Internationales GmbH-Recht, S. 773, Rn. 504.

451 Siehe dazu auch: *Levedag*, in: Süß/Wachter, Hdb. Internationales GmbH-Recht, S. 773, Rn. 504.

452 *Just*, Limited, S. 26, Rn. 92.

453 *Buchmann*, S. 52 ff.

stehen, so dass es ausreicht, dass einzelne Gläubiger durch unternehmerische Entscheidungen benachteiligt werden oder aber lediglich das verbliebene Gesellschaftsvermögen ungleichmäßig verteilt wird.[454]

Für die Tatbestandserfüllung des *fraudulent trading* bedarf es als subjektives Element des Tatbestandsmerkmals des Vorliegens einer betrügerischen Absicht. Insofern ist eine Haftung lediglich dann gegeben, wenn der Nachweis erbracht wurde, dass die handelnde Person die Unternehmensfortführung und die Vermehrung der Gesellschaftsverbindlichkeiten in dem positiven Wissen vorgenommen hat, dass die Schulden nach vernünftigem Ermessen nicht mehr zurückgezahlt werden können.[455] In der Abgrenzung zu einem rein fahrlässigen Handeln reicht es nicht aus, dass ein solches Wissen hätte bestehen müssen.[456] Da die Geschäftsleitung sich im Zweifel stets darauf berufen wird, die Verbindlichkeiten verursachenden Handlungen in der Hoffnung vorgenommen zu haben, noch eine Rettung der Gesellschaft zu bewerkstelligen, torpediert diese Durchbrechung der im englischen Recht als „*sunshine-doctrine*" bekannten Vermutung in der Regel den erfolgreichen Nachweis der Betrugsabsicht,[457] was im Ergebnis zu einer eher geringen praktischen Bedeutung dieser Norm führt.[458]

Von besonderer Bedeutung ist in diesem Zusammenhang, dass gemäß sec. 213 (I) IA 1986 für die Anwendung der Haftungsnorm die Stellung der Gesellschaft im Abwicklungsverfahren („*winding up of the company*") Voraussetzung ist und sec. 213 (2) IA 1986 ausschließlich dem Liquidator der Gesellschaft die Befugnis zuweist, den Anspruch geltend zu machen. Gemäß sec. 213 (2) IA 1986 setzt das Gericht erst dann den Betrag fest, den der *director* im Rahmen einer persönlichen Haftung in das Vermögen der *limited* zurückzuführen hat.

b. Haftungsinstitut des wrongful trading *(sec. 214 IA 1986)*

Darüber hinaus existiert im englischen Recht in sec. 214 IA 1986 das Haftungsinstitut des *wrongful trading.* Die Haftung aus *wrongful trading* kann von dem Liquidator im Rahmen der Abwicklung einer Gesellschaft aufgrund ihrer Insolvenz wegen Überschuldung (*windung up)* einer Gesellschaft geltend gemacht werden,

---

454 *Schmittmann/Bischoff*, ZInsO 2009, 1561 (1567).
455 *Bischoff*, ZInsO 2009, 164 (166).
456 *Bischoff*, ZInsO 2009, 164 (166).
457 *Buchmann*, S. 53 f.
458 *Rehm*, in: Eidenmüller, Ausl. Kapitalgesellschaften im deutschen Recht, § 10, Rn. 71; *Schneider/Schneider*, GmbHR 2005, 1288 (1289).

wobei neben dem *director* auch der *de facto director* sowie gemäß sec. 214 (7) IA 1986 der *shadow director* als Adressat der Norm erfasst werden.[459]

Zur Verwirklichung des Tatbestandes genügt es, dass der „*director*" der *limited* wusste oder vernünftigerweise hätte wissen müssen, dass die Gesellschaftsinsolvenz nicht mehr abzuwenden ist.[460] Konkrete Maßnahmen zur Abwendung der Gesellschaftsinsolvenz statuiert das Gesetz hier nicht, es markiert als haftungsrelevanten Schnittpunkt lediglich den sog. *moment of truth*, den Zeitpunkt, in dem die Krise für den Handelnden erkennbar war und ab dem es erforderlich gewesen wäre, alles erdenklich Notwendige zu veranlassen, um den Schaden für die Gläubiger so gering wie möglich zu halten.[461] Insoweit kann die Haftung aus *wrongful trading* theoretisch bereits vor dem konkreten feststellbaren Insolvenzeintritt begründet werden,[462] doch stellt die englische Rechtsprechung maßgeblich auf eine negative Fortführungsprognose und nicht unbedingt bereits auf eine Zahlungsunfähigkeit oder Überschuldung ab, so dass von dieser für eine positive Haftungsfeststellung keine allzu strengen Maßstäbe angelegt werden.[463] In der englischen Rechtspraxis hat das Haftungsinstitut des *wrongful trading* aufgrund der zu berücksichtigenden Prozesskosten und der relativen Unschärfe des Tatbestandes[464] sowie wegen der abschreckenden Wirkung der Norm[465] augenscheinlich noch keine praktische Bedeutung erlangen können.[466]

c. *Haftung nach dem sog.* phoenix syndrome

In sec. 216 IA 1986 ist das sog. *phoenix syndrome*[467] verankert. Hierbei handelt es sich um die sanktionswürdige Konstellation, dass ein *director*, der eine Gesellschaft in die Insolvenz geführt hat, noch während des laufenden Liquidationsverfahrens eine neue Gesellschaft, ggfs. noch mit dem Personal der insolventen Gesellschaft und unter der gleichen Firmierung, gründet und das Vermögen der insolventen

---

459 *Rehm*, in: Eidenmüller, Ausl. Kapitalgesellschaften im deutschen Recht, § 10, Rn. 68; *Wilhelmi*, GmbHR 2006, 13 (17).
460 *Habersack/Verse*, ZHR 168 (2004), 174 (183 f.).
461 *Buchmann*, S. 55 ff.
462 *Habersack/Verse*, ZHR 168 (2004), 174 (178).
463 *Habersack/Verse*, ZHR 168 (2004), 174 (183 f. und 186).
464 *Habersack/Verse*, ZHR 168 (2004), 174 (180 f.).
465 *Schall*, ZIP 2005, 965 (967).
466 *Wilhelmi*, GmbHR 2006, 13 (17).
467 Herleitung der Begrifflichkeit des *phoenix syndroms* bei *Donalt*, in: Schall, Companies Act, S. 271, Rn. 7.

Gesellschaft zu Schleuderpreisen erwirbt.[468] Zur Verhinderung dieses Vorgehens ist es nach sec. 216 (1) IA 1986 jedem *director* – eine Unterscheidung zwischen dem *de iure director, de facto director* oder *shadow director* findet explizit nicht statt – einer in der Liquidation befindlichen Gesellschaft untersagt, ab dem Zeitpunkt des Liquidationsbeginns für die nächsten fünf Jahre eine neue Gesellschaft zu gründen, zu führen oder eine wie auch immer geartete Geschäftstätigkeit in einer neuen Gesellschaft auszuüben.[469] Die zivilrechtliche Rechtsfolge eines Verstoßes gegen diese in sec. 216 (1) IA 1986 vorgesehene Sanktion ist die persönliche Haftung des *directors* gegenüber den Gläubigern für diejenigen Gesellschaftsverbindlichkeiten, welche durch die neue Gesellschaft begründet worden sind.[470]

d. Haftungsinstitut der directors duties for the benefit of creditors

Neben den Haftungsinstituten des *wrongful trading* und des *fraudulent trading* besteht die Möglichkeit, aus dem *common law* auch Ansprüche gegen den *director* wegen der Verletzung der sog. *duties for the benefit of creditors* geltend zu machen.[471] Diese dem *director* obliegenden Pflichten verlagern ihren Kreis bei fortschreitender Insolvenznähe weg von der Gesellschaft in Richtung der Gläubigerinteressen und sind dem *wrongful trading* insoweit vorgelagert, dass diese bereits bei Zweifeln an der Solvenz der Gesellschaft einsetzen.[472] Hier ist jedoch anzumerken, dass sich die genauen Voraussetzungen dieser speziellen Haftung insbesondere im Hinblick auf die Gewichtung der Gläubiger- und Gesellschaftsinteressen selbst in England noch als weitgehend unklar darstellen und darüber hinaus auch lediglich eine reine Innenhaftung gegenüber der Gesellschaft begründen.[473]

II. Durchgriffshaftung gegen die Gesellschafter

Eine von Gläubigern initiierte Durchgriffshaftung gegen die Gesellschafter ist im englischen Recht nur in besonderen Konstellationen möglich, da es sich bei der *limited* als Kapitalgesellschaft mit beschränkter Haftung um eine selbstständige

---

468 *Christ*, S. 173.

469 *Christ*, S. 173.

470 In strafrechtlicher Hinsicht besteht gemäß sec. 216 (4) IA 1986 die Strafandrohung einer Freiheits- oder Geldstrafe, wenn der *director* entgegen sec. 216 (3) IA 1986 als Geschäftsleiter einer unzulässig nach sec. 216 (2) IA 1986 firmierten Gesellschaft auftritt.

471 *Habersack/Verse*, ZHR 168 (2004), 174 (199); *Wilhelmi*, GmbHR 2006, 13 (18).

472 *Habersack/Verse*, ZHR 168 (2004), 174 (200).

473 *Wilhelmi*, GmbHR 2006, 13 (18).

Rechtspersönlichkeit handelt. Zu beachten ist, dass keine kraft Gesetzes angeordnete Haftungsbeschränkung vorliegt, so dass es einer ausdrücklichen Vereinbarung zwischen den Gesellschaftern in den *articles* der Gesellschaft bedarf.[474] Dieser sog. „*Schleier der Rechtspersönlichkeit*" kann insoweit nur in einzelnen Konstellationen ausnahmsweise aufgehoben werden (*lifting the veil of incorporation*), um eine persönliche Durchgriffshaftung gegen die Gesellschafter zu begründen.[475] Dies kann bei dem Vorliegen der tatbestandlichen Voraussetzungen der sec. 213 IA 1986 und sec. 214 IA 1986 der Fall sein. Einen weiteren denkbaren Anwendungsbereich stellt die Konstellation dar, wenn es sich bei der gesellschaftsrechtlichen Struktur um eine bloße Fassade handelt und die Gesellschaftsgründung nur zur Umgehung rechtlicher Verpflichtungen erfolgt ist.[476] Im englischen Gesellschaftsrecht ist der Zugriff auf die Gesellschafter jedoch kaum entwickelt, da diese – im Gegensatz zu den *directors* – keinen Treuepflichten gegenüber der Gesellschaft, Mitgesellschaftern oder gar Gläubigern unterliegen und auch die fehlende Aufbringung eines Mindestkapitals eine nicht zu unterschätzende Rolle spielt.[477] Im Gegensatz dazu gilt, dass die ausnahmsweise persönliche Haftung der *directors* auch auf die Gesellschafter angewendet werden kann, wenn sich diese als „*directors*" gerieren und dann als sog. *shadow directors* ebenfalls von der Haftung erfasst werden.[478]

III. Anwendbarkeit der englischen Haftungsvorschriften im deutschen Recht

Im nächsten Schritt bedarf es der Überprüfung der Frage, ob die englischen Haftungsvorschriften bei einer *limited* mit Satzungssitz in England, deren tatsächlicher Verwaltungssitz sich hingegen in Deutschland befindet, überhaupt von deutschen Gerichten angewendet werden können. Grundsätzlich richtet sich die Anwendbarkeit einzelner Normen und Normenkomplexe danach, ob die bereits in Bezug genommenen oder noch in Bezug zu nehmenden Regelungen als dem Gesellschaftsrecht zugehörig zu qualifizieren sind oder ob diese aus anderen Rechtsbereichen stammen und somit auch anderen Kollisionsnormen zuzuordnen sind.

---

474 *Servatius*, in: Henssler/Strohn, GesR, Komm., IntGesR, S. 2708, Rn. 109 mit zusätzlichem Verweis auf die sog. *Salomon doctrine.*

475 *Just*, Limited, S. 26, Rn. 92.

476 *Servatius*, in: Henssler/Strohn, GesR, Komm., IntGesR, S. 2708, Rn. 110; *Just*, Limited, S. 26, Rn. 92.

477 *Just*, Limited, S. 26, Rn. 92.

478 *Servatius*, in: Henssler/Strohn, GesR, Komm., IntGesR, S. 2708, Rn. 111.

1. Fiduciary duties, duty of care, skill and diligence *sowie* statutory duties

Einigkeit dürfte zunächst darüber bestehen, dass es sich bei den in den sec. 171 bis 177 CA 2006 geregelten Treue- und Sorgfaltspflichten (*fiduciary duties* bzw. *duty of care, skill and diligence*) sowie den weiteren gesetzlichen Pflichten im Zusammenhang mit der Gesellschaft (*statutory duties*) um solche Normen handelt, die dem englischen Gesellschaftsrecht zuzuordnen sind. Dies hat zur Folge, dass diese Normen nach der Rechtsprechung des EuGH zur Geltung des (bisherigen) Gesellschaftsstatutes des Gründungsmitgliedstaates einer Kapitalgesellschaft in einem anderen Mitgliedstaat zu einer etwaigen Haftungsbegründung auch im deutschen Recht von dem zuständigen Gericht nach § 293 ZPO heranzuziehen sind, wenn zivilrechtlich beispielsweise Innenhaftungsansprüche aus unzulässigen bzw. verdeckten Gewinnansprüchen[479] gegen den *director* einer *limited* mit (Haupt-)verwaltungssitz in Deutschland geltend gemacht werden.

2. Haftungsinstitute des fraudulent trading *und* wrongful trading

Im Hinblick auf die englischen Haftungsinstitute des *fraudulent trading* nach sec. 213 IA 1986 und des *wrongful trading* nach sec. 214 IA 1986 ist es – überwiegend lediglich in der deutschen Literatur – weitestgehend umstritten, ob diese einzelnen Haftungsnormen kollisionsrechtlich grundlegend dem englischen Gesellschafts- oder aber dem englischen Insolvenzrecht zuzuordnen sind.[480] Die Folge der jeweiligen Qualifizierung der anzuwendenden Vorschriften als gesellschafts- bzw. insolvenzrechtlich ist von elementarer Bedeutung und stellt eine Weichenstellung für die Anwendbarkeit der jeweiligen Norm dar. Dies liegt in den Artt. 3, 4 EuInsVO[481] begründet. Danach kann eine als insolvenzrechtlich zu qualifizierende Vorschrift eines anderen europäischen Mitgliedstaates nicht bei der Rechtsfindung in Deutschland zur Anwendung gelangen, da für die EU-Auslandsgesellschaften nach Art. 3 EuInsVO i.V. mit § 335 InsO deutsches

---

479 *Schall*, DStR 2006, 1229 (1231).

480 Für eine kollisionsrechtliche Zuordnung im insolvenzrechtlichen Sinne etwa: *Eidenmüller*, NJW 2005, 1618 (1620); *Lawlor*, NZI 2005, 432 (434); *Schall*, ZIP 2005, 965 (972); *Schall*, DStR 2006, 1229 (1234); *Wachter*, GmbHR 2004, 88 (101); für eine gesellschaftsrechtliche Qualifikation im kollisionsrechtlichen Sinne etwa: *Hirte/Mock*, ZIP 2005, 474 (475); *Schumann*, DB 2004, 743 (748).

481 Verordnung (EG) Nr. 1346/2000 des Rates vom 29. Mai 2000 über Insolvenzverfahren (EG-InsolvenzverfahrensVO).

Insolvenzrecht maßgeblich ist.[482] Sofern die Rechtsinstitute jedoch einer gesellschaftsrechtlichen Zuordnung zuführen wären, gilt – bei dem vollständigen Vorliegen der entsprechenden Tatbestandsvoraussetzungen – eine entsprechende Anwendung der Vorschriften und damit einhergehend eine Haftung für den *director* einer in Deutschland ansässigen *limited*. Es verwundert daher nicht, dass die rechtliche Einordnung bei den Haftungsnormen des *fraudulent trading* gemäß sec. 213 IA 1986 sowie dem *wrongful trading* nach sec. 214 IA 1986 streitig ist.

a. Gesellschaftsrechtliche Qualifikation

Die Vertreter einer gesellschaftsrechtlichen Qualifikation[483] des *wrongful trading* im kollisionsrechtlichen Sinne führen dazu an, dass der Maßstab allein der Rechtsordnung zu entnehmen sei, unter deren Kollisionsnorm eine Norm subsumiert werden solle. Somit sei grundsätzlich nicht das Verständnis der Rechtsordnung entscheidend, in der die betroffene Vorschrift legislatorisch festgelegt sei, sondern vielmehr dasjenige des nationalen Rechts, in dem die Vorschrift zur Anwendung gelangen solle und damit die formale Verankerung im IA 1986 von marginaler Bedeutung sei.[484] Darüber hinaus würde sich aus dem Haftungsinstitut des *wrongful trading* nach sec. 214 (1) IA 1986 eine Haftung für die Organe der Gesellschaft im Falle einer Pflichtverletzung ergeben. Da die Haftung in unmittelbarem Zusammenhang mit den Sorgfaltspflichten des *directors* stehe und damit der Organisationsverfassung der *limited* zuzuordnen sei, sei das Gesellschaftsstatut maßgeblich.[485] Nach dieser Ansicht gilt, dass bei dem vollständigen Vorliegen der entsprechenden Tatbestandsvoraussetzungen eine grundsätzliche Anwendung der Vorschriften der sec. 213 IA 1986 und sec. 214 IA 1986 auch im deutschen Recht möglich ist und der *director* der *limited* unter Heranziehung dieser Haftungsinstitute auch im deutschen Rechtssystem in Anspruch genommen werden könnte.

b. Insolvenzrechtliche Qualifikation

Demgegenüber führen die Vertreter einer insolvenzrechtlichen Qualifikation[486] der beiden Haftungsinstitute unter anderem als Begründung an, dass die Regelungen zwar Pflichten für die Gesellschaftsorgane statuieren, es sich jedoch um einen

---

482 *Servatius*, in: Henssler/Strohn, GesR, Komm., IntGesR, S. 2719, Rn. 173.

483 So *Hirte/Mock*, ZIP 2005, 474 (475); *Riegger*, ZGR 2004, 510 (527); *Schumann*, DB 2004, 743 (748).

484 *Hirte/Mock*, ZIP 2005, 474 (475); *Schumann*, DB 2004, 743 (748).

485 *Riegger*, ZGR 2004, 510 (527).

486 So etwa: *Eidenmüller*, NJW 2005, 1618 (1620); *Greulich/Grau*, NZG 2008, 565 (567); *Kasolowsky/Schall*, in: Hirte/Bücker, Grenzüberschreitende Gesellschaften,

persönlichen Rechtsbehelf handele, der im Rahmen der Aktivlegitimation ausschließlich dem Insolvenzverwalter im Insolvenzverfahren zustehe.[487] Damit korrespondiere das Argument des Standortes der Normen im englischen Insolvenzrecht, dem *Insolvency Act 1986*, und die Tatsache, dass sich diese auf alle Kapitalgesellschaften, unabhängig von ihrer Rechtsform, erstreckten.[488] Im Übrigen sei ergänzend darauf hinzuweisen, dass die Haftungsinstitute des *fraudulent trading* und des *wrongful trading* auch in der englischen Rechtspraxis einer insolvenzrechtlichen Qualifikation zugeordnet werden.[489] Nach dieser Ansicht sind die Artt. 3 und 4 EuInsVO zur Haftungsbeurteilung maßgeblich, da es sich um als insolvenzrechtlich zu qualifizierende Vorschriften des englischen Rechts handelt und diese Normen somit aufgrund der Heranziehung allein deutschen Insolvenzrechts auf die *limited* als EU-Auslandsgesellschaften nach Art. 3 EuInsVO i.V. mit § 335 InsO maßgeblich ist. Die Konsequenz ist die Unanwendbarkeit der beiden Haftungsinstitute im deutschen Rechtssystem, so dass eine Haftung des *directors* der *limited* jedenfalls nicht auf Basis der englischen Haftungsvorschriften begründet werden könnte.

c. *Stellungnahme*

Unter Berücksichtigung des eigentlichen Zwecks des *wrongful tradings*, einer Effektuierung der sich aus sec. 84 CA 2006 ergebenden Insolvenzantragsobliegenheit, die wiederum den Schutz der Haftungsmasse zugunsten der bestehenden Gläubiger bewirken und neue Gläubiger vor potentiellen Verlusten schützen soll,[490] erscheint eine insolvenzrechtliche Qualifikation des *wrongful trading* und auch aus den gleichen Gründen des *fraudulent trading* als vorzugswürdig.

Zentraler und äußerst gewichtiger Ansatzpunkt zur Beurteilung der Streitfrage ist jedoch darüber hinaus die Erkenntnis, dass die beiden Regelungen selbst in England dem Insolvenzrecht zugeordnet werden und darüber hinaus der EuGH[491] das französische Pendant zum *wrongful trading*, das Haftungsinstitut des *action en comblement de passif*[492], ebenfalls einer insolvenzrechtlichen Qualifikation unter-

---

§ 4, Rn. 40; *Schall*, DStR 2006, 1229 (1234); *ders.*, ZIP 2005, 965 (967); *Servatius*, in Henssler/Strohn, GesR, Komm., IntGesR, S. 2719, Rn. 173.

487 *Schall*, ZIP 2005, 965 (972).

488 *Servatius*, in Henssler/Strohn, GesR, Komm., IntGesR, S. 2719, Rn. 173.

489 Vgl. dazu den RegE MoMiG, S. 127; *Borges*, ZIP 2004, 733 (739); *Fleischer*, in: Lutter, Europäische Auslandsgesellschaften, S. 49 (62); *Habersack/Verse*, ZHR 168 (2004), 174 ff.; *Zimmer*, NJW 2003, 3585 (3590).

490 *Eidenmüller*, NJW 2005, 1618 (1620 f.).

491 *EuGH*, NJW 1979, 1771 ff. – *Gourdain/Nadler*.

492 *Habersack/Verse*, ZHR 168 (2004), 202 ff.

wirft.[493] Eine rechtliche Einschätzung entgegen der Einordnung der vergleichbaren Rechtsfrage durch den EuGH erscheint bereits gewagt. Schließlich müsste bei jeder Entscheidung, die durch ein deutsches Gericht gefällt würde und in welcher die als gesellschaftsrechtlich qualifizierten Haftungsinstitute des *fraudulent trading* bzw. *wrongful trading* haftungsbegründend herangezogen würden, die Befürchtung mitklingen, europarechtswidrig entschieden zu haben. Relevant zur Lösung der Diskussion um die rechtliche Einstufung der englischen Normen ist darüber hinaus, dass eine gesellschaftsrechtliche Qualifikation bereits der rechtlichen Einschätzungsprärogative des Heimatlandes der Rechtsvorschriften widersprechen würde. Der Einwand, als Maßstab zur rechtlichen Einstufung der Normen könne allein die Rechtsordnung dienen, unter deren Kollisionsnorm eine Norm subsumiert werden und in dessen nationalem Recht diese zur Anwendung gelangen solle, überzeugt indes nicht. Es geht um eine Einstufung ausländischer Rechtsvorschriften, auf deren Grundlage eine rechtliche Bewertung eines Sachverhaltes zu erfolgen hätte. Diesbezüglich ist eine umfangreiche Rechtsvergleichung unumstößlich, gleichfalls soll im Wege der fortschreitenden Europäisierung auch das (Zivil-)Recht anderer EU-Mitgliedstaaten Einzug in das deutsche Rechtssystem halten. Würde entgegen des Rechtsverständnisses des englischen Heimatstaates eine dort auf Grundlage einer langjährigen Rechtsfortbildung vorgenommene Zuordnung einer Vorschrift allein aus kollisionsrechtlichen Gründen „gekippt", widerspräche dies bereits dem europäischen Gedanken, der auch eine Achtung der jeweiligen anderen Rechtssysteme beinhaltet. Dies bedeutet im Ergebnis, dass die Vorschriften des *fraudulent trading* nach sec. 213 IA 1986 und des *wrongful trading* nach sec. 214 IA 1986 als insolvenzrechtlich zu qualifizieren sind und eine Anwendung dieser Haftungsinstitute in Deutschland auf eine inländisch ansässige *limited* verwehrt bleiben muss.

3. *Vorschriften zum Gläubigerschutz aus dem* common law

Eine in diesem Zusammenhang thematisierte Frage ist darüber hinaus, ob solche dem Gläubigerschutz dienenden Pflichten, die den Geschäftsleitern einer *limited* über das *common law* auferlegt werden, auch als insolvenzrechtlich einzustufen sind oder ob diese aufgrund einer möglichen Tangierung des Kreises gesellschaftsrechtlicher Verpflichtungen[494] einer rein gesellschafsrechtlichen Qualifikation im kollisionsrechtlichen Sinne unterfallen. Hier sei in diesem Zusammenhang die Haftung des „*lifting the corporate veil at common law*" bzw. „*lifting the veil*" zu benennen, die jedoch im Ergebnis nicht mit dem Tatbestand der deutschen Existenzvernichtungs-

493 *Servatius*, in Henssler/Strohn, GesR, Komm., IntGesR, S. 2719, Rn. 173.
494 *Schall*, ZIP 2005, 965 (973).

haftung vergleichbar ist. Das englische Recht gewährt vielmehr überwiegend einen Gläubigerschutz durch den IA 1986, so dass die englische Rechtsprechung im Fall des „*lifting the veil*" aufgrund der in der dortigen Rechtsprechungspraxis entwickelten hohen Anforderungen nur äußerst selten auf dieses Haftungsinstitut zurückgreifen kann.[495] Die eigentliche kollisionsrechtliche Einordnung dieses Haftungsinstituts ist bislang selbst in der englischen Rechtsprechung nicht geklärt. Die Anwendbarkeit aufgrund der funktionalen Vergleichbarkeit der Haftung mit denen des sec. 214 IA 1986[496] dürfte jedoch ebenfalls zu einer insolvenzrechtlichen Einordung führen.

4. *Die Einordnung deliktsrechtlicher Ansprüche*

Sofern es sich hingegen um deliktsrechtliche Ansprüche gegen die *directors* einer *limited* handeln sollte, liegt der Fall zumindest augenscheinlich klarer. Dies resultiert aus Art. 4 Abs. 1 Rom II-VO. Aus dem insofern maßgeblichen Art. 40 Abs. 1 EGBGB ergibt sich, dass deliktische Ansprüche grundsätzlich dem Recht des Staates unterliegen, in welchem gemäß Art. 40 Abs. 1 S. 1 EGBGB entweder die schädigende Handlung vorgenommen wurde oder aber nach Art. 40 Abs. 1 S. 2 EGBGB der Schadenseintritt zu verzeichnen war, so dass entweder auf den Handlungsort oder den Erfolgsort abzustellen ist. Erforderlich – aber auch ausreichend – ist daher aus kollisionsrechtlicher Sicht eine unerlaubte Handlung im Sinne des Art. 4 Abs. 1 Rom II-VO, welche dem Deliktsrecht zuzurechnen ist. Dies steht auch im Einklang mit der Niederlassungsfreiheit. Im Rahmen einer funktionalen Betrachtung des Tatbestandes einer unerlaubten Handlung ist diese im Rahmen einer kollisionsrechtlichen Einordnung regelmäßig als nationales Verkehrsrecht anzusehen, so dass eine zulässige Beschränkung der Niederlassungsfreiheit nach Artt. 49, 54 AEUV gegeben ist.[497] Sofern bei einer *limited* mit Verwaltungssitz in Deutschland die deliktische Handlung im Inland vorgenommen wird oder es zumindest zu einem Schadeneintritt in Deutschland kommt, können im Ergebnis sowohl der *director*, als auch der *de facto director* und der *shadow director* nach den deutschen zivilrechtlichen Grundsätzen in Haftung genommen werden.[498]

---

495 *Zessel*, S. 272 f. und S. 251 ff. mit einer umfassenden Untersuchung des Haftungsinstituts des „*lifting the veil*".

496 So auch *Servatius*, in: Henssler/Strohn, GesR, Komm., IntGesR, S. 2719, Rn. 174.

497 *Servatius*, in: Henssler/Strohn, GesR, Komm., IntGesR, S. 2721, Rn. 183; a.A.: *Schall*, ZIP 2005, 965 (974).

498 *Schmittmann/Bischoff*, ZInsO 2009, 1561 (1570).

G. Gläubiger- und Investorenschutz

In England spielen Publizitäts- und Rechnungslegungsvorschriften zur Kontrolle der Gesellschaft und der für sie handelnden Personen aus Gründen des Gläubiger- und Investorenschutzes eine wichtige Rolle,[499] so dass diese nachfolgend in ihren Grundzügen skizziert werden sollen.

I. Buchführung, Rechnungslegung und Abschlussprüfung

Die *limited* unterliegt in England nach sec. 386 CA 2006 laufenden Buchführungspflichten (*original accounting records*), wonach sämtliche Einnahmen und Ausgaben tagesgenau aufzuzeichnen und auf Basis dieser gewonnenen Daten ein Vermögensverzeichnis aufzustellen ist. Weiterhin gilt gemäß sec. 388 CA 2006 eine gesetzlich kodifizierte Aufbewahrungsverpflichtung für Unterlagen für die Dauer von drei Jahren, wobei die tatsächliche Aufbewahrung der Unterlagen alternativ an dem Ort des *registered office* oder an einem von dem *director* bestimmten Ort erfolgen kann. Das hat bei einer *limited*, deren tatsächlicher Verwaltungssitz sich in Deutschland befindet, in der Praxis zur Folge, dass die zur Buchführung aufbewahrungspflichtigen Unterlagen auch an dem Sitz der Gesellschaft in Deutschland aufbewahrt werden können, entsprechende Ablichtungen jedoch in regelmäßigen Abständen nach England zu übersenden sind.[500]

Auf dem Gebiet der Rechnungslegung besteht für die *limited*[501] in England unabhängig von dem Standort des tatsächlichen in- oder ausländischen Verwaltungssitzes eine Verpflichtung zur Abgabe des Jahresabschlusses (*annual report*) innerhalb von sechs Monaten nach Ende des entsprechenden Geschäftsjahres gemäß sec. 442 (1) CA 2006. Im Grundsatz besteht für alle *companies* nach sec. 382 CA 2006 zusätzlich die Verpflichtung der Prüfung ihres Jahresabschlusses, sofern sie nicht als sog. *small company* ausdrücklich von dieser Pflicht befreit sind.[502] Der Jahresabschluss besteht dabei aus einer Bilanz (*balance sheet*), einer Gewinn- und Verlustrechnung (*profit and loss account*) mit Anhang (*notes*), einem

---

499 *Rehm*, in Eidenmüller: Ausl. Kapitalgesellschaften im deutschen Recht, § 10, Rn. 79.

500 *Just*, Limited, S. 71, Rn. 261.

501 Für eine *plc.* bedarf es einer Abgabe gemäß sec. 442 (2) CA 2006 innerhalb von neun Monaten nach Ende des Geschäftsjahres.

502 Vgl. zu den konkreten Voraussetzungen: *Just*, Limited, S. 72, Rn. 268, wonach eine Einstufung als kleine Gesellschaft die Erfüllung von zwei der drei nachfolgend genannten Kriterien bedarf: Der Jahresumsatz darf nicht mehr als 6,5 Millionen GBP und die Bilanzsumme nicht mehr als 3,26 Millionen GBP übersteigen; zudem darf die Gesellschaft nicht mehr als 50 Mitarbeiter beschäftigen.

Geschäftsbericht der *directors* (*director's report*) sowie dem – sofern erforderlich – Prüfungsbericht der Wirtschaftsprüfer (*auditor's report*).[503]

Im Bereich der Rechnungslegung steht es englischen Gesellschaften grundsätzlich frei, gemäß sec. 395 und 397 CA 2006 nach inländischen Regeln oder nach den International Accounting Standards (IAS) vorzugehen. Dazu bedarf es bei der Erstellung des Jahresabschlusses nach dem sog. *Prinzip der Bilanzwahrheit* einer möglichst authentischen Wertfeststellung, so dass nach sec. 391 (1) und sec. 396 (2) CA 2006 ein den tatsächlichen wirtschaftlichen Verhältnissen der Gesellschaft entsprechendes Bild (*true and fair view*) gezeichnet werden muss.[504] Weiterhin besteht das Erfordernis der Billigung des ermittelten Jahresabschlusses durch die *directors* gemäß sec. 393 (1) und sec. 414 CA 2006. Eine entsprechende Haftung der *directors* bei Zuwiderhandlung gegen die vorgenannten Vorgaben ist in sec. 463 CA 2006 verankert.[505] Im Bereich der Abschlussprüfung bestimmen sich die Prüfungspflichten für die *limited* ebenfalls nach englischem Recht, da – wie bereits erwähnt – in England eine grundsätzliche Prüfungspflicht über die Richtigkeit des Abschlussberichtes besteht, es sei denn, eine gesetzliche Ausnahme greift, für deren Einordnung im Sinne des sec. 477 (2) CA 2006 die gleichen Merkmale wie im Bereich der Rechnungslegung gelten.[506]

II. Publizität

Die Publizitätspflichten sind in England exakt geregelt. Danach hat der *director* den Jahresabschluss dem Gesellschaftsregister (*Companies House*) gemäß sec. 422 (2) (a) CA 2006 innerhalb von neun Monaten zu übermitteln, so dass der Jahresabschluss dort von jedermann eingesehen werden kann. Hier gilt es zu beachten, dass die sec. 451 bis 453 CA 2006 die Nichtbeachtung des vorgenannten Procedere als Vergehen (*offence*) mit hohen Geldstrafen und Strafgebühren gegen die Gesellschaft und die *directors* selbst sanktionieren.[507] Darüber hinaus trifft die *directors* die Verpflichtung, den vollständigen Jahresabschluss spätestens mit Einreichung bei dem *Companies House* auch den Gesellschaftern und Inhabern von Schuldverschreibungen sowie allen zur Teilnahme an der Gesellschafterversammlung

---

503 *Just*, Limited, S. 71, Rn. 262.

504 *Witt*, ZGR 2009, 872 (900 f.).

505 *Stöber*, in: Schall, Companies Act, S. 578, Rn. 40.

506 *Just*, Limited, S. 73, Rn. 271 f., wonach Gesellschaften, deren Geschäftsjahr vor dem 06.04.2008 liegt, grundsätzlich höheren Schwellenwerten unterliegen.

507 *Schmittmann/Bischoff*, ZInsO 2009, 1561 (1561).

Berechtigten nach sec. 423 (1), 424 (2) CA 2006 zur Verfügung zu stellen.[508] Einen zusätzlichen Gläubigerschutz bewirkt der neben dem Jahresabschluss (*annual report*) ebenfalls verpflichtend beim Registergericht einzureichende jährliche Bericht (*annual return*). Dieser hat nämlich nach sec. 854 ff. CA 2006 neben der Benennung der Geschäftsleitungsorgane noch weitere für die Kreditwürdigkeit eines Unternehmens aufschlussreiche Details wie etwa die aktuellen Kapitalbeträge und weitere relevante Angaben zum Gesellschaftsvermögen zu beinhalten.[509] So bedarf es nach sec. 855 (1) CA 2006 auch der Information über die hauptsächlichen Geschäftstätigkeiten der Gesellschaft (*principle business activities*).[510]

Die strenge Staatsaufsicht in England, die durch das dortige Wirtschaftsministerium erfolgt, trägt ebenfalls durch die Einleitung von Sonderprüfungen gegen Gesellschaften, die in grob missbräuchlicher, gesetzeswidriger oder betrügerischer Weise eine Gläubigerbenachteiligung herbeiführen, dazu bei, dass ein entsprechender Gläubigerschutz gewährleistet wird.[511] Bei einer Bestätigung des Anfangsverdachts führt dies nach sec. 431 ff., 1035 ff. CA 2006 zu einem Ausschluss ungeeigneter *directors* und bei einer gänzlich ungeeigneten Kapitalausstattung der Gesellschaft zu einer gerichtlichen Auflösung derselben.

H. Die Verwaltungssitzverlegung nach Deutschland

Für eine unternehmerische Betätigung ausländischer Gesellschaften in Deutschland bestehen verschiedene Möglichkeiten. So kann dies durch die Gründung selbstständiger Tochtergesellschaften nach deutschem Recht erfolgen. Hier steht in der Regel die GmbH als geeignete Gesellschaftsform zur Verfügung. Ebenfalls denkbar ist die Errichtung von Zweigniederlassungen oder unselbstständigen Betriebsstätten. Im Falle der Wahl der *limited* ist oftmals eine umgehende Verlagerung des tatsächlichen Verwaltungssitzes nach Deutschland beabsichtigt, sobald die Gesellschaftsgründung in England wirksam erfolgt ist. Die eigentliche Geschäftstätigkeit soll dann im (deutschen) Inland erfolgen bzw. zumindest von diesem aus grenzüberschreitend gesteuert werden. Damit errichtet die *limited*

---

508 *Just*, Limited, S. 74, Rn. 278, der darauf hinweist, dass für kleine und mittelgroße Gesellschaften die Erleichterung besteht, nur einen verkürzten Jahresabschluss und keinen *director's report* einreichen zu müssen.

509 *Just*, Limited, S. 74, Rn. 280.

510 *Schmittmann/Bischoff*, ZInsO 2009, 1561 (1561), verweisen darauf, dass etwa in den Jahren 2006 und 2007 gut 95 % der offenlegungspflichtigen Unternehmen den ihnen auferlegten Pflichten nachgekommen sind.

511 *Just*, Limited, S. 74, Rn. 281.

aus registerrechtlicher Sicht eine Zweigniederlassung[512] im Sinne der §§ 13d ff. HGB, so dass es gemäß §§ 13d, 13e Abs. 2 S. 1, 13g HGB i.V. mit §§ 8, 10 GmbHG einer Anmeldung als Zweigniederlassung bei dem zuständigen Registergericht bedarf, an dem die Gesellschaft ihren tatsächlichen Verwaltungssitz unterhält.[513] Selbst wenn die *limited* faktisch nicht nur eine Zweigniederlassung in Deutschland unterhält, sondern es sich vielmehr sogar um eine verkappte Hauptniederlassung handeln sollte, besteht auch nach der jüngsten obergerichtlichen Rechtsprechung[514] eine Verpflichtung zur Eintragung der Gesellschaft im Einklang mit dem Wortlaut der §§ 13d ff. HGB, da die Registerpublizität auch den Zweck besitzt, dem inländischen Geschäftsverkehr die Möglichkeit zu gewähren, sich über die Gesellschaftsverhältnisse zu informieren.[515]

Europarechtlich ist dies ebenfalls nicht zu beanstanden. Die bereits skizzierten Entscheidungen „*Centros*“[516] und „*Inspire Art*“[517] interpretieren den Begriff der „Zweigniederlassung“ nicht in der Form, dass dafür zwingend eine gesonderte Hauptniederlassung bestehen müsste. Vielmehr handelt es sich immer dann um eine Zweigniederlassung im Sinne der Zweigniederlassungsrichtlinie[518], wenn im Inland eine Geschäftstätigkeit durch eine Auslandsgesellschaft ausgeübt wird, wobei es irrelevant ist, ob es sich um eine überwiegende oder ausschließliche Geschäftstätigkeit handelt oder diese nur von untergeordneter Bedeutung ist.[519]

Kann demnach die formelle Zweigniederlassung der *limited* auch nach unionsrechtskonformer Auslegung als faktische Hauptniederlassung derselben Gesellschaft gelten, ist auch die Festsetzung eines Zwangsgeldes gemäß § 14 S. 1 HGB gegen die Gesellschaft möglich, wenn sie ihrer Verpflichtung zur Eintragung

---

512 Nach *Wachter*, in: Süß/Wachter, Hdb. Internationales GmbH-Recht, S. 78, § 2, Rn. 30, ist als *Zweigniederlassung* die von der Hauptniederlassung räumlich getrennte, unter deren rechtlicher Oberleitung stehende, jedoch wirtschaftlich und organisatorisch verselbstständigte Betriebsstätte zu verstehen.

513 Dies gilt bei der Rechtsform der *ltd. & Co. KG* auch für die *limited* als Komplementärin, vgl. *Wachter*, GmbHR 2006, 79 (80 f.).

514 Vgl. dazu etwa: *OLG Frankfurt am Main*, ZIP 2015, 1068 ff.

515 *Just*, Limited, S. 11, Rn. 43.

516 *EuGH*, NJW 1999, 2027 (2028) - *Centros.*

517 *EuGH*, NJW 2003, 3331 (3333 f.) - *Inspire Art.*

518 Elfte gesellschaftsrechtliche Richtlinie 89/666/EWG des Rates v. 21.12.1989 über die Offenlegung von Zweigniederlassungen, die in einem Mitgliedstaat von Gesellschaften bestimmter Rechtsformen errichtet wurden, die dem Recht eines anderen Staates unterliegen.

519 *Kindler*, NJW 2003, 1073 (1078); *Leible/Hoffmann*, EuZW 2003, 677 (679); *Riegger*, ZGR 2004, 510 (513).

der Zweigniederlassung nicht nachkommt.[520] Die Konformität der Verhängung dieses Zwangsgeldes mit der unionsrechtlich garantierten Niederlassungsfreiheit ist durch den EuGH – betreffend einer mit § 14 HGB vergleichbaren Vorschrift des österreichischen Rechts – im Jahr 2013 ausdrücklich bestätigt worden,[521] so dass bereits der Schluss gezogen worden ist, die Entscheidung „*Texdata*" verdeutliche, dass die Bilanzpublizitätspflichten keinesfalls ein „*Papiertiger*" sind, sondern durchaus Zähne haben (müssen).[522] In der gängigen Praxis dürfte es sich bei der möglichen Zwangsgeldverhängung nach § 14 HGB hingegen noch um einen „zahnlosen Tiger" handeln, da die Registerbehörde dieses Zwangsgeld nur dann verhängen kann, wenn auch eine entsprechende Kenntnis von der tatsächlich in Deutschland bestehenden Zweigniederlassung der *limited* besteht. Gerade das ist oftmals nicht der Fall,[523] so dass die rechtliche Effektuierung der europarechtskonformen nationalen Registerpflichten im Ergebnis kaum stattfindet.[524]

I. Die *limited* in der Insolvenz

Nachfolgend soll das Insolvenzverfahren der *limited* in seinen Grundzügen und Auswirkungen in England und Deutschland dargestellt werden.[525] Sofern eine *limited* in die Insolvenz geht oder deren Insolvenz zumindest droht, ist die Klärung der Frage von erheblicher Bedeutung, ob der Schwerpunkt der Geschäftstätigkeit der Gesellschaft in England stattfindet oder ob die gesellschaftliche Betätigung der Gesellschaft überwiegend oder ganz in Deutschland erfolgt.

I. Schwerpunkt der Geschäftstätigkeit der Gesellschaft in England

Sofern es sich bei dem betreffenden Unternehmen um eine *limited* handelt, die ihre Geschäftstätigkeit schwerpunktmäßig oder gar ausschließlich in England

---

520 Vgl. *BGH*, BB 2005, 1016 (1017), der jedoch auch urteilt, dass eine analoge Haftung aus § 11 Abs. 2 GmbHG gegenüber dem *director* einer *limited* jedenfalls nicht in Betracht kommt.

521 *EuGH*, EuZW 2013, 620 – *Texdata.*

522 *Bayer/Schmidt*, BB 2014, 1219 (1231).

523 *Just*, Limited, S. 11 f., Rn. 44 u. Fn. 59a, weist darauf hin, dass in Spitzenzeiten bis zu 42.000 englische Gesellschaften in Deutschland tätig waren und im Verhältnis dazu lediglich 5.000 Eintragungen von Zweigniederlassungen in die deutschen Handelsregister erfolgten.

524 *Servatius*, in: Henssler/Strohn, Komm. GesR, IntGesR, S. 2697, Rn. 33.

525 Von der Darstellung des in England als *Sheme of Arrangement* bekannten Vergleichsverfahrens wird vorliegend abgesehen. Vgl. weiterführend dazu etwa: *Just*, Limited, S. 87 f.

entfaltet, unterfällt diese in der Abwicklung konsequenterweise auch dem englischen Recht. Als Rechtsgrundlagen dient hier überwiegend der *Insolvency Act 1986* (IA 1986), eine ergänzende Bedeutung erhalten noch der *Company Directors Disqualification Act 1986* (CDDA), die *Insolvency Rules 1986* sowie einige im CA 2006 befindliche Regelungen.[526]

Das Insolvenzverfahren entspricht dabei nicht zwingend dem im deutschen Recht bekannten Verfahren. Das englische Recht kennt zwar auch die Abwicklung der Gesellschaft durch einen Liquidator oder Insolvenzverwalter, jedoch ist auch die außergerichtliche Abwicklung von Gesellschaften möglich (*out of court*) sowie die Durchführung solcher Verfahren, in denen die Abwicklung einer insolventen Gesellschaft durch einen an das Insolvenzgericht gerichteten Antrag und in einem folgenden durch das Gericht lediglich begleiteten Verfahren (*by the court*) erfolgt.[527]

Bei einer in Zahlungsschwierigkeiten geratenen Gesellschaft besteht neben der eigentlichen Abwicklung (*winding-up*) die zusätzliche Option einer wirtschaftlichen Wiederbelebung der Gesellschaft bzw. einer effizienten Vermögensverwertung.[528] Dem vorgeschaltet soll hervorgehoben werden, dass im englischen Recht umfangreiche Möglichkeiten der außergerichtlichen Sanierung und des Gläubigerschutzes bestehen. Dies erfolgt nach sec. 1 bis 7 IA 1986 in Form des Abschlusses eines Schuldenbereinigungsplans zwischen der Gesellschaft und ihren Gläubigern (*voluntary arrangements*), der weitestgehend ohne Mitwirkung des Insolvenzgerichts erfolgt und bei kleinen *limiteds* zusätzlich noch mit einem sog. Moratoriumsverfahren kombiniert werden kann.[529] Die eigentliche Abwicklung (*liquidation* bzw. *winding up*) der Gesellschaft kann im englischen Recht als freiwillige oder zwangsweise Liquidation erfolgen.[530]

1. *Die freiwillige Abwicklung* (voluntary winding-up)

Die freiwillige Abwicklung (*voluntary winding-up*), die durch die Gesellschafter oder auch Gesellschaftsgläubiger betrieben werden kann, kann nur bei einer noch bestehenden Zahlungsfähigkeit der Gesellschaft durchgeführt werden, so dass

---

526 *Just*, Limited, S. 81, Rn. 301.

527 *Levedag*, in: Süß/Wachter, Hdb. Internationales GmbH-Recht, S. 783 f., Rn. 558.

528 *Just*, Limited, S. 81, Rn. 302.

529 *Levedag*, in: Süß/Wachter, Hdb. Internationales GmbH-Recht, S. 784, Rn. 561 f. mit weiteren Einzelheiten zu den Verfahren, die hier nicht näher dargestellt werden sollen.

530 *Just*, Limited, S. 83, Rn. 314.

im Falle der Zahlungsunfähigkeit der Gesellschaft dieses Verfahren nur noch den Gläubigern der Gesellschaft zusteht.[531] Nach sec. 89 IA 1986 bedarf es – ähnlich wie bei dem bereits geschilderten Verfahren, wenn eine Kapitalherabsetzung erfolgen soll – einer Erklärung der *directors*, wonach auf Grundlage ihrer selbst im Vorfeld durchgeführten Untersuchung der wirtschaftlichen Verhältnisse der Gesellschaft deren Zahlungsfähigkeit für die nächsten 12 Monate gesichert ist (*statutory declaration of solvency*) und damit die Zahlungsfähigkeit der Gesellschaft zugesichert wird.[532] Sofern in der innerhalb von fünf Wochen anzuberaumenden Gesellschafterversammlung die Beschlüsse über die Abwicklung der Gesellschaft und der Bestellung eines Liquidators nach sec. 89 (2), 91 IA 1986 ergehen, werden diese nach sec. 84 (3), 89 (3) IA 1986 an das Gesellschaftsregister weitergeleitet, so dass die Bestellung des Liquidators bestätigt und dieser als Vertreter der Gesellschaft[533] seine kommenden Aufgaben nun antreten kann mit der Folge, dass ab diesem Zeitpunkt die Befugnisse der *directors* nach sec. 89 (2) IA 1986 enden.[534] Abhängig davon, ob es sich im Folgenden weiterhin um eine freiwillige Liquidation der Gesellschafter oder nach der Feststellung des Eintritts der Insolvenz durch den Liquidator nur noch um eine der Gläubiger handelt, unterscheidet sich das weitere Verfahren zwar, führt jedoch im Ergebnis bei beiden Varianten drei Monate nach dem Abhalten einer Schlussversammlung zu der Löschung der Gesellschaft.[535]

2. *Die Zwangsabwicklung der Gesellschaft*

Die eigentliche Zwangsabwicklung der Gesellschaft erfolgt nach sec. 117 IA 1986 durch Beschluss des Gerichts (*winding up by the court*), bei dem es sich um das für die Abwicklung zuständige Gericht am Sitz der Gesellschaft, den *Country Court*, handelt, bzw. den *High Court*, sofern das Kapital der Gesellschaft den Betrag von

---

531 *Just*, Limited, S. 83, Rn. 316.

532 *Servatius*, in: Henssler/Strohn, GesR, Komm., IntGesR, S. 2725, Rn. 214.

533 *Just*, Limited, S. 84, Rn. 318.

534 *Servatius*, in: Henssler/Strohn, GesR, Komm., IntGesR, S. 2725, Rn. 215.

535 *Just*, Limited, S. 84 f., Rn. 318–322 mit weiteren Details zu den beiden Varianten der freiwilligen Abwicklung der Gesellschaft, der im Übrigen darauf hinweist, dass innerhalb eines Zeitraumes von zwei Jahren nach der durch den Registrar verfügten Auflösung der Gesellschaft der Liquidator oder sonstige interessierte Dritte bei dem *High Court of Justice* in London oder dem für die Abwicklung zuständigen Gericht, dem *Country Court*, einen Antrag stellen können, die Gesellschaft wieder herzustellen (*resurrection of dissolved companies*).

120.000 GBP übersteigt.[536] Auch hier stellt die Zahlungsunfähigkeit der Gesellschaft gemäß sec. 122 IA 1986 den wichtigsten Insolvenzgrund dar, wobei circa 95 % der Anträge von Gläubigern gestellt werden.[537] Da die Zwangsabwicklung lediglich auf Antrag erfolgt, bedarf es Antragsberechtigter, bei denen es sich u. a. um die *directors* selbst oder um Gesellschaftsgläubiger handelt, die die Richtigkeit ihrer Angaben nach sec. 124 IA 1986 eidesstattlich zu versichern haben. Mit der Zustellung des Antrags an die Gesellschaft ist diese nach sec. 127, 129 (2) IA 1986 ohne Zustimmung des Gerichts nicht mehr verfügungsbefugt, wobei die nach der Zustellung zu erfolgende Veröffentlichung des Antrags in der *London Gazette* von hoher Praxisrelevanz ist, da üblicherweise ab diesem Zeitpunkt eine Sperrung des Bankkontos der Gesellschaft durch das Kreditinstitut erfolgt.[538]

Sofern das zuständige Gericht dem Antrag auf Zwangsabwicklung stattgibt, erfolgt die Bestellung eines amtlich bestellten Verwalters (*official receiver*), der entweder einen Liquidator beruft oder kraft gerichtlicher Anordnung die Aufgabe selbst übernimmt, so dass ab diesem Zeitpunkt die Befugnisse und – anders als bei der freiwilligen Liquidation und nur in der Zwangsabwicklung – auch die Bestellungen der *directors* enden.[539] Mit der Verwertung der Vermögensgegenstände und der Erlösauskehr, des Abhaltens einer letzten Gläubigerversammlung, der Abberufung des Liquidators und dem Einreichen einer Schlussbilanz bei dem Gesellschaftsregister sowie bei dem Gericht endet die Zwangsabwicklung, so dass auch hier drei Monate später die Löschung der Gesellschaft erfolgt.[540]

3. *Die Löschung der Gesellschaft ohne Liquidation*

Bei der in der Praxis häufig vorkommenden Streichung der Gesellschaft aus dem Gesellschaftsregister (*striking off the register*)[541] handelt es sich um eine kostengünstige und einfache Alternative zur Liquidation der Gesellschaft. Diese kann entweder von der Gesellschaft selbst beantragt werden, wenn nicht zwingend die

---

536 *Servatius*, in: Henssler/Strohn, GesR, Komm., IntGesR, S. 2725, Rn. 217.

537 *Just*, Limited, S. 85, Rn. 323 f., weist darauf hin, dass nach sec. 123 (1) IA 1986 die Zahlungsunfähigkeit der Gesellschaft bereits dann angenommen wird, wenn diese eine an sie in gesetzlich vorgeschriebener Form zugestellte Mahnung über mindestens 750,- GBP nicht binnen drei Wochen begleicht, eine durch Gläubiger initiierte Zwangsvollstreckung erfolglos verlaufen ist oder aber dem Gericht bewiesen wird, dass die Gesellschaft nicht mehr in der Lage ist, ihre Schulden zu begleichen.

538 *Just*, Limited, S. 85, Rn. 325.

539 *Just*, Limited, S. 85 f., Rn. 326–328.

540 *Servatius*, in: Henssler/Strohn, GesR, Komm., IntGesR, S. 2725, Rn. 217.

541 *Schedule 4 IA 1986.*

Durchführung eines Insolvenzverfahrens erforderlich ist, oder aber zwangsweise durch den Registrar erfolgt, sofern dieser eine fehlende Fortführung der Geschäfte durch die Gesellschaft feststellen sollte.[542]

Die Gesellschaft selbst kann unter bestimmten Voraussetzungen einen entsprechenden Antrag auf Löschung bei dem *Companies House* stellen. Hierfür ist es erforderlich, dass in den letzten drei Monaten vor der Antragstellung der Geschäftsbetrieb eingestellt worden ist, keine Änderung der Firmierung erfolgt ist, und eine Veräußerung von solchen Vermögensgegenständen unterblieben ist, die zum normalen Geschäftsbetrieb gehörten und die Voraussetzungen für ein zwingend durchzuführendes Insolvenzverfahren nicht vorliegen.[543] Sofern nach der erforderlichen Veröffentlichung der beabsichtigten Löschung der Gesellschaft kein Widerspruch, etwa durch einen Gläubiger, erfolgt ist, wird die Gesellschaft drei Monate nach Anzeige des Löschungsantrags gelöscht und gilt mit der Veröffentlichung der Löschung der Gesellschaft in der *London Gazette* als aufgelöst.[544]

Eine Löschung *von Amts wegen* ohne die Durchführung des förmlichen Liquidationsverfahrens kann zudem nach sec. 1000 CA 2006 erfolgen, falls der Registrar beim *Companies House* feststellen sollte, dass die Gesellschaft ihre Geschäftstätigkeit (augenscheinlich) aufgegeben hat (sog. *defunct company*), wobei dies regelmäßig dann vermutet wird, wenn die Gesellschaft ihre Jahresmeldungen (*annual returns*) sowie die erforderlichen Jahresabschlüsse (*annual accounts*) nicht fristgerecht eingereicht hat.[545] Im Rahmen eines förmlichen Verfahrens wird die Gesellschaft zunächst mehrfach angeschrieben und – sofern keine Reaktion erfolgt – die beabsichtigte Löschung der Gesellschaft – wiederum in der *London Gazette* – veröffentlicht.[546] Sofern sich noch immer keine gegenteiligen „Lebenszeichen“ seitens der Gesellschaft ergeben sollten wird die Gesellschaft drei

---

542 *Just*, Limited, S. 86, Rn. 330.

543 *Just*, Limited, S. 86, Rn. 331.

544 *Just*, Limited, S. 86 f., Rn. 332, weist darauf hin, dass für im Rahmen der Beantragung erfolgte Falschangaben, die eine Löschung der Gesellschaft nicht gerechtfertigt hätten, eine Geldstrafe bis zu 5.000,- GBP ergehen und die bewusste Verheimlichung der Antragstellung vor interessierten Dritten die Verhängung einer Freiheitsstrafe von bis zu sieben Jahren sowie darüber hinaus eine zusätzliche *disqualification* der *directors* nach dem CDDA 1986 nach sich ziehen kann.

545 *Just*, Limited, S. 87, Rn. 333.

546 *Just*, Limited, S. 87, Rn. 333.

Monate später aus dem Register gelöscht.[547] Die *limited* gilt damit als aufgelöst. Etwaige Vermögenswerte der Gesellschaft fallen dann an die englische Krone (*bona vacantia*), so dass für die gelöschte Gesellschaft nunmehr etwaig auftretende Personen persönlich haften.[548]

II. Schwerpunkt der Geschäftstätigkeit der Gesellschaft in Deutschland

Sofern eine *limited* ihren Tätigkeitsschwerpunkt in Deutschland unterhalten sollte, stellt sich die Durchführung eines etwaigen Insolvenzverfahrens nicht zuletzt wegen der in den letzten Jahren zunehmenden Anzahl insolventer „deutscher *limiteds*" deutlich schwerer dar. Hier treten neben die Frage der grundsätzlichen Anwendbarkeit englischen oder deutschen Rechts zusätzlich noch weitere Problemkreise, die im deutschen, englischen und internationalen Gesellschafts- sowie Insolvenzrecht verankert sind.

1. Bestimmung des maßgeblich anwendbaren Rechts

Ob ein in Deutschland durchzuführendes Insolvenzverfahren in den grundsätzlichen Zuständigkeitsbereich der deutschen Gerichtsbarkeit fällt, richtet sich primär nach Art. 3 Abs. 1 S. 1 EuInsVO. Danach sind diejenigen Gerichte des Staates international für die Eröffnung des Insolvenzverfahrens zuständig, in dem der Schuldner den Mittelpunkt seiner hauptsächlichen Interessen hat. Bei Gesellschaften und juristischen Personen wird vermutet, dass es sich hierbei um den Satzungssitz des Unternehmens handelt. Bei einem Auseinanderfallen von Satzungs- und Verwaltungssitz und keiner (oder nur einer geringen) Entfaltung der Geschäftstätigkeit im Gründungsstaat, wie es bei einer in Deutschland ansässigen *limited* in der Regel der Fall sein dürfte, dient der Verwaltungssitz der Gesellschaft als maßgeblich zu bestimmender Mittelpunkt des hauptsächlichen Interesses.[549] Da nach Art. 4 Abs. 1 EuInsVO grundsätzlich für das Insolvenzverfahren und seine Wirkungen das Insolvenzrecht desjenigen Mitgliedstaates gilt, in dem das Verfahren eröffnet wird (*lex fori concursus*), ist dies das deutsche Insolvenzrecht,

---

547 *Just*, Limited, S. 87, Rn. 333, wonach hier für *directors* und Gesellschafter die Möglichkeit besteht, innerhalb einer Frist von sechs Jahren nach der erfolgten Löschung durch Herbeiführen einer gerichtlichen Anordnung eine Wiederherstellung der Gesellschaft zu erreichen.

548 *Just*, Limited, S. 87, Rn. 333.

549 *Just*, Limited, S. 88, Rn. 336.

das vor dem deutschen Gericht am Ort der Niederlassung der Gesellschaft nach § 3 Abs. 1 InsO Anwendung findet.[550]

Für das Wirtschaftsstrafrecht von gesteigerter Relevanz ist in diesem Zusammenhang, dass sich die internationale Zuständigkeit bei einer *limited*, die zwar ihren Geschäftsbetrieb eingestellt hat, jedoch noch nicht abgewickelt worden ist, nach der deutschen Rechtsprechung[551], welche die *limited* bereits als insolvenzfähig anerkannt hat, danach richtet, wo die Gesellschaft bei Betriebseinstellung den Mittelpunkt ihres hauptsächlichen Interesses hatte.[552] Ist dies in Deutschland der Fall, wird das nachfolgende Insolvenzverfahren unter Anwendung deutschen Rechts bei dem Vorliegen eines Insolvenzgrundes eröffnet.[553]

2. Berechtigung oder Erfordernis zur Insolvenzantragsstellung?

Im englischen Recht besteht für die *directors* einer *limited* keine explizit geregelte Insolvenzantrags*pflicht*[554], sondern faktisch lediglich eine in sec. 124 IA 1986 geregelte Insolvenzantrags*berechtigung*, auch wenn die *directors* aufgrund des Haftungsinstituts des *wrongful trading* und der ihnen dadurch drohenden persönlichen Haftung jedenfalls mittelbar dazu angehalten sind, bei Bedarf einen entsprechenden Antrag zu stellen.[555] Die *Berechtigung* zur Insolvenzantragstellung steht dabei dem eigentlichen *director* (*de iure director*), aber auch dem *shadow director* zu. Für den letztgenannten *shadow director* gilt dies über sec. 251 IA 1986 bzw. sec. 22 (5) CDDA. In der englischen Spruchpraxis unterliegt dieser wie auch der *de facto director*[556] weitgehend identischen Pflichten wie der ordentlich bestellte *director,*[557] so dass zwar in der englischen Rechtsprechung formal zwischen den Arten des *directors* unterschieden wird und eine strikte Trennung dieser Rechtsfiguren erfolgt, die praktische Be-

---

550 *Just*, Limited, S. 88, Rn. 336.

551 So etwa das *AG Nürnberg*, NZI 2007, 186; *AG Hamburg*, NJW 2003, 2835.

552 *AG Duisburg, NZG 2003, 1167*; *Just*, Limited, S. 89, Rn. 338.

553 Hierbei handelt es sich insbesondere bei Sachverhalten mit wirtschaftsstrafrechtlichem Einschlag vornehmlich um die Eröffnungsgründe der Zahlungsunfähigkeit der Gesellschaft nach § 17 Abs. 1 InsO, der drohenden Zahlungsunfähigkeit (sofern dies durch Antrag eines Schuldners erfolgt ist) nach § 18 Abs. 1 InsO oder der Überschuldung nach § 19 InsO.

554 *Habersack/Verse*, ZHR 168 (2004), 174 (177).

555 *Servatius*, in: Henssler/Strohn, GesR, Komm., IntGesR, S. 2719 f., Rn. 177.

556 *Wilms*, S. 33.

557 *Wilms*, S. 32.

deutung dieser Trennung jedoch eher fraglich ist.[558] Es bleibt festzuhalten, dass allen Rechtsfiguren des *directors* eine entsprechende Insolvenzantrags*berechtigung* zusteht.

Für die Geschäftsleitung einer in Deutschland ansässigen *limited* ist es insofern problematisch, da im deutschen Insolvenzrecht in Form des rechtsformneutral gehaltenen § 15a Abs. 1 InsO eine entsprechende Insolvenzantrags*verpflichtung* für die Geschäftsleitungen von Kapitalgesellschaften und juristischen Personen besteht.[559] Diese gesetzliche Neuerung beansprucht erst durch die Einführung im Rahmen des MoMiG seit dem 01.11.2008 Geltung.[560] Im Hinblick auf die bis dahin geltende Regelung des § 64 Abs. 1 GmbHG a. F. war die kollisionsrechtliche Behandlung dieser Norm vor der GmbH-Reform hoch streitig. Die Vertreter einer gesellschaftsrechtlichen Qualifikation[561] benannten überwiegend die systematische Verankerung im Gesellschaftsrecht sowie die Eigenschaft der Antragspflicht als spezifische Verpflichtung der jeweiligen Organe der Gesellschaft als Hauptargumente[562] und versuchten, eine kollisionsrechtliche Zuordnung zum Gesellschaftsrecht vorzunehmen. Die wohl überwiegende Mehrheit der

---

558 *Weiß*, S. 162.

559 Aufgrund der vorliegenden Darstellung der Insolvenz einer in Deutschland ansässigen *limited* schiene es aufgrund des bestehenden Sachzusammenhangs gekünstelt, die in der Literatur und Rechtsprechung bestehende Problematik einer dem *director* einer *limited* auch zivilrechtlichen obliegenden Insolvenzantragspflicht i.S. des § 15a Abs. 1 InsO erst im Rahmen der strafrechtlichen Darstellung aufzuzeigen. Insofern wird diese – zunächst rein insolvenzrechtliche – Streitfrage bereits an diesem Punkt offengelegt und beantwortet.

560 Vgl. instruktiv zum Entwurf des MoMiG aus zivilrechtlicher Sicht etwa: *Haas*, GmbHR 2006, 729 ff.; *Römermann*, GmbHR 2006, 673 ff.; aus strafrechtlicher Sicht lesenswert: *Bittmann*, GmbHR 2007, 70 ff.; *ders.*, wistra, 2007, 321 ff.

561 Exemplarisch und ohne Erhebung des Anspruchs auf Vollständigkeit etwa: *Gross/Schork*, NZI 2006, 10 (14); *Hirte*, ZInsO 2010, 1986 (1991); Hirte/Bücker, Grenzüberschreitende Gesellschaften, § 17, Rn. 67; *Hirte/Mock*, ZIP 2005, 474 (475 ff.); *Huber*, in: Lutter, Europäische Auslandsgesellschaften in Deutschland, 2005, S. 307, 328 ff.; *Krüger*, ZInsO 2007, 861 (865); *Mock/Schildt*, in: *von Hase*, BB 2006, 2141 (2146); *Müller*, BB 2006, 837 (839), *Paefgen*, ZIP 2004, 2253 (2260); *Ringe/Willemer*, EuZW 2006, 621 (623 f.); *Ringe/Willemer*, NZG 2010, 56 (56 f.); *Schall*, ZIP 2005, 965 (974 f.); *Schmidt*, ZInsO 2006, 737 (739 f.); *Schumann*, DB 2004, 743 (746); *Ulmer*, NJW 2004, 1201 (1208); *Vallender/Fuchs*, ZIP 2004, 829 (830).

562 Exemplarisch hierfür etwa: *Mock/Schildt*, ZInsO 2003, 396 (399 f.); *Spindler/Berner*, RIW 2004, 7 (12); *Schumann*, DB 2004, 743 (747); *Ulmer*, NJW 2004, 1201 (1207).

Literatur[563] und die bis dahin nur spärlich ergangene Rechtsprechung[564] sprachen sich indes für eine insolvenzrechtliche Qualifizierung der Insolvenzantragspflicht aus. Hierbei wurden überwiegend der Normzweck der Antragspflicht im Sinne einer kollektiven Haftungsverwirklichung und der Marktbereinigung für eine insolvenzrechtliche Qualifikation angeführt.[565] Gegen eine organschaftliche Ausgestaltung der Antragspflicht wurde vorgebracht, dass diese bereits deswegen keinen Anhaltspunkt für eine gesellschaftsrechtliche Qualifikation bieten könne, da die dahinter stehenden Interessen der Norm zu berücksichtigen seien, wonach die Vorschrift den Geschäftsführer auf besondere Art und Weise in die Pflicht zur Wahrung der Interessen der Allgemeinheit nehme und ihn damit von seiner weitgehenden Abhängigkeit gegenüber den Gesellschaftern löse.[566] Der Schutz des Geschäftsverkehrs vor insolventen Gesellschaften stellt sich im Übrigen auch seit jeher als Anliegen des Insolvenzrechts dar, der Schwerpunkt einer Insolvenzantragspflicht liege insofern eindeutig bei dem Insolvenzstatut, was die zivilrechtliche Anwendung der Norm in Deutschland zulassen würde.[567]

Die vorstehend aufgezeigte, tiefgreifende Kontroverse entschärfte der deutsche Reformgesetzgeber letztlich, indem er sich faktisch für eine insolvenzrechtliche Qualifikation der Insolvenzantragspflicht entschied[568] und diese aus dem § 64 GmbHG a. F. (und anderen verschiedenen gesellschaftsrechtlichen Gesetzen wie § 130a HGB a. F. oder § 92 AktG a. F.) in den heutigen § 15a InsO verlagerte. Ergänzend ist darauf zu verweisen, dass die Entscheidung des deutschen Gesetzgebers für eine insolvenzrechtliche Qualifikation der Insolvenzantragspflicht und auch das dahinterstehende Haftungssystem der Insolvenzverschleppungshaftung

---

563 Auch hier exemplarisch und ohne Erhebung des Anspruchs auf Vollständigkeit etwa: *Borges*, ZIP 2004, 733 (739 f.); *Eidenmüller*, NJW 2005, 1618 (1621); *Haas*, in: Baumbach/Hueck, GmbHG, § 64, Rn. 148 f.; *Haas*, NZG 2010, 495 (495); *Hefendehl*, ZIP 2011, 601 (603); *Kindler*, in: MüKo, BGB, Bd. 11, IntGesR, Rn. 660 ff.; *Radtke/Hoffmann*, EuZW 2009, 404 (407); *Riedemann*, GmbHR 2004, 345 (348); *Servatius*, in: Henssler/Strohn, GesR, Komm., IntGesR, S. 2719 f., Rn. 177; *Vallender*, ZGR 2006, 425 (455); *Wachter*, BB 2006, 1463 (1464 f.); *Weller*, in: MüKo, GmbHG, Einl., Rn. 425; *Wilhelmi*, GmbHR 2006, 13 (17); *Zimmer*, NJW 2003, 3585 (3589 f.).

564 So das *LG Kiel*, ZIP 2006, 1248 (1249), dessen Urteil nachfolgend noch dargestellt wird, dazu Anm. *Just*, ZIP 2006, 1251; *AG Köln*, ZIP 2005, 1566 ff. mit Bspr. *Wagner*, ZIP 2006, 1934 ff.

565 Exemplarisch für diese Argumentation etwa: *Altmeppen*, NJW 2004, 97 (100 f.); *Borges*, ZIP 2004, 733 (737 ff.); *Riedemann*, GmbHR 2004, 345 (348 f.).

566 *Goette*, ZInsO 2005, 1, (1 f.).

567 *Borges*, ZIP 2004, 733 (740).

568 *RegE MoMiG*, BT-Drs. 16/6140, S. 47.

nach § 823 Abs. 2 BGB i.V. mit § 15a InsO einer internationalen Linie entspricht.[569] Es besteht nunmehr eine rechtsformunabhängige Insolvenzantragspflicht nach Artt. 3, 4 EuInsVO i.V. mit § 335 InsO gegenüber sämtlichen Gesellschaften mit einem Interessenschwerpunkt im deutschen Inland. Das bedeutet, dass im Anwendungsbereich der EuInsVO eine Anwendung des Rechts desjenigen Mitgliedstaates erfolgt, in dem die Gesellschaft nach Art. 3 Abs. 1 i.V. mit Art. 4 Abs. 1 EuInsVO den Mittelpunkt ihrer hauptsächlichen Interessen, den sog. *centre of main interest* (COMI), besitzt. Das ist in der Regel der Ort, an dem die strategischen Entscheidungen der Gesellschaft getroffen werden bzw. die Kontrolle über die Gesellschaft ausgeübt wird.[570] Folglich kommt auf dieser Basis und einem (zusätzlichen) Tätigkeitsschwerpunkt der Gesellschaft in Deutschland das deutsche Insolvenzrecht zur Anwendung, so dass sowohl der *director*, als auch der *de facto director* und der *shadow director* einer *limited* der zivilrechtlichen Insolvenzantragspflicht des § 15a Abs. 1 InsO unterfallen.

3. *Weiteres Schicksal der* limited *im deutschen Insolvenzverfahren*

Die weitere Durchführung und Beendigung des deutschen Insolvenzverfahrens ergibt sich gemäß Art. 4 Abs. 2 S. 1 EuInsVO nach dem Recht des Staates, in dem das Verfahren eröffnet worden ist, so dass in der Folge die Verwaltungs- und Verfügungsbefugnis der *limited* auf den Insolvenzverwalter übergeht, dessen Rechte sich ebenfalls gemäß § 80 InsO i.V. mit Art. 4 Abs. 2 c) EuInsVO nach deutschem Recht bestimmen.[571] Darüber hinaus ist die Eröffnung bzw. Ablehnung des Insolvenzverfahrens, die Bestellung der Liquidatoren und deren Vertretungsbefugnisse sowie der endgültige Abschluss der Liquidation der *limited* dem Handelsregister nach § 13g HGB i.V. mit §§ 65, 67, 74 GmbHG entsprechend zu melden.[572]

III. Sonderkonstellation: Fortbestehen der in England aus dem Register gelöschten Gesellschaft in Deutschland?

Eine delikate Sonderkonstellation liegt vor, wenn die *limited* ihre originäre Geschäftstätigkeit in Deutschland ausübt und damit auch hier ihren Verwaltungssitz unterhält, in England jedoch bereits aus dem Register gelöscht worden ist. Dies kann – wie bereits dargelegt – verhältnismäßig schnell eintreten, da das *Companies House* bei einer Nichtbefolgung der strengen Publizitätsreglungen in

---

569 *Kienle*, in: Süß/Wachter, Hdb. Internationales GmbH-Recht, S. 214 f.; § 3, Rn. 171 u. 172.

570 *Brünkmans*, KSzW 2012, 319 (321).

571 *Just*, Limited, S. 91, Rn. 345.

572 *Just*, Limited, S. 91, Rn. 347.

England die Löschung der Gesellschaft und deren Auflösung nach sec. 1000 CA 2006 verfügen kann und in der Rechtsfolge das in England belegene Gesellschaftsvermögen nach sec. 654 IA 1986 der englischen Krone zufällt.[573] Soweit ist die Rechtslage eindeutig. Sofern die *limited* aus dem englischen Gesellschaftsregister gelöscht worden ist, existiert die Gesellschaft – zumindest in England – nicht mehr, woraus nach dem englischen Gesellschaftsstatut konsequenterweise der Verlust der Rechtsfähigkeit der Gesellschaft in England folgt.

Dies ist bereits deswegen von Brisanz, da das deutsche Handelsregister oftmals nur schwerlich von der Löschung der Gesellschaft in England Kenntnis erlangen wird und es somit vorkommen kann, dass eine nach englischem Recht nicht mehr existente Gesellschaft im deutschen Handelsregister eingetragen ist und es auch bleibt. Es kommt dann zu der Problematik „der zweiten Generation"[574], wonach unklar ist, wie mit einem in Deutschland etwaig verbliebenen Restvermögen der *limited* zu verfahren ist. Da dieses in Deutschland belegene Vermögen nicht dem Heimfallrecht der englischen Krone unterfällt,[575] hat das zur Folge, dass auf die *limited* auf Grundlage des Art. 43 EGBGB deutsches Recht angewendet und diese als sog. Restgesellschaft qualifiziert wird.[576] Somit ist die Gesellschaft nach der deutschen Rechtsprechung noch bis zur Beendigung der Liquidation des inländischen Vermögens rechts- und parteifähig.[577] Dabei ist von dem zuständigen Gericht ein Liquidator zu bestellen und die (in England gelöschte) Gesellschaft im Hinblick auf deren in Deutschland noch bestehendes Restvermögen zur Abwicklung desselben und zur hinreichenden Wahrung der Gesellschafter- und Gläubigerinteressen als noch fortbestehend anzusehen.[578]

---

573 *Leible/Lehmann*, GmbHR 2007, 1095 (1095).

574 *Leible/Lehmann*, GmbHR 2007, 1095 (1095).

575 *Schwarz*, DB 2013 799 (800).

576 So auch *Thüringer OLG*, GmbHR 2007, 1109 (1110).

577 So jüngst: *OLG Hamm*, Urt. v. 11.04.2014 (Az. 12 U 142/13, nicht veröffentlicht; online abrufbar unter: http://www.justiz.nrw.de; letzter Abruf: 20.09.2016); *OLG Frankfurt am Main*, GmbHR 2011, 433 ff.; *OLG Düsseldorf*, ZIP 2010, 1852 ff.; *OLG Jena*, NZG 2007, 877 ff.; *OLG Nürnberg*, GmbHR 2008, 41 ff.; *OLG Thüringen*, GmbHR 2007, 1099 ff.; *LG Siegen*, Urt. v. 01.10.2013 (Az. 8 O 49/11, nicht veröffentlicht – online abrufbar unter: http://www.justiz.nrw.de; letzter Abruf: 20.09.2016); a.A. noch *AG Duisburg*, NZI 2003, 658, die zwischenzeitlich nicht mehr vertretbar sein dürfte.

578 Das *OLG Jena*, NZG 2007, 877 ff., überträgt hier die nach der deutschen Rechtsprechung entwickelten Grundsätze zur Restgesellschaft, vgl. hierzu *Schmittmann/Bischoff*, ZInsO 2009, 1561 (1564) mit weiteren Erläuterungen.

Da die in England als Hauptniederlassung eingetragene Gesellschaft gelöscht worden ist, ist grundsätzlich auch die Eintragung der Zweigniederlassung der Gesellschaft im deutschen Handelsregister gemäß § 395 FamFG zu löschen.[579] Lediglich bei dem Betrieb eines Handelsgewerbes ist diese als OHG bzw. im Falle einer „Ein-Mann-*limited*“ als Einzelkaufmann zu qualifizieren[580] und damit gemäß § 106 Abs. 1 HGB bzw. § 29 HGB im Handelsregister weiterhin eintragungspflichtig. Sofern Verbindlichkeiten der Gesellschaft in Deutschland nach erfolgter Registerlöschung in England entstehen, indem Gesellschafter etwa werbend weiterhin für die *limited* oder die Restgesellschaft tätig werden, führt dies zu deren persönlicher Haftung nach den allgemeinen Grundsätzen des Gesellschaftsrechts, d. h. nach § 128 HGB direkt oder analog als Gesellschafter einer GbR oder als Einzelkaufmann.[581] Insoweit kann dies Haftungsansprüche etwa nach Verschulden bei Vertragsschluss bzw. für die Finanzverwaltung in den Fällen der §§ 35, 69 AO den Erlass eines entsprechenden Haftungsbescheids gemäß § 191 Abs. 1 AO begründen.[582] Darüber hinaus besteht für die Handelnden eine reale Gefahr der Verwirklichung des Straftatbestandes des Betruges nach § 263 Abs. 1 StGB, auf die im weiteren Verlauf dieser Arbeit nach dezidierter einzugehen sein wird.

IV. Ausschluss der Geschäftsleitung in England und in Deutschland

Darüber hinaus bestehen sowohl m deutschen als auch im englischen Recht spezialgesetzliche Regularien, wonach Geschäftsleiter unter bestimmten Voraussetzungen von der aktiven und auch zukünftigen Geschäftsleitung einer Gesellschaft ausgeschlossen werden können. Es werden mithin Tätigkeitsverbote verhängt, die bei Nichtbefolgung ihrerseits wiederum sanktioniert werden können. Hier ist weiterhin zwingend zu unterscheiden zwischen solchen Tätigkeitsverboten gegen diejenigen Geschäftsleiter von Gesellschaften, die ihren Satzungs- und den tatsächlichen Verwaltungssitz in England unterhalten, und solchen Gesellschaften, deren Satzungssitz sich zwar in England befindet, die tatsächliche Geschäftstätigkeit über eine Zweigniederlassung hingegen in Deutschland erfolgt und dort auch der eigentliche Verwaltungssitz der Gesellschaft liegt.

---

579 Vgl. *OLG Frankfurt am Main*, IPRax 2012, 543 (544).

580 *Schwarz*, DB 2013, 799 (804).

581 *OLG Celle*, NJW-RR 2012, 1065; *Leible/Lehmann*, GmbHR 2007, 1095 (1095) m.w.N.

582 *Schmittmann/Bischoff*, ZInsO 2009, 1561 (1569).

1. Tätigkeitsverbote für in England agierende Geschäftsleiter

Die maßgeblichen gesetzlichen Regelungen im englischen Recht finden sich im *Company Directors Disqualification Act 1986* (CDDA 1986). Gemäß sec. 1 CDDA 1986 wird entweder aufgrund einer gerichtlichen Anordnung oder in bestimmten bereits kraft Gesetzes geregelten Fällen ein auf einen bestimmten Zeitraum fixiertes Verbot gegen den *director* einer *limited* ausgesprochen, dem untersagt wird, in der Zukunft nochmals die Position eines *directors* zu bekleiden oder wie ein solcher aufzutreten bzw. zu handeln. In der englischen Praxis kommt ein derartiger Ausschluss eines *directors* sehr häufig vor, so dass dies als Indiz für die Wirksamkeit der englischen Staatsaufsicht über englische Kapitalgesellschaften wahrgenommen wird.[583]

Die Zuständigkeit zur Verhängung derartiger Tätigkeitsverbote obliegt nach sec. 2 (2) CDDA 1986 den Straf- als auch den Insolvenzgerichten. Der persönliche (umfassende) Anwendungsbereich des CDDA 1986 erstreckt sich gemäß sec. 4, 6 und 8 IA 1986 auf den *director*, den *de facto director* sowie den *shadow director*, die alle gleichgestellt sind und denen die gleichen im CDDA 1986 normierten Rechtsfolgen auferlegt werden.[584] Im sachlichen Anwendungsbereich regelt sec. 1 CDDA 1986 die per gerichtlicher Anordnung angewiesene *disqualification* des *directors*, welche etwa bei einem mehrmaligen Verstoß gegen Publizitätspflichten gemäß sec. 3 CDDA 1986, gemäß sec. 2 und 4 CDDA 1986 bei dem Begehen einer Straftat im Zusammenhang mit der Gründung, Führung oder Liquidation[585] oder aber auch bei der Unfähigkeit zur Unternehmensführung gemäß sec. 6 und 7 CDDA 1986 erfolgt.[586] Darüber hinaus regelt sec. 10 CDDA 1986 für den *director* als Insolvenzschuldner ein generelles, gesetzlich statuiertes Tätigkeitsverbot, das durch das Insolvenzgericht im Zusammenhang mit der Verurteilung eines *directors* wegen *fraudulent trading* oder *wrongful trading* gemäß sec. 213, 214 IA 1986 ausgesprochen wird.

Die Berechtigung zur Antragsstellung einer derartigen *disqualification* obliegt nicht nur gemäß sec. 2–4 CDDA 1986 dem Liquidator der Gesellschaft, sondern nach sec. 16 (2) CDDA 1986 auch jedem ehemaligen oder gegenwärtigen Gesellschafter oder Gesellschaftsgläubiger.[587] Die Mindestdauer der *disqualification* be-

---

583 *Just*, Limited, S. 51, Rn. 190.

584 *Zessel*, S. 291.

585 *Schmittmann/Bischoff*, ZInsO 2009, 1561 (1569).

586 *Wilhelmi*, GmbHR 2006, 13 (18) sowie *Christ*, S. 53, mit einer umfassenden Darstellung zur Bestimmung der Ungeeignetheit oder Unfähigkeit eines *directors* i.S.d. sec. 6 (1) CDDA 1986 in der englischen Rechtspraxis.

587 *Zessel*, S. 292 f. m.w.N. zu der englischen Rechtsprechungspraxis.

trägt gemäß sec. 6 CDDA 1986 zwei Jahre und kann maximal auf einen Zeitraum von bis zu 15 Jahren ausgedehnt werden.

Die in den jeweiligen Disqualifikationstatbeständen benannten Rechtsfolgen, insbesondere der zeitliche Rahmen des jeweiligen Tätigkeitsverbotes, werden nach gerichtlichem Ermessen unter Berücksichtigung des Einzelfalls und der Schwere des Verstoßes angeordnet, wobei die englische Rechtspraxis zwischenzeitlich entsprechende Richtlinien entwickelt hat.[588] Danach werden Tätigkeitsverbote von 10 bis 15 Jahren ausschließlich in besonders schwerwiegenden Fällen, wie etwa aufgrund einer in der Vergangenheit bereits erfolgten Disqualifikation des *directors*, ausgesprochen, während Tätigkeitsverbote in einem Rahmen von sechs bis 10 Jahren bei Verfehlungen mittleren Gewichts, etwa im Falle einer ungerechtfertigten Bereicherung des *directors* zu Lasten der Gesellschaft und Tätigkeitsverbote für die Dauer von zwei bis sechs Jahren bei sonstigen, eher als geringfügig einzustufenden Konstellationen verhängt werden.[589] Zum Schutz potentieller neuer Gläubiger einer anderen Gesellschaft, in dem der *director* tätig werden könnte, erfolgt in dem sog. *Disqualification Directors Register* eine detaillierte Veröffentlichung über die Disqualifikation des *directors.*[590]

In haftungsrechtlicher Hinsicht führt die Beteiligung eines *director* an dem Betrieb einer Gesellschaft entgegen der für ihn in England geltenden *disqualification* zu der persönlichen Haftung des *directors.*[591] Die eigentliche Schutzfunktion der *disqualification* in der englischen Wirtschaftspraxis und die damit einhergehende Möglichkeit, die einzelnen Gläubiger vor dem Missbrauch der Haftungsbeschränkung wirksam zu schützen, ist aufgrund der verhältnismäßig geringen Auslesefunktion bei etwa rund 1.152 *disqualifications* im Jahr 2009 nach sec. 6 CDDA im Vergleich zu der hohen Anzahl der agierenden Gesellschaften als eher gering einzustufen.[592]

---

588 *Christ*, S. 54.

589 *Christ*, S. 54 f.

590 Vgl. *Schmittmann/Bischoff*, ZInsO 2009, 1561 (1569), wonach die detaillierte Veröffentlichung im *Disqualification Directors Registry* den Namen des *directors*, dessen persönliche Anschrift, das Geburtsdatum und den Zeitraum der Sanktionierung erfasst.

591 *Schall*, DStR 2006, 1229 (1236 f.). Darüber hinaus besteht gemäß sec. 13 CDDA 1986 bei einer Zuwiderhandlung gegen das Tätigkeitsverbot aus dem CDDA auch eine strafrechtliche Sanktionsmöglichkeit von Freiheitsstrafen bis zu sechs Jahren und/ oder Geldstrafen.

592 *Möser*, ZVglRWiss 2011, 324 (341).

2. *Tätigkeitsverbote für in Deutschland agierende Geschäftsleiter*

Bei einer englischen *limited*, die ihren tatsächlichen Verwaltungssitz in Deutschland unterhält, gestaltet sich die Sach- und Rechtslage diffizil. Hier ist bei dem Ausspruch eines Tätigkeitsverbotes (*disqualification*) gegen den *director* einer in Deutschland ansässigen *limited* grundsätzlich zwischen der Befugnis zur Sanktionierung durch englische und deutsche Gerichte und darüber hinaus der weiteren Wirkung eines Tätigkeitsverbotes im deutschen Rechtssystem zu unterscheiden.

a. *Ausschließliche Zuständigkeit englischer Behörden und Gerichte?*

Grundsätzlich steht es allein den britischen Behörden und Gerichten zu, das Verfahren zur *disqualification* eines *directors* nach dem CDDA 1986 durchzuführen,[593] so dass die Geltendmachung eines Verfahrens über die Vorschriften des CDDA 1986 vor deutschen Gerichten ausscheidet. Insofern wird die praktische Relevanz bzw. die Effektivität dieses Schutzmechanismus in Deutschland als gering eingestuft.[594] Auch der Fall einer in Deutschland erfolgten Verurteilung eines *directors*, die bei einer hypothetisch unterstellten Verurteilung in England die Voraussetzungen des dortigen CDDA 1986 erfüllen und somit eine *disqualification* des *directors* rechtfertigen könnte, dürfte zu keiner tatsächlichen Disqualifizierung des *directors* in England führen. Sofern die einschlägigen Normen des CDDA 1986 eine Sanktionierung durch das Gericht („*court*") vorsehen, ist davon auszugehen, dass der englische Gesetzgeber im Jahre 1986 ausschließlich von einer Befugnis englischer Gerichte ausgegangen sein dürfte, so dass nicht zu erwarten ist, dass ein englisches Gericht bei der Verurteilung eines *directors* in Deutschland eine entsprechende Disqualifizierung des *directors* nach englischem Recht in das dortige Register einträgt.[595]

---

593 *BGH*, NJW 2007, 2328 (2330); *Lanzius*, ZInsO 2004, 296 (299), der darauf verweist, dass es sich bei den Vorschriften des CDDA 1986 um als öffentlich-rechtlich zu qualifizierende Normen handelt.

594 *Servatius*, in: Henssler/Strohn, GesR, Komm., IntGesR, S. 2711, Rn. 132; a.A.: *Bauer/ Großerichter*, NZG 2008, 253 (256). Gegen eine derartige analoge Anwendung des § 6 Abs. 2 GmbHG bestehen jedoch erhebliche Bedenken im Hinblick auf die Vereinbarkeit mit der Niederlassungsfreiheit. Die abschließende Klärung dieser Rechtsfrage dürfte dem EuGH obliegen.

595 *Zessel*, S. 300, der jedoch darauf hinweist, dass im Falle der Verurteilung eines *directors* in Deutschland eine entsprechende Benachrichtigung des *Companies House* sicherlich nicht schaden könne, es jedoch abzuwarten sei, wie die englische Staatsaufsicht solche Beschwerden bzw. Anregungen aus Deutschland konkret behandeln wird.

b. Geltung eines englischen Tätigkeitsverbotes in Deutschland?

Davon zu unterscheiden ist die für die deutsche Rechtspraxis äußerst relevante Frage, inwieweit ein dem *director* einer *limited* in England auferlegtes Tätigkeitsverbot in Deutschland eine entsprechende Gültigkeit beanspruchen kann. Grundsätzlich besitzt die territoriale Geltung des CDDA 1986 eine große Reichweite, so dass auch die Disqualifizierung des *directors* einer in Deutschland in Form einer Zweigniederlassung agierenden *limited* grundsätzlich von englischen Gerichten angeordnet werden kann und diese *disqualification* eine (zumindest) für England geltende Wirkung beanspruchen dürfte.[596] Dem schließt sich umgehend die Fragestellung an, ob ein nach dem CDDA 1986 ausgesprochenes Tätigkeitsverbot auch als Begründung dazu herangezogen werden kann, einer Person die Bestellung zum Geschäftsführer einer inländischen Kapitalgesellschaft, etwa der GmbH, zu versagen.

Vor Inkrafttreten des MoMiG im Jahre 2008 wurde teilweise angeregt, auf entsprechende nationale Schutzmechanismen zurückzugreifen und § 6 Abs. 2 GmbHG analog anzuwenden, wenn bei dem *director* eine entsprechende Inhabilität eintritt, um die zu diesem Zeitpunkt noch bestehende Lücke für die im öffentlichen Interesse liegende Disqualifizierung des *director* einer in Deutschland ansässigen *limited* zu schließen.[597] Im Zweifel sollte dies dazu führen, dass das zuständige deutsche Registergericht – ggfs. durch Einholung eines entsprechenden Rechtsgutachtens – zu prüfen habe, ob die ausländische Verurteilung vergleichbar sei.[598] Eine analoge Anwendung des § 6 Abs. 2 GmbHG auf die Geschäftsleiter ausländischer Gesellschaften schien allerdings im Hinblick auf die eindeutige Rechtsprechung des EuGH unter anderem in der Rechtssache „*Inspire Art*" äußerst fraglich und hätte sich als Eingriff in die Niederlassungsfreiheit darstellen können, der wiederum einer entsprechenden unionsrechtskonformen Rechtfertigung bedurft hätte.

Darüber hinaus wurde bereits vor dem MoMiG in der zivilrechtlichen Literatur die Nichtgeltung deutscher Tätigkeitsverbote bei einer in Deutschland in Form einer Zweigniederlassung tätigen *limited* als die wesentliche Lücke in diesem Bereich erachtet.[599] In diesem Zusammenhang wurde bereits auf die Regelung des § 13g Abs. 2 S. 2 HGB rekurriert, die eine entsprechende Anwendung des § 8 Abs. 3 GmbHG vorsieht, wonach bei der Anmeldung des Geschäftsleiters, in dem vorliegenden Fall der Anmeldung des *directors* einer *limited*, angegeben werden sollte, dass keine Umstände vorliegen, die der Bestellung nach § 6 Abs. 2 S. 2 Nr. 2 und

---

596 *Zessel*, S. 301 m.w.N.

597 *Servatius*, in: Henssler/Strohn, GesR, Komm., IntGesR, S. 2709 f., Rn. 121.

598 *Schmittmann/Bischoff*, ZInsO 2009, 1561 (1570).

599 *Schall*, DStR 2006, 1229 (1236 f.).

Nr. 3 und S. 3 GmbHG entgegenstehen. Dies sollte eine Ergänzung des § 13e Abs. 3 S. 2 HGB darstellen, in dem das deutsche Registerrecht in Bezug auf eine Zweigniederlassung einer ausländischen Gesellschaft für deren Geschäftsleitung als rechtliche Vertreter besondere Anforderungen aufstellt, so dass die Eintragung eines *directors* einer *limited* von den an sich für den GmbH-Geschäftsführer geltenden Grundsätzen abhängig gemacht werden sollte.[600] Die rechtliche Folge wäre dann eine die Eintragung verhindernde Inhabilität, sofern bei der betreffenden Person ein Berufs- oder Gewerbeverbot ausgesprochen worden oder diese vorbestraft ist, so dass dadurch verhindert werde, dass eine als Geschäftsführer einer GmbH inhabile Person nicht die gleiche Funktion bei einer in Deutschland ansässigen *limited* ausfüllen kann.[601] Dieser Lösungsansatz war jedoch nicht unproblematisch, da die Zweigniederlassungsrichtlinie[602] eine derartige Umsetzung nicht explizit vorsieht. Insofern konnte auch ein solches Vorgehen als Eingriff in die Niederlassungsfreiheit verstanden werden. Während Teile der obergerichtlichen Rechtsprechung[603] und des Schrifttums[604] einen derartigen Fall, in dem sich ein deutscher Inländer, dem ein bestimmtes Gewerbe untersagt ist, einer (Schein-)Auslandsgesellschaft und deren Zweigniederlassung bedienen will, um der ihm untersagten Tätigkeit im Inland dennoch nachgehen zu können, bereits als Rechtsmissbrauch der Niederlassungsfreiheit bewerteten, war der BGH mit einer tatbestandlichen Einschränkung der Niederlassungsfreiheit noch zurückhaltend.[605] Sofern die Niederlassungsfreiheit an dieser Stelle bei einer absichtlichen Bedienung der *limited* zur Umgehung hiesiger Bestellungsverbote nicht bereits aufgrund des Missbrauchsvorbehaltes eingeschränkt ist, dient jedenfalls auch nach Ansicht des BGH in einem derartigen Fall das Schutzanliegen als Rechtfertigung einer Beeinträchtigung der Niederlassungsfreiheit.[606] Im Rahmen des MoMiG hat der Gesetzgeber auch diese Problematik abschließend entschärft, indem § 13g Abs. 2 S. 2 HGB eingefügt wurde, mit dem eine Anwendung des § 8 Abs. 3 GmbHG auch für solche Zweigniederlassungen von Gesellschaften mit beschränkter Haftung mit Sitz im Ausland angeordnet wird.[607]

---

600 *Servatius*, in: Henssler/Strohn, GesR, Komm., IntGesR, S. 2709, Rn. 120.

601 *Servatius*, in: Henssler/Strohn, GesR, Komm., IntGesR, S. 2709 f., Rn. 121.

602 Elfte Richtlinie des Rates vom 21.12.1989 (89/666/EWG – Zweigniederlassungsrichtlinie).

603 Siehe etwa *KG*, GmbHR 2004, 116 (119); *OLG Zweibrücken*, ZIP 2003, 849 (851).

604 Vgl. etwa *Engert*, in: Eidenmüller, Ausl. Kapitalgesellschaften im deutschen Recht, § 7, Rn. 51.

605 *BGH*, NJW 2007, 2328 (2329).

606 *BGH*, NJW 2007, 2328 ff.; a.A. *Wachter*, GmbHR 2006, 793 (798).

607 *Altmeppen*, in: Altmeppen/Roth, GmbHG, § 82, Rn. 24.

aa. Rechtfertigung des Eingriffs in die Niederlassungsfreiheit?

Es verbleibt abschließend zu klären, ob die gesetzgeberische Intention im Anschluss an die einschlägige BGH-Rechtsprechung und der damit letztlich verbundene Eingriff in die Niederlassungsfreiheit tatsächlich erfolgreich gerechtfertigt werden kann. Dies gilt es bereits aufgrund des hohen Stellenwertes der Niederlassungsfreiheit kritisch zu hinterfragen. Auch hierzu bedarf es der Heranziehung der vom EuGH maßgeblich aufgestellten Kriterien, wonach nationale Maßnahmen, die die Ausübung der europarechtlich garantierten Grundfreiheiten behindern oder weniger attraktiv machen können, nicht in diskriminierender Weise angewandt werden dürfen. Die betreffenden Maßnahmen müssen darüber hinaus aus zwingenden Gründen des Allgemeininteresses gerechtfertigt sein. Zusätzlich müssen sie zur Erreichung des verfolgten Ziels geeignet sein und dürfen nicht über das hinausgehen, was zur Erreichung dieses Ziels erforderlich ist. Eine Diskriminierung ist in der Ablehnung der Eintragung der Zweigniederlassung gegenüber einer vergleichbaren inländischen Gesellschaft nicht zu sehen. Letztlich werden beachtliche Gründe des Allgemeininteresses durchgesetzt, wenn durch die Verweigerung der Eintragung der Zweigniederlassung vermieden wird, dass deren *director* im Widerspruch zu dem bestandskräftigen und vollziehbaren Hoheitsakt der gewerberechtlichen Untersagung offiziell als Unternehmensverantwortlicher auf dem inländischen Markt (wieder) tätig werden darf.[608]

Die Maßnahme der Nichteintragung ist darüber hinaus aus Gläubigerschutzgründen und zur Wahrung der Einheit der inländischen Rechtsordnung geeignet, da ohne die Eintragung des *directors* in das Handelsregister zumindest dessen geschäftliches Tätigwerden im Inland erschwert wird.[609] Die Erforderlichkeit einer Nichteintragung der Zweigniederlassung ist letztlich auch gegeben. Das grundsätzlich hier zu beachtende *Informationsmodell* des EuGH knüpft im Kern daran an, dass die Gläubiger durch bestimmte, offen für diese erkennbare Tatsachen – wie etwa eine gewählte Gesellschaftsform mit geringer Kapitalausstattung – über relevante Tatsachen informiert werden. Letztlich handelt es sich um eine Form der Zurechnung, die beteiligte Dritte in die Pflicht nimmt.[610] Durch die erfolgte Eintragung eines *directors* im Handelsregister wird hingegen der gegenteilige Eindruck hervorgerufen, dass dessen Eintragung gleichzeitig für dessen persönliche Zuverlässigkeit steht. Dies ist bei einem *director*, gegen den in England entsprechende Tätigkeitsverbote verhängt wurden bzw. Untersagungsverfügungen

608 *BGH*, NJW 2007, 2328 (2330).
609 *BGH*, NJW 2007, 2328 (2330).
610 So auch *BGH*, NJW 2007, 2328 (2330).

ergangen sind, jedoch gerade nicht der Fall. Es besteht insoweit ein erhöhter – wenn auch „negativer" – Informationsbedarf für Personen, die beabsichtigen, womöglich mit der Gesellschaft in Geschäftsverbindung zu treten und daher Einsicht in das Handelsregister nehmen.[611] Letztlich ist festzuhalten, dass der Erforderlichkeit der Nichteintragung auch nicht der Einsatz eines milderen Mittels in Form eines Vorgehens gegen einen unzuverlässigen Geschäftsführer nach englischem Recht entgegensteht, da eine derartige *disqualification order* im Zusammenhang mit der gegen den *director* ausgesprochenen Gewerbeuntersagung mindestens vergleichbar erscheint und auch der CDDA 1986 wie § 35 GewO öffentlich-rechtlicher Natur ist.[612] Dies hat auch der BGH ausdrücklich klargestellt. Die Konsequenz ist, dass ein Tätigkeitsverbot im Ergebnis daher nur im jeweiligen Geltungsland wirken würde, so dass es einem deutschen Gericht versagt ist, sich eigenständig auf die Regelungen des CDDA zu stützen und es lediglich dabei verbleiben kann, die englischen Behörden dazu anzuregen, das in Deutschland erfolgte Fehlverhalten eines *directors* auch zur Grundlage einer *disqualification order* in England zu machen.[613] Ein milderes Mittel stellt dies indes auch nicht dar. Der *director* wäre im Falle einer *disqualification order* durch ein englisches Gericht im Ergebnis nicht nur im deutschen Inland, sondern zusätzlich auch noch im Gründungsstaat disqualifiziert, so dass dies faktisch zu keiner reinen Begrenzung auf die in Deutschland belegene inländische Zweigniederlassung führt, sondern zu einer zusätzlichen, die gesamte Gesellschaft umfassenden Handlungsunfähigkeit führt.[614] Der durch die gesetzliche Regelung des § 13g Abs. 2 S. 2 HGB bewirkte Eingriff in die Niederlassungsfreiheit, ist mithin gerechtfertigt, so dass die Vorschrift unionsrechtskonform eine Anwendung des § 8 Abs. 3 GmbHG auch für deutsche Zweigniederlassungen einer *limited* statuieren kann.

---

611 *BGH*, NJW 2007, 2328 (2330).
612 *BGH*, NJW 2007, 2328 (2330).
613 *BGH*, NJW 2007, 2328 (2330).
614 *BGH*, NJW 2007, 2328 (2330); aufschlussreich ist in diesem Zusammenhang auch die Argumentation von *Schmittmann/Bischoff*, ZInsO 2009, 1561 (1570), wonach das englische Recht im CDDA 1986 deutlich strenger als das deutsche Recht ausgestaltet ist. So könne beispielsweise ein Tätigkeitsverbot für die Dauer von bis zu 15 Jahren verhängt werden, im Gegensatz dazu sieht das deutsche Recht in § 6 Abs. 2 Nr. 3 Hs. 2 GmbHG lediglich eine maximale Sperre von fünf Jahren ab Rechtskraft des Urteils vor.

bb. Zwischenfazit

Zusammenfassend ist daher vorläufig festzustellen, dass dem inländischen Rechtssystem neben der Anwendbarkeit des § 8 Abs. 3 GmbHG auch auf den *director* einer *limited* weiterhin ein gewisser Handlungsspielraum dahingehend zusteht, dass das Registergericht in Folge einer gegen den *director* einer *limited* in Deutschland bereits ergangenen Gewerbeuntersagung gemäß § 35 GewO zu einer Ablehnung des Antrages auf Eintragung einer Zweigniederlassung berechtigt ist, da der Bestellung des *directors* dann § 6 Abs. 2 S. 2 Nr. 2, 3 GmbHG entgegensteht. Daraus folgt letztlich auch, dass ein ausländisches Berufsverbot in Deutschland nicht ohne weiteres vollstreckt werden kann, sondern es vielmehr einer inländischen Anerkennungsentscheidung nach den §§ 48 ff. IRG bedürfte und damit nicht bereits im Vorfeld eine entsprechende Strafbewehrung bewirkt werden kann.[615] Auch hier verbleibt es bei der Erkenntnis, dass sich letztlich der EuGH mit der Frage wird befassen müssen und darüber hinaus eine weitergehende Harmonisierung der verschiedenen Rechtssysteme der EU-Mitgliedstaaten auch in diesem Bereich erforderlich ist, um dem grundsätzlich effektiven Mittel des Ausspruchs von Tätigkeitsverboten europaweit eine größere Durchschlagskraft zu verleihen.

---

615 *Schuster*, S. 376 f. u. Fn. 521, der zutreffend darauf hinweist, dass selbst wenn die § 145c StGB, § 146 Abs. 1 Nr. 1 StGB i.V.m. § 148 Abs. 1 Nr. 1 GewO den Verstoß gegen ein strafrechtlich verhängtes Berufsverbot bzw. eine behördliche Gewerbeuntersagung ahnden, die Norm des § 6 Abs. 2 S. 3 GmbHG lediglich zur etwaigen Nichtigkeit des originären Bestellungsakts und zu potentiellen zivilrechtlichen Schadenersatzpflichten führen, jedoch kein Berufsverbot i.S.d. § 145c StGB bewirken kann.

§ 4 Die *limited* in der deutschen Rechtsprechungspraxis

Die *limited* ist zwischenzeitlich sowohl in der nationalen zivil- als auch in der strafrechtlichen Rechtsprechungspraxis angekommen. Es bedarf einer hinreichenden Verdeutlichung des Umgangs mit den englischen Rechtsvorschriften im deutschen Recht. Erst dadurch wird das Ziel dieser Arbeit, eine Darstellung der konkreten Strafbarkeitsrisiken für den *director* einer *limited*, hinreichend erfasst. Dabei soll zum geordneteren Verständnis der strafrechtlichen Judikatur zunächst die für diese Arbeit relevante zivilrechtliche Rechtsprechung zur *limited* in ihren wesentlichen Grundzügen kurz dargestellt und auf deren Relevanz für den strafrechtlichen Bereich untersucht werden (dazu unter A.). Bereits die zivilrechtliche Judikatur lässt erste konkrete Rückschlüsse zu, wie die deutsche Rechtsprechung mit bestimmten Fragestellungen, die auch im wirtschaftsstrafrechtlichen Bereich von erheblicher Relevanz sind, umgeht und in welche Richtung sich diese in Zukunft entwickeln wird. Dem folgt eine Untersuchung der im strafrechtlichen Bereich insbesondere zur *limited*[616] bislang ergangenen Entscheidungen (dazu unter B.), die es bereits an diesem Punkt zu hinterfragen gilt und deren Kernaussagen zu den angewandten Strafnormen im späteren Verlauf dieser Arbeit einer kritischen Überprüfung unter besonderer Beachtung der europarechtlichen Vorgaben unterzogen werden.

A. Die *limited* in der deutschen Zivilrechtsprechung

Die *limited* ist wie keine andere europäische Kapitalgesellschaft in der deutschen Rechtsprechung präsent. Vorliegend sind für das deutsche Wirtschaftsstrafrecht besonders solche englischen Bestimmungen von gesteigertem Interesse, die dem Gesellschafts- oder Insolvenzrecht unterfallen. Wie sich bereits gezeigt hat, bestehen für die *limited* dem deutschen Rechtssystem bislang ganz überwiegend unbekannte, gesetzliche Regelungen, die vornehmlich dem englischen Gesellschaftsrecht, dem richterrechtlich geprägten *common law*, entstammen. Nach der einschlägigen Rechtsprechung des EuGH zur Niederlassungsfreiheit europäischer Gesellschaften war in der deutschen Literatur bereits gemutmaßt worden, die

616 Bereits an dieser Stelle sei auf den Exkurs zu der strafrechtlichen Entscheidung des BGH vom 26.09.2012 betreffend eine niederländische BV verwiesen (dazu nachfolgend in diesem zweiten Teil der Arbeit unter § 2, B. II.).

weitgehende Geltung ausländischen Rechts führe zu einem in der deutschen Rechtspraxis kaum überwindbaren Problem. Es wurde befürchtet, Richter und Rechtsanwälte als Organe der Rechtspflege müssten nunmehr die Rechtsordnungen sämtlicher europäischer Mitgliedstaaten erlernen und beherrschen, was nur eine vom EuGH ungewollte Konsequenz sein könne, weshalb sich die gleichzeitige Geltung aller nationalen Gesellschaftsrechtsordnungen vielmehr als abwegig darstelle.[617]

Erweckt die Vorstellung der Erlernung bzw. Beherrschung aller nationaler Rechtsordnungen der europäischen Mitgliedstaaten verständlicherweise eine gewisse erste Zurückhaltung, so ist darauf hinzuweisen, dass es die deutsche Zivilrechtsordnung durchaus gewohnt ist, ausländisches Recht – im Zweifel durch die Einholung sachverständiger Rechtsgutachten – im Rahmen der Rechtsfindung anzuwenden. Dies ergibt sich nicht zuletzt aus § 293 ZPO, wonach sich das Gericht bei Fragen des ausländischen Rechts die entsprechende notwendige Kenntnis *von Amts wegen*, im Zweifel auch durch Einholung von Auskünften bei ausländischen Behörden oder eben durch die Anforderung von Rechtsgutachten,[618] zu beschaffen hat.[619] Dabei hat der jeweilige deutsche Richter das ausländische Recht so anzuwenden, wie es der Richter des betreffenden Landes auslegt und anwendet.[620]

Auf die *limited* bezogen bedeutet dies, dass das englische Recht von der nationalen Rechtsprechung in Deutschland derart anzuwenden ist, wie es auch in England der Fall wäre, obwohl sich das – wie sich im weiteren Verlauf dieser Arbeit noch zeigen wird[621] – als nicht gänzlich unproblematisch darstellt.

I. Zivilrechtliche Judikatur zur *limited*

Vorliegend wenden sowohl die erst- als auch die höchstinstanzliche nationale Rechtsprechung in Zivilsachen die Vorschriften des englischen Rechts bereits konsequent im Rahmen der Rechtsfindung an.[622]

---

617 *Altmeppen*, NJW 2004, 97 (101, Fn. 42).

618 *Reichold*, in: Thomas/Putzo, ZPO, § 293, Rn. 5.

619 Dies umfasst nach § 293 S. 1 ZPO nicht nur das in einem anderen Staat geltende Recht, sondern auch dessen Gewohnheitsrecht und die dortigen Statuten, vgl. *Geimer*, in: Zöller, ZPO, § 293, Rn. 1 ff.; *Reichold*, in: Thomas/Putzo, ZPO, § 293, Rn. 1–3.

620 *Geimer*, in: Zöller, ZPO, § 293, Rn. 24.

621 Dazu nachfolgend in diesem dritten Teil dieser Arbeit unter § 5, B. II.

622 Es handelt sich hierbei um eine für das Thema vorgenommene Darstellung der zur *limited* maßgeblich ergangenen zivilrechtlichen Rechtsprechung, die in chronolo-

1. Urteil des BGH vom 14. März 2005 (Az. II ZR 5/03)

Bereits im Jahre 2005 hatte der BGH[623] über eine persönliche Haftung eines *directors* einer englischen *limited* bis zu deren Eintragung als Zweigniederlassung analog § 11 Abs. 2 GmbHG zu befinden.

a. Gegenstand der Entscheidung

In einem verhältnismäßig engen zeitlichen Abstand zu der Rechtsprechung des EuGH in den Rechtssachen *Überseering*[624] und *Inspire Art*[625] hat der BGH die vom EuGH statuierten Grundsätze zur Niederlassungsfreiheit europäischer Kapitalgesellschaften vollumfänglich beachtet und die persönliche Haftung des *directors* der *limited* in dem konkreten Fall im Ergebnis (folgerichtig) verneint.

Das LG Hagen hatte den beklagten *director* als Berufungsgericht mit Urteil vom 02. Dezember 2002 wegen der fehlenden Eintragung der *limited* in das deutsche Handelsregister als handelnden Gesellschafter-Geschäftsführer analog § 11 Abs. 2 GmbHG persönlich für im Namen der Gesellschaft begründete Verbindlichkeiten in der Haftung gesehen.[626] Interessanterweise sah es einen Verstoß gegen die Niederlassungsfreiheit aufgrund der Aberkennung der Rechts- und Parteifähigkeit der *limited* zwar als gegeben an, hielt diesen jedoch aufgrund zwingender Gründe des Gemeinwohls für gerechtfertigt. Zur Begründung führte das LG Hagen aus, es sei im Sinne des Gläubigerinteresses durch Anwendung der Sitztheorie sicherzustellen, dass eine im Ausland gegründete Kapitalgesellschaft mit Tätigkeitsschwerpunkt in Deutschland den deutschen Gründungsvorschriften unterworfen werde und deren Umgehung durch eine persönliche Haftung der für die Auslandsgesellschaft handelnden Personen analog § 11 Abs. 2 GmbHG vermieden werden müsse.[627]

Der BGH ist dem unter Verweis auf die eindeutige Rechtsprechung des EuGH zur Niederlassungsfreiheit europäischer Kapitalgesellschaften vehement entgegen getreten und hat diesen Eingriff in die Niederlassungsfreiheit unter keinem Ge-

---

gischer Reihenfolge dargestellt werden soll, um deren Entwicklung entsprechend aufzuzeigen.

623 *BGH*, NJW 2005, 1648 ff.

624 *EuGH*, NJW 2002, 3614 ff. – *Überseering.*

625 *EuGH*, NJW 2003, 3331 ff. – *Inspire Art.*

626 Nicht publizierte Entscheidung des LG Hagen vom 02.12.2002, Az. L10 S 220/02, online abrufbar in der Rechtsprechungsdatenbank des Landes NRW unter: http://www.justiz.nrw.de; letzter Abruf: 20.09.2016).

627 *BGH*, NJW 2005, 1648 (1648 f.).

sichtspunkt als gerechtfertigt angesehen. Das hatte maßgeblich zur Folge, dass der nach dem für das Personalstatut der *limited* nach englischem Recht bestellte Geschäftsleiter grundsätzlich nicht persönlich für rechtsgeschäftlich begründete Verbindlichkeiten haftet.[628] Auch kann eine persönliche Haftung analog § 11 Abs. 2 GmbHG nicht „ausnahmsweise" an das Recht des tatsächlichen Verwaltungssitzes anstelle des englischen Gründungsrechts angeknüpft werden.[629] Eine persönliche Haftung des handelnden *directors* schloss der BGH damit trotz des Versäumnisses der Anmeldung der Zweigniederlassung nach §§ 13d ff. HGB aus, da Verstöße gegen das Gemeinschaftsrecht lediglich wie Verstöße gegen nationales Recht geahndet werden, so dass im Ergebnis (lediglich) die Verhängung eines Zwangsgeldes nach § 14 S. 1 HGB wegen Nichterfüllung der Anmeldepflicht in Betracht kommt.[630]

Gleichzeitig wies der BGH in diesem Fall die Berufungsinstanz explizit darauf hin, dass es der Klägerin des dortigen Verfahrens freistehe, ihr Klagebegehren auch „*auf bislang nicht geltend gemachte etwaige Haftungstatbestände des materiellen englischen Rechts*" zu stützen.[631] Weitere Ausführungen zu einer konkreten Anwendbarkeit der englischen Haftungsnormen bzw. einer Darstellung der in Betracht kommenden Haftungsgrundlagen des englischen Rechts nahm der BGH indes nicht vor.

b. Strafrechtliche Relevanz der Entscheidung

Die Entscheidung des BGH ist aus mehreren Aspekten heraus interessant. Zunächst zeigt sie auf, dass der BGH infolge der Vorgaben des EuGH zur Niederlassungsfreiheit europäischer Kapitalgesellschaften seine Abkehr von der Sitztheorie zumindest für europäische Kapitalgesellschaften bekräftigt hat. Bei dem expliziten Verweis auf potentiell bestehende Haftungstatbestände des materiellen englischen Rechts dürfte es sich um einen eindeutigen Fingerzeig des BGH handeln, der vornehmlich an die erstinstanzlichen Amts- und Landgerichte adressiert gewesen sein dürfte und eine direkte „Vorgabe von oben" zur umfassenden Anwendung des englischen Rechts in vergleichbaren Verfahren darstellt. Gleichzeitig betonte der BGH ausdrücklich, dass (immerhin) die Möglichkeit der Verhängung eines Ordnungsgeldes gemäß § 14 S. 1 HGB besteht, sofern die Zweigniederlassung einer *limited* nicht in das örtlich zuständige Handelsregister in Deutschland eingetragen wird. Aus rein strafrechtlicher Sicht war diese zivilrechtliche Entscheidung des BGH betreffend den *director* einer *limited* noch von eher geringer Relevanz.

628 *BGH*, NJW 2005, 1648 (1649).
629 *BGH*, NJW 2005, 1648 (1649).
630 *BGH*, NJW 2005, 1648 (1649).
631 *BGH*, NJW 2005, 1648 (1650) = JZ 2005, 848 (849) mit Anm. *Rehberg*, JZ 2005, 849 ff.

2. *Urteil des AG Bad Segeberg vom 24. März 2005 (Az. 17 C 289/04)*

In seinem Urteil vom 24. März 2005[632] hatte das AG Bad Segeberg darüber zu entscheiden, ob deutsche Haftungstatbestände auf einen Alleingesellschafter einer *limited*, der gleichzeitig als deren *director* fungierte, angewendet werden können.

a. Gegenstand der Entscheidung

Auch wenn das Gericht eine entsprechende Durchgriffshaftung im Ergebnis ablehnte, tätigte es interessante Ausführungen zu den verschiedenen, womöglich anwendbaren Gläubigerschutzinstrumenten. Zunächst führte das AG Bad Segeberg aus, dass aufgrund der vorstehend aufgezeigten Rechtsprechung des EuGH, insbesondere in den Rechtssachen *Überseering* und *Inspire Art*, das ausländische – mithin das englische – Gesellschaftsstatut maßgeblich sei.[633] Einen Haftungsanspruch wegen existenzvernichtenden Eingriffs bzw. wegen einer Unterkapitalisierung der Gesellschaft[634] verneinte das Gericht hingegen ebenso wie einen Anspruch aus § 823 Abs. 2 BGB i.V.m. § 64 I GmbHG a. F. analog,[635] da diese als gesellschaftsrechtlich zu qualifizierenden Haftungstatbestände dem Gesellschaftsstatut zuzuordnen und damit nicht auf die *limited* anwendbar seien. Das englische Recht sehe mit den Haftungsinstituten des *fraudulent trading* nach sec. 213 IA 1986 sowie des *wrongful trading* nach sec. 214 IA 1986 einen hinreichenden Gläubigerschutz vor, einer Anwendung deutschen Rechts bedürfe es nicht.[636] Dessen Anwendung sei mit den vom EuGH aufgestellten Grundsätzen nicht vereinbar und würde letztlich dazu führen, dem deutschen Gesellschaftsrecht durch die Hintertür des Insolvenzrechts zur Geltung zu verhelfen, so dass die in dem deutschen und englischen System bestehenden Regularien des Gesellschafts- und Insolvenzrechts brüchig würden, wenn einzelne Aspekte herausgelöst und nach unterschiedlichen Rechtsordnungen bewertet würden.[637] Ansprüche wegen einer nicht eindeutigen Firmierung bzw. aufgrund der fehlenden Eintragung der Zweigniederlassung aus § 823 Abs. 2 BGB i. V. mit § 263 StGB wegen Eingehungs-

---

632 *AG Bad Segeberg*, ZInsO 2005, 558 ff. = NZI 2005 411 ff. mit dem Grunde nach zustimmender Anm. *Pannen/Riedemann*, NZI 2005, 413 f., die jedoch die Insolvenzverschleppungshaftung des § 64 Abs. 2 GmbHG a. F. entgegen der Rechtsansicht des *AG Bad Segeberg* bereits als insolvenzrechtlich qualifizieren.

633 *AG Bad Segeberg*, ZInsO 2005, 558 (559).

634 *AG Bad Segeberg*, ZInsO 2005, 558 (559).

635 *AG Bad Segeberg*, ZInsO 2005, 558 (560).

636 *AG Bad Segeberg*, ZInsO 2005, 558 (560).

637 *AG Bad Segeberg*, ZInsO 2005, 558 (560).

betruges bzw. nach § 826 BGB wegen vorsätzlicher sittenwidriger Schädigung lehnte das AG Bad Segeberg hingegen mit der Begründung ab, dass hierfür die tatbestandlichen Voraussetzungen nicht erfüllt seien.[638]

b. *Strafrechtliche Relevanz der Entscheidung*

Aufgrund der zeitlichen Nähe des Urteils zu der vorstehend skizzierten Entscheidung des BGH bleibt zu vermuten, dass diese nicht zur Rechtsfindung durch das Amtsgericht hinzugezogen wurde, zumal sich der BGH in seinem Urteil vom 14. März 2005 nicht ausdrücklich mit den Haftungsinstituten des *fraudulent trading* nach sec. 213 IA 1986 sowie des *wrongful trading* nach sec. 214 IA 1986 befasst hatte. Gleichwohl weist das AG Bad Segeberg zutreffend darauf hin, dass die beiden vorgenannten Haftungsinstrumente des englischen Rechts nur durch den Liquidator und nicht durch Gläubiger geltend gemacht werden können. Das ist jedoch – wie bereits aufgezeigt[639] – gerade ein nicht unerhebliches Argument für eine insolvenzrechtliche Qualifikation dieser beiden Rechtsvorschriften, was faktisch deren Unanwendbarkeit im deutschen Recht bewirkt. Insoweit stellt sich die gerichtliche Argumentation, es bestehe ein ausreichender Gläubigerschutz durch die englischen Haftungsinstitute des *fraudulent trading* und des *wrongful trading*, als zu kurz gegriffen dar. Sofern das Gericht die Haftungsinstitute des existenzvernichtenden Eingriffs bzw. der Unterkapitalisierung der Gesellschaft[640] aufgrund einer gesellschaftsrechtlichen Qualifikation dem Gesellschaftsstatut zugeordnet hatte, war diese Bewertung bei Subsumtion unter die einschlägige Rechtsprechung des EuGH zur Niederlassungsfreiheit europäischer Kapitalgesellschaften grundsätzlich folgerichtig. Die Frage, ob die Qualifikation der zivilrechtlichen Haftung wegen existenzvernichtenden Eingriffs tatsächlich als dem Gesellschaftsstatut zugehörig anzusehen ist, gilt es im weiteren Verlauf dieser Arbeit noch näher zu betrachten.

3. *Urteil des LG Kiel vom 20. April 2006 (Az. 10 S 44/05)*

Das LG Kiel hatte als Berufungsgericht über die vorgenannte Entscheidung des AG Bad Segeberg zu befinden.

---

638 *AG Bad Segeberg*, ZInsO 2005, 558 (560).
639 Siehe dazu oben im zweiten Teil dieser Arbeit unter § 3 F. III. 2.
640 *AG Bad Segeberg*, ZInsO 2005, 558 (559).

a. Gegenstand der Entscheidung

Mit rechtskräftigem Urteil vom 20. April 2006[641] bejahte das LG Kiel eine entsprechende Anwendung der Insolvenzantragspflicht nach § 64 Abs. 1 GmbHG a. F. auf den *director* einer *limited* und änderte den Urteilsspruch des AG Bad Segeberg ab. Der in Anspruch genommene *director* der *limited* wurde nach § 823 Abs. 2 BGB i. V. mit § 64 Abs. 1 GmbHG a. F. und darüber hinaus aus § 823 Abs. 2 BGB i. V. mit § 263 StGB zum Schadenersatz verurteilt.

Die Anwendbarkeit des § 64 Abs. 1 GmbHG a. F. leitete das LG Kiel aus Art. 4 EuInsVO ab und erachtete die Nicht-Eröffnung des Insolvenzverfahrens in Deutschland als nicht maßgeblich, da es nicht auf eine tatsächlich erfolgte Insolvenzverfahrenseröffnung bei der Haftung wegen Insolvenzverschleppung ankomme.[642] Entscheidend sei die Frage, ob § 64 Abs. 1 GmbHG a. F. dem Insolvenzrecht zuzuordnen sei, was das LG Kiel dann auch (konsequent) bejahte. Der Wortlaut der Vorschrift nehme mit den Begrifflichkeiten „zahlungsunfähig" sowie „Überschuldung" Bezug auf die Insolvenzordnung und diene darüber hinaus *„dem Gläubigerschutz durch Sicherung der Haftungsmasse sowie des Fernhaltens konkursreifer Gesellschaften vom Rechtsverkehr"*, so dass auch der Zweck der Vorschrift für deren Zuordnung zum Insolvenz- und nicht zum Gesellschaftsrecht spreche.[643]

Die Niederlassungsfreiheit sei im Übrigen auch nicht durch eine insolvenzrechtliche Qualifikation der Vorschrift verletzt; die Rechtsprechung des EuGH stünde dem nicht entgegen, da dem vorliegenden Sachverhalt nicht Fragen der Gründung der Gesellschaft zugrunde lägen, sondern die Frage der Verletzung der Insolvenzantragspflicht maßgeblich sei, die in keinem Zusammenhang mit der Gründung der Gesellschaft stehe.[644] Sofern eine persönliche Haftung des *directors* wegen *wrongful trading* nach sec. 214 IA 1986 in Betracht komme, stelle die Anwendung des § 64 Abs. 1 GmbHG a. F. bereits deswegen keine Einschränkung der Niederlassungsfreiheit dar. Bei dem Haftungsinstitut des *wrongful trading* handele es sich nämlich um ein jedenfalls vergleichbares Rechtsinstitut. Auch das dortige Fehlen einer Antragsfrist würde den *director* bei Anwendung deutscher Rechtsnormen i.E. nicht strenger behandeln, zumal eine gesetzlich normierte Frist auch eine Begünstigung des Betroffenen darstellen könne.[645]

---

641 *LG Kiel*, GmbHR 2006, 710 ff. Zustimmung fand das Urteil des LG Kiel insbesondere bei: *Wachter*, BB 2006, 1463 ff.; eher ablehnend: *Ringe/Willemer*, EuZW 2006, 621 ff.; *von Hase*, BB 2006, 2141 ff.

642 *LG Kiel*, GmbHR 2006, 710 (711).

643 *LG Kiel*, GmbHR 2006, 710 (711).

644 *LG Kiel*, GmbHR 2006, 710 (712).

645 *LG Kiel*, GmbHR 2006, 710 (712).

Zusätzlich argumentierte das LG Kiel, eine etwaige Einschränkung der Niederlassungsfreiheit stelle jedenfalls vor dem Hintergrund des von § 64 Abs. 1 GmbHG a. F. intendierten Zwecks, dem Schutz des inländischen Rechtsverkehrs, einen zwingenden Grund des allgemeinen Interesses dar. Die Verpflichtung zur Antragsstellung sei keine Diskriminierung der in einem anderen Mitgliedstaat gegründeten Gesellschaft, da die Verpflichtung für alle inländischen Gesellschaften gelte und zum Schutz des Rechtsverkehrs auch geeignet und verhältnismäßig sei.[646] Als letztes Argument führte das Gericht an, eine gesellschaftsrechtliche Qualifizierung des § 64 Abs. 1 GmbHG a. F. bewirke eine Unanwendbarkeit deutschen Rechts bei gleichzeitiger Unzuständigkeit des englischen Insolvenzgerichts wegen der internationalen Zuständigkeit Deutschlands nach Art. 3 Abs. 1 EuInsVO, so dass dies einen Normenmangel begründe, der wiederum als Rechtfertigungsgrund für die Einschränkung der Niederlassungsfreiheit anerkannt sei.[647] Da das LG Kiel darüber hinaus einen Anspruch aus § 823 Abs. 2 BGB i. V. mit § 263 Abs. 1 StGB bejahte, verzichtete es auf die ihm grundsätzlich zustehende Möglichkeit einer Vorlage an den EuGH.[648]

b. Strafrechtliche Relevanz der Entscheidung

Aus zivilrechtlicher Sicht war die Entscheidung des LG Kiel ein erster, kleiner Meilenstein für die Frage der konkreten Behandlung der *limited* im deutschen Rechtssystem und darüber hinaus mittelbar auch von strafrechtlicher Relevanz.

Indem das LG Kiel § 64 Abs. 1 GmbHG a. F. als insolvenzrechtliche Norm qualifizierte, war der Weg eröffnet, infolge der Anwendung des § 64 Abs. 1 GmbHG a. F. einen etwaigen Verstoß gegen die Niederlassungsfreiheit jedenfalls als gerechtfertigt anzusehen. Im Rahmen seiner Feststellungen setzte sich das Gericht umfassend mit den vom EuGH statuierten Vorgaben zur Niederlassungsfreiheit auseinander und stellte insoweit zutreffend fest, dass vorliegend die insolvenzrechtliche Frage der Verletzung der Insolvenzantragspflicht maßgeblich sei und diese in keinem Zusammenhang mit der Gesellschaftsgründung stehe, so dass kein Verstoß gegen die Niederlassungsfreiheit vorliege. Die Kammer bejahte somit als soweit ersichtlich erstes deutsches Gericht – noch vor der Umsiedlung der Insolvenzantragspflicht aus der Norm des § 64 Abs. 1 GmbHG a. F. in den heutigen rechtsformneutralen § 15a InsO – eine entsprechende (wenn auch zivilrechtliche) Insolvenzantragsverpflichtung für den *director* einer *limited*, was eine

646 *LG Kiel*, GmbHR 2006, 710 (712).
647 *LG Kiel*, GmbHR 2006, 710 (712).
648 *LG Kiel*, GmbHR 2006, 710 (713).

eindeutige Tendenz auch für den Straftatbestand des § 15a Abs. 1 i.V. mit Abs. 4 InsO aufzeigt. Das ist für die noch zu behandelnden Frage der Strafbarkeit des *directors* wegen Insolvenzverschleppung von erheblicher Bedeutung.

4. *Urteil des KG Berlin vom 24. September 2009 (Az. 8 U 250/08)*

Mit Urteil vom 24. September 2009[649] hatte das KG als Berufungsinstanz über einen vergleichbaren Sachverhalt, in dem letztlich wieder die Haftung eines *directors* einer *limited* zur Entscheidung anstand, zu befinden.

a. Gegenstand der Entscheidung

In dem der Entscheidung zugrundeliegenden Sachverhalt unterhielt eine *limited* in Deutschland eine Zweigniederlassung, die faktisch auch den Hauptverwaltungssitz der Gesellschaft darstellte. Über die in Deutschland ansässige *limited* war das Insolvenzverfahren eröffnet worden. Bei dem *director* der deutschen *limited* handelte es sich – dies ist nach englischem Recht nach sec. 155 (1) CA 2006 grundsätzlich zulässig – um eine juristische Person, nämlich eine *limited* mit Satzungs- und Verwaltungssitz ausschließlich in England. In der Folgezeit wurden sowohl der *director* der englischen *limited* persönlich als auch die als *director* der deutschen *limited* fungierende Gesellschaft von dem deutschen Insolvenzverwalter als Gesamtschuldner auf Zahlungen nach Insolvenzreife in Anspruch genommen.[650] Das LG Berlin hatte in der ersten Instanz der auf eine Existenzvernichtungshaftung nach § 826 BGB gestützten Klage stattgegeben und unter anderem ausgeführt, deutsches Deliktsrecht sei nach Art. 40 EGBGB anwendbar.[651]

Das KG stellte als Berufungsinstanz zunächst fest, der klägerische Anspruch folge jedenfalls aus § 64 Abs. 2 GmbHG a. F.[652], da diese Vorschrift als insolvenzrechtlich zu qualifizieren und damit über Art. 4 EuInsVO anwendbar sei, was im Ergebnis auch im Einklang mit der Niederlassungsfreiheit stehe.[653] Zwar sei die Vorschrift des § 64 Abs. 2 GmbHG a. F. aus historischen Gründen im GmbHG

---

649 *KG*, NZG 2010, 71 ff. mit kritischer Bspr. bei *Mock*, GmbHR 2010, 102 sowie *Ringe/Willemer*, NZG 2010, 56 ff., die jeweils eine gesellschaftsrechtliche Qualifikation des § 64 Abs. 2 GmbHG a. F. befürworten. Vollumfänglich zustimmend hingegen *Kindler*, IPRax 2010, 430 ff.

650 *KG*, NZG 2010, 71 (71 f.).

651 *LG Berlin*, ZInsO 2009, 157 ff.

652 Hierbei handelt es sich um § 64 S. 1 GmbHG n. F.

653 *KG*, NZG 2010, 71 (72 f.) mit weiteren umfangreichen Hinweisen zu der Ansicht, die ebenfalls eine insolvenzrechtliche Qualifikation des § 64 Abs. 2 GmbHG a. F. vertritt.

angesiedelt, die Norm diene jedoch tatsächlich insolvenzrechtlichen Zwecken.[654] Weiterhin bezog sich das KG auf die – diesseits bereits erörterte[655] – Rechtsprechung des EuGH in der Rechtssache „*Gourdain./Nadler*“, wonach der EuGH in einem anderen Zusammenhang eine ähnliche Vorschrift des französischen Rechts bereits als konkursrechtlich eingestuft hatte.[656]

Schließlich stellte das KG fest, ein derartiges Verständnis der Anwendung des § 64 Abs. 2 GmbHG a. F. sei mit der Niederlassungsfreiheit nach Art. 43, 48 EGV a. F.[657] vereinbar, da dieser nach der Rechtsprechung des EuGH in der Rechtssache „*Inspire Art*“ nur solche Regelungen eines Mitgliedstaates entgegenstünden, welche die Ausübung der Freiheit zur Errichtung einer Zweigniederlassung in diesem Staat durch eine nach dem Recht eines anderen Mitgliedstaats gegründete Gesellschaft von bestimmten Voraussetzungen abhängig mache, die im innerstaatlichen Recht für die Gründung von Gesellschaften bezüglich des Mindestkapitals und der Haftung der Geschäftsführer vorgesehen seien.[658] § 64 Abs. 2 GmbHG a. F. stelle jedoch keine Voraussetzung für die Errichtung einer Zweigniederlassung in Deutschland auf, sondern knüpfe lediglich bestimmte Rechtsfolgen – die persönliche Haftung – an ein bestimmtes Verhalten des Organs – Zahlungen nach Eintritt der Zahlungsunfähigkeit oder Feststellung der Insolvenzreife – während der Zeit, in der die Gesellschaft in Deutschland niedergelassen sei.[659] Zur weiteren Begründung zog das KG sodann die bereits skizzierte[660] „*Keck*“-Rechtsprechung des EuGH heran.[661] Danach werde die Warenverkehrsfreiheit nicht durch solche nationalen Bestimmungen tangiert, die bestimmte Verkaufsmodalitäten beschränken oder verbieten, sofern die jeweilige Norm für alle betroffenen Wirtschaftsteilnehmer im Inland gelte und damit der Absatz der inländischen Erzeugnisse und der Erzeugnisse aus anderen Mitgliedstaaten rechtlich wie tatsächlich in der gleichen Weise berührt werde.[662] Diese Voraussetzungen der „*Keck*“-Rechtsprechung bejahte das KG, da § 64 Abs. 2 GmbHG a. F. lediglich an ein bestimmtes Verhalten des leitenden Organs einer

---

654 *KG*, NZG 2010, 71 (71 f.).
655 Siehe oben im Zweiten Teil unter § 3 F. III. 2. c.
656 *KG*, NZG 2010, 71 (72).
657 Hierbei handelt es sich um die aktuell geltenden Artt. 49, 54 AEUV.
658 *KG*, NZG 2010, 71 (72).
659 *KG*, NZG 2010, 71 (72).
660 Siehe dazu oben die im ersten Teil dieser Arbeit unter § 1 D. I bereits erfolgte Darstellung der „*Keck*“-Rechtsprechung des EuGH.
661 *KG*, NZG 2010, 71 (72 f.).
662 *KG*, NZG 2010, 71 (72 f.).

Gesellschaft anknüpfe und auf deutsche Gesellschaften ebenso anwendbar sei wie auf Gesellschaften, die in einem anderen Mitgliedstaat gegründet worden seien, und diese somit weder rechtlich noch tatsächlich in unterschiedlicher Weise berühre.[663]

Einen etwaigen Eingriff in die Niederlassungsfreiheit durch Anwendung des § 64 Abs. 2 GmbHG a. F. sah das KG jedenfalls aufgrund des Vorliegens zwingender Gründe des Allgemeininteresses[664] als gerechtfertigt an.[665] Nach der Rechtsprechung des EuGH seien nationale Maßnahmen, die die Ausübung der unionsrechtlich garantierten Grundfreiheiten behindern oder weniger attraktiv machen können, dann gerechtfertigt, soweit sie in nicht diskriminierender Weise angewandt werden, aus zwingenden Gründen des Allgemeininteresses gerechtfertigt und zur Erreichung des verfolgten Zieles geeignet seien sowie nicht über das zur Erreichung dieses Zieles Erforderliche hinausgingen.[666] Diese vom EuGH statuierten Voraussetzungen seien vorliegend erfüllt, da § 64 Abs. 2 GmbHG a. F. im gleichen nicht-diskriminierenden Sinne auf in- wie auch auf ausländische Gesellschaften angewendet werde, der zwingende Grund des Allgemeininteresses in Form des Gläubigerschutzes und der geordneten Abwicklung des Insolvenzverfahrens vorliege und die Norm zur Verwirklichung dieser Ziele auch geeignet sei.[667] Letztlich gehe sie auch nicht über das hinaus, was zur Erreichung dieses Zieles erforderlich sei, da die Anwendung der Vorschrift zur Behebung eines kollisionsrechtlich ausgelösten Normenmangels im Bereich insolvenzrechtlicher Vorschriften erforderlich sei.[668] Den bemerkenswerten Aspekt eines Normenmangels begründete das KG damit, dass der *director* einer tatsächlich in England ansässigen *limited* mit einer Haftung aus *fraudulent trading* bzw. *wrongful trading* nach sec. 213, 214 IA 1986 rechnen müsse.[669] Aufgrund der insolvenzrechtlichen Qualifikation dieser englischen Vorschriften seien diese allerdings bei einer In-

---

663 *KG*, NZG 2010, 71 (73) m.w.N. der Befürworter der Anwendung der Grundsätze der „*Keck*“-Rechtsprechung des EuGH auf die Niederlassungsfreiheit.
664 Siehe dazu die Ausführungen im ersten Teil dieser Arbeit unter § 1 D. II. 2.
665 *KG*, NZG 2010, 71 (73).
666 *KG*, NZG 2010, 71 (73).
667 *KG*, NZG 2010, 71 (73).
668 *KG*, NZG 2010, 71 (73).
669 *KG*, NZG 2010, 71 (73), das darüber hinaus ausführt, die Gefahr eines Normenmangels müsse in dieser rechtlichen Fallgruppe nicht erst durch den Gesetzgeber abgewendet werden, da mit § 64 Abs. 2 GmbHG a. F., dessen tatbestandliche Voraussetzungen im konkreten Fall erfüllt seien, bereits eine anwendbare Vorschrift zur Verfügung stehe.

solvenzeröffnung in Deutschland – anders als bei einer Insolvenzeröffnung in England – wegen der Vorschrift des Art. 4 EuInsVO nicht anwendbar.[670]

Von der Möglichkeit einer Vorlageentscheidung bei dem EuGH machte das KG indes – was aufgrund des noch nicht beendeten Instanzenzuges zulässig war – noch keinen Gebrauch, um die abschließende Klärung der entscheidungserheblichen Rechtsfragen über die Revisionszulassung zunächst auf nationaler Rechtsebene zu ermöglichen.[671]

b. Strafrechtliche Relevanz der Entscheidung

Aus strafrechtlicher Sicht ist die Entscheidung des KG im Hinblick auf die europarechtlich getroffenen Kernaussagen und deren Ausstrahlungswirkungen in das Wirtschaftsstrafrecht von einer erheblichen Bedeutung und zeugt von Weitsicht. So führt das *KG* im Hinblick auf die Anwendbarkeit des § 64 Abs. 2 GmbHG a. F. aus, dass diese Norm keine Voraussetzung für die Errichtung einer Zweigniederlassung in Deutschland aufstellt, sondern lediglich bestimmte Rechtsfolgen an ein bestimmtes Verhalten des Organs – Zahlungen nach Eintritt der Zahlungsunfähigkeit oder Feststellung der Insolvenzreife – während der Zeit, in der die Gesellschaft in Deutschland niedergelassen sei, anknüpft. Mit seiner Argumentation ebnet das KG den Weg für die nationale Übertragung der im Rahmen der Warenverkehrsfreiheit aufgestellten Grundsätze der „*Keck*"-Rechtsprechung des EuGH auch auf die Niederlassungsfreiheit. Mit dieser Argumentationslinie steht das KG im Ergebnis bereits in vollem Einklang mit der erst jüngst ergangenen „*Kornhaas*"-Entscheidung des EuGH.

Die derartige Zuordnung einer Norm ist insbesondere relevant für die im Rahmen der Ermittlung der Strafbarkeitsrisiken des *directors* der *limited* stets erforderliche Überprüfung der gewonnenen Ergebnisse und der damit verbundenen Konformität mit der unionsrechtlichen Niederlassungsfreiheit. Die Heranziehung der Grundsätze der „*Keck*"-Rechtsprechung kann somit auch nach Ansicht des KG potentiell dazu geeignet sein, die Niederlassungsfreiheit tatbestandlich einzuschränken bzw. einen Eingriff in diese zumindest zu rechtfertigen und womöglich eine Anwendbarkeit bestimmter, im Folgenden noch konkret darzustellender Straftatbestände unionsrechtskonform zu gestatten.

670 *KG*, NZG 2010, 71 (73).
671 *KG*, NZG 2010, 71 (73).

5. Vorlagebeschluss des BGH vom 02. Dezember 2014 und Abschluss-Urteil vom 15. März 2016 (Az. II ZR 119/14)

Der Vorlagebeschluss des BGH vom 02. Dezember 2014[672] beinhaltete an den EuGH gerichtete Fragestellungen zu den Art. 49, 54 AEUV und zu Art. 4 EuInsVO.

Konkret ging es in diesem Beschluss um die Klärung der Rechtsfrage, ob eine Klage vor einem deutschen Gericht, mit der ein *director* einer in Deutschland im nationalen Insolvenzverfahren befindlichen *limited* vom Insolvenzverwalter auf Ersatz von Zahlungen in Anspruch genommen wird, die er vor Eröffnung des Insolvenzverfahrens, aber nach Eintritt der Zahlungsunfähigkeit geleistet hat, das deutsche Insolvenzrecht im Sinne des Art. 4 Abs. 1 EuInsVO betrifft. Weiterhin wurde dem EuGH im Rahmen des Vorlagebeschlusses die Frage vorgelegt, ob eine Klage der vorstehenden Art gegen die Niederlassungsfreiheit nach Artt. 49, 54 AEUV verstoße.[673] Auch wenn der EuGH mit der Entscheidung vom 10.12.2015 in der Rechtssache „*Kornhaas*" über den Vorlagebeschluss des BGH bereits entschieden hat, ist nachfolgend aufgrund der elementaren Bedeutung dieses Vorlagebeschlusses für die im Rahmen dieser Arbeit dargestellten strafrechtlichen Rechtsfragen und der vorgelagerten europarechtlichen Thematik nochmals dezidiert auf diesen einzugehen, zumal der BGH mit seinem Urteil vom 15. März 2016 abschließend in dieser Rechtssache geurteilt hat.

a. Gegenstand des Vorlagebeschlusses

Im vorliegenden Fall hatte der Insolvenzverwalter den *director* einer in England gegründeten *limited*, die ihre Zweigniederlassung in dem zuständigen Handelsregister hatte eintragen lassen, persönlich in Anspruch genommen. Trotz der Zahlungsunfähigkeit der *limited* soll der *director* noch Zahlungen in sechsstelliger Höhe veranlasst haben, so dass der Insolvenzverwalter nach Eröffnung des Insolvenzverfahrens den ausgezahlten Betrag von dem *director* zurückforderte.[674] Das LG Erfurt hatte der Klage stattgegeben. Auch das OLG Jena hatte die Berufung des *directors* zurückgewiesen und die Revision zum BGH zugelassen.[675] Der BGH

---

672 *BGH*, ZWH 2015, 76 ff. mit Anm. *Hoos/Köhler*, ZWH 2015, 78 f. sowie zustimmender Bspr. bei *Servatius*, DB 2015, 1087 ff.; kritisch eher Anm. *Römermann*, GmbHR 2015, 81 ff.

673 *BGH*, ZWH 2015, 76 (76).

674 *BGH*, ZWH 2015, 76 (76).

675 *OLG Jena*, ZIP 2013, 1820 f. = IPRax, 2014, 357 ff. mit zustimmender Entscheidungsbesprechung durch *Weller/Schulz*, IPRax 2014, 336 ff. und zurückhaltender Zustimmung durch *Poertzgen*, NZI 2013, 807 (809 ff.).

hatte nun vor der eigentlichen Entscheidung über die Revision das Verfahren ausgesetzt, um zuvor gemäß Art. 267 Abs. 1, 3 AEUV eine Vorabentscheidung des EuGH zu den vorgenannten Fragen einzuholen.

Im materiell-rechtlichen Sinne sah der BGH die Klage des Insolvenzverwalters ebenfalls in Anwendung von § 64 Abs. 2 S. 1 GmbHG a. F. als begründet an und beabsichtigte bereits zu diesem Zeitpunkt dem Grundsatz nach, der Klage des Insolvenzverwalters stattzugeben.[676] Gemäß § 64 Abs. 2 S. 1 GmbHG a. F. seien die Geschäftsführer einer Gesellschaft mit beschränkter Haftung der Gesellschaft zum Ersatz von Zahlungen verpflichtet, die nach Eintritt der Zahlungsunfähigkeit der Gesellschaft oder nach Feststellung ihrer Überschuldung geleistet werden; davon gelte nach § 64 Abs. 2 Satz 2 GmbHG a. F. eine Ausnahme für Zahlungen, die auch nach diesem Zeitpunkt mit der Sorgfalt eines ordentlichen Geschäftsmanns vereinbar sind.[677] Der BGH verortete den Zweck der Vorschrift in der Verhinderung der Masseverkürzungen im Vorfeld des Insolvenzverfahrens und – sofern der Geschäftsführer seiner Massesicherungspflicht nicht nachkommt – in der Sicherstellung der Auffüllung des Gesellschaftsvermögens, damit dieses im Insolvenzverfahren zur ranggerechten und gleichmäßigen Befriedigung aller Gesellschaftsgläubiger zur Verfügung steht.[678] Dies führte nach Ansicht des BGH dazu, dass vom Schutzzweck der Norm im Regelfall nicht ein Schaden der Gesellschaft, sondern vielmehr ein Schaden der künftigen Insolvenzgläubiger erfasst werde, da die verbotswidrigen Zahlungen in der Regel der Erfüllung von Verbindlichkeiten der Gesellschaft dienten.[679] Es komme bei dieser zu einer Verkürzung der Bilanzsumme; dies verursache jedoch keinen Vermögensschaden, so dass im Ergebnis lediglich die Insolvenzmasse in dem nachfolgenden Insolvenzverfahren verringert werde und dies zu einem Schaden allein der Insolvenzgläubiger führe.[680] Da die Haftung nach § 64 Abs. 2 S. 1 GmbHG a. F. im Regelfall die Eröffnung des Insolvenzverfahrens voraussetze, sei es dann Sache des Insolvenzverwalters, den Anspruch geltend zu machen, so dass nur ausnahmsweise auch ein privater Gläubiger oder die Gesellschaft selbst den Anspruch geltend machen könne. Daraus schlussfolgerte der BGH unter Bezugnahme auf die einschlägigen

---

676 *BGH*, ZWH 2015, 76 (76).
677 *BGH*, ZWH 2015, 76 (76).
678 *BGH*, ZWH 2015, 76 (76) mit Verweis auf seine diesbezüglich erfolgte ständige Rechtsprechung.
679 *BGH*, ZWH 2015, 76 (76).
680 *BGH*, ZWH 2015, 76 (76 f.).

Gesetzesmaterialien, dass § 64 Abs. 2 S. 1 GmbHG a. F. – wie auch der identische § 64 S. 1 GmbHG n. F. – als insolvenzrechtliche Norm zu qualifizieren sei.[681]

Davon zu unterscheiden war nach Ansicht des BGH die Rechtslage im Unionsrecht. Da gemäß Art. 4 Abs. 1 EuInsVO für das Insolvenzverfahren und seine Wirkungen das Insolvenzrecht des Mitgliedstaats gilt, in dem das Insolvenzverfahren eröffnet wird, sei der Begriff „Insolvenzrecht" im Sinne dieser Vorschrift autonom auszulegen und da es sich weder um einen *acte clair* noch einen *acte eclaire* handele, obliege diese Auslegung dem EuGH.[682] Ausgangslage und eigentlicher Ansatzpunkt des Vorlagebeschlusses des BGH war demnach der in der Rechtsprechung der deutschen Gerichte und im Schrifttum herrschende Meinungsstreit, ob § 64 Abs. 2 S. 1 GmbHG a. F. wie auch § 64 S. 1 GmbHG n. F. auf Geschäftsführungsorgane von EU-Auslandsgesellschaften, die den Mittelpunkt ihrer hauptsächlichen Interessen in Deutschland haben und über deren Vermögen in Deutschland nach Art. 3 Abs. 1 EuInsVO das Insolvenzverfahren eröffnet worden ist, Anwendung findet. Der BGH schloss sich hier – unter expliziter Zitierung der vorstehend skizzierten Entscheidung des KG – der Ansicht an, die § 64 GmbHG als insolvenzrechtliche Vorschrift im Sinne des Art. 4 Abs. 1 EuInsVO begreift. Die Norm wird hier als Teil des deutschen Insolvenzrechts im Rahmen des von Art. 3 Abs. 1 EuInsVO eröffneten Insolvenzverfahrens für anwendbar erachtet. Die Niederlassungsfreiheit werde durch die Anwendung des § 64 Abs. 2 Satz 1 GmbHG a. F. schon deshalb nicht verletzt, da die Vorschrift insolvenzrechtlicher Natur sei und darüber hinaus nicht die Voraussetzungen, unter denen eine EU-Auslandsgesellschaft ihren Verwaltungssitz in Deutschland begründen könne, sondern lediglich die Rechtsfolgen dieser Entscheidung regele.[683] In diesem Kontext verwies der BGH ausdrücklich auf einen ähnlich gelagerten Fall, über den der EuGH bereits zu entscheiden hatte. Hierbei handelt es sich um

---

681 *BGH*, ZWH 2015, 76 (77). Insoweit sei die Anwendung des § 64 Abs. 2 Satz 1 GmbHG a. F. auf den *director* der *limited* durch das Berufungsgericht nicht zu beanstanden, da beide Rechtsformen – die GmbH als auch die *limited* – einen grundsätzlichen Ausschluss der persönlichen Haftung der Gesellschafter vorsähen. Bei beiden Gesellschaftsformen könnten die Geschäfte von einer dafür verantwortlichen, nicht notwendig auch als Gesellschafter beteiligten Person geführt werden. Auch sei die Gefahr der Zahlungsleistung durch den Geschäftsführer bzw. *director* nach Insolvenzreife zu Lasten der späteren Insolvenzgläubiger und die damit einher gehende Verkürzung der Insolvenzmasse vergleichbar.

682 *BGH*, ZWH 2015, 76 (77).

683 *BGH*, ZWH 2015, 76 (76).

die insolvenzrechtliche Qualifikation der französischen *action en comblement de passif social*, die der Rechtssache *Gourdain/Nadler*[684] zugrunde gelegen hatte.[685]

Die zweite Vorlagefrage des BGH betraf die europarechtliche Auslegung, ob eine Anwendung des § 64 Abs. 2 S. 1 GmbHG a. F. auch als Norm des deutschen Insolvenzrechts im Sinne des Art. 4 Abs. 1 EuInsVO gegen die Niederlassungsfreiheit im Sinne der Artt. 49, 54 AEUV verstoße.[686] Auch in dieser Frage war der BGH der Auffassung, dass § 64 Abs. 2 S. 1 GmbHG a. F. nicht die Voraussetzungen, unter denen EU-Auslandsgesellschaften ihren Verwaltungssitz in Deutschland begründen können, sondern allein die Folgen eines Fehlverhaltens des Geschäftsführers nach Eintritt der Insolvenzreife regelt und damit die Niederlassungsfreiheit nicht verletzte sei.[687]

b. Gegenstand des Abschluss-Urteils vom 15. März 2016

Der zweite Zivilsenat des BGH hat mit Urteil vom 15. März 2016 in einem verhältnismäßig kurzen zeitlichen Abstand zu der Entscheidung des EuGH in der Rechtssache abschließend entschieden. Erwartungsgemäß hat der BGH seine in dem Vorlagebeschluss geäußerte Rechtsansicht unter ausdrücklicher Hervorhebung der vom EuGH entschiedenen Rechtsfragen vollumfänglich aufrechterhalten.[688] Hierbei hat er insbesondere unter nochmaliger Benennung des Zwecks der Vorschrift zur Verdeutlichung ausgeführt, dass es die Umstände in diesem Fall rechtfertigen, den Geschäftsführer deutschen Rechts und den *director* der *limited* in Bezug auf die Haftung bei derartigen Zahlungen im Rahmen des § 64 Abs. 2 GmbHG a. F. gleich zu behandeln.[689]

c. Strafrechtliche Relevanz der Entscheidungen

Der zivilrechtliche Vorlagebeschluss des BGH vom 02. Dezember 2014, die dazu erfolgte Entscheidung des EuGH vom 10. Dezember 2015 sowie das darauf ergangene Urteil des BGH vom 15. März 2016 sind von wegweisender Bedeutung für die zukünftige Behandlung einiger noch immer offener Streitfragen im zivilrechtlichen Bereich, die – wie auch die Entscheidung des KG – eine erhebliche Ausstrahlungswirkung auf den strafrechtlichen Bereich besitzen.

---

684 *BGH*, ZWH 2015, 76 (76).
685 *BGH*, ZWH 2015, 76 (78).
686 *BGH*, ZWH 2015, 76 (76).
687 *BGH*, ZWH 2015, 76 (78).
688 *BGH*, DB 2016, 949 f.
689 *BGH*, DB 2016, 949 (950).

Der BGH ist der Entscheidung des KG, in der es ebenfalls um die Auslegung des § 64 Abs. 2 S. 1 GmbHG a. F. ging, nahezu vollumfänglich gefolgt. Auch hier handelte es um die Anwendbarkeit der Norm auf Geschäftsführungsorgane von EU-Auslandsgesellschaften wie der *limited*, die den Mittelpunkt ihrer hauptsächlichen Interessen in Deutschland besitzen und über deren Vermögen in Deutschland nach Art. 3 Abs. 1 EuInsVO das Insolvenzverfahren eröffnet worden ist. Die insolvenzrechtliche Qualifikation durch den BGH weist in ihrer Argumentation zudem Grundzüge der „*Keck*"-Rechtsprechung auf, indem der BGH bereits in seinem Vorlagebeschluss eindeutig statuiert hat, die Niederlassungsfreiheit werde schon deshalb nicht verletzt, da die Vorschrift nicht die Voraussetzungen regelt, unter denen eine EU-Auslandsgesellschaft ihren Verwaltungssitz in Deutschland begründen könne, sondern vielmehr lediglich auf die Rechtsfolgen dieser Entscheidung abstellt. Hier ist eine deutliche Parallele zu der „*Keck*"-Rechtsprechung des EuGH dahingehend erkennbar, dass im Kern die Unterscheidung zwischen Beschränkungen des Marktzugangs bzw. des Marktaustritts darüber erfolgt, ob die Warenverkehrsfreiheit durch nationale Normen verletzt wird. Wie die Entscheidung des KG weist auch der zivilrechtliche Vorlagebeschluss des BGH bereits darauf hin, dass eine potentielle Strafbarkeit des *directors* wegen Insolvenzverschleppung aus unionsrechtlicher Sicht unbedenklich sein könnte, was es im dritten Teil dieser Arbeit noch weiter herauszuarbeiten gilt.

II. Fazit

Im Rahmen der dargestellten einschlägigen zivilrechtlichen Rechtsprechung zur *limited* ist zu resümieren, dass die deutsche Judikatur ersichtlich bemüht ist, den Vorgaben des EuGH, welche dieser in Form seiner Entscheidungen zur Niederlassungsfreiheit von europäischen Gesellschaften statuiert hat, ganzheitlich gerecht zu werden. Die nationale Judikatur scheint den erheblichen Umbruch, der im Hinblick auf die Umstellung auf die überwiegend geltende Gründungstheorie unter Beibehaltung der modifizierten Sitztheorie für bestimmte Drittstaaten im deutschen Rechtssystem stattgefunden hat, verhältnismäßig gut überstanden und in der Entscheidungsfindung umgesetzt zu haben. Dies gilt umso mehr für solche Friktionen, die im Gesellschafts- und Insolvenzrecht zu verorten sind. Der BGH hat sich im Hinblick auf § 64 Abs. 2 GmbHG a. F., der – wie bereits erwähnt – im Wesentlichen dem § 64 S. 1 GmbHG n. F. entspricht, auf eine auch diesseits vertretene, insolvenzrechtliche Qualifikation festgelegt, die durch die von dem LG

Darmstadt[690] bewirkte Vorlage-Entscheidung des EuGH vom 04. Dezember 2014 bereits mittelbar angekündigt und mit Urteil des EuGH vom 10. Dezember 2015 vollumfänglich bekräftigt wurde.

Indem das in § 64 S. 1 GmbHG n. F. geregelte Zahlungsverbot an die insolvenzrechtlich definierte Insolvenzreife mit Einführung durch das *MoMiG* angeknüpft worden ist, führt letztlich auch dies zu einer entsprechenden insolvenzrechtlichen Anwendung, da auch hier über Artt. 3, 4 EuInsVO, § 335 InsO die *limited* erfasst wird. Der Standort der Norm im GmbHG spricht letztlich auch nicht gegen eine insolvenzrechtliche Einordnung, da für die international-privatrechtliche Qualifizierung *de facto* eine funktionale Betrachtung maßgeblich ist und darüber hinaus der Sinn der Norm, eine Verhinderung von Quotenschmälerungen, einen Bezug zum Insolvenzrecht herstellt.[691]

Die Rechtsprechungslinie des BGH steht im Einklang mit einer insolvenzrechtlichen Qualifikation der zivilrechtlichen Insolvenzantragspflicht und der dem Insolvenzrecht nahen, jedoch rechtlich über § 826 BGB dem Deliktsrecht zugeordneten zivilrechtlichen Existenzvernichtungshaftung, auf die im Bereich der Darstellung zu § 266 StGB noch dezidiert einzugehen sein wird.

Hinsichtlich der Einschränkung der Niederlassungsfreiheit durch die Grundsätze der „*Keck*"-Rechtsprechung des EuGH hat sich das *KG* als bislang höchste deutsche Rechtsinstanz erstmalig offensiv für eine entsprechende Heranziehung der „*Keck*"-Rechtsprechung ausgesprochen. Bemerkenswert ist in diesem Zusammenhang der Umstand, dass der BGH das KG in seiner Vorlage-Entscheidung vom 02. Dezember 2014 an den EuGH in einem neuralgischen Punkt zitiert. Indem dem Standpunkt des KG zur Maßgeblichkeit der Grundsätze in der Rechtssache „*Keck*" nicht widersprochen wird, war dies bereits zum Zeitpunkt der Vorlage an den EuGH als Bemühen des BGH zu verstehen, dem EuGH die Entscheidung in der Sache nicht vorwegzunehmen. Es könnte sich zumindest als stille Aufforderung des BGH an den EuGH dargestellt haben, sich im Rahmen seiner Entscheidungsfindung in der Rechtssache „*Kornhaas*" auch mit diesem

690 Vgl. *LG Darmstadt*, EuZW 2013, 560 (560); der *BGH*, ZWH 2015, 76 (78), verweist in seinem Vorlagebeschluss vom 02.12.2014 explizit darauf, dass sich seine Vorlage an den EuGH nicht wegen des Vorlagebeschlusses des LG Darmstadt vom 15.05.2013 erübrigt habe, da dieser allein die Zuständigkeit der deutschen Gerichte für eine Klage nach § 64 GmbHG betroffen habe; der Vorlagebeschluss des BGH vom 02.12.2014 habe dagegen die materiell-rechtliche Anwendbarkeit des § 64 GmbHG zum Gegenstand, so dass auch eine Überschneidung der Fachkreise nicht zu einer Entbehrlichkeit der Vorlage an den EuGH führe.

691 *Servatius*, in: Henssler/Strohn, GesR, Komm., IntGesR, S. 2720, Rn. 179.

schwergewichtigen Aspekt der Anwendbarkeit seiner „*Keck*"-Judikatur auf die Niederlassungsfreiheit für europäische Gesellschaften auseinanderzusetzen. Auch wenn der EuGH die „*Keck*"-Rechtsprechung in der Rechtssache „*Kornhaas*" nicht explizit im Rahmen der Urteilsbegründung aufgeführt hat, sind die getroffenen Kernaussagen eindeutig in einer Linie mit den Grundsätzen der „*Keck*"-Rechtsprechung des EuGH zu verstehen. Wie sich bereits gezeigt hat, hat sich die Rechtsfindung des EuGH in der Rechtssache „*Kornhaas*" als richtungsweisend für die Behandlung des deutschen Gesellschaftskollisions- und Insolvenzrechts dargestellt und eine weitere Konkretisierung der Auslegung englischen Rechts in der zivilrechtlichen Rechtsprechungspraxis in Deutschland - auch im Sinne der nachgelagerten unionsrechtskonformen Auslegung bei deutschen Straftatbeständen - bewirkt.

B. Die *limited* in der deutschen Strafrechtsprechung

Die konkreten Auswirkungen der zivilrechtlichen Rechtsprechung zu europäischen Kapitalgesellschaften - insbesondere im Bezug auf die *limited* - sind mittelbar zwischenzeitlich auch im wirtschaftsstrafrechtlichen Bereich spürbar und weisen somit auch für dieses Rechtsgebiet eine erhebliche Bedeutung auf. Dies stellt sich als Glücksfall dar. Schließlich ist die Judikatur im Bereich des deutschen (Wirtschafts-) Strafrechts bei der Bewertung strafrechtlicher Risiken der Geschäftsleiter ausländischer Kapitalgesellschaften bislang noch als unfertiges Mosaik anzusehen, das es im Folgenden kritisch zu beleuchten gilt.

I. Strafrechtliche Judikatur zur *limited*

Explizit sollen die zur *limited* bislang veröffentlichten Entscheidungen dargestellt werden. Es ist auffällig, dass die Anzahl der veröffentlichten Judikate in Anbetracht des seit bereits über einen Zeitraum von über 10 Jahren währenden Wirkens der *limited* im deutschen Inland überraschend übersichtlich ausfällt.

1. Die Entscheidung des AG Stuttgart vom 18. Dezember 2007 (Az. 105 Ls 153 Js 47778/05)

Das rechtskräftige Urteil des AG Stuttgart vom 18. Dezember 2007[692] stellt die erste (veröffentlichte) Entscheidung eines deutschen Strafgerichts dar, das sich mit der Frage der Strafbarkeit des *directors* einer englischen *limited* auseinanderzusetzen hatte.

---

692 *AG Stuttgart*, wistra 2008, 226 ff. mit Anm. *Schumann*, wistra 2008, 229 ff.

a. Sachverhalt

Der Angeklagte hatte sich im Bereich der Renovierungsorganisation nach aufgetretenen Brandschäden selbstständig gemacht und zu diesem Zweck zunächst eine GmbH gegründet, die jedoch im Jahr 2002 in Schieflage geraten und im Jahr 2003 schließlich in die Insolvenz gefallen war. In der Folgezeit hatte der Angeklagte versucht, die der gescheiterten GmbH bereits erteilten Aufträge zunächst einzelkaufmännisch und dann unter dem Mantel einer von ihm erworbenen *limited* als Komplementärin einer *limited & Co. KG* fortzuführen.[693] Dazu hatte er die KG im Handelsregister angemeldet, die Kommanditeinlage (in Höhe von lediglich 200,- EUR) indes nicht entrichtet. Als Komplementärin der KG fungierte die nach englischem Recht errichtete *limited*, die bereits Ende des Jahres 2003 als Vorratsgesellschaft ohne eigene Geschäftstätigkeit mit Sitz in London gegründet und entsprechend im *Companies House* eingetragen worden war. Das Stammkapital in Höhe von 10.000,- GPB, aufgeteilt in 10.000 Anteile zu je 1,- GPB, wurde – was nach englischem Recht auch nicht erforderlich ist – nicht in voller Höhe einbezahlt.[694] Vielmehr hielt der bei der *limited* als Mantelgesellschaft formell bestellte *director* seit der Gesellschaftsgründung den einzigen Anteil am Stammkapital im Nennwert von 1,- GBP. Dieser Anteil wurde aufgrund eines zwischen dem *director* und dem Angeklagten Mitte des Jahres 2004 geschlossenen Vertrages für diesen auch weiterhin in treuhänderischer Funktion vereinnahmt.[695] Die *limited* selbst entfaltete keine Geschäftstätigkeit in Großbritannien, sondern fungierte lediglich als Komplementärin der deutschen KG, in deren Geschäftsräumen in Deutschland sich auch die von dem Angeklagten geleitete Zweigniederlassung als faktische Hauptniederlassung der *limited* befand.[696]

Die KG war bereits bei Aufnahme ihrer Geschäftstätigkeit nahezu vermögenslos, so dass ihr einige Monate nach Eintragung in das Handelsregister – was dem Angeklagten auch bekannt war – bereits die Zahlungsunfähigkeit drohte.[697] Schließlich wurden von der KG geschuldete Sozialversicherungsbeiträge einschließlich der Arbeitnehmeranteile nicht mehr an die örtliche Krankenkasse abgeführt.[698] Da die KG über keine eigene Bankverbindung verfügte, erfolgten die Zahlungseingänge und -ausgänge auf Wunsch des Angeklagten über das pri-

---

693 *AG Stuttgart*, wistra 2008, 226 (227).
694 *AG Stuttgart*, wistra 2008, 226 (227 f.).
695 *AG Stuttgart*, wistra 2008, 226 (227 f.).
696 *AG Stuttgart*, wistra 2008, 226 (227 f.).
697 *AG Stuttgart*, wistra 2008, 226 (227).
698 *AG Stuttgart*, wistra 2008, 226 (227).

vate Konto des einzigen Kommanditisten der KG, wobei die Gebühren für dieses Bankkonto wiederum von dem Angeklagten bezahlt wurden.[699] Nach den Feststellungen des AG Stuttgart wurde der KG auf diese Weise in den Jahren 2004 und 2005 ein Betrag in Höhe von über 200.000,- EUR entzogen.[700] Gläubiger konnten auf dieses Privatkonto nicht zugreifen; weiterhin erfolgte nur eine auf willkürlichen Entscheidungen des Angeklagten beruhende teilweise Begleichung der Verbindlichkeiten der KG über dieses Privatkonto. Im Zeitraum 2004 und 2005 kam es nach den Feststellungen des AG Stuttgart allein zu Barabhebungen in Höhe von insgesamt 124.720,- EUR.[701]

Spätestens seit November 2004 war die KG zahlungsunfähig und – was dem Angeklagten ebenfalls bekannt war – zugleich auch überschuldet. Trotz einiger gegen die KG anhängiger Mahn- und Vollstreckungsverfahren und erfolgloser Vollstreckungsversuche durch Gesellschaftsgläubiger kam es zu Beginn des Jahres 2005 weiterhin zu Vereinnahmungen von für die KG bestimmten Zahlungen auf das Privatkonto durch den Angeklagten. Nach den Feststellungen des AG Stuttgart war auch die *limited* mit Eintritt der Überschuldung der KG im November 2004 überschuldet, da deren Verbindlichkeiten das (nicht vorhandene) Vermögen überstiegen und auch die *limited* ihre Zahlungen Anfang Dezember 2004 vollständig eingestellt hatte.[702] Eine Buchführung wurde von dem Angeklagten in diesem Zeitraum weder für die *limited* noch für die KG vorgenommen; ein entsprechender Insolvenzantrag wurde zu keinem Zeitpunkt gestellt.[703]

b. Rechtliche Würdigung des AG Stuttgart

Das AG Stuttgart verurteilte den Angeklagten wegen Untreue zum Nachteil der *limited* gemäß § 266 Abs. 1 StGB, wegen Insolvenzverschleppung zum Nachteil der KG gemäß §§ 177a, 130a Abs. 1, 130b HGB a. F., wegen vorsätzlichen Bankrotts zum Nachteil der KG als auch der *limit*ed gemäß § 283 Abs. 1 Nr. 5, 7b, Abs. 6 StGB, wegen Betrugs gemäß § 263 Abs. 1 StGB sowie wegen des Vorenthaltens von Arbeitsentgelt nach § 266a Abs. 1, 2, StGB i.V. mit § 14 Abs. 1 Nr. 1 StGB.[704]

---

699 *AG Stuttgart*, wistra 2008, 226 (227).

700 *AG Stuttgart*, wistra 2008, 226 (227).

701 *AG Stuttgart*, wistra 2008, 226 (227).

702 *AG Stuttgart*, wistra 2008, 226 (227 f.).

703 *AG Stuttgart*, wistra 2008, 226 (228 f.).

704 *AG Stuttgart*, wistra 2008, 226 (229). Nachfolgend werden ausschließlich diejenigen in den Entscheidungsgründen getroffenen rechtlichen Erwägungen des AG Stuttgart wiedergegeben, die sich auf die *limited* beziehen.

Das Gericht hatte den Tatbestand der Untreue zum Nachteil der *limited*[705] gemäß § 266 Abs. 1 StGB als erfüllt angesehen, da durch den Vermögensabzug zu Lasten der KG das Vermögen der *limited* schadensgleich gefährdet worden sei. Hierbei erfolgte eine Einordnung des Angeklagten im Rahmen der erforderlichen Vermögensbetreuungspflicht als faktischer Geschäftsführer, der im englischen Recht als *shadow director* dem förmlichen *director* gleichstehe.[706] Die Treuepflicht wurde aus dem englischen Recht hergeleitet. Insofern sei der *director* aufgrund des CA 1985 in der Fassung von 1989,[707] des IA 1986 und der diesbezüglich ergangenen Rechtsprechung dazu verpflichtet gewesen, den Gesellschaftserfolg und nicht den eigenen Erfolg zu fördern, so dass die durch den Angeklagten vorgenommenen für die *limited* existenzgefährdenden Handlungen eine entsprechende Pflichtverletzung darstellten.[708]

Im Hinblick auf die Bankrottstrafbarkeit des *directors* stellte das Amtsgericht fest, dass der Angeklagte gegen die für ihn bestehende Verpflichtung nach §§ 238 ff. HGB verstoßen habe, die Bücher der *limited* zu führen und eine Bilanz über das Vermögen der Gesellschaft nach den Vorschriften des HGB zu erstellen.[709] In diesem Kontext ordnete das AG Stuttgart die Stellung des Angeklagten als vergleichbar mit der eines faktischen Geschäftsführers ein und warf selbst die Fragestellung auf, inwiefern bei den von § 283 Abs. 1 Nr. 5, 7b StGB in Bezug genommenen handelsrechtlichen Vorschriften bei wirtschaftlicher Betätigung einer in Deutschland tätigen *limited* auf deutsches Handelsrecht abzustellen sei.[710] Für eine Anwendung deutscher handelsrechtlicher Vorschriften könnten nach den Ausführungen des Gerichts praktische Gründe sprechen, da die hiesige Rechtspraxis mit den englischen Vorschriften nicht vertraut und der englischen Gesellschaft die Anwendung und Einhaltung der deutschen Vorschriften zuzumuten sei.[711] Gleichzeitig wurde jedoch in Erwägung gezogen, dass die Verpflichtung zu einer doppelten Rechnungslegung und die damit einhergehende Doppelbelastung der englischen Gesellschaft zu einer Beeinträchtigung der Niederlassungsfreiheit

705 Eine Untreue zum Nachteil der KG hatte das AG Stuttgart hingegen nicht feststellen können, vgl. *AG Stuttgart*, wistra 2008, 226 (229).

706 *AG Stuttgart*, wistra 2008, 226 (229).

707 Es handelte sich hierbei um den gesetzlichen Vorläufer des heute in England geltenden CA 2006.

708 *AG Stuttgart*, wistra 2008, 226 (229).

709 *AG Stuttgart*, wistra 2008, 226 (229).

710 *AG Stuttgart*, wistra 2008, 226 (229).

711 *AG Stuttgart*, wistra 2008, 226 (229).

europäischer Unternehmen führen könne.[712] Letztlich wählte das Gericht den vermeintlich eleganten Weg, indem es dahinstehen ließ, nach welcher Rechtsordnung, der deutschen oder der englischen, der *director* seinen Pflichten zuwider gehandelt habe, da nach beiden Rechtsordnungen jedenfalls ein Pflichtenverstoß vorliege.[713]

c. *Stellungnahme*

Das Urteil des AG Stuttgart ist unter Berücksichtigung verschiedener Aspekte bemerkenswert. Mit der vorstehend dargestellten Entscheidung befasste sich erstmals – soweit veröffentlicht – ein deutsches Gericht mit der Frage, unter welchen Umständen sich der *director* einer in Deutschland agierenden *limited* strafbar machen kann.[714] Dabei beinhaltete der Sachverhalt das breite Spektrum potentiell einschlägiger und in der Praxis äußerst relevanter wirtschaftsstrafrechtlicher Delikte. Ohne vorgreifen zu wollen, sind einige in der Entscheidung enthaltene Aussagen bereits jetzt problematisierend aufzuwerfen.

Zunächst ist anzumerken, dass das Gericht bei der Prüfung der Straftatbestände der Untreue nach § 266 Abs. 1 StGB sowie des Bankrotts gemäß § 283 Abs. 1 Nr. 5, 7b i.V. mit Abs. 6 StGB die Rechtsfiguren des faktischen Geschäftsführers im englischen Recht (*de facto directors*) sowie des *shadow directors* durcheinanderwirft. Hier bestehen jedoch relevante Unterschiede bei der Einordnung der verschiedenen Formen der Geschäftsleiter einer *limited*, die für die Bestimmung der tauglichen Täterqualität im strafrechtlichen Bereich Bedeutung erlangen können.

Sofern der Tatbestand der Untreue zum Nachteil der *limited* nach § 266 Abs. 1 StGB als erfüllt angesehen wird, stellt das Gericht – sofern die Pflichten gesellschaftsrechtlicher Natur sind – zutreffend auf das grundsätzlich anwendbare englische Gesellschaftsrecht als Recht des Gründungsstaates ab, aus dem sich dann die jeweiligen Handlungspflichten des *directors* herleiten. Teilweise wird diesbezüglich eingewandt, das Amtsgericht habe insbesondere im Rahmen des § 266 StGB und unter Heranziehung[715] der Grundsätze der zivilrechtlichen Existenzvernichtungs-

---

712 *AG Stuttgart*, wistra 2008, 226 (229).

713 *AG Stuttgart*, wistra 2008, 226 (229).

714 Umso mehr verwundert es, dass die Entscheidung zunächst nur schleppend Einzug in die strafrechtliche Kommentierung gefunden hatte und – soweit ersichtlich – lediglich im Rahmen einer Entscheidungsanmerkung von *Schumann*, wistra 2008, 209 ff., ausgiebig besprochen wurde.

715 Das AG Stuttgart, wistra 2008, 226 (229) stellte dabei auf die zivilrechtliche Existenzvernichtungshaftung des BGH aus dem Jahre 2011 ab, vgl. BGHZ 149, 10 ff., obwohl die Entscheidung des BGH in Sachen „*TRIHOTEL*“ und der damit einhergehende

haftung des BGH und der darauf gründenden Anwendung des existenzgefährdenden Eingriffs das Recht beider Rechtsordnungen vermischt ohne dies weiter auszuführen.[716] Ob und inwiefern der existenzgefährdende Eingriff im Rahmen der Untreuestrafbarkeit des § 266 StGB auf eine europäische Kapitalgesellschaft wie die *limited* nach der EuGH-Rechtsprechung zur Niederlassungsfreiheit europäischer Kapitalgesellschaften überhaupt anwendbar ist, unterlässt das Gericht vollständig zu prüfen.

Im Rahmen der – vom Amtsgericht als ebenfalls erfüllt erachteten – Straftatbestände der §§ 263, 266a StGB wurde von Seiten des Gerichts auf weitere rechtliche Ausführungen verzichtet. Ob dies auch aus europarechtlicher Sichtweise derart einfach möglich ist, ist an diesem Punkt der Arbeit noch als fraglich anzusehen und wird noch näher beleuchtet werden.

Soweit das Amtsgericht eine Bankrottstrafbarkeit des *directors* feststellt, ist zunächst das diesbezügliche Problembewusstsein hervorzuheben, da das Problem der grundsätzlichen Anwendbarkeit des Bankrottstraftatbestands in Bezug auf ausländische Kapitalgesellschaften im Rahmen der Entscheidungsgründe zumindest thematisiert worden ist. Die insoweit richtig aufgeworfene Kernfrage, inwiefern bei den von § 283 Abs. 1 Nr. 5, 7b StGB normierten handelsrechtlichen Vorschriften bei wirtschaftlicher Betätigung einer in Deutschland tätigen *limited* auf deutsches Handelsrecht abzustellen sei, hat das Gericht nicht abschließend beantwortet. Letztlich hat es lediglich festgestellt, dass der *director* nach beiden Rechtsordnungen, der deutschen und der englischen, seinen Pflichten zuwidergehandelt habe. Ob die Verwirklichung des Straftatbestandes gemäß § 283 Abs. 1 Nr. 5, 7b StGB in der vorliegenden Fallkonstellation überhaupt möglich ist, hat das Gericht gar nicht thematisiert. Trotz dieser Lücken – so wurde die verfassungsrechtliche Problematik der Fremdrechtsanwendung im Strafrecht mit keinem Wort erwähnt[717] – hat das Gericht einen ersten wichtigen Beitrag zur Rechts-

---

Wandel in der Rechtsprechungslinie des BGH bereits am 16. Juli 2007 – und damit circa fünf Monate vor der amtsgerichtlichen Urteilsverkündung am 18. Dezember 2007 – ergangen war.

716 *Altenhain/Wietz*, NZG 2008, 569 (571); *Peukert*, S. 127, führt dazu aus, dass das Amtsgericht unzulässigerweise eine Vermögensbetreuungspflicht auch auf deutsche Vorschriften gestützt habe. Dieser übersieht jedoch in diesem Zusammenhang, dass – sofern man die Anwendung der zivilrechtlichen Existenzvernichtungshaftung und die damit korrespondierende strafrechtlich relevante Existenzgefährdung auf eine englische *limited* bejaht, auf deutsche Vorschriften, nämlich die der Existenzvernichtungshaftung, zurückgegriffen werden könnte.

717 So auch *Peukert*, S. 127

findung und -fortbildung im deutschen Rechtssystem geleistet, indem es die Frage aufgeworfen hat, inwiefern bei einer englischen Gesellschaft Bankrottstraftaten, welche die Buchführungspflichten betreffen, zur Anwendung gelangen können bzw. ob dies nicht zu einer ungerechtfertigten Beeinträchtigung der Niederlassungsfreiheit führen könnte.

2. *Die Entscheidung des BGH vom 13. April 2010 (Az. 5 StR 428/09)*

Mit Urteil vom 13. April 2010[718] hatte der 5. Strafsenat des BGH erstmalig über die Strafbarkeit des *directors* einer *limited* zu entscheiden. Im Hinblick auf die Rechtsform der *limited* handelt es sich um die bislang einzige höchstinstanzliche Entscheidung in Strafsachen.

Der Entscheidung des BGH war ein Strafverfahren vor dem LG Hamburg vorangegangen, in dem der *director* einer *limited* nach dem Recht der British Virgin Islands wegen Untreue nach § 266 StGB angeklagt gewesen war. Das LG Hamburg hatte diesen letztendlich aus rechtlichen Gründen freigesprochen. Auf die von der Staatsanwaltschaft Hamburg eingelegte Revision hob der BGH das Urteil des LG Hamburg vom 13. März 2009 mit seinen Feststellungen auf und verwies die Sache zu neuer Verhandlung und Entscheidung an eine Wirtschaftsstrafkammer des LG Hamburg zurück.[719]

a. *Sachverhalt*

Der dieser Entscheidung zugrundeliegende Sachverhalt ist an Internationalität schwerlich zu übertreffen. Im Kern wurde gegen den Angeklagten der Tatvorwurf der Untreue nach § 266 StGB aufgrund der Tatsache erhoben, dass er als *director* einer *limited* im Jahre 2007 von seinem Wohnsitz in Hamburg aus im Wege des Onlinebankings von einem Konto der Gesellschaft zu seinen Gunsten eine Überweisung vorgenommen haben sollte, ohne dazu berechtigt gewesen zu sein.[720]

Dem lag ein interessantes wirtschaftsstrafrechtsrelevantes Geschehen zugrunde. So hatten der Angeklagte und eine weitere Person, ein in diesem Verfahren als geschädigter Mitgesellschafter auftretender Zeuge, bereits im Jahre 2002 beschlossen, hochwertige Unterhaltungselektronik eines dänischen Herstellers aus Deutschland nach Russland und in andere Nachfolgestaaten der früheren Sowjetunion unter Umgehung dortiger Einfuhr-, Umsatz- sowie Er-

718 *BGH*, NStZ 2010, 632 ff.
719 *BGH*, NStZ 2010, 632 (633).
720 *BGH*, NStZ 2010, 632 (633).

tragssteuern zu exportieren.[721] Um dies in die Praxis umsetzen zu können und zur Verschleierung der tatsächlichen Unternehmensstrukturen gründeten sie mit Hilfe eines in Belgien ansässigen Agenten die mit ihrem satzungsmäßigen Sitz in Tortola befindliche *limited* nach dem Recht der British Virgin Islands. Die Satzung der Gesellschaft umfasste dabei umfangreiche Statuten mit zahlreichen Klauseln und wurde in das dortige Handelsregister eingetragen. Gesellschafter zu gleichen Anteilen und *directors* der Gesellschaft waren der Angeklagte und der später „Geschädigte".[722]

Im Rahmen ihrer Geschäftstätigkeit war die *limited* von Beginn an regulärer Vertragspartner eines dänischen Elektronik-Herstellers, wobei die geschäftlichen Umsätze über ein dänisches Kreditinstitut und über in Kopenhagen und Hamburg geführte Bankkonten erfolgten. Der Angeklagte bestellte bei dem Hersteller regelmäßig die Ware über das Internet und kontrollierte den Versand nach Hamburg sowie den anschließenden Export, insbesondere nach Russland.[723] Über eine weitere von den beiden Gesellschaftern ebenfalls gegründete Gesellschaft erfolgte sodann der Verkauf der Produkte in Russland, wobei von den Umsätzen in der Folgezeit planmäßig nur etwa 40 % verbucht und die darüber hinausgehenden erheblichen „Schwarzeinnahmen" in bar gesammelt wurden.[724] Das Bargeld wurde in Plastiktüten in angemieteten Bankschließfächern in Moskau verwahrt; so sammelte sich im Jahre 2007 ein Betrag in Höhe von insgesamt etwa 10 Millionen EUR an, der – so war der originäre Tatplan – später zwischen dem Angeklagten und dem zweiten Mitgesellschafter gleichberechtigt aufgeteilt werden sollte.[725]

Da der Mitgesellschafter im Jahre 2007 dem Angeklagten die Kontrolle über die gemeinsam „erwirtschafteten" Einnahmen – namentlich durch Änderung der Verkaufsorganisation und Neubesetzung wichtiger Positionen mit Mitarbeitern seines Vertrauens – erschwert hatte, kam es zu einem Zerwürfnis zwischen beiden Gesellschaftern.[726] In der Folgezeit, im Sommer des Jahres 2007, begann der andere Gesellschafter nun, Bargeld in Höhe von mehreren Millionen EUR aus den „gemeinsamen Töpfen des Firmenkonstrukts" für eigene Zwecke zu verwenden, ohne den Angeklagten darüber zu informieren.[727] Nachdem der Angeklagte von Dritten davon in Kenntnis gesetzt worden war und sein Mitgesellschafter

721 *BGH*, NStZ 2010, 632 (633).
722 *BGH*, NStZ 2010, 632 (633).
723 *BGH*, NStZ 2010, 632 (633).
724 *BGH*, NStZ 2010, 632 (633).
725 *BGH*, NStZ 2010, 632 (633).
726 *BGH*, NStZ 2010, 632 (633).
727 *BGH*, NStZ 2010, 632 (633).

ihn vergeblich „aufgefordert“ hatte, gegen eine Zahlung von 500.000,- EUR aus dem gemeinsamen Unternehmen auszuscheiden, entschloss sich der Angeklagte, Transaktionen zu seinen Gunsten von den Bankkonten der *limited* vorzunehmen und überwies im November 2007 von Hamburg aus einen Gesamtbetrag in Höhe von etwa 1,8 Millionen EUR von den Konten der *limited* auf seine privaten Konten in Österreich; weitere angewiesene Beträge konnten am Folgetag auf Intervention des Mitgesellschafters noch zurückgebucht werden.[728]

Das LG Hamburg hatte sich als Vorinstanz nicht von einer dem Angeklagten obliegenden Vermögensbetreuungspflicht im Sinne des § 266 StGB gegenüber der *limited* überzeugen können. Dabei stellte sich das Gericht auf den Standpunkt, die Statuten der *limited* hätten keine Treuepflicht begründen können, da sie niemals echte Rechte zwischen der *limited* und deren Geschäftsführern und Gesellschaftern sowie der Gesellschafter untereinander begründen sollten. Bei der Gesellschaft habe es sich vielmehr um „ein pseudolegales Scheinkonstrukt“ gehandelt, dem „keinerlei Bedeutung im Sinne eines echten kaufmännischen Betriebes zukommen sollte“.[729] Zudem habe einer Verurteilung des Angeklagten die fehlende Rechtsfähigkeit der *limited* entgegengestanden, die als „Off-Shore-Firma“ keinen Sitz in der EU unterhalten habe und deren Überweisungen an den dänischen Elektronik-Hersteller von Moskau aus veranlasst worden seien. So sei das Handeln des Angeklagten jedenfalls durch Notwehr gerechtfertigt gewesen, da sein Mitgesellschafter sich das erwirtschaftete und zur Hälfte dem Angeklagten zustehende Vermögen „zugeeignet“ habe und unmittelbar davorgestanden habe, dem Angeklagten den Zugriff auf das Bankkonto der *limited* zu entziehen.[730]

b. Rechtliche Würdigung des BGH

Der BGH hob den Freispruch des Angeklagten vom Vorwurf der Untreue auf, da die (lückenhaften) Feststellungen des LG Hamburg eine revisionsgerichtliche Überprüfung einer dem Angeklagten gegenüber der *limited* obliegenden Vermögensbetreuungspflicht nicht ermöglichten und verwies die Sache angesichts des grenzüberschreitenden Unternehmensgeflechts an eine Wirtschaftsstrafkammer zurück.

In seiner Entscheidung bejahte der BGH zunächst die Anwendbarkeit des deutschen Rechts nach § 9 Abs. 1 StGB, da durch die in Hamburg getätigten

---

728 *BGH*, NStZ 2010, 632 (633).
729 *BGH*, NStZ 2010, 632 (633).
730 *BGH*, NStZ 2010, 632 (633).

Überweisungen ein inländischer Handlungsort gemäß § 9 Abs. 1 StGB vorliege.[731] Sodann monierte der BGH die Unvollständigkeit der landgerichtlichen Feststellungen zum Innenverhältnis der Gesellschaft als möglicher Vermögensinhaberin und dem Angeklagten als möglichem Betreuer ihrer Vermögensinteressen, da jede Darstellung und Würdigung der Gesellschaftsverhältnisse und der Satzung am „*International Business Companies Act der British Virgin Islands*"[732] fehle.[733]

Nahezu schulbuchmäßig führte der BGH weiter aus, dass der Straftatbestand der Untreue nach § 266 Abs. 1 StGB für den Missbrauchs- wie für den Treubruchtatbestand voraussetze, dass der Täter fremde Vermögensinteressen von einiger Bedeutung zu betreuen habe, wobei das Treueverhältnis insbesondere auf Gesetz, behördlichem Auftrag oder Rechtsgeschäft beruhen könne.[734] Der nähere Inhalt – und damit auch die Bestimmung einer möglichen Verletzung von Vermögensbetreuungspflichten – ergebe sich regelmäßig aus dem allgemeinen Zivil- oder auch Gesellschaftsrecht.[735] Eine konkrete Pflichtenstellung des Organs einer Gesellschaft könne namentlich aus der Satzung wie auch aus gesellschaftsrechtlichen Regelungen zum Schutz des Gesellschaftsvermögens abzuleiten sein.[736]

Von der diesbezüglichen Prüfung habe das LG Hamburg nicht etwa deshalb absehen dürfen, weil es sich bei der *limited* um eine Gesellschaft handelte, die nach dem Recht der British Virgin Islands gegründet worden und nach den Urteilsfeststellungen dazu bestimmt gewesen sei, als Teil eines auf Hinterziehung russischer Einfuhrabgaben gerichteten Unternehmensgeflechts zu agieren.[737] Es habe sich vielmehr um eine nach den Vorgaben des maßgebenden IBC Act gegründete und damit um eine rechtsfähige Gesellschaft gehandelt. Der BGH begründete dies unter Heranziehung der EuGH-Rechtsprechung zu der Rechtssache „*Inspire Art*", wonach eine Anwendung der Gründungstheorie für diejenigen Auslandsgesellschaften erfolge, die in einem EU- oder EWR-Mitgliedstaat oder in einem mit diesen aufgrund Staatsvertrages in Bezug auf die Niederlassungsfreiheit gleichgestellten Staat gegründet worden seien, so dass die Rechtsfähigkeit einer regulären Gesellschaft und selbst einer sog. „Briefkastengesellschaft" unabhängig von ihrem Verwaltungssitz nach demjenigen Recht, nach dem sie gegründet

---

731 *BGH*, NStZ 2010, 632 (633).

732 Im Folgenden soll diesbezüglich die auch vom BGH verwendete Abkürzung: „*IBC Act*" Verwendung finden.

733 *BGH*, NStZ 2010, 632 (633).

734 *BGH*, NStZ 2010, 632 (633).

735 *BGH*, NStZ 2010, 632 (633).

736 *BGH*, NStZ 2010, 632 (633).

737 *BGH*, NStZ 2010, 632 (633).

worden sei, zu beurteilen wäre.[738] Hierbei führte der BGH weiterhin aus, dass die British Virgin Islands nach Artt. 198, 199 Nr. 5, Art. 203 AEUV in Verbindung mit Anhang II[739] in den Geltungsbereich der insoweit für die überseeischen Gebiete assoziationsrechtlich modifizierten Niederlassungsfreiheit nach Artt. 49, 54 AEUV einbezogen seien.[740]

Nach Ansicht des BGH war aus den landgerichtlichen Feststellungen nicht ersichtlich, aus welchen rechtlichen Vorgaben – dem Gründungs- oder dem Sitzstatut – sich eine faktische Nicht-Existenz der Gesellschaft ergeben sollte, die angesichts der beschränkten Möglichkeiten, einer EU-Auslandsgesellschaft wegen eines Missbrauchsvorwurfs die formale Existenz abzusprechen, auch unter Beachtung assoziationsrechtlicher Besonderheiten nach Art. 203 AEUV ohnehin fernlägen.[741] Ein missbräuchliches Ausnutzen der assoziationsrechtlich modifizierten Niederlassungsfreiheit durch Umgehung mitgliedstaatlicher Bestimmungen oder das Erschleichen einer Rechtsstellung sei ebenso wenig ersichtlich, da die Gesellschaft in den Jahren 2002 bis 2007 als Vertragspartner des dänischen Elektronik-Herstellers durch das von ihr von Deutschland aus betriebene Handelsgeschäft eine effektive wirtschaftliche Geschäftstätigkeit ausgeübt und über ein erhebliches Gesellschaftsvermögen in Höhe von rund 3,2 Millionen USD verfügt habe.[742] Eine vom Angeklagten beabsichtigte, nicht ordnungsgemäße Fakturierung der Waren und die dadurch bedingte Verkürzung der russischen Einfuhrabgaben, lege für sich keine Umgehung gemeinschaftsrechtlicher oder deutscher Regelungen nahe.[743]

Zur konkreten Bestimmung des Tatbestandsmerkmals der Pflichtwidrigkeit im Rahmen der Untreue nach § 266 Abs. 1 StGB machte der BGH rechtliche Ausführungen, die nachfolgend aufgrund der übergeordneten Bedeutung für die strafrechtlichen Risiken des *directors* einer *limited* im vollständigen Wortlaut wiedergegeben werden:

> *„Im Falle einer Limited als EU-Auslandsgesellschaft ist zur Bestimmung der Pflichten des „Director“ im Rahmen des § 266 Abs. 1 StGB auf das ausländische Gesellschaftsrecht zurückzugreifen. (…) Eine entsprechende Anwendung deutschen Gesellschaftsrechts kommt nicht in Betracht (…). Abgesehen davon, dass einer solchen Interpretation das strafrechtliche Analogieverbot widerstreiten könnte, stehen ihr die Rechtsprechung des Europäischen*

---

738 *BGH*, NStZ 2010, 632 (633).
739 *ABl.* 2008, C 115/47, 137 – AEUV.
740 *BGH*, NStZ 2010, 632 (633).
741 *BGH*, NStZ 2010, 632 (633 f.).
742 *BGH*, NStZ 2010, 632 (634).
743 *BGH*, NStZ 2010, 632 (634).

Gerichtshofs, welche die Anwendung des Gründungsrechts der Gesellschaft vorschreibt, der eindeutige Wortlaut der relevanten Vorschriften (vgl. nur § 84 GmbHG) sowie das Fehlen einer Regelungslücke entgegen (...). (...) Die gebotene Anwendung des Gründungsstatuts einer EU-Auslandsgesellschaft bei der Bestimmung pflichtwidrigen Handelns ihres „Director" ist auch mit dem verfassungsrechtlich garantierten Bestimmtheitsgebot vereinbar (Art. 103 Abs. 2 GG). Aus dem Untreuetatbestand lassen sich für beide Tatbestandsalternativen noch vollständige abstraktgenerelle Verhaltensnormen ableiten (...). Welches Verhalten in Bezug auf die Betreuung fremden Vermögens pflichtwidrig ist, regelt die Strafbestimmung zwar nicht selbst; sie eröffnet aber über das normative Tatbestandsmerkmal der Pflichtwidrigkeit die Möglichkeit einer einfachgesetzlichen oder auch privatautonomen Konkretisierung, namentlich durch Satzung oder Vertrag (...). Diese außerstrafrechtlichen Regelungen – gegebenenfalls auch ausländischen Rechts – entscheiden damit nicht selbst über den tatbestandsmäßigen Erfolg und die ihn herbeiführende Handlung, sondern schaffen lediglich die – für sich genommen strafrechtlich wertungsfreie und ihrerseits nicht dem Bestimmtheitsgebot unterstehende – Grundlage für eine anschließende untreue-spezifische Präzisierung (...). Bedenken unter dem Aspekt der Vorhersehbarkeit des Strafbarkeitsrisikos bestehen nicht. Für die Bestimmung der Fremdheit einer Sache ist die Anwendung ausländischen Rechts anerkannt (...). Eine Anwendung des ausländischen Gesellschaftsrechts im Rahmen des § 266 Abs. 1 StGB greift über diese anerkannten Grundsätze nicht hinaus. Der Senat teilt insoweit nicht die von Teilen der Literatur mit Blick auf das Demokratieprinzip erhobenen Bedenken (...). Denn Bedeutung und Tragweite der hinreichend bestimmten Strafvorschrift bleiben durch diesen zur Pflichtenbestimmung heranzuziehenden Maßstab unberührt (...). (...) Aus alledem folgt, dass die Strafkammer die maßgeblichen Vorschriften des ausländischen Rechts, insbesondere den IBC Act, sowie die Satzungen, gegebenenfalls auch weitere Abreden berücksichtigen und anhand dieses Maßstabs Feststellungen hätte treffen müssen. Vor diesem Hintergrund hätte das Landgericht – auch im Blick auf mögliche Ansprüche Dritter gegen die Limited – einen „Durchgriffsanspruch" gegen die Gesellschaft unmittelbar prüfen müssen, der sich aus einem möglichen Auseinandersetzungsanspruch gegen seinen Mitgesellschafter ableiten und einen Vermögensnachteil in Frage stellen könnte."[744]

Im Anschluss daran verneinte der BGH den vom LG Hamburg herangezogenen Rechtfertigungsgrund der Notwehr (!) gemäß § 32 StGB bzw. einen etwaigen Rechtfertigungsgrund des Notstands oder der Selbsthilfe, da von der *limited* zu keinem Zeitpunkt ein unmittelbarer Angriff auf Rechtsgüter des Angeklagten ausgegangen sei und es – abgesehen von einem Verteidigungswillen – auch an einer Erforderlichkeit der Verteidigungshandlung gefehlt habe, da nicht ersichtlich sei, dass mildere, insbesondere zivilprozessuale Maßnahmen vom Angeklagten zuvor ausgeschöpft worden seien.[745]

---

744 *BGH*, NStZ 2010, 632 (634).
745 *BGH*, NStZ 2010, 632 (634).

Im Hinblick auf eine etwaig anzuberaumende Hauptverhandlung vor der mit der Sache neu befassten Wirtschaftsstrafkammer traf der BGH für die Beurteilung der subjektiven Tatseite des § 266 StGB noch eine „höchstvorsorgliche“[746] Feststellung. Bei einer – aus seiner Sicht nicht unwahrscheinlichen – Feststellung einer pflichtwidrigen Handlung des Angeklagten und des Bestehens eines Vermögensnachteils hänge die Strafbarkeit letztlich von der subjektiven Tatseite ab.[747] Hier statuierte der BGH ausdrücklich, dass bei einem internationalen Handelsgeschäft, das in nicht nur geringem Umfang von erfahrenen Kaufleuten über einen längeren Zeitraum hinweg und bei gleichzeitiger bewusster Unterwerfung unter fremdes Recht betrieben wird, Zweifel am Wissen um die durch ausländisches Recht konstituierten Pflichten nicht aufzukommen brauchen.[748]

Aus prozessualer Sicht stellte der BGH zum Schluss der Entscheidung – und dies ist an dieser Stelle hervorzuheben – pauschal fest, dass „*Gegenstand des Verfahrens (...) eine eigenmächtig vorgenommene Beuteteilung unter ausländischen Straftätern nahezu ohne Inlandsbezug*“ gewesen sei, so dass dies vor diesem Hintergrund einen überaus schonenden Einsatz justizieller Ressourcen durch die Strafverfolgungsbehörden angezeigt erscheinen lasse und dementsprechend alsbaldige Einstellungsmöglichkeiten zu erwägen seien.[749]

c. *Stellungnahme*

Die Entscheidung des BGH ist als erste höchstinstanzliche Entscheidung im Hinblick auf potentielle Strafbarkeitsrisiken des *directors* einer *limited* richtungsweisend[750] und fand in der vornehmlich strafrechtlichen Literatur – auch als „Meilenstein auf dem Weg zur Internationalisierung des Strafrechts“[751] bezeichnet – eine entsprechend große Beachtung,[752] schließlich war es nur eine Frage der Zeit, wann dem BGH ein derartiger Sachverhalt zur gerichtlichen Entscheidung vorliegen würde.

---

746 *BGH*, NStZ 2010, 632 (635).
747 *BGH*, NStZ 2010, 632 (635).
748 *BGH*, NStZ 2010, 632 (635).
749 *BGH*, NStZ 2010, 632 (634).
750 *Radtke*, NStZ 2011, 556 (556).
751 *Wegner*, GWR 2010, 303754.
752 So etwa – ohne Erhebung des Anspruchs auf Vollständigkeit: *Beckemper*, ZIS 2010, 554 ff.; *Kraatz*, JR 2011, 58 ff.; *Hoffmann*, StRR 2011, 431 f.; *Radtke* NStZ 2011, 556 ff.; *Wegner*, GWR 2010, 303754; *Schlösser/Mosiek*, HRRS 2010, 424 ff.; *Mankowski/Bock*, GmbHR 2010, 822 f.; *Schramm/Hinderer*, ZIS 2010, 494 ff.; *Knierim*, FD-StrafR 2010, 304011.

Zutreffend ist zunächst die Feststellung des BGH, dass die nach dem Recht der British Virgin Islands gegründete Gesellschaft auch als reine „Briefkastengesellschaft" – oftmals auch als „Quasi-EU-Auslandsgesellschaft"[753] tituliert – nach Artt. 198, 199 Nr. 5, Art. 203 AEUV in Verbindung mit Anhang II[754] in den Geltungsbereich der insoweit für die überseeischen Gebiete assoziationsrechtlich modifizierten Niederlassungsfreiheit nach Artt. 49, 54 AEUV einzubeziehen ist.[755] Daraus ergibt sich letztlich auch die große Bedeutung dieser Entscheidung, da festgestellt wird, dass im Rahmen der Beurteilung der Tatbestandsmäßigkeit des § 266 Abs. 1 StGB bei einer *limited* als EU-Auslandsgesellschaft zur konkretisierenden Bestimmung der spezifischen, im Ergebnis pflichtwidrigen oder pflichtgemäßen Handlungen des *directors* auf das ausländische Gesellschaftsrecht zurückzugreifen ist und eine Anwendung des deutschen Gesellschaftsrechts in derartigen Fällen auszuscheiden hat. Betrüblicherweise hat es der BGH in diesem Kontext unterlassen, sich vertieft mit dem Recht der British Virgin Islands auseinanderzusetzen,[756] so dass nicht auszuschließen ist, dass für den Angeklagten ggfs. sogar ein Anspruch auf die von ihm angewiesenen Geldbeträge bestanden haben könnte.[757] Schließlich hatte der BGH ergänzend angemerkt,[758] dass das LG Hamburg hätte prüfen müssen, ob nicht etwa ein „Durchgriffsanspruch" unmittelbar gegen die Gesellschaft bestanden habe, woraus möglicherweise ein Auseinandersetzungsanspruch gegen den Mitgesellschafter abzuleiten sei, so dass ein Vermögensnachteil im Sinne des § 266 Abs. 1 StGB damit in Frage gestellt werden könnte. Dies steht in engem Zusammenhang mit der zwischen der strafrechtlichen Literatur und Rechtsprechung kontrovers diskutierten sog. „Ganovenuntreue".[759]

---

753 So *Schramm/Hinderer*, ZIS 2010, 494 (496).

754 *ABl.* 2008, C 115/47, 137 – AEUV.

755 *BGH*, NStZ 2010, 632 (633).

756 So führt *Bittmann*, wistra 2010, 303, zu Beginn seiner Entscheidungsanmerkung dezent provokativ aus: „*Was kümmert die Strafkammer exotisch anmutendes Recht?*"

757 Vgl. dazu *Kraatz*, JR 2011, 58 (61 f.), der das Recht der British Virgin Islands informativ darstellt und – wie der BGH auch – im Ergebnis zu dem Schluss gelangt, dass den *director* der *limited* auch nach dieser Rechtsordnung vergleichbare Treuepflichten (*fiduciary duties*) wie den *director* einer nach „regulärem" englischen Recht gegründeten *limited* treffen, jedoch in dem zur Entscheidung stehenden Sachverhalt nicht auszuschließen gewesen sei, dass der Angeklagte selbst den Durchgriffsanspruch gegen die Gesellschaft hätte verwirklichen können. Ein entsprechender Vermögensnachteil läge dann nicht vor, so dass eine Strafbarkeit nach § 266 StGB ausscheiden müsste.

758 *BGH*, NStZ 2010, 632 (634).

759 *Beckemper*, ZIS 2010, 554 (555) m.w.N.

In einem solchen Fall kann es grundsätzlich fraglich sein, ob eine Betreuungspflicht jedenfalls bei dem Vorliegen einer gesetzes- oder sittenwidrigen Absprache ausscheidet, wobei die Rechtsprechung eine Untreuestrafbarkeit etwa dann bejaht, wenn der Täter Gelder, die aus Bestechungshandlungen herrühren, absprachewidrig verwendet, da letztlich auch unter Ganoven kein rechtsfreier Raum entstehen dürfe.[760] In diese Richtung hatte auch das LG Hamburg argumentiert, dem hat der BGH allerdings eine klare Absage erteilt.

Die Ausführungen des entscheidenden 5. Strafsenats des BGH zur Fremdrechtsanwendung und den damit verbundenen Fragestellungen zum verfassungsrechtlichen Bestimmtheitsgrundsatz, dem Vorbehalt des Parlamentsgesetzes und dem womöglich betroffenen Rechtstaatsprinzip geraten indes bei *„gerade einmal 3 knappen Randnummern“*[761] in der Tat verhältnismäßig dürftig,[762] so dass dieser Themenkomplex im weiteren Verlauf der Arbeit noch weiter betrachtet werden muss.

Eine derart kurze Behandlung dieses rechtlich nicht unproblematischen Bereichs in der Rechtsprechung des BGH verwundert nicht. So hatte der 2. Strafsenat des BGH in einer zeitlich nachfolgenden ergangenen Entscheidung im Jahr 2012[763], welcher eine infolge eines vermeintlich unwirksamen Einverständnisses potentielle Untreuestrafbarkeit eines Verantwortlichen zu Lasten einer niederländischen BV zugrunde lag, eine etwaige Fremdrechtsanwendung – trotz eines grundsätzlich bestehenden Erörterungsbedarfs – mit keinem Wort thematisiert. Daraus ist zu schlussfolgern, dass zumindest von Seiten der höchstinstanzlichen Rechtsprechung der Strafsenate des BGH die „Problematik“ der Fremdrechtsanwendung als abschließend behandelt bzw. als gar „unproblematisch gelöst“ angesehen wird.

Im Rahmen der subjektiven Tatseite fand der BGH in seiner hier besprochenen Entscheidung zur *limited* klare Worte. Sofern erfahrene Kaufleute ein internationales Handelsgeschäft in nicht nur geringem Umfang über einen längeren Zeitraum hinweg betreiben und sich bewusst fremdem Recht unterwerfen, ist davon auszugehen, dass diese regelmäßig auch ihre durch ausländisches Recht konstituierten Pflichten kennen.[764] Dies nähert sich jedoch der Sichtweise eines

---

760 *Beckemper*, ZIS 2010, 554 (555) m.w.N.

761 *Rönnau*, NStZ 2011, 558 (558).

762 So auch *Peukert*, S. 129 f., der dies als außer Verhältnis stehend zu der Bedeutung der Problematik und deren Komplexität erachtet.

763 *BGH*, ZWH 2013, 66 ff. mit – soweit ersichtlich – einziger Bspr. bei *Bittmann*, ZHW 2013, 55 (57 f.).

764 S.o., *BGH*, NStZ 2010, 632 (635).

nicht unbedenklichen sog. Expertenstrafrechts an[765] und bedeutet letztlich eine Verlagerung der Fremdrechtsanwendung in den subjektiven Tatbereich,[766] da dies letztlich speziell für den Bereich der Fremdrechtsanwendung und die Anforderungen an den Vorsatznachweis im Rahmen der Untreue zu besonderen Restriktionen führt.[767]

Die abschließend, strafprozessual erfolgte Feststellung des BGH, dass es sich bei dem Verfahrensgegenstand um die rechtliche Beurteilung von ausländischen Straftätern begangenen Taten nahezu ohne Inlandsbezug gehandelt habe, und dies einen schonenden Einsatz justizieller Ressourcen und damit die Prüfung alsbaldiger Einstellungsmöglichkeiten bedinge,[768] lässt besorgen, dass derartige Verfahren, bei denen ein vertiefter Bezug zu ausländischem Recht bzw. ein entsprechender Anwendungsbedarf besteht, in künftigen Ermittlungsverfahren im Wege der Einstellung aus Opportunitätsgründen – insbesondere nach § 153a StPO – beendet werden.[769] Für eine Verfahrenseinstellung nach § 153a StPO erscheinen bei einem verursachten Schaden von immerhin 1,8 Millionen EUR jedoch die für die Einstellung des Verfahrens notwendige fehlende Schwere der Schuld und das fehlende (durch eine Auflage oder Weisung wohl kaum redlich zu beseitigende) öffentliche Interesse an der Strafverfolgung eher fernliegend.[770] Der Hinweis des BGH zeugt – auch wenn die British Virgin Islands nicht Mitglied der EU sind und auch nicht zu den Mitgliedstaaten des Schengener Durchführungsabkommens gehören[771] – im Hinblick auf Art. 54 SDÜ und Art. 50 GrCh, die zunehmende internationale Geltung des Grundsatzes *ne bis in idem* und die daraus resultierende Rechtskraft – das bedeutet *de facto* eine Sperrung ausländischer Strafansprüche – leider von einer verhältnismäßig geringen Weitsicht in strafprozessualer Hinsicht.

---

765 Vgl. *Rönnau*, NStZ 2011, 558 (559) m.w.N.
766 *Mansdörfer/Habetha*, S. 81, Rn. 233.
767 *Schlösser/Mosiek*, HRRS 2010, 424 (426).
768 *BGH*, NStZ 2010, 632 (634).
769 Allgemein zu dieser Befürchtung: *Mosiek*, StV 2008, 94 (99) mit Verweis auf *Schlösser*, wistra 2006, 81 (87).
770 So auch *Mankowski/Bock*, GmbHR 2010, 822 (823).
771 *Schramm/Hinderer*, ZIS 2010, 494 (501).

3. Entscheidung des LG Freiburg vom 8. November 2010 (Az. 8 Ns 420 Js 9168/09; 8 Ns 420 Js 9168/09 - AK 2/10)

Die Entscheidung des LG Freiburg vom 08. November 2010[772] stellt im Gegensatz zu der vorstehend analysierten Entscheidung des BGH das Paradebeispiel einer *limited* dar, die zwar formell in England gegründet wurde, ihre eigentliche Geschäftstätigkeit jedoch ausschließlich über ihren tatsächlichen Verwaltungssitz in Deutschland entfalten sollte und deren Geschäftsleiter in Deutschland von Beginn an und insbesondere nach der (nicht unerwarteten) wirtschaftlichen Schieflage der Gesellschaft erheblichen strafrechtlichen Risiken ausgesetzt gewesen sind.

a. Sachverhalt[773]

Ende des Jahres 2004 bzw. Anfang des Jahres 2005 hatte der Angeklagte an einem eintägigen Seminar über Firmengründungen in England teilgenommen und beschlossen, selbst eine *limited* zu gründen. Als Geschäftstätigkeit sollte ein Vertrieb von Photovoltaik-Anlagen dienen. Die Gründung der Gesellschaft erfolgte sodann unter Vermittlung der das Seminar abhaltenden Firma.[774] Ohne hierfür selbst nach England gefahren zu sein, errichtete der Angeklagte im März 2005 eine *limited* mit einem Stammkapital von 10,- GBP, deren formeller Hauptsitz sich in England befand. Gleichzeitig sollte eine Zweigniederlassung der Gesellschaft in Deutschland gegründet werden, um von dieser aus die tatsächlichen Geschäftsaktivitäten im deutschen Inland zu entfalten.[775] Der Briefkastensitz in England wurde im März 2005 nach notarieller Beglaubigung der Gesellschaftssatzung beim *Companies House* eingetragen. Einziger Gesellschafter und *director* der Gesellschaft war der Angeklagte.[776]

---

772 Eine Publikation der Entscheidung des *LG Freiburg* ist nicht erfolgt. Diese ist abrufbar unter: http://www.juris.de oder in der Landesrechtsprechungsdatenbank des Landes Baden-Württemberg (letzter Abruf: 20.09.2016); die hier genannten Randziffern der Entscheidung beziehen sich auf die Veröffentlichung der Entscheidung auf *http://www.juris.de.*

773 Ohne Darstellung der mitabgeurteilten Handlungskomplexe des Betruges und der Urkundenfälschung.

774 *LG Freiburg*, Urt. v. 08.11.2010 (Az. 8 Ns 420 Js 9168/09; 8 Ns 420 Js 9168/09 - AK 2/10), Rz. 19.

775 *LG Freiburg*, Urt. v. 08.11.2010 (Az. 8 Ns 420 Js 9168/09; 8 Ns 420 Js 9168/09 - AK 2/10), Rz. 19.

776 *LG Freiburg*, Urt. v. 08.11.2010 (Az. 8 Ns 420 Js 9168/09; 8 Ns 420 Js 9168/09 - AK 2/10), Rz. 19.

Nach Aufnahme der Geschäftstätigkeit meldete der Angeklagte die deutsche Niederlassung im Dezember 2005 ausschließlich bei dem deutschen Gewerbeamt, nicht jedoch bei dem örtlichen Handelsregister, an. In der Folgezeit betrieb der Angeklagte das Unternehmen ununterbrochen etwa bis Anfang 2009, wobei er teilweise bis zu vier Arbeitnehmer gleichzeitig und zudem freie Mitarbeiter als Handelsvertreter beschäftigte.[777] In den folgenden Jahren bestand die tatsächliche Firmentätigkeit des Angeklagten im Wesentlichen aus dem Vertrieb und der Installation von Photovoltaikanlagen auf den Dächern von Privathäusern. Eine entsprechende Buchhaltung bzw. Buchführung erfolgte zu keinem Zeitpunkt.[778]

Spätestens seit dem Jahre 2007 befand sich die Gesellschaft in wirtschaftlichen Schwierigkeiten, so dass der Angeklagte in der Folgezeit versuchte, in Form eines Schneeballsystems durch die Zusammenarbeit mit Handelsvertretern möglichst viele Verträge über die Erstellung von Photovoltaikanlagen abzuschließen, wobei er Zahlungen von Neukunden nur noch dazu verwendete, um finanzielle „Löcher zu stopfen".[779] Auch wenn er dabei gehofft hatte, durch den immer neuen Zufluss von Kundengeldern nicht nur die früheren, sondern alle vertraglichen Verbindlichkeiten erfüllen zu können, wusste er, dass seine Unkosten höher als seine Einnahmen waren und dass sein bisheriges System spätestens dann nicht mehr funktionieren würde, wenn nicht mehr ausreichend neue Kunden zu Vorauszahlungen veranlasst werden konnten.[780] Ab Ende des Jahres 2007 wurden für den einzig verbliebenen Mitarbeiter keine Sozialversicherungsbeiträge mehr entrichtet, spätestens ab Dezember 2008 war die *limited* zahlungsunfähig, ein Insolvenzantrag wurde von dem Angeklagten hingegen nicht gestellt.[781]

b. *Rechtliche Würdigung des LG Freiburg*

Das LG Freiburg verurteilte den Angeklagten wegen Betrugs nach § 263 Abs. 1 StGB, Urkundenfälschung gemäß § 267 StGB, teilweise in Tateinheit mit versuchtem Betrug nach §§ 263 Abs. 1, 22, 23 Abs. 1 StGB, Verletzung der Buch-

---

777 *LG Freiburg*, Urt. v. 08.11.2010 (Az. 8 Ns 420 Js 9168/09; 8 Ns 420 Js 9168/09 – AK 2/10), Rz. 20, 24, 25 u. 71.

778 *LG Freiburg*, Urt. v. 08.11.2010 (Az. 8 Ns 420 Js 9168/09; 8 Ns 420 Js 9168/09 – AK 2/10), Rz. 20, 24, 25 u. 71.

779 *LG Freiburg*, Urt. v. 08.11.2010 (Az. 8 Ns 420 Js 9168/09; 8 Ns 420 Js 9168/09 – AK 2/10), Rz. 26, 27, 72, 73, 76–81.

780 *LG Freiburg*, Urt. v. 08.11.2010 (Az. 8 Ns 420 Js 9168/09; 8 Ns 420 Js 9168/09 – AK 2/10), Rz. 26, 27, 72, 73, 76–81.

781 *LG Freiburg*, Urt. v. 08.11.2010 (Az. 8 Ns 420 Js 9168/09; 8 Ns 420 Js 9168/09 – AK 2/10), Rz. 26, 27, 72, 73, 76–81.

führungspflichten nach § 283b Abs. 1 Nr. 1, 3b StGB in Tateinheit mit Bankrott nach § 283 Abs. 1 Nr. 5 StGB, des Vorenthaltens und Veruntreuens von Arbeitsentgelt gemäß § 266a Abs. 1 StGB sowie wegen Insolvenzverschleppung nach § 15a Abs. 1 i.V. mit Abs. 4 InsO.[782] Im Rahmen der rechtlichen Würdigung nahm das Gericht für die zur Anwendung kommenden Straftatbestände, die an eine Pflicht der Gesellschaft anknüpfen und damit grundsätzlich eine Zurechnung nach § 14 StGB erfordern, eine erste Zuordnung über § 14 Abs. 1 Nr. 1 StGB vor und begründete dies damit, dass es sich – was nur bedingt zutreffend ist – bei der englischen *limited* um eine Art Aktiengesellschaft und damit um eine juristische Person handele. Der *director* sei nach sec. 46, 40 CA 2006 als deren gesetzlicher Vertreter zu qualifizieren.[783]

Zu der materiellen Strafbarkeit stellte das LG Freiburg sodann fest, dass die Buchführungs- und Bilanzierungspflicht der streitgegenständlichen *limited* auf §§ 238 ff., 241 ff. HGB beruhen würden. Da die Firma jedoch entgegen § 13d HGB nicht in das deutsche Handelsregister eingetragen worden war, ergebe sich ihre Kaufmannseigenschaft nicht aus § 5 HGB. Es handele sich vielmehr um einen Gewerbebetrieb, der einen nach Art und Umfang in kaufmännischer Weise eingerichteten Geschäftsbetrieb erforderte, und somit um einen Kaufmann im Sinne des § 1 HGB.[784] Nachfolgend versuchte das LG Freiburg seine Argumentation zusätzlich unter Bezugnahme auf die Entscheidung des AG Stuttgart vom 18. Dezember 2007 zu untermauern, wonach auch dort die Gesellschaft den entsprechenden deutschen Buchführungs- und Bilanzierungspflichten unterlegen sei.[785]

Im Rahmen einer kurzen Prüfung der Vereinbarkeit der ermittelten Straftatbestände mit der Niederlassungsfreiheit verwies das LG Freiburg darauf, dass die Anwendung der Tatbestände nicht der Rechtsprechung des EuGH entgegenstehe, wonach wegen Art. 43, 48 EGV a. F.[786] als Maßstab für alle gesellschaftsrechtlichen Fragen, welche die zuziehende Auslandsgesellschaft betreffen, das Gesellschaftsrecht des Mitgliedstaates maßgeblich sei, in dem

---

782 Tenor des Urteils des *LG Freiburg* v. 08.11.2010 (Az. 8 Ns 420 Js 9168/09; 8 Ns 420 Js 9168/09 – AK 2/10).

783 *LG Freiburg*, Urt. v. 08.11.2010 (Az. 8 Ns 420 Js 9168/09; 8 Ns 420 Js 9168/09 – AK 2/10), Rz. 108.

784 *LG Freiburg*, Urt. v. 08.11.2010 (Az. 8 Ns 420 Js 9168/09; 8 Ns 420 Js 9168/09 – AK 2/10), Rz. 97–98.

785 *LG Freiburg*, Urt. v. 08.11.2010 (Az. 8 Ns 420 Js 9168/09; 8 Ns 420 Js 9168/09 – AK 2/10), Rz. 98.

786 Hierbei handelt es sich um die Artt. 49, 54 AEUV.

die betroffene Gesellschaft gegründet wurde.[787] Unabhängig davon, ob sich die Geltung der deutschen Buchführungspflichten bereits aus der Anwendbarkeit des deutschen Strafrechts über §§ 3, 9 StGB auf das Verhalten des allein in Deutschland handelnden *directors* ergebe, seien die Buchführungspflichten als öffentlich-rechtliche Pflichten zu qualifizieren, die durch die Rechtsprechung des EuGH zur Niederlassungsfreiheit nicht modifiziert würden, wobei die Buchhaltungspflicht bis zur Entscheidung des Insolvenzgerichts über den gestellten Fremdinsolvenzantrag andauere.[788] Diese Pflicht habe der Angeklagte verletzt.[789] Schließlich führte das LG Freiburg aus, dass auf eine ausländische Kapitalgesellschaft wie die *limited* deutsches Insolvenzrecht anzuwenden sei, wenn die Gesellschaft – wie es hier der Fall gewesen war – ihren Tätigkeitsschwerpunkt in Deutschland unterhalte.[790] Die dem Angeklagten obliegende Insolvenzantragsverpflichtung sei durch den von der örtlichen Krankenkasse bereits gestellten Insolvenzantrag nicht berührt, so dass der Tatbestand der Insolvenzverschleppung erfüllt sei.[791]

c. *Stellungnahme*

Die Entscheidung des LG Freiburg beinhaltet Licht und Schatten. Das Gericht nimmt zunächst eine Zurechnung der Handlungen des Angeklagten über § 14 Abs. 1 Nr. 1 StGB vor und begründet dies damit, dass es sich bei der englischen *limited* „um eine Art Aktiengesellschaft" und damit um eine juristische Person handele, so dass der *director* nach sec. 46, 40 CA 2006 als deren gesetzlicher Vertreter zu qualifizieren sei.[792] Zunächst ist festzuhalten: „eine Art Aktiengesellschaft" ist die *limited* nicht. Es handelt sich um eine Kapitalgesellschaft englischen Rechts. Sofern das Gericht sodann eine Zurechnung über die Norm des § 14 Abs. 1 Nr. 1 StGB vornimmt, ist dies zweifelhaft, da der *director* nach der sog.

---

787 *LG Freiburg*, Urt. v. 08.11.2010 (Az. 8 Ns 420 Js 9168/09; 8 Ns 420 Js 9168/09 – AK 2/10), Rz. 99 u. 100.

788 *LG Freiburg*, Urt. v. 08.11.2010 (Az. 8 Ns 420 Js 9168/09; 8 Ns 420 Js 9168/09 – AK 2/10), Rz. 99 u. 100.

789 *LG Freiburg*, Urt. v. 08.11.2010 (Az. 8 Ns 420 Js 9168/09; 8 Ns 420 Js 9168/09 – AK 2/10), Rz. 99 u. 100.

790 *LG Freiburg*, Urt. v. 08.11.2010 (Az. 8 Ns 420 Js 9168/09; 8 Ns 420 Js 9168/09 – AK 2/10), Rz. 101.

791 *LG Freiburg*, Urt. v. 08.11.2010 (Az. 8 Ns 420 Js 9168/09; 8 Ns 420 Js 9168/09 – AK 2/10), Rz. 101.

792 *LG Freiburg*, Urt. v. 08.11.2010 (Az. 8 Ns 420 Js 9168/09; 8 Ns 420 Js 9168/09 – AK 2/10), Rz. 108.

Mandatstheorie im englischen Recht grundsätzlich als Beauftragter der Gesellschaft eingestuft wird.[793] Die Frage der konkreten Qualifikation der Vertretungsberechtigung und deren Relevanz in Bezug auf § 14 StGB gilt es im Rahmen dieser Arbeit an gegebener Stelle noch weiter auszuführen.

Sofern das Gericht eine Anwendbarkeit der deutschen Buchführungs- und Bilanzierungspflichten nach §§ 238 ff., 241 ff. HGB auf die *limited* bejaht und sich darüber hinaus auf die Ausführungen des AG Stuttgart bezieht, gilt, dass sich dem nicht vorbehaltslos angeschlossen werden kann und diese rechtliche Problematik im weiteren Verlauf der Arbeit noch zu thematisieren ist.

Hervorzuheben ist hingegen, dass das Gericht zumindest die Anwendung der ermittelten Straftatbestände als potentiellen Eingriff in die Niederlassungsfreiheit (an-)prüft und zutreffend feststellt, dass für alle gesellschaftsrechtlichen Fragen, die die zuziehende Auslandsgesellschaft betreffen, das Gesellschaftsrecht des Mitgliedstaates maßgeblich ist, in dem die betroffene Gesellschaft gegründet wurde. Sofern das Gericht die Buchführungspflichten als öffentlich-rechtliche Pflichten qualifiziert, die durch die Rechtsprechung des EuGH zur Niederlassungsfreiheit nicht modifiziert würden,[794] betrifft dies eine Kernfrage der Anwendbarkeit der Buchführungsdelikte des §§ 283 Abs. 1 5–7, 283b StGB, wonach entweder eine öffentlich-rechtliche oder eine gesellschaftsrechtliche Zuordnung für die Anwendbarkeit der Strafnorm eine entscheidende Weichenstellung bedingen. Dies wird im Rahmen der Darstellung der Strafbarkeitsrisiken nach § 283 StGB in dieser Arbeit einen zentralen Punkt darstellen.

4. *Entscheidung des LG Duisburg vom 10. März 2014 (Az. 34 KLs 144 Js 53/12–13/13)*

Schließlich ist auf die zur *limited* ergangene Entscheidung in Strafsachen des LG Duisburg vom 10. März 2014[795] zu verweisen.

---

793 Siehe dazu im zweiten Teil dieser Arbeit unter § 4 B. I. 1.

794 *LG Freiburg,* Urt. v. 08.11.2010 (Az. 8 Ns 420 Js 9168/09; 8 Ns 420 Js 9168/09 – AK 2/10), Rz. 99 u. 100.

795 Eine Publikation der Entscheidung des *LG Duisburg* ist nicht erfolgt. Diese ist online abrufbar unter http://www.juris.de oder in der Rechtsprechungsdatenbank des Landes NRW unter http://www.justiz.nrw.de (letzter Abruf: 20.09.2016).

a. Sachverhalt

Im Jahr 2006 gründete der erste der beiden Angeklagten als deren einziger *director* einer *limited* englischen Rechts, mit welcher er von Anfang 2007 bis Herbst 2008 im Baugewerbe tätig war. In der Folgezeit meldete er die Lohnsummen der im Unternehmen beschäftigten Arbeitnehmer bewusst in viel zu geringem Umfang oder gar nicht beim Finanzamt und den zuständigen Sozialversicherungsträgern an, um sich bewusst Wettbewerbsvorteile zu verschaffen und erreichte dadurch eine Ausgabensenkung für Lohnsteuer und Sozialabgaben in erheblichem Umfang, auch indem der Großteil der Löhne ohne eine offizielle Anmeldung in bar ausgezahlt wurde.[796] Infolgedessen kam es in einem Zeitraum von 16 Monaten zu einem Mindestbeitragsschaden bei der Gesamtsozialversicherung in Höhe von etwa 1.708.000,- EUR und zu einer Lohnsteuerverkürzung von insgesamt 412.000,- EUR.[797] Im Zusammenwirken mit einem weiteren Angeklagten gründete er Ende des Jahres 2007 zudem eine GmbH. Bis zum Herbst 2009 wurde auch dort nach dem gleichen Muster verfahren. Der zweite in diesem Verfahren Angeklagte sollte in dieser GmbH als offizieller Geschäftsführer fungieren. Ob der erste Angeklagte dabei als faktischer Geschäftsführer agierte, konnte von dem LG Duisburg nicht festgestellt werden. Bei der GmbH entstand im Zeitraum von 15 Monaten ein zusätzlicher Mindestbeitragsschaden bei der Gesamtsozialversicherung in Höhe von etwa 1.695.000,- EUR und eine Lohnsteuerverkürzung von zumindest 430.000,- EUR.[798]

b. Rechtliche Würdigung des LG Duisburg

Das LG Duisburg verurteilte die beiden Angeklagten wegen des Vorenthaltens und Veruntreuens von Arbeitsentgelt gemäß § 266a Abs. 1 und Abs. 2 Nr. 1 StGB sowie wegen Steuerhinterziehung gemäß § 370 Abs. 1 Nr. 1 bzw. Nr. 2 AO. Hierbei stellte es im Rahmen der rechtlichen Würdigung lediglich fest, dass der *director* diese Taten jeweils durch Falschangaben der Lohnsummen für Arbeitnehmer- und Arbeitgeberbeiträge zur Sozialversicherung gegenüber den Einzugsstellen und durch das Nichtabführen der Arbeitnehmer- und Arbeitgeberbeiträge zur Sozialversicherung für die *limited* begangen habe.[799] Obwohl er gewusst habe, dass er als *director* der *limited* und als berufener Vertreter dieses Arbeitgebers

---

796 *LG Duisburg*, Urt. v. 10.03.2014 (Az. 34 KLs 144 Js 53/12–13/13), Rz. 109.
797 *LG Duisburg*, Urt. v. 10.03.2014 (Az. 34 KLs 144 Js 53/12–13/13), Rz. 108.
798 *LG Duisburg*, Urt. v. 10.03.2014 (Az. 34 KLs 144 Js 53/12–13/13), Rz. 109.
799 *LG Duisburg*, Urt. v. 10.03.2014 (Az. 34 KLs 144 Js 53/12–13/13), Rz. 403–410.

gemäß § 14 Abs. 1 Nr. 1 StGB i.V. mit §§ 23 ff. SGB IV verpflichtet gewesen sei, die Arbeitnehmer mit ihren Löhnen vollständig und zutreffend zur Sozialversicherung anzumelden und die Beiträge an die Einzugsstellen abzuführen, habe er diese teilweise gar nicht oder teils nur mit zu geringen Löhnen angemeldet.[800] Die bei ordnungsgemäßer Anmeldung mehr anfallenden Arbeitnehmer- und Arbeitgeberbeiträge habe er nicht abgeführt und damit plangemäß die Sozialabgaben des Unternehmens verkürzt.[801]

c. *Stellungnahme*

Die Entscheidung des LG Duisburg zeigt bereits in den tatbestandlichen Feststellungen anschaulich auf, dass die Rechtsform der *limited* oftmals bewusst dazu eingesetzt wird, Straftaten nach § 266a StGB wegen des Nichtabführens der Arbeitnehmer- und Arbeitgeberbeiträge zur Sozialversicherung sowie Steuerdelikte zu begehen und stellt somit den Gegenpart zu dem Sachverhalt dar, welcher der bereits zuvor skizzierten Entscheidung des LG Freiburg zugrunde gelegen hatte.

Die Entscheidung des LG Duisburg verdeutlicht zudem, dass erstinstanzliche Gerichte in Strafsachen nach der einschlägigen Judikatur des BGH zur Untreuestrafbarkeit des *directors* einer *limited* vermehrt – was rechtsdogmatisch zu besorgen ist – zumindest im Rahmen der Ausführungen der jeweiligen rechtlichen Würdigungen ein deutlich vermindertes Problembewusstsein zu besitzen scheinen. Die Thematik der Fremdrechtsanwendung wird (erwartungsgemäß) nicht mehr angeschnitten. Gleiches gilt insbesondere für die Fragestellung, ob der Straftatbestand des § 266a StGB unter Berücksichtigung der unionsrechtlichen Vorgaben und unter Berücksichtigung der Rechtsprechung des EuGH uneingeschränkt auf den *director* einer *limited* anwendbar ist. Insofern liest sich das sehr praxisorientierte Urteil des LG Duisburg dergestalt, als ob sämtliche zu problematisierenden Rechtsfragen, die sich im Zusammenhang mit potentiellen, durch den *director* einer *limited* realisierbaren Straftaten stellen könnten, zwischenzeitlich ausgeräumt seien. Ob dies in der Form tatsächlich Bestand zu haben vermag, ist fraglich.[802]

II. Fazit

In Bezug auf die vorstehend skizzierten Urteile ist auffällig, dass keine – oder im Fall des Urteils des BGH vom 10. April 2010 lediglich rudimentäre – Aus-

800 *LG Duisburg*, Urt. v. 10.03.2014 (Az. 34 KLs 144 Js 53/12–13/13), Rz. 403–410.
801 *LG Duisburg*, Urt. v. 10.03.2014 (Az. 34 KLs 144 Js 53/12–13/13), Rz. 403–410.
802 Siehe dazu die Ausführungen in den §§ 5 und 6 des dritten Teils dieser Arbeit.

führungen zur Anwendung ausländischen Rechts und der kontroversen Problematik der Fremdrechtsanwendung erfolgen. Eine vertiefte Auseinandersetzung mit diesem Themenkomplex, der in der Literatur teils erheblichen Vorwürfen einer nicht (mehr) verfassungskonformen Anwendung ausgesetzt ist, unterbleibt. Dies überrascht insbesondere bei den Entscheidungen des BGH zur englischen *limited* sowie zur niederländischen BV. Ob eine derart eingeschränkte Befassung mit der Problematik der Fremdrechtsanwendung im Rahmen der Anwendung ausländischen Rechts durch die Rechtsprechung gerechtfertigt ist, bedarf daher nun einer weiteren Aufarbeitung und vertieften Auseinandersetzung.

Dritter Teil: Wirtschaftsstrafrechtliche Überlegungen

§ 5 Nationales Strafrecht und Fremdrechtsanwendung – ein altbekanntes Problem im neuen Gewand?

Ein im strafrechtlichen Bereich stets präsentes Problem tritt bei der Anwendung ausländischen Rechts auf. Das Zusammenspiel von nationalem Strafrecht und der Anwendung fremden Rechts ist kein neu geschaffener oder etwa durch die Rechtsprechung des EuGH erst hervorgebrachter Diskurs. Das vermeintliche „Problem der Fremdrechtsanwendung" wird vielmehr bereits seit einigen Jahrzehnten immer wieder diskutiert.[803] Die Rechtsprechung, vorweg vornehmlich der BGH in seinem Urteil vom 13. April 2010, sieht in Sachverhalten mit Auslandsbezug keine gesteigerte Problemkonstellation bei der Anwendung deutschen Strafrechts. Ganz rechtspragmatisch ist zu mutmaßen, dass dies bereits aus dem Umstand folgt, dass derartige Verfahren, denen Sachverhalte mit einem hohen Auslandsbezug zugrunde liegen und in denen die Anwendbarkeit deutschen Strafrechts tatsächlich problematisch erscheinen könnte, durch die Ermittlungsbehörden und die Staatsanwaltschaft als „Herrin des Ermittlungsverfahrens" oftmals prozessual bereits im Vorfeld „ausgesiebt" werden. „Übersteht" ein rechtsdogmatisch spannender Sachverhalt das Zwischenverfahren und kommt es zu einer Anklageerhebung, besteht auch im Rahmen der Hauptverhandlung vor den zumeist amtsgerichtlichen Erstinstanzen noch immer die Möglichkeit der (einvernehmlichen) Verfahrensbeendigung.

A. Vollständige Beachtung der verfassungsrechtlichen Vorgaben durch die strafrechtliche Judikatur?

In der strafrechtlichen Literatur hingegen wird vielfach der (vermutete) Verstoß gegen das deutsche Verfassungsrecht bei der Anwendung ausländischen Rechts im Rahmen strafrechtlicher Tatbestände angemahnt, wobei als „Parade"-Norm oftmals der Untreue-Paragraph herangezogen wird. Dies ist im Hinblick auf die

---

803 Monographisch dazu erstmals ausführlich: *Cornils*, „Die Fremdrechtsanwendung im Strafrecht insbesondere bei der Auslegung rechtlich-normativer Tatbestandsmerkmale" (1978); in neuerer Zeit dazu etwa: *Brutscher*, „Zivilrechtsakzessorietät des Strafrechts bei Sachverhalten mit Auslandsbezug – am Beispiel des § 242 StGB" (2014).

vorstehend analysierte strafrechtliche Entscheidung des BGH zur *limited* und der sehr knappen Formulierungen zu der Thematik nicht weiter verwunderlich.

Im Folgenden soll daher nochmals der Frage nachgegangen werden, inwiefern das deutsche Verfassungsrecht die Anwendung ausländischen Rechts zulässt. Hierbei wird zur Erörterung der Fremdrechtsanwendung im deutschen Strafrecht exemplarisch auf die Norm des § 266 StGB im Zusammenspiel mit dem englischen Gesellschaftsrecht abgestellt. Besonders bei der Anwendung dieser Norm wird die Herausforderung deutlich, den über einen materiellen Bezug hinausgehenden formellen Auslandssachverhalt sachgerecht zu behandeln. Die Ursache hierfür ist nicht zuletzt in der strukturellen Abhängigkeit des Wirtschaftsstrafrechts von seiner Bezugsmaterie – hier insbesondere dem Gesellschaftsrecht – begründet.[804] Nach Teilen der Literatur soll der Rückgriff auf ausländisches Gesellschaftsrecht im Rahmen des § 266 StGB jedoch dann unzulässig sein, wenn die betreffenden Institute des ausländischen Rechts im deutschen Gesellschaftsrechts keine Entsprechung finden.[805] Dabei wird zum Teil vorgeschlagen, die Pflichtwidrigkeit müsse im Rahmen des Untreue-Tatbestandes eindeutig feststehen.[806] Hier ist jedoch festzuhalten, dass im Rahmen des § 266 StGB als Vermögensverletzungsdelikt das ausländische Gesellschaftsrecht ohnehin die Funktion einer möglichen Erlaubnis zur Schädigung des Geschäftsherrn besitzt kann, so dass sich der *director* hierüber zweifelslos informieren wird. Dabei kann dem *directors* einer Gesellschaft auch zugemutet werden, sich über die Statuten des englischen Gesellschaftsrechts hinreichend zu informieren, so dass ein darüberhinausgehender Vertrauensschutz nicht geboten erscheint.[807]

Im Hinblick auf die Verweisungstechnik betreffend Regelungen des ausländischen Rechts gilt insofern, dass es sich im Ergebnis lediglich um eine Folge der Europäisierung handelt, die gesellschaftsrechtlichen Regeln anderer EU-Mitgliedstaaten für den Innenraum dieser Gesellschaftsgebilde auch bei Handlungen auf deutschem Boden eine entsprechende Verbindlichkeit zuschreibt.[808] *In concreto* sind im Bereich der Fremdrechtsanwendung maßgeblich drei verfassungsrechtliche Aspekte zu beachten. Hierbei handelt es sich um die Beibehaltung des Bestimmtheitsgrundsatzes, des Rechtsstaatsprinzips sowie um die vollständige Beachtung des Vorbehaltes eines Parlamentsgesetzes.

---

804 *Altenhain/Wietz*, NZG 2008, 569 (570).

805 *Rönnau*, ZGR 2005, 832 (850); *Schlösser*, wistra 2006, 81 (88).

806 *Radtke*, GmbHR 2008, 729 (731); *Tiedemann*, GmbH-Strafrecht vor § 82 Rn. 67.

807 *Schünemann*, in: LK, StGB, § 266, Rn. 264.

808 *Schünemann*, in: LK, StGB, § 266, Rn. 264.

I. Bestimmtheitsgrundsatz

Insbesondere *Rönnau* macht geltend, dass es in Anbetracht der weitgehenden und in der Sache dynamischen Verweisung auf das englische Gesellschaftsrecht für den Normadressaten in Deutschland nicht vorhersehbar sei, welches Verhalten konkret einer Strafandrohung unterliege.[809] Aus dem bloßen Umstand der Ausfüllungsbedürftigkeit des Tatbestandsmerkmals der Pflichtwidrigkeit mittels ausländischem Recht wird sich jedoch nur schwerlich ein Verstoß gegen den Bestimmtheitsgrundsatz herleiten lassen. Die inländische Strafnorm ist insoweit hinreichend bestimmt, als dass das pflichtwidrige Verhalten von Personen nach Maßgabe einer bestimmten ausländischen Rechtsordnung im Raume steht, welche die Beteiligten selbst zur rechtlichen Grundlage ihrer wirtschaftlichen Betätigung durch die Wahl einer bestimmten (ausländischen) Rechtsform gemacht haben.[810] Hierbei ist zu bemerken, dass im Rahmen der Beurteilung einer pflichtwidrigen Handlung im Sinne des § 266 Abs. 1 StGB durch den maßgeblich beteiligten Akteur, den *director* der *limited*, bestimmte (ausländische) Regeln ins Spiel gebracht werden, die durch die Wahl der Rechtsform der englischen *limited* auch und gerade bei rechtmäßigem Verhalten das wirtschaftliche Handeln bestimmen. Die bewusste wirtschaftliche Betätigung auf der Grundlage einer ausländischen (hier: englischen) Rechtsform und die damit einhergehende Geltung des englischen Rechts stellt sich dementsprechend als maßgeblich selbst beeinflusste Handlung dar. Eine eindeutige Vorhersehbarkeit ist insofern im Ergebnis nicht weniger oder mehr exakt möglich als die entsprechende Vorhersehbarkeit des Zusammenspiels von nationalem Gesellschafts- und Strafrecht für die Organe nach deutschem Recht gegründeter Kapitalgesellschaften.[811] Mithin erfolgt in beiden, miteinander vergleichbaren Konstellationen im Hinblick auf die untreuestrafrechtlich relevanten Merkmale der Pflichtwidrigkeit bzw. Treuwidrigkeit sowie des Vermögensnachteils eine identische Bemessung des Verhaltens von Organen bzw. Beauftragten der jeweiligen Kapitalgesellschaften an den Verhaltensordnungen der jeweils gewählten Rechtsordnung, die ohnehin für die wirtschaftliche Betätigung der gewählten Rechtsform maßgeblich ist.[812] Somit lässt sich als entscheidende Kernaussage herleiten, dass die Anwendung englischen Rechts im Tatbestand des § 266 Abs. 1 StGB eine hinreichende Wahrung des Bestimmtheitsgrundsatzes zulässt.

---

809 *Rönnau*, ZGR 2005, 832 (856).
810 *Radtke*, GmbHR 2008, 729 (734).
811 *Radtke*, GmbHR 2008, 729 (735).
812 *Radtke*, GmbHR 2008, 729 (735).

II. Rechtsstaatsprinzip und Vorbehalt des Parlamentsgesetzes

Fraglich erscheint, ob in der Anwendung englischen Rechts eine Missachtung des in Art. 103 Abs. 2 GG statuierten Vorbehalts des Parlamentsgesetzes erblickt werden kann. Es könnte schließlich argumentiert werden, nicht der deutsche Gesetzgeber habe die jeweils strafrechtlich auszufüllenden Tatbestandsmerkmale normiert, sondern vielmehr der ausländische Gesetzgeber bzw. im System des *common law* sogar der englische Rechtsanwender in Form der dortigen *case-law*-Rechtsprechung.[813]

Ausgangspunkt der Betrachtung ist also zunächst Art. 103 Abs. 2 GG, wonach eine Tat nur dann bestraft werden kann, wenn die Strafbarkeit des Verhaltens gesetzlich bestimmt war bevor die Tat begangen wurde, wobei unter Gesetzlichkeit eine durch ein deutsches Parlamentsgesetz statuierte Bestimmung zu verstehen ist.[814] Der eigentliche Vorwurf, der bei einer etwaigen Missachtung des in Art. 103 Abs. 2 GG statuierten Vorbehalts des Parlamentsgesetzes vorgebracht werden könnte,[815] ist dabei die Nutzung des § 266 StGB als faktisch formelle „Hülle".[816] Diese werde mit ausländischem Recht materiell ausgefüllt und damit die Pflichtwidrigkeit der Handlung als eigentlicher, den Unrechtskern bestimmender Punkt, im Sinne des § 266 Abs. 1 StGB so weit verändert, dass nicht mehr von einem Parlamentsgesetz, das durch den deutschen Gesetzgeber verabschiedet worden ist, im originären Sinne gesprochen werden könnte.[817] Unter Heranziehung der Grundsätze des Parlamentsvorbehalts und des Demokratieprinzips wird vorgebracht, der strafrechtliche Vorwurf werde unter Rückgriff auf eine Rechtsmaterie begründet, der jegliche Legitimation durch den deutschen parlamentarischen Gesetzgeber fehle[818] und dessen Zustimmung zu den EU-Verträgen diese Lücke nicht zu schließen vermöge.[819] Die Folge wäre ein Demokratiedefizit, das darin zu sehen wäre, dass die wesentlichen, das Tatunrecht der Untreue prägenden Gesichtspunkte faktisch nicht mehr durch den deutschen Gesetzgeber, sondern eine Regelung durch den englischen Gesetzgeber bestimmt würde.[820] Darüber

---

813 *Radtke*, GmbHR 2008, 729 (731).

814 *Radtke*, GmbHR 2008, 729 (735).

815 *Mosiek*, StV 2008, 94 (98).

816 Schlösser, wistra 2006, 81 (86).

817 So *Rönnau*, ZGR 2005, 832 (856 f.).

818 *Mosiek*, StV 2008, 94 (98).

819 *Tiedemann/Rönnau, in: Scholz, GmbHG, Vor §§ 82 ff., Rn. 78;* a.A.: *Perron*, in: Schönke/Schröder, § 266, Rn. 21e; *Radtke*, GmbHR 2008, 729 (736); *Radtke/Hoffmann*, EuZW 2009, 404 f.

820 *Rönnau*, ZGR 2005, 832 (856 f.).

hinaus würde bei Mitgliedstaaten, die dem *common law* unterliegen, eine Rechtsbildung durch das Richterrecht und damit unter dem Rang eines parlamentarischen Gesetztes erfolgen. Daraus wird die logische Konsequenz gezogen, dass die Anwendung deutschen Gesellschaftsrechts auf EU-Auslandsgesellschaften mit der Rechtsprechung des EuGH, insbesondere in der Rechtssache „*Inspire Art*", nicht in Einklang gebracht werden könne und insofern eine Bestrafung des *directors* einer *limited* etwa wegen Untreue *de lege lata* ausscheiden müsse.[821]

Letztlich kann jedoch auch der – wenn auch gewichtige – Einwand des Demokratiedefizits nicht überzeugen. Der deutsche Gesetzgeber hat das Merkmal der Pflichtwidrigkeit im Rahmen des § 266 Abs. 1 StGB derart ausgestaltet, dass dieses selbstständig den Unrechtskern des Verhältnisses zwischen dem Vermögensbetreuungspflichtigen und dem Vermögensinhaber regeln soll und diesbezüglich sowohl im Missbrauchs- als auch im Treubruchtatbestand auf außerstrafrechtliche Pflichten rekurriert und auch auf diese zur genauen tatbestandlichen Bestimmung angewiesen ist. Solche außerstrafrechtlichen Merkmale, die sich auf Werte und Normen außerhalb des Strafrechts beziehen, finden sich etwa in den Tatbeständen der §§ 242, 246, 303 StGB.[822] Zu dieser Argumentation führt insbesondere *Rönnau* kritisch aus, die mit Blick auf die Tathandlung der Untreue stark umstrittene Abgrenzung von normativem Tatbestandsmerkmal und Blankett[823] sei nicht geeignet, abschließend über die Anwendbarkeit fundamentaler Verfassungsprinzipien zu entscheiden. Seiner Ansicht nach geht der oft in diesem Zusammenhang mit dem in § 242 StGB beinhalteten Tatbestandsmerkmal der Fremdheit einer Sache bemühte Vergleich „*angesichts der im Untreuebereich zu berücksichtigenden hoch komplizierten, durch ein Geflecht von Gesetzestexten und Richterrecht geprägten Gesellschaftsrechtsordnung des common law*"[824] fehl. Allerdings muss er einräumen,[825] dass sich der BGH im Hinblick auf die Qualifikation des Pflichtwidrigkeitsmerkmals im Einklang mit der einschlägigen Rechtsprechung des Bundesverfassungsgerichts zum § 266 StGB befindet, welches von einer Klassifizierung als „komplexes normatives Tatbestandsmerkmal ausgeht.[826]

Dabei besteht für die Untreue die Besonderheit im Hinblick auf die Bezugnahme auf außerstrafrechtliche Normen, dass auch bei rein nationalen Sach-

---

821 *Tiedemann/Rönnau, in: Scholz, GmbHG, Vor §§ 82 ff., Rn. 78.*

822 *Radtke*, GmbHR 2008, 729 (735).

823 Vgl. dazu: *Rönnau*, ZStW 119 (2007), 887 (905) m.w.N.

824 *Tiedemann/Rönnau, in: Scholz, GmbHG, Vor §§ 82 ff., Rn. 78* mit Verweis auf *Schlösser/Mosiek*, HRRS 2010, 424 (425).

825 *Tiedemann/Rönnau, in: Scholz, GmbHG, Vor §§ 82 ff., Rn. 78.*

826 *BVerfG*, BVerfGE 126, 170, (204).

verhalten eine (privat)autonome Gestaltung des Rechtsverhältnisses durch die Parteien maßgeblich regelt, was den (im Rahmen des Zulässigen) Inhalt des den Vermögenspflichtigen treffenden Pflichtencanons darstellen soll.[827] Dies bedeutet weiterhin im Umkehrschluss, dass eine inhaltliche Ausfüllung der strafrechtlichen Pflichtwidrigkeit durch nicht unmittelbar dem deutschen Gesetzgeber unterliegende Festlegungen erfolgt, was die Erkenntnis erlaubt, dass die spezifische Komponente des Zugriffs auf nationale wie auch ausländische Rechtsregeln im Bereich der Bestimmung der Pflichtwidrigkeit im Sinn des § 266 StGB sich diesbezüglich kaum unterscheidet und jedenfalls nicht den Vorwurf des Demokratiedefizits zu begründen vermag.[828] Wenn der Umfang und der Inhalt der dem Vermögensbetreuungspflichtigen obliegenden Sorgfaltspflichten in Deutschland somit privatautonom bestimmt werden können, erscheinen die Bedenken gegen die Anwendung englischen Richterrechts im Rahmen dieses Tatbestands tatsächlich nicht mehr so groß.

Es bleibt festzuhalten, dass es sich bei dem Phänomen einer *limited* als ausländische Kapitalgesellschaft und ihrer tatsächlichen und rechtlichen Behandlung im deutschen Rechtssystem letztlich um eine weitere Variante einer verfassungsrechtlich unbedenklichen Form der Fremdrechtsanwendung handelt.[829] Dies bezieht sich insbesondere auf die Konstellation einer potentiellen Untreuestrafbarkeit des *directors* nach § 266 StGB, da hier die mit einem normativen Tatbestandsmerkmal versehene deutsche Strafvorschrift für den rechtlichen Wertungsakt auf ein nach ausländischem Recht zu beurteilendes, regelmäßig außerstrafrechtliches Rechtsverhältnis Bezug nimmt.[830] Inwieweit sich die vorweggenommene rechtliche Einschätzung ändern sollte,[831] wollte man § 266 StGB nicht als Tatbestand mit

---

827 *Radtke*, GmbHR 2008, 729 (735).

828 So auch *Radtke*, GmbHR 2008, 729 (735).

829 So i.E. auch *Hinderer*, S. 151 ff.; *Pattberg*, S. 287 ff.; *Radtke*, GmbHR 2008, 729 (735); *Schuster*, S. 360 f.; *Waßmer*, in Graf/Jäger/Wittig, § 266, Rn. 156; *Wietz*, S. 91 ff.; *Worm*, S. 96 ff.

830 *Werle/Jeßberger*, in: LK, StGB, Vor § 3, Rn. 335 m.w.N; siehe dazu auch: *Eser*, in: Schönke/ Schröder, StGB, Vorb. §§ 3 ff., Rn. 22 f. mit dem Verweis auf die Bestimmung des Tatbestandsmerkmals der „Fremdheit" im Rahmen des Diebstahls nach § 242 Abs. 1 StGB, wonach die konkreten Eigentumsverhältnisse nach ausländischem Recht zu ermitteln sind.

831 *Radtke*, GmbHR 2008, 729 (736) m.w.N., der zu dieser Fragestellung keine eindeutige Position bezieht – es klingen jedoch leichte Zweifel durch, ob bei der Anwendung ausländischen Rechts die unterschiedliche Behandlung von einer reinen Unterscheidung zwischen normativen Tatbestandsmerkmalen und Blankettstrafgesetzen abhängig gemacht werden kann.

dem normativen Tatbestandsmerkmal der Pflichtwidrigkeit begreifen, sondern vielmehr als Blankett-Bestimmung[832] bzw. als blankettartigen Straftatbestand[833] verstehen, bedarf nach der eindeutigen Rechtsprechung des Bundesverfassungsgerichts, welches die Pflichtwidrigkeit im Sinne des § 266 StGB als „komplexes normatives Tatbestandsmerkmal" qualifiziert[834], in praktischer Hinsicht keiner weiteren Klärung.

B. Die Fremdrechtsanwendung in der Rechtspraxis

Die Fremdrechtsanwendung wird – wie sich soeben gezeigt hat – nicht zuletzt in der direkten Sphäre der Untreuestrafbarkeit nach § 266 StGB diskutiert. Hier drängen sich aus Sicht der Rechtspraxis zumindest zwei wesentliche Fragestellungen auf:

1. Ist die Anwendung ausländischen Rechts im deutschen Rechtssystem beabsichtigt, bedarf es der praktischen Klärung der Frage, wie in Konstellationen zu verfahren ist,[835] in denen sich das konkrete ausländische Recht nicht vollständig bzw. im *worst case* überhaupt nicht ermitteln lässt.
2. Darüber hinaus gilt es zu eruieren, ob ein vom Tatrichter erkannter (potentieller oder gar offenkundiger) Verstoß gegen grundgesetzlich verankerte (deutsche) Werte bei der Anwendung des ausländischen Rechts zu ignorieren ist oder der Judikatur nicht jedenfalls bestimmte Richtwerte an die Hand gegeben werden (müssen).

I. Die Frage der konkreten Rechtsanwendung und Rechtsfindung bei nicht (vollständig) feststellbarem ausländischen Recht

Fraglich erscheint, welches zivilrechtliche oder gesellschaftsrechtliche Ersatzrecht im wirtschaftsstrafrechtlichen Bereich anzuwenden ist, wenn der Inhalt des ausländischen Rechts nicht oder nicht vollständig festgestellt werden kann.

---

832 Vgl. *Werle/Jeßberger*, in: LK, StGB, Vor § 3, Rn. 334 m.w.N, wonach im Falle des Vorliegens einer Blankettvorschrift die Anwendung ausländischen Rechts nicht mit dem Parlamentsvorbehalt in Einklang zu bringen sei, da die zur Ausfüllung des Blankettstrafgesetzes in Bezug genommene, einen Teil des Strafgesetzes bildende, ausländische regelmäßig außerstrafrechtliche Rechtsnorm nicht durch den nationalen Gesetzgeber hinreichend demokratisch legitimiert sei.

833 Vgl. *Rönnau*, ZStW 119 (2007), 887 (903 ff.) m.w.N.

834 *BVerfG*, BVerfGE 126, 170, (204).

835 Vgl. dazu die umfassende Darstellung für den zivilrechtlichen Bereich bei *Thole*, ZHR 176 (2012), 15 ff.

Sofern trotz aller gebotener Sorgfalt der Inhalt des ausländischen Rechts – was eher den unwahrscheinlicheren Fall darstellen dürfte – gänzlich nicht feststellbar ist, möchte der BGH[836] im zivilrechtlichen Bereich ohne große Umschweife zumindest dann deutsches Recht anwenden, wenn starke Inlandsbeziehungen bestehen und die Beteiligten dem (im Zivilprozess) nicht widersprechen. Hier wird bereits in dem Erfordernis eines zivilprozessual geprägten Widerspruchserfordernisses deutlich, dass eine vollständige Übertragbarkeit dieser Sichtweise auf den strafrechtlichen Bereich kaum praktikabel ist. Sofern – und dies scheint auch in der strafrechtlichen Praxis relevanter – nur unvollständige Aufschlüsse über das in Betracht kommende ausländische Recht zu erhalten sind, gilt hingegen der Grundsatz der größtmöglichen Annäherung an den unbekannten tatsächlichen Rechtszustand.[837] Von der Konstellation der Nichtfeststellbarkeit des ausländischen Rechts ist die Situation abzugrenzen, in welcher der *ordre public* nach Art. 6 EGBGB eingreifen könnte.

Auch bei nur teilweisem Bekanntsein des anzuwendenden ausländischen Rechts hat nach dem Grundsatz des geringstmöglichen Eingriffs in die *lex causae* in erster Linie eine Anwendung dieses Rechts – ggfs. in modifizierter Form – zu erfolgen. Eine solche Vorgehensweise erscheint auch im wirtschaftsstrafrechtlichen Bereich als praktikabel und im Einklang mit der Rechtsprechung des EuGH zur Niederlassungsfreiheit europäischer Kapitalgesellschaften stehend. Bei einer absoluten Unmöglichkeit der Feststellung der geltenden ausländischen Rechtsnorm eine Ersatznorm aus dem deutschen Recht anzuwenden,[838] dürfte im Gegensatz zum Zivilrecht im Bereich des Strafrechts ausgeschlossen sein (*nulla poena sine lege* in Verbindung mit dem Rückwirkungsverbot). Darüber hinaus dürfte ein derartiges Vorgehen auch gegen die Niederlassungsfreiheit nach Artt. 49, 54 AEUV verstoßen, da dadurch faktisch nicht auf das jeweilige Gesellschaftsstatut der europäischen Kapitalgesellschaft abgestellt, d. h. das Gründungsrecht verwendet wird, sondern vielmehr im Wege einer partiellen Sonderanknüpfung auf deutsches Recht rekurriert würde. Im deutschen Strafprozess müsste im Zweifel für den Angeklagten entschieden und ggfs. zumindest aus rechtlichen Gründen freigesprochen werden. Auch wenn der strafprozessuale Zweifelsgrundsatz *in dubio pro reo* grundsätzlich nur für Tatsachen- und

---

836 *BGH*, NJW 1978, 496 ff.; vgl. auch *Geimer*, in: Zöller, ZPO, § 293, Rn. 27 zu der in der Literatur vertretenen Gegenansicht, wonach dies nur dann möglich sein soll, wenn über das ausländische Recht keinerlei Informationen verfügbar sind.

837 *Geimer*, in: Zöller, ZPO, § 293, Rn. 27 m.w.N. zu der einschlägigen Rechtsprechung und Literatur.

838 So *Geimer*, in: Zöller, ZPO, § 293, Rn. 27 für den zivilrechtlichen Bereich.

nicht für Rechtsfragen Geltung beanspruchen mag und dies auch unabhängig davon gelten soll, ob schwierige oder unklare Rechtsfragen im strafrechtlichen Haupt- oder im außerstrafrechtlichen Vorfragebereich auftreten, dürfte sich die Grenze zwischen einer Tatsachen- und einer Rechtsfrage unter besonderer Berücksichtigung strafrechtlich relevanter privatrechtlicher Inzidentfragen teilweise fließend darstellen,[839] wenn etwa nicht zu ermitteln wäre, ob sich eine nach deutschem Recht strafbare Handlung im Sinne der Untreue gemäß § 266 StGB unter der Heranziehung des englischen Gesellschaftsrechts überhaupt als tatbestandlich darstellt. Ein aus der Sicht des Angeklagten sicherlich positiver Verfahrensausgang, aus Sicht der Strafverfolgungsbehörden und nicht zuletzt aus rechtspolitischen Überlegungen heraus eine eher missliche Situation. Möchte der strafrechtliche Tatrichter dies vermeiden, gebietet sich auch hier – wie im Zivilrecht – die vollständige Ausschöpfung der tatrichterlichen Erkenntnisquellen, so etwa auch durch die Einholung von entsprechenden Rechtsgutachten bei darauf spezialisierten Instituten.[840]

Im Bereich der zivilrechtlichen Gerichtsbarkeit, die von wirtschaftsstrafrechtlich relevanten Sachverhalten oftmals noch vor den Strafverfolgungsbehörden Kenntnis erlangt, bestehen – anders als in der StPO[841] – bereits umfassend gesetzlich normierte Möglichkeiten der Rechtsfortbildung bei Sachverhalten mit Auslandsbezug. Hierbei sei nochmals auf die im Zivilrecht geltende Norm des § 293 ZPO[842] verwiesen, wonach das Gericht gemäß § 293 S. 2 Hs. 2 ZPO befugt ist, auch andere Erkenntnisquellen als das deutsche Gesetz zu benutzen und zum Zwecke einer solchen Benutzung das Erforderliche anzuordnen. Hierbei steht es

---

839 *Brutscher*, S. 218., die zudem auf S. 220 betont, dass es dem Tatrichter zuzumuten sei, auch bei einer komplizierten Rechtslage einen rechtlichen Ausweg zu finden. Diesem solle keine Entlastung durch die Hintertür aus den originär gerichtlichen Pflichten – *iura novit curia* – durch die Anwendung des Zweifelssatzes „*in dubio pro reo*" und einem darauf gestützten Freispruch ermöglicht werden. Ob dies mit der tatsächlichen Gerichtspraxis vereinbar ist, darf jedoch bezweifelt werden.

840 *Satzger*, in: FS Fuchs, S. 431 (441), der beispielhaft das *Max-Planck-Institut für ausländisches und internationales Strafrecht* in Freiburg anführt, das nach seiner Darstellung über Referenten für praktisch alle europäischen Rechtsordnungen verfügen soll.

841 So zutreffend *Schramm/Hinderer*, ZIS 2010, 494 (499).

842 Die Vorschrift des § 293 ZPO ist zivilprozessrechtlich nur hinsichtlich der Rechtsbegriffe „ausländisches, Gewohnheits- u. Satzungsrecht" reversibel und soweit es sich um die Grenzen pflichtgemäßen Ermessens bei Feststellung des Rechtssatzes und seiner konkreten Ausgestaltung in der Rechtspraxis und um die Vereinbarkeit des festgestellten Rechtssatzes mit dem in Art. 6 EGBGB statuierten *ordre public* handelt, vgl. *Reichold*, in: Thomas/Putzo, ZPO, § 293, Rn. 10 m.w.N.

dem Zivilgericht frei, ausländische Institute zu kontaktieren bzw. nach dem Europäischen Übereinkommen vom 07.06.1968[843] zu verfahren, dem sich zahlreiche europäische Staaten – so beispielsweise auch Großbritannien[844] – und zahlreiche weitere außereuropäische Staaten angeschlossen haben. Auf die konkrete Anforderung eines Gerichts hin erteilen die Vertragsstaaten kostenfrei Rechtsauskünfte über die Geltung und Anwendung ihres Zivil-, Handels-, gewerblichen Rechtsschutz-, Urheber-, Patent-, Arbeits-, Verfahrens- sowie Gerichtsverfassungsrechts.[845] Eine fallbezogene Antwort wird hier indes nicht erstellt, vielmehr wird in erster Linie objektiv und unparteiisch über den Wortlaut der einschlägigen Gesetze und Verordnungen sowie der einschlägigen Gerichtsentscheidungen informiert.[846]

Da sich die Ermittlungspflicht des deutschen Gerichts nach § 293 ZPO nicht nur auf die bloße Ermittlung des ausländischen Gesetzestextes erstreckt, sondern auch dessen Anwendung und Auslegung umfasst, bedarf es insoweit zusätzlich der Berücksichtigung der jeweiligen ausländischen Rechtsprechungspraxis.[847] Im Bereich des englischen Rechts bestehen bereits rechtvergleichende Abhandlungen zum englischen Gesellschafts- und Insolvenzrecht, welche auch die Darstellung der englischen Rechtsprechung beinhalten. Dies bedingt, dass das deutsche Gericht in Strafsachen bei einschlägigen Fallkonstellationen betreffend eine englische *limited* darauf angewiesen ist, dass – wie es häufig der Fall ist – bereits ein Zivilgericht mit dem Sachverhalt betraut ist bzw. war und potentiell strafbare Handlungen gleichzeitig an die Staatsanwaltschaften zur strafrechtlichen Ahndung weitergereicht werden. Dabei ist es für die strafrechtlichen Ermittlungsbehörden von Vorteil, wenn das Zivilgericht zu diesem Zeitpunkt bereits umfangreich selbstständig nach § 293 ZPO ermittelt und ein entsprechendes juristisches Hintergrundwissen zu dem Sachverhalt „angesammelt“ hat.

---

843 BGBl. II 74, 937.

844 Hier gilt das sog. *„Londoner Europäische Übereinkommen betreffend Auskünfte über ausländisches Recht vom 7.6.1968“*, BGBl. II 1974, 937.

845 Vgl. *Reichold*, in: Thomas/Putzo, ZPO, § 293, Rn. 5, wonach das Ersuchen des deutschen Gerichtes außer den jeweiligen Fragen auch eine Darstellung des Sachverhaltes mit den Angaben enthalten soll, die zum Verständnis und zu der richtigen bzw. genauen Beantwortung durch den anderen Staat erforderlich sind. Zuständige Übermittlungsstellen sind das *Bundesministerium für Justiz* und im Übrigen die jeweiligen Landesministerien.

846 *Dornblüth*, ZIP 2014, 712 (713).

847 *Dornblüth*, ZIP 2014, 712 (713 u.Fn.19), verweist hier auf die Auslegung des sec. 283 (3) CA 2006 englischen Rechts durch den BGH. Vgl. dazu *BGH*, ZIP, 2014, 394 ff.

Das Strafgericht selbst kann allerdings auch über die Vorschriften der §§ 72 ff. StPO und die damit einhergehenden Bestimmungen ein Gutachten über den Inhalt oder die Anwendung ausländischen Rechts in Auftrag geben.[848] Daraus folgt, dass auch aus strafrechtlicher Sichtweise das Tatgeschehen in Anbetracht des typischerweise inländischen Tatorts oftmals aufzuklären sein dürfte und das Strafgericht die ermittelte Tat mit dem englischen Gesellschafts- und Insolvenzrecht, ggfs. unter sachverständiger Beratung oder durch die Anwendung des für den Angeklagten günstigsten Rechtes seines ausländischen Rechtskreises, abgleichen können dürfte.[849]

II. Die Wahrung nationaler Interessen bei nicht korrespondierenden ausländischen Rechtspflichten durch Anwendung des *ordre-public*-Vorbehalts (Art. 6 EGBGB)?

Im Hinblick auf § 266 StGB und die konkrete Bestimmung der Pflichtwidrigkeit durch die Anwendung ausländischen Rechts sollte die Überlegung gestattet sein, wie bei der Fremdrechtsanwendung konkret zu verfahren ist, wenn es zu Kollisionen zwischen zwar nicht zwingend privilegierenden, aber im Detail divergierenden Maßstäben im ausländischen Gesellschaftsrecht und dem deutschen Strafrecht kommt. Es drängt sich diesbezüglich die Frage auf, inwiefern die *ordre-public*-Klausel des Art. 6 EGBGB Beachtung finden und der *ordre public* damit zur Entschärfung der Problematik beitragen könnte.[850]

Mit dem in Art. 6 EGBGB enthaltenen Vorbehalt des „*ordre public*" kennt das deutsche Rechtssystem ein Korrektiv gegenüber möglichen Nachteilen, die durch die Anwendung fremden, d. h. ausländischen Rechts entstehen können. Dessen Anwendung hat nämlich dann zu unterbleiben, wenn die (unterstellte) Anwendung des fremden Rechts zu einem Ergebnis führen würde, das „*zu den Grundgedanken der deutschen Regelungen und der in ihnen liegenden Gerechtigkeitsvorstellungen in einem so starken Widerspruch steht, dass es für untragbar gehalten*" wird.[851] In diesem Zusammengang erscheint es überlegenswert, inwiefern der *ordre public* auch im Wirtschaftsstrafrecht zur Wahrung grundgesetzlicher Werte herangezogen werden könnte. Dabei gilt es zu beachten, dass die Rom II-Verordnung nach Art. 1 Abs. 2 d) auf Gesellschaftsverhältnisse keine Anwendung findet, so dass dem Einwand des *ordre public* in

848 *Schramm/Hinderer*, ZIS 2010, 494 (499).

849 So auch *Heger*, ZIS 2013, 289 (295).

850 Vgl. auch *Mansdörfer/Habetha*, S. 81, Rn. 233.

851 *BGHZ 50*, 370 (375); 104, 240 (243); 118, 312 (330); 123, 268 (270).

einem solchen Fall lediglich eine negative Funktion zukommt.[852] Art. 6 EGBGB bestimmt demnach im negativen Sinne, dass die Rechtsnorm eines anderen Staates dann nicht anzuwenden ist, wenn ihre Anwendung zu einem Ergebnis führt, welches mit den wesentlichen Grundsätzen des deutschen Rechts offensichtlich unvereinbar ist.

Insofern greift das Verbot der Anwendung des ausländischen Rechts im vorgenannten Sinne nur dann, wenn das Ergebnis der Anwendung in einer besonders schwerwiegenden Weise dem Sinn und Zweck der deutschen Regelung widerspricht.[853] Dafür bedarf es – als quasi imaginären Prüfungsmaßstab – unter Heranziehung der aktuell geltenden Rechtsanschauungen der richterlichen Entscheidungen einer offensichtlichen Unvereinbarkeit der ausländischen Rechtsvorschrift mit der deutschen öffentlichen Ordnung.[854] Dem Unionsrecht kommt auch hier eine entscheidende Bedeutung zu, da infolge des Anwendungsvorrangs des europäischen Rechts eine Begrenzung für die Ausübung des *ordre public* durch die nationalen Gerichte der Mitgliedstaaten gesetzt wird.[855] Das Verhältnis des *ordre public* zum Unionsrecht gestaltet sich somit derart, dass die Anwendung des Art. 6 EGBGB gegenüber dem Recht eines anderen Mitgliedstaates nicht zu einer grundfreiheitenwidrigen Beschränkung des freien Binnenmarktverkehrs führen darf, sofern die Beschränkung nicht durch zwingende Gründe des Allgemeininteresses gerechtfertigt ist.[856] Insoweit ist stets das Ergebnis im konkreten Einzelfall entscheidend, nicht der abstrakt-generelle Inhalt einer ausländischen Norm. Dabei gelten nach Art. 6 Abs. 1 S. 2 EGBGB als Maßstab die Grundrechte für den *ordre public*, wobei im Einklang mit der einschlägigen Gesetzesbegründung[857] davon auszugehen ist, dass eine enge Auslegung zu erfolgen hat und damit dem Grundsatz nach nur ein kleiner Anwendungsbereich für diese Vorbehaltsklausel besteht.

Nach *Schuster*[858] wäre eine konkrete Anwendung im Bereich des ausländischen Gesellschaftsrechts dann nach Art. 6 EGBGB als unzulässig zu qualifizieren, wenn etwa Gewinnausschüttungen für die Zukunft ganz verboten würden, weil Lohnsteigerungen für die Arbeitnehmer oder Investitionen im Gründungsland

---

852 *Kienle*, in Süß/Wachter, Hdb. Internationales GmbH-Recht, § 3, Rn. 87, S. 170; *Weller*, in: MüKo, GmbHG, Einl. 431.

853 *BGHZ* 50, 370 (376).

854 *Thorn*, in: Palandt, EGBGB, Art. 6, Rn. 4.

855 *Stürner*, in FS Hoffmann, S. 463 (469).

856 *Mülbert/Bruinier*, WM 2005, 105 (112 f.); *Thorn*, in: MüKo, EGBGB, Art. 6, Rn. 8.

857 Begr. *RegE*, BT-Drs. 10/504, S. 43.

858 *Schuster*, S. 361.

Vorrang genießen müssten. Denn dies hätte zur Folge, dass die Anwendung des ausländischen Rechts im deutschen Inland zu einer zivilrechtlichen Fremdrechtsanwendung führen würde, die mit den maßgeblichen und wesentlichen Grundsätzen des deutschen Rechts, namentlich der Eigentumsfreiheit nach Art. 14 GG, unvereinbar wäre.[859] Abgesehen davon verbietet es sich, die hypothetische Anwendung deutschen Zivilrechts als Obergrenze der nach deutschem Recht begründeten Strafbarkeit heranzuziehen, wie es in diesem Zusammenhang mit verschiedenen Begründungssätzen vertreten wird.[860] Letztlich bilden dem Grundsatz nach ausschließlich diese grundrechtlich garantierten und durch das Grundgesetz insoweit auch geschützten Werte das grundsätzliche „Oberdach" im Rahmen der nationalen Judikatur und damit auch das prinzipielle Höchstmaß in Bezug auf die Anwendung ausländischen Rechts im deutschen Rechtssystem. Über die sog. residuale Funktion des *ordre public* besteht die Möglichkeit, die Anwendung inländischer Rechtssätze und damit auch einen entsprechenden Gläubigerschutz zu erzielen, sofern die originär einschlägige ausländische Regelung der öffentlichen Ordnung widerspricht.[861] Als Rechtsfolge würde an die Stelle der verdrängten Norm allerdings nicht automatisch deutsches Recht treten, sondern es verbliebe durchaus bei der Anwendung des fremden Rechts[862] solange die ausländische Norm durch die Streichung der entsprechenden Passage aufgrund des *ordre public*-Vorbehaltes nicht unvollständig wird. Im Anschluss an diese Streichung müsste geprüft werden, ob die entstandene, regelungsbedürftige Lücke nicht durch eine Modifizierung des entsprechenden Rechtsgedankens des ausländischen Rechts geschlossen werden könnte. Erst wenn auch dies nicht möglich sein sollte – und auch nur dann – käme die Anwendbarkeit deutschen Rechts als *ultima ratio* in Betracht, was in der Praxis jedoch nur schwerlich vorstellbar erscheint.

Im Ergebnis ist dem ausländischen Recht somit so lange der Vorrang einzuräumen, bis der deutsche *ordre public* betroffen ist.[863] Um die europarechtlich garantierte Niederlassungsfreiheit nicht unionsrechtswidrig einzuschränken, bedarf

---

859 *Schuster*, S. 361.

860 Siehe dazu etwa *Altenhain/Wirtz*, NZG 2008, 569 (573); *Mankowski/Bock*, ZStW 120 (2008), 704 (718 ff.).

861 *Weller*, Europäische Rechtsformwahlfreiheit und Gesellschafterhaftung, 2004, S. 287 ff.

862 *Kienle*, in Süß/Wachter, Hdb. Internationales GmbH-Recht, § 3, S. 178, Rn. 87.

863 So auch *Mansdörfer/Habetha*, S. 81, Rn. 233, die zu Recht darauf hinweisen, dass insbesondere in der strafrechtlichen Präventivberatung insoweit ein erhebliches Gestaltungspotential besteht.

es jedoch in jedem Einzelfall im Vorfeld der gerichtlichen Rechtsfindung einer intensiven Überprüfung der Anwendung des *ordre public* anhand der strikten, europarechtlichen Vorgaben des EuGH[864] in Form seines Vier-Kriterien-Modells und der damit statuierten *Gebhard*-Formel.[865] Im Zweifel ist ein – und dies ist zur künftigen Rechtsfortbildung ausschließlich vorteilhaft – an den EuGH gerichteter Vorlagebeschluss durch das zur Entscheidung berufene nationale Gericht zu fertigen.

864 *Stürner*, in FS Hoffmann, S. 463 (472 f.).
865 *Weller*, in: MüKo, GmbHG, Einl. Rn. 473.

§ 6 Die konkreten Strafbarkeitsrisiken für die Geschäftsleitung einer *limited* mit Verwaltungssitz in Deutschland

A. Strafbarkeitsrisiken wegen der Abgabe unrichtiger Versicherungen über die Eignung als Geschäftsleiter (§ 82 Abs. 1 Nr. 5 GmbHG)

I. Systematische Einordnung des Regelungsgehalts der Norm

Die Stellung des § 82 Abs. 1 Nr. 5 GmbHG im deutschen Rechtssystem ist dem Grundsatz nach offenkundig. Die Vorschrift stellt falsche Angaben und Versicherungen gegenüber dem Registergericht sowie unwahre Darstellungen und Verschleierungen über Verhältnisse der GmbH, die in öffentlichen Mitteilungen gemacht werden, unter Strafe.[866] Die Strafdrohung des § 82 GmbHG im Allgemeinen richtet sich an Geschäftsführer, Gesellschafter, Liquidatoren und Mitglieder eines Aufsichtsrates oder ähnlicher Organe deutscher GmbHs sowie seit Inkrafttreten des MoMiG auch der Unternehmergesellschaft (haftungsbeschränkt). Eine Ausdehnung auf andere nationale – und im Erst-Recht-Schluss ausländische Gesellschaften wie die *limited* – würde augenscheinlich die Grenze zwischen zulässiger Auslegung und unzulässiger Analogie überschreiten. Dies ließe den Rückschluss zu, dass der *director* einer *limited* offenkundig aus dem Kreise der geeigneten Täter auszuscheiden hat. Schließlich ist zwischenzeitlich anerkannt, dass GmbH-ähnliche Gesellschaften bzw. EU-Auslandsgesellschaften wie die *limited* wegen des in Art. 103 Abs. 2 GG verankerten strafrechtlichen Analogieverbotes grundsätzlich nicht unter diese Norm fallen (können).[867]

So deutlich ist die Sach- und Rechtslage allerdings doch nicht. Dabei lohnt es sich, zunächst einen Blick auf den eigentlichen Normzweck des § 82 Abs. 1 Nr. 5 GmbHG zu werfen. Dieser soll durch eine Strafdrohung sicherstellen, dass gegenüber dem Registergericht oder in öffentlichen Mitteilungen über bestimmte, für das Vertrauen der Gesellschaftsgläubiger oder anderer dritter Personen besonders wesentliche Umstände keine falschen Angaben gemacht werden, wobei lediglich die Täuschung Dritter verhütet – und nicht primär der Schutz der Gesellschafter

866 *Wißmann*, MüKo, GmbHG, § 82, Rn. 1.
867 *Tiedemann/Rönnau*, in: Scholz, GmbHG, § 82, Rn. 1.

oder der Gesellschaft selbst bezweckt – werden soll.[868] In diesem Zusammenhang kann der Straftatbestand des § 82 Abs. 1 Nr. 5 GmbHG auch als „Eignungsschwindel“ bezeichnet werden.

Sofern die Norm somit in den Bereich der strafrechtlichen Täuschungsdelikte rückt, bedarf es keiner pauschalen Irrtumserregung bei dem Erklärungsempfänger oder eine im Vertrauen darauf vorgenommene Vermögensverfügung wie es bei § 263 StGB tatbestandlich vorausgesetzt wird. Die bloße Abgabe bestimmter Falschangaben führt letztlich zu einer Vorverlagerung der Strafbarkeit, die rechtspolitisch eine Rechtfertigung erfährt, indem die von einer staatlichen Genehmigung und Aufsicht freie und haftungsbeschränkte Gesellschaftsform von Personen dazu genutzt wird bzw. werden kann, um unter Minimierung des eigenen wirtschaftlichen Risikos und unter Ausnutzung einer gewissen Anonymität kriminelle Geschäfte zum Nachteil des jeweiligen Geschäftspartners und letztlich der Allgemeinheit führen.[869] Dies bedeutet im Ergebnis, dass durch § 82 Abs. 1 Nr. 5 GmbHG die Voraussetzungen statuiert werden, dass bei Gründung der Gesellschaft der Geschäftsverkehr dadurch (vermeintlich) geschützt werden soll, dass die dem Handelsregister gegenüber erklärten Angaben einer strafbewehrten Wahrheitskontrolle unterzogen werden.[870] Sinn und Zweck der Norm liegt darin, dass dem Registergericht die ordnungsgemäße Eintragungskontrolle ermöglicht und dadurch die Bestellung ungeeigneter Personen zum Geschäftsleiter verhindert werden soll.[871]

So verwundert es nicht, dass der Gesetzgeber im Hinblick auf die Strafbarkeit aus § 82 Abs. 1 Nr. 5 GmbHG auch für Auslandsgesellschaften wie die *limited* eine (gesetzgeberische) Ausnahmeregelung getroffen hat.[872] Im Rahmen des MoMiG wurde § 13g Abs. 2 S. 2 HGB eingefügt, mit dem eine Anwendung des § 8 Abs. 3 GmbHG auch für Zweigniederlassungen von Gesellschaften mit beschränkter Haftung mit Sitz im Ausland angeordnet wird. Dies hat zur Folge, dass auch für Geschäftsleiter ausländischer juristischer Personen – wie eben des *directors* der *limited* – verlangt werden kann, dass eine Versicherung nach § 8 Abs. 3 GmbHG über das Nichtvorliegen von Bestellungshindernissen gemäß § 6 Abs. 2 S. 2 und

---

868 *Wißmann*, MüKo, GmbHG, § 82, Rn. 5.
869 *Wißmann*, MüKo, GmbHG, § 82, Rn. 1.
870 *Tiedemann/Rönnau*, in: Scholz, GmbHG, § 82, Rn. 2.
871 *OLG Hamm*, NZG 2010, 1156 (1157).
872 *Haas*, in: Baumbach/Hueck, GmbHG, § 82, Rn. 1; kritisch zu der Neuregelung insoweit *Wachter*, GmbHR 2006, 793 (798).

3 sowie S. 3 GmbHG[873] abzugeben ist.[874] Es geht bildlich gesprochen um die Versicherung über die „weiße Weste“[875] des *directors* der *limited*.

In rechtspolitischer Hinsicht soll damit unterbunden werden, dass Personen, die nach § 6 Abs. 2 GmbHG nicht Geschäftsführer einer deutschen GmbH sein können, eine *limited* als Kapitalgesellschaft ausländischen Rechts gründen und durch eine (zu erwartende) ausschließliche Geschäftstätigkeit über eine deutsche Zweigniederlassung das Bestellungsverbot bewusst umgehen. Dabei wird die Bedeutung der Strafvorschrift in der Praxis offensichtlich (noch immer) unterschätzt, da zwischenzeitlich nach Inkrafttreten des MoMiG ein spürbarer Anstieg der Anzahl von Ermittlungsverfahren und entsprechender Verurteilungen wegen § 82 Abs. 1 Nr. 5 GmbHG zu verzeichnen ist.[876]

II. Originäre Tathandlung im Rahmen des § 82 Abs. 1 Nr. 5 GmbHG

Die Regelung des § 82 Abs. 1 Nr. 5 GmbHG statuiert als Tathandlung lediglich die Abgabe einer unrichtigen Versicherung gegenüber dem Registergericht als richtigen Adressaten. Dabei bedarf es – trotz einer entsprechenden vorherigen Belehrung – falscher bzw. unvollständiger Angaben in einer gegenüber dem Registergericht vorzunehmenden Versicherung nach § 8 Abs. 3 S. 1 GmbHG darüber, dass keine Umstände vorliegen, die nach § 6 Abs. 2 S. 2 Nr. 2 und 3 sowie S. 3 GmbHG der Bestellung als Geschäftsführer bzw. als Geschäftsleiter einer ausländischen juristischen Person im Sinne des § 13g Abs. 2 S. 2 HGB entgegenstehen. Andere falsche oder unvollständige in der Versicherung enthaltene Angaben unterliegen nicht dem Schutzbereich der Norm.[877]

Von besonderem Interesse ist für die Praxis sicherlich das in 6 Abs. 2 S. 2 Nr. 2 GmbHG normierte, gerichtlich oder behördlich verhängte (deutsche) Berufsverbot und die in § 6 Abs. 2 S. 3 i. V. mit § 6 Abs. 2 S. 2 GmbHG erfasste Verurteilung im Ausland wegen vergleichbarer Straftaten, womit ein einheitlicher Schutzstandard vor ungeeigneten Personen als Geschäftsführer gewährleistet werden soll.[878] Die durch das *MoMiG* erfolgten Änderungen des § 6 Abs. 2 GmbHG führten zu einer deutlichen Erweiterung des dortigen Kataloges von Straftaten, welche

873 In diesem Zusammenhang ist zudem § 13g Abs. 5 HGB zu beachten, wonach dies auch für spätere Anmeldungen für die Versicherung nach § 39 Abs. 3 GmbHG gilt.

874 *Müller-Gugenberger*, in: FS Tiedemann, S. 1003 (1016).

875 *Melchior*, AnwBl. 2011, 20 (21).

876 So *Weiß*, GmbHR 2013, 1076 (1076).

877 Jüngst: *KG*, GmbHR 2015, 868 (869) mit Anm. *Bittmann*, GmbHR 2015, 869 f.

878 *Wißmann*, MüKo, GmbHG, § 82, Rn. 270.

die Sperre eines GmbH-Geschäftsführers bedingen.[879] Die frühere Streitfrage, inwiefern ausländische Verurteilungen zu einem Ausschluss von dem Amt des Geschäftsführers führen können,[880] ist nunmehr obsolet. Es ist jedoch zu beachten, dass es sich nach § 6 Abs. 2 S. 2 Nr. 3 GmbHG um Straftaten handeln muss, denen eine rechtskräftige Verurteilung zu einer Freiheitsstrafe von *mindestens einem Jahr* bei einer gleichzeitigen Feststellung eines entsprechenden Tatvorsatzes zugrunde liegen muss.[881] Dies ist bei den Haftungsinstituten des *fraudulent trading* nach sec. 213 IA 1986 sowie des *wrongful trading* nach sec. 1986 – ungeachtet ihrer zivilrechtlichen Unanwendbarkeit im deutschen Rechtssystem – nicht schon automatisch der Fall. Im englischen Recht etwa wird für Insolvenzschuldner im Sinne der sec. 213 IA 1986 und sec. 214 IA 1986 generell ein Tätigkeitsverbot ausgesprochen, wobei es sich bei diesen Normen primär um zivilrechtliche Haftungsinstitute des englischen Rechts und eben um keine solche Vorschriften handelt, die zwingend die Verhängung einer Freiheitsstrafe von mindestens einem Jahr vorsehen, zumal die Verurteilung wegen *wrongful trading* nach sec. 214 IA 1986 keinen Ausspruch eines Tatvorsatzes bedingt.[882]

Soweit § 6 Abs. 2 S. 3 GmbHG eine entsprechende Vergleichbarkeit der Straftat verlangt, bedeutet dies zwar nicht, dass ein deutsches Gericht wegen der Tat bei Anwendung deutschen Strafrechts ebenfalls zu einer Verurteilung hätte kommen müssen, doch ist es jedenfalls erforderlich, dass die sinngemäße Umstellung des Sachverhalts zu der tatbestandlichen Verwirklichung eines deutschen Strafgesetzes führt.[883] Letztlich wird in der Frage der Vergleichbarkeit von Auslandsver-

---

879 Nach *Müller-Gugenberger*, in: FS Tiedemann, S. 1003 (1016), erfordert dies im Rahmen des § 6 Abs. 2 Nr. 3 GmbHG i.V.m. § 6 Abs. 2 S. 3 GmbHG bei „vergleichbaren Taten“ zwar eine solide Rechtsvergleichung, die Ausdehnung der Inhabilität stelle jedoch gleichzeitig eine begrüßenswerte Aufwertung wichtiger rechtsformspezifischer Strafnormen dar.

880 *Weiß*, GmbHR 2013, 1069 (1077 f.) m.w.N. in Fn. 14.

881 *Schmittmann/Bischoff*, ZInsO 2009, 1561 (1570).

882 *Schmittmann/Bischoff*, ZInsO 2009, 1561 (1570).

883 *Weiß*, wistra 2009, 209 (213) verweist darauf, dass die Tat auch im Ausland als strafbares Unrecht behandelt werden muss, so dass im Ausland verhängte verwaltungs- oder zivilrechtliche Sanktionen unschädlich seien; einen umfassenden Überblick über Strafnormen des englischen Wirtschaftsstrafrechts – hier ist insbesondere der sog *fraud act 2006* maßgeblich – geben etwa *du Bois-Pedain*, ZStW 122 (2010), 325 ff.; *Grau/Airey/Frick*, BB 2009, 1426 ff.; *Ladiges*, wistra 2012, 170 ff.; *Weiß*, CCZ 2014, 81 sowie speziell rechtsvergleichend zu dem deutschen Untreue-Tatbestand: *Rönnau*, ZStW 122 (2010), 299 ff.

urteilungen im Zweifel ein Rechtsgutachten einzuholen sein,[884] wobei nur solche Straftatbestände Berücksichtigung finden werden können, die zumindest in einer sehr engen Kongruenz zu der jeweiligen deutschen Strafnorm stehen.[885] Aus rechtspolitischer Sicht ist der eigentliche Nutzen des § 6 Abs. 2 S. 3 GmbHG, wie es *Weiß*[886] zutreffend formuliert, nur begrenzt, da es sich hierbei lediglich um ein Eintragungshindernis handelt, so dass der aus deutscher Sichtweise ungeeignete *director* dennoch Geschäftsleiter der *limited* bleibt und ausschließlich das englische Recht über dessen (Un-)Geeignetheit und einen etwaigen Amtsausschluss entscheidet. Um die Eintragung der Gesellschaft im Handelsregister nach § 13e Abs. 2 S. 1 HGB dennoch vollziehen zu können, bedarf es lediglich der Bestellung einer unbescholtenen Person als neuen Geschäftsleiter der *limited*, die dann die eigentliche Anmeldung der Gesellschaft übernimmt.[887] Sofern der BGH[888] ein derartiges Eintragungshindernis im Hinblick auf das Verbot der Gewerbeausübung noch vor Verabschiedung des MoMiG und damit ohne das Vorliegen einer ausdrücklichen gesetzlichen Regelung bejaht hatte,[889] war dies zum Zeitpunkt des Urteilserlasses am 07. Mai 2007 für den betroffenen *director* der *limited* zumindest aus strafrechtlicher Sicht insoweit unschädlich, da die Strafnorm des § 82 Abs. 1 Nr. 5 GmbHG zu diesem Zeitpunkt noch nicht bestanden hatte und der *director* der Gesellschaft auch nicht strafrechtlich belangt worden war.

III. Konformität mit der unionsrechtlichen Niederlassungsfreiheit

Wird durch den *director* einer *limited* bei dem Registergericht eine unrichtige Versicherung im Sinne des § 82 Abs. 1 Nr. 5 GmbHG abgegeben, so muss diese Strafdrohung auch mit den Grundsätzen der unionsrechtlich gewährleisteten Niederlassungsfreiheit vereinbar sein. Dies bedingt, dass der potentielle Eingriff in die Niederlassungsfreiheit im Sinne der Artt. 49, 54 AEUV nach den von dem EuGH in der Rechtssache „*Gebhard*“[890] aufgestellten vier maßgeblichen Kriterien eine Rechtfertigung erfahren muss. Hier ist nochmals auf den konkreten Normzweck des § 82 Abs. 1 Nr. 5 GmbHG zu rekurrieren. Danach soll eine Umgehung der grundsätzlich für die GmbH aufgestellten inländischen Bestellungshinder-

---

884 *Bittmann*, NStZ 2009, 113 (119).
885 So auch *Goette*, in: MüKo, GmbHG, § 6, Rn. 30.
886 *Weiß*, wistra 2009, 209 (214).
887 *Weiß*, wistra 2009, 209 (214).
888 *BGH*, NJW 2007, 2328 ff.
889 Siehe dazu bereits im zweiten Teil dieser Arbeit unter § 3, I. IV. 2 b.
890 *EuGH*, NJW 1996, 579 ff. – *Gebhard*.

nisse durch die Bestellung inhabiler Personen als gesetzliche Vertreter einer inländischen Zweigniederlassung einer ausländischen Kapitalgesellschaft verhindert werden,[891] was § 82 Abs. 1 Nr. 5 GmbHG strafrechtlich sanktioniert.

Eine ausländische Gesellschaft wie die *limited* wird zwar durch die Anmeldung einer Zweigniederlassung insoweit einer strafbewehrten Beschränkung unterworfen, indem der *director* als gesetzlicher Vertreter der Gesellschaft die vorstehend benannten Voraussetzungen des § 6 Abs. 2 GmbHG zu erfüllen und zu versichern hat, dass die dort genannten Kriterien der Ungeeignetheit nicht auf ihn zutreffen. Dies kann sich somit auch als Eingriff in die Niederlassungsfreiheit europäischer Kapitalgesellschaften nach Artt. 49, 54 AEUV darstellen. Soweit der EuGH in der Rechtssache „*Gebhard*" jedoch ausdrücklich klargestellt hat, dass ein Eingriff in die Niederlassungsfreiheit dann gerechtfertigt ist, wenn die in Frage stehende gesetzliche Regelung in nichtdiskriminierender Weise angewandt wird, zur Erreichung des angestrebten Ziels geeignet ist und nicht gegen den Grundsatz der Verhältnismäßigkeit verstößt, sind diese Voraussetzungen vorliegend als erfüllt anzusehen.

Wie die Bundesregierung unter Bezugnahme auf den neu eingeführten § 6 Abs. 2 S. 3 GmbHG in dem Gesetzentwurf zu dem MoMiG vorgebracht hat, ist dazu anzumerken, dass durch diese Beschränkungen in- wie auch ausländische Gesellschaften[892] und durch die Strafandrohung des § 82 Abs. 1 Nr. 5 GmbHG Geschäftsleitungsorgane in- wie auch ausländischer Gesellschaften in der gleichen Weise betroffen werden, so dass eine Diskriminierung nicht gegeben ist. Da die Zweigniederlassungsrichtlinie[893] nur Pflichten zur Offenlegung einer Reihe von Angaben und Urkunden, jedoch keine Regelung über die Eignung eines Vertreters einer Gesellschaft, enthält und darauf beschränkt ist, eine Offenlegungspflicht für die Bestellung, das Ausscheiden und die Personalien der Vertreter vorzusehen,[894] ist der Schutz des geschäftlichen Verkehrs vor ungeeigneten Vertretern einer Gesellschaft als rechtfertigendes Merkmal zu qualifizieren.[895] Letztlich führt auch die Anknüpfung an solche Merkmale, die für eine persönliche Eignung zur ordnungsgemäßen Wahrnehmung geschäftlicher Belange von entscheidender Bedeutung sind, zu einer erforderlichen und geeigneten Rechtfertigung des Eingriffs.[896] Folglich stellt die Strafnorm des § 82 Abs. 1 Nr. 5 GmbHG diesbezüglich ein europarechtlich zulässiges und unionrechtskonformes Mittel zur Wahrung der Eignung des betroffenen Personenkreises dar.

891 *Tiedemann/Rönnau*, in: Scholz, GmbHG, § 82, Rn. 1.
892 *BT-Drs.* 16/6140, Gesetzentwurf der BReg S. 50.
893 Richtlinie 89/666/EWG über die Offenlegung von Zweigniederlassungen.
894 *BT-Drs.* 16/6140, Gesetzentwurf der BReg S. 50.
895 *BT-Drs.* 16/6140, Gesetzentwurf der BReg S. 50.
896 *BT-Drs.* 16/6140, Gesetzentwurf der BReg S. 50.

IV. Fazit

Von dem *director* einer *limited* kann verlangt werden, eine Versicherung nach § 8 Abs. 3 GmbHG über das Nichtvorliegen von Bestellungshindernissen gemäß § 6 Abs. 2 S. 2 Nr. 2 und 3 sowie S. 3 GmbHG abzugeben. Bei der Abgabe einer unrichtigen Versicherung gegenüber dem Registergericht, dass keine Umstände vorliegen, die nach § 6 Abs. 2 S. 2 Nr. 2 und 3 sowie S. 3 GmbHG der Bestellung als Geschäftsleiter der *limited* als ausländische juristischen Person im Sinne des § 13g Abs. 2 S. 2 HGB entgegenstehen, verwirklicht der *director* der *limited* den Straftatbestand des § 82 Abs. 1 Nr. 5 GmbHG und geht das hohe Risiko einer strafrechtlichen Verurteilung ein.

B. Strafbarkeitsrisiken wegen Untreue (§ 266 StGB)

Die Untreue nach § 266 StGB ist – wie auch der Betrug nach § 263 StGB – als Grundtyp der Wirtschaftsverbrechen anzusehen, wobei sich diese Erkenntnis nicht zuletzt durch die sukzessiv erfolgte Streichung früherer handels- und gesellschaftsrechtlicher Sondertatbestände aufgrund ihrer empfundenen Entbehrlichkeit durch die bloße Existenz des Untreue-Paragraphen bestätigt hat.[897] Die kriminalpolitische Notwendigkeit des § 266 StGB erschließt sich bereits aus den mit Untreuehandlungen im Einzelfall einhergehenden erheblichen Vermögensschädigungen.[898] Aus rechtspolitischer Sicht ist eine entsprechende Strafverfolgung von Untreue-Straftaten der Geschäftsleiter vor allem im Hinblick auf ausländische Kapitalgesellschaften mit einem nur geringen oder gar faktisch keinem Mindestkapitalerfordernis, wie etwa der *limited*, unabdingbar. Die strafrechtliche Rechtsprechung wendet – wie bereits aufgezeigt – den Tatbestand des § 266 StGB insoweit auch bereits auf derartige Kapitalgesellschaften unter Berücksichtigung der Rechtsprechungslinie des EuGH konsequent an. Auch wenn die vorgezeichnete Rechtsprechung des EuGH zur Niederlassungsfreiheit europäischer Kapitalgesellschaften insofern bindend ist, führt dies in der Rechtspraxis zu erheblichen Anwendungsschwierigkeiten, da viele Rechtsfragen bislang

---

897 *Seier*, in: Achenbach/Ransiek/Rönnau, Hdb. Wirtschaftsstrafrecht, V, 2. Kapitel, Rn. 1.

898 Dabei errechnet *Seier* in: Achenbach/Ransiek/Rönnau, Hdb. Wirtschaftsstrafrecht, V, 2. Kapitel, Rn. 4–6, anhand der polizeilichen Kriminalstatistik (beispielhaft aus dem Jahr 2009) einen durchschnittlichen Untreue-Schaden in Höhe von rd. 75.000,- EUR pro einzelner Tat. Es bleibt zu vermuten, dass sich dieser durchschnittliche Schadenbetrag in den vergangenen sieben Jahren noch deutlich erhöht haben dürfte.

noch nicht höchstrichterlich geklärt sind.[899] Diesbezüglich ist zunächst der Frage, ob das deutsche Strafrecht auf solche Handlungen, die durch den *director* einer *limited* vorgenommen werden, uneingeschränkt anwendbar ist, nachzugehen.

I. Vorfrage: Umfassender Rechtsgüterschutz zugunsten der englischen *limited* durch das deutsche Strafrecht?

Losgelöst von der Frage des Geltungsbereichs des deutschen Strafrechts im Sinne der §§ 3 ff. StGB ist primär zu klären, ob eine bestimmte, im deutschen Inland vorgenommene Handlung, die in unmittelbarem Bezog zu einer *limited* englischen Rechts steht, dem Schutzbereich eines deutschen Strafgesetzes, hier der Untreue nach § 266 StGB, überhaupt unterfallen kann oder ob lediglich rein ausländische Interessen betroffen sind. Dies ist bei einer ausländischen Kapitalgesellschaft nicht unmittelbar auf den ersten Blick ersichtlich.

Im Kern geht es also um die Frage, ob das (strafrechtlich relevante) Verhalten eines *directors* nationale Interessen derart berühren kann, dass es gerechtfertigt oder gar notwendig erscheint, eine Partizipation am inländischen Rechtsgüterschutz zuzulassen.[900] Dabei ist zu eruieren, ob die möglicherweise einschlägige Norm ausschließlich inländische Rechtsgüter bzw. nicht auch ausländische Rechtsgüter schützt. Erforderlich ist daher die Bestimmung des konkreten Schutzbereiches der je nach Tathandlung entsprechend ins Visier genommenen Norm.[901]

Im nächsten Schritt ist nach der Feststellung des Schutzbereiches des inländischen Gesetzes zu prüfen, ob dieser auch eröffnet ist, da eine Verletzung oder Gefährdung inländischer Rechtsgüter gegeben ist. Dies bedarf einer entsprechenden Auslegung, indem die Umschreibung der tatbestandsmäßigen Handlung sowie der Sinn und Zweck des jeweiligen Tatbestandes untersucht und eine Unterscheidung zwischen Kollektivrechtsgütern und Individualrechtsgütern vorgenommen wird.[902]

Sofern Individualrechtsgüter betroffen sind, wird nicht die deutsche Hoheitsgewalt an sich geschützt, sondern das Rechtsgut des Einzelnen, so dass Individualrechtsgüter wie Leben, Freiheit, Ehre und – für den Bereich des Wirtschaftsstrafrechts im Besonderen von Interesse – das Vermögen unabhängig von

---

899 *Waßmer*, in: Graf/Jäger/Wittig, Wirtschafts- und Steuerstrafrecht, § 266, Rn. 24.

900 *Ambos*, Internationales Strafrecht, § 1, Rn. 32, S. 16.

901 *Ambos*, Internationales Strafrecht, § 1, Rn. 32, S. 16; *Mankowski/Bock*, ZStW 120 (2008), 704 (746).

902 *BGHSt* 21, 277 (280); *Ambos*, Internationales Strafrecht, § 1, Rn. 35, S. 17; *Satzger*, § 6 Rn. 1.

der Staatsangehörigkeit des Rechtsgutträgers oder der (faktischen) Belegenheit des Rechtsguts als schutzwürdig erachtet und damit aus tatbestandlicher Sicht In- und Auslandstaten gleich behandelt werden.[903] Die originäre Geltung der deutschen Jurisdiktion erschließt sich im Anschluss daran aus einer Betrachtung der §§ 3–7 StGB. Dabei ist nach einer neuen Entscheidung des BGH zu § 265b StGB die Anwendbarkeit einer Strafnorm auf ausländische Rechtsgüter durch Auslegung des Tatbestandes zu ermitteln.[904] Bei solchen Tatbeständen, die transnational anerkannte Individualrechtsgüter – dazu gehört zweifelslos auch das Vermögen einer Gesellschaft – schützen, kommt es auf die Belegenheit des geschützten Rechtsgutes nicht an.[905] Für die Untreue nach § 266 StGB gilt, dass die Vermögensinteressen rechtsfähiger ausländischer Gesellschaften sowie ausländischer Gläubiger im strafrechtlichen Sinne geschädigt oder gefährdet werden können, da das betroffene Individualrechtsgut – das Gesellschaftsvermögen der *limited* – auch dann in den Schutzbereich des § 266 StGB fällt, wenn es sich – wie der BGH zuletzt deutlich festgestellt hat[906] – um ausländische Vermögensträger handelt.[907] § 266 StGB findet dementsprechend unter den Voraussetzungen der §§ 3 ff. StGB Anwendung.[908] Insofern erlaubt das Territorialprinzip im Sinne des § 3 StGB der deutschen Strafgerichtsbarkeit die Bestrafung einer im deutschen Inland begangenen Tat, wobei sich aus § 9 Abs. 1 StGB ergibt, dass die Tat an jedem Ort als begangen gilt, an dem entweder der Täter gehandelt hat oder der jeweils zum Tatbestand gehörende Erfolg eingetreten ist. Dabei ist als Handlungsort der Ort zu verstehen, an dem der Täter eine tatbestandsmäßige Handlung vorgenommen oder eine auf die Tatbestandsverwirklichung gerichtete Tätigkeit ausgeübt hat, einschließlich des Ortes, an dem sich die Wirkung dieser Handlung zugleich

---

903 *Ambos*, Internationales Strafrecht, § 1, Rn. 38, S. 19; nach *Satzger*, § 6 Rn. 1, gelten diese Rechtsgüter dann allesamt als sog. *inländische* Rechtsgüter, da das völkerrechtliche Fremdenrecht auch einem Ausländer einen „*minimum standard of justice*“ und damit einen gewissen Strafrechtsschutz garantiere. Weiterhin verbiete das Gleichheitsgebot aus Art. 3 Abs. 1 u. 3 GG eine sachgrundlose Ungleichbehandlung von Ausländern.

904 *BGH*, NStZ 2015, 163 (164).

905 *BGH*, NStZ 2015, 163 (164), der zudem feststellt, dass selbst bei den Tatbeständen, die ausschließlich dem Schutz kollektiver Rechtsgüter dienten, grundsätzlich zwar nur die inländischen Interessen erfasst würden, eine transnationale Erweiterung des strafrechtlichen Schutzes allerdings nicht von vorneherein ausgeschlossen sei.

906 *BGH*, a. a. O.

907 *Tiedemann/Rönnau*, in: Scholz, GmbHG, Vor §§ 82 ff., Rn. 76.

908 Vgl. *Tiedemann*, in: LK, StGB, 2009, § 283, Rn. 243; *Werle/Jeßberger*, in: LK, StGB, Vor § 3, Rn. 271 ff.

entfaltet.[909] Unter Auswirkung der Tat ist hier nur eine solche zu verstehen, die für die (konkrete) Tatbestandsverwirklichung von erheblicher Bedeutung ist.[910] Im Rahmen des Schutzbereichs des § 266 StGB ist es für das betroffene Vermögen daher von besonderer Bedeutung, wie der Erfolgsort zu bestimmen ist,[911] wobei jedenfalls die Nachteile, die bei dem betreuten Vermögen der Gesellschaft eintreten, erfolgsortbegründend sind, nicht hingegen Vermögensnachteile sonstiger Personen.[912] Daraus folgt, dass sich bei einer Untreuehandlung zu Lasten der mit ihrem Verwaltungssitz in Deutschland ansässigen *limited* und einer Vornahme der Tathandlung im deutschen Inland die Anwendbarkeit des deutschen Strafrechts aus §§ 3, 9 StGB ergibt.[913]

II. Die Struktur des § 266 StGB

Ist der grundsätzlich bestehende und von § 266 StGB tatbestandlich gewährleistete Vermögensschutz einer in Deutschland ansässigen und geschäftstätigen *limited* bestätigt, gilt es zur weiteren Ermittlung der strafrechtlichen Risiken des *directors* einer *limited* zunächst die Struktur des § 266 StGB in den Blick zu nehmen.

Der Tatbestand der Untreue gemäß § 266 Abs. 1 StGB ist als Erfolgsdelikt ausgestaltet, das eine Vermögensverschiebung voraussetzt und dessen Handlungs- und Erfolgsunwert darin bestehen, dass der Täter im Rahmen eines besonderen Vertrauensverhältnisses, das ihn rechtlich oder tatsächlich zur Vermögensbetreuung verpflichtet, das ihm anvertraute fremde Vermögen pflichtwidrig schädigt.[914] Dabei ist zwischen dem Tatbestand der Missbrauchsuntreue gemäß § 266 Abs. 1 Alt. 1 StGB sowie der Treubruchalternative gemäß § 266 Abs. 1 Alt. 2 StGB zu differenzieren, wobei die Missbrauchsalternative dadurch gekennzeichnet ist, dass der Täter eine ihm eingeräumte Verpflichtungsbefugnis vorsätzlich missbraucht, während dem Treubruchtatbestand eher eine Auffangfunktion zukommt,

---

909 *Eser*, in: Schönke/Schröder, StGB, § 9, Rn. 4.

910 *Fischer*, StGB, § 9, Rn. 4a.

911 *Ensenbach*, wistra 2011, 4, (6 ff.) m.w.N. zu den vornehmlich im Zivilrecht entwickelten Ansätzen zur Bestimmung des Erfolgsortes, wobei insbesondere an den Zeitpunkt der Vermögensverfügung, an den Zugriff des Täters, den Sitz des Hauptvermögens, den Sitz der Gesellschaft oder – was i.E. Zustimmung verdient – an den Verwaltungssitz der Gesellschaft angeknüpft wird.

912 *Eser*, in: Schönke/Schröder, StGB, § 9, Rn. 6.

913 Bei einer aus dem Ausland erfolgten Tathandlung richtet sich die Anwendbarkeit des deutschen Strafrechts insbesondere nach § 7 Abs. 2 StGB, wenn der Täter die deutsche Staatsangehörigkeit besitzt.

914 *Waßmer*, in: Graf/Jäger, Wittig, Wirtschafts- und Steuerstrafrecht, § 266, Rn. 10.

da dort Täter ist, wer vorsätzlich eine ihm obliegende Vermögensfürsorgepflicht verletzt.[915]

Die das Unrecht des § 266 StGB prägende Pflichtverletzung bestimmt sich dabei regelmäßig nach Vorgaben, die nicht selbst aus dem Strafrecht stammen, sondern die ihren Ursprung im Zivilrecht oder im Öffentlichen Recht haben, so dass die Untreue nach ganz herrschender Ansicht einen akzessorischen Charakter aufweist.[916] Für die vorliegend im Fokus stehende *limited* und der damit einhergehenden Fragestellung potentieller Untreue-Strafbarkeitsrisiken ihres *directors* bedeutet dies, dass sich die Maßstäbe der Pflichtwidrigkeit allein aus dem englischen Gesellschaftsrecht ergeben können. In diesem Zusammenhang ist bereits an dieser Stelle festzuhalten, dass der von den Vertretungsorganen einzuhaltende Pflichtenmaßstab durch das Gesellschaftsrecht, d. h. durch die gesetzlichen Vorgaben und ihre gesellschaftsrechtliche Ausfüllung, determiniert wird.[917]

III. Tauglicher Täterkreis

Für die Untreue nach § 266 Abs. 1 StGB gilt, dass der deutsche Gesetzgeber den Tatbestand in Bezug auf GmbH-ähnliche Auslandsgesellschaften dem Wortlaut nach nicht an einen bestimmten Täter- oder Opferkreis bindet, so dass in Anbetracht der Sonderdeliktsnatur des Tatbestands dem Grundsatz nach auch Organe ausländischer Gesellschaften Täter dieses Delikts sein können.[918] Folglich kann auch der originäre *director* eines *limited* Täter des § 266 StGB sein.[919] Diese Erkenntnis bedarf jedoch einer vertieften Betrachtung, da im englischen Recht eben nicht nur die Rechtsfigur des *directors* (*de iure director*) als Geschäftsleiter der *limited* existiert, sondern auch die des *de facto directors* sowie des *shadow directors*.

---

915 *Seier*, in: Achenbach/Ransiek/Rönnau, Hdb. Wirtschaftsstrafrecht, V, 2. Kapitel, Rn. 40, der a.a.O, Rn. 41, kritisch darauf hinweist, dass es oftmals in Entscheidungen mit wirtschaftsstrafrechtlichem Einschlag unterlassen werde, zu eruieren, ob die Voraussetzungen der Missbrauchsvariante gegeben sind, so dass sich insbesondere der BGH zumeist nur mit der Frage auseinandersetze, ob den Täter des § 266 StGB eine Vermögensbetreuungspflicht treffe.

916 *Böttger*, in: Böttger, Wirtschaftsstrafrecht in der Praxis, S 118, Rn. 38.

917 *Radtke*, GmbHR 2008, 729 (732).

918 *Seier*, in: Achenbach/Ransiek/Rönnau, Hdb. Wirtschaftsstrafrecht, V, 2. Kapitel, Rn. 341; *Tiedemann/Rönnau*, in: Scholz, GmbHG, Vor §§ 82 ff., Rn. 76.

919 *BGH*, NStZ 2010, 632 (633); *Fischer*, StGB, § 266, Rn. 101; *Lackner/Kühl*, StGB, Komm., § 266, Rn. 20a; *Waßmer*, in: Graf/Jäger/Wittig, Wirtschafts- und Steuerstrafrecht, § 266, Rn. 24.

1. *Der* de iure director *als tauglicher Täter des § 266 StGB*

Vorliegend ist vorab zu beachten, dass es grundsätzlich der Differenzierung zwischen einer *internen* Schädigung (gegenüber der Gesellschaft) und einer *externen* Schädigung (etwa eines außenstehenden Dritten in lediglich mittelbarer Weise) bedarf,[920] was in der Regel erst im Bereich des Vorliegens einer Vermögensbetreuungspflicht im Rahmen des § 266 Abs. 1 StGB thematisiert wird.[921] Im Fall der *externen* Schädigung eines Dritten durch den *director* der *limited* ist eine „Überwälzung" seines Handelns auf die Gesellschaft erforderlich, so dass es diesbezüglich einer Heranziehung des § 14 StGB bedarf.[922] Es ist allerdings fraglich, ob eine (unterstellte) Anwendung des § 14 StGB wiederum im Einklang mit der Niederlassungsfreiheit steht.

a. Anwendbarkeit des § 14 StGB im Falle einer externen Schädigung

Zunächst ist eine Prüfung dahingehend erforderlich, inwiefern die Vorschrift des § 14 StGB zumindest im Fall einer externen Schädigung unmittelbar auf den *director* selbst angewendet werden kann.

aa. Anwendbarkeit des § 14 Abs. 1 Nr. 1 StGB

Die Anwendbarkeit der Vorschrift könnte sich nach § 14 Abs. 1 Nr. 1 StGB richten. Nach § 14 Abs. 1 Nr. 1 StGB ist, wenn jemand als vertretungsberechtigtes Organ einer juristischen Person oder als Mitglied eines solchen Organs handelt, ein Gesetz, nach dem besondere persönliche Eigenschaften, Verhältnisse oder Umstände (besondere persönliche Merkmale) die Strafbarkeit begründen, auch auf den Vertreter anzuwenden, wenn diese Merkmale zwar nicht bei ihm, aber bei dem Vertretenen vorliegen. Auch wenn es sich bei der *limited* unstreitig um eine juristische Person des englischen Rechts handelt, ist der Umstand fraglich, ob es sich bei dem *director* um ein formelles „Organ" der Gesellschaft handelt oder bloß um einen Beauftragten (*agent*).[923] Dazu besteht im englischen Recht Einigkeit darüber, dass die Befugnisse des *agents* diesem nicht aus seiner Stellung als gesetzlicher *Vertreter* der Gesellschaft erwachsen, sondern er vielmehr – gesetzlich

---

920 *Seier*, in: Achenbach/Ransiek/Rönnau, Hdb. Wirtschaftsstrafrecht, V, 2. Kapitel, Rn. 72.

921 *Waßmer*, in: Graf/Jäger, Wittig, Wirtschafts- und Steuerstrafrecht, Komm., § 266, Rn. 21.

922 *Waßmer*, in: Graf/Jäger, Wittig, Wirtschafts- und Steuerstrafrecht, Komm., § 266, Rn. 21.

923 Siehe dazu im zweiten Teil dieser Arbeit unter § 3 E. II. 1. A.

kodifizierter – *Beauftragter* der Gesellschaft, d. h. eben nicht das Organ der *limited*, ist. Die Bezeichung des Geschäftsleiters einer *limited* als „Organ" ist daher ein dem englischen Recht grundsätzlich fremder Rechtsbegriff.[924] Im Rahmen dieser auch als *Mandatstheorie* bezeichneten Umschreibung der Stellung des *directors* stehen diesem keine originär aus dem Gesetz abgeleiteten Befugnisse zu, sondern vielmehr leiten sich seine Befugnisse primär von den Gesellschaftsmitgliedern – und hier auf Basis der allgemeinen Regeln des Auftragsrechts – ab.[925] Daraus folgt, dass jedenfalls § 14 Abs. 1 Nr. 1 StGB nicht unmittelbar auf den *director* einer *limited* anzuwenden ist.[926]

bb. Anwendbarkeit des § 14 Abs. 2 S. 1 Nr. 1 StGB

Es verbleibt jedoch die Möglichkeit einer entsprechenden Anwendung des § 14 Abs. 2 S. 1 Nr. 1 bzw. Nr. 2 StGB. Nach diesen Vorschriften kann der *director* einer *limited* nämlich – ohne eine Organstellung im Sinne des § 14 Abs. 1 Nr. 1 StGB inne zu haben – Täter des § 266 Abs. 1 StGB sein. Nach § 14 Abs. 2 S. 1 Nr. 1 und 2 StGB ist auf denjenigen, der beauftragt ist, einen Betrieb oder ein Unternehmen ganz oder zum Teil zu leiten, oder der ausdrücklich beauftragt ist, in eigener Verantwortung Aufgaben wahrzunehmen, die dem Inhaber des Betriebs oder Unternehmens obliegen, und der aufgrund dieses Auftrags handelt, ein Gesetz, nach dem besondere persönliche Merkmale die Strafbarkeit begründen, anzuwenden, wenn diese Merkmale zwar nicht bei ihm, aber bei dem Inhaber des Betriebs oder Unternehmens vorliegen. Dies kann nach der Rechtsprechung des 2. Zivilsenats des BGH jedenfalls dann grundsätzlich nach § 14 Abs. 2 StGB der Fall sein, wenn dem Täter eine umfassende Geschäftsführungsmacht übertragen worden ist und er diese Geschäftsführungsmacht auch ausgeübt hat.[927] Dabei steht seine Eigenschaft als Organ oder als Beauftragter einer ausländischen Gesellschaft der Einordnung als Täter nicht entgegen, so dass es für die Strafbarkeit entscheidend auf das Tätigkeitsbild der betreffenden Person ankommt, was im Anwendungsbereich des § 14 Abs. 2 StGB grundsätzlich nicht abhängig von dem Sitz der Gesellschaft

---

924 Siehe dazu im zweiten Teil dieser Arbeit unter § 3 E. II. 1. A.

925 *OLG Frankfurt am Main*, NZG 2015, 707 (709) m.w.N.

926 A.A. etwa: *Perron*, in: Schönke/Schröder, StGB, § 14, Rn. 16/17, wonach die Funktion des *directors* genau derjenigen eines deutschen Organs entspreche; so auch *Rönnau*, ZGR 2005, 843 ff. und *Worm*, S. 61 ff.

927 *BGH*, NZG 2013, 937 (938), wonach sich der 2. Zivilsenat des BGH mit einem zivilrechtlichen Anspruch gegen den Vorsitzenden der Direktion einer schweizerischen AG aus § 823 Abs. 2 i.V.m. § 266a StGB zu befassen hatte.

ist.[928] Unter Berücksichtigung dieser vom BGH ausdrücklich benannten Gesichtspunkte und einer entsprechenden Anwendung auf den *director* einer *limited* folgt daraus, dass dieser unzweifelhaft jedenfalls über § 14 Abs. 2 S. 1 Nr. 1 bzw. Nr. 2 StGB die entsprechende Täterqualität im Sinne des § 266 StGB besitzt.

b. Vereinbarkeit mit den unionsrechtlichen Vorgaben zur Niederlassungsfreiheit

In diesem Kontext ist weiterhin zu klären, inwiefern eine konkrete Anwendung des § 14 StGB mit den unionsrechtlichen Vorgaben zur Niederlassungsfreiheit vereinbar ist. Im Grundsatz ist der Anwendungsbereich der Niederlassungsfreiheit zwar eröffnet, da § 14 StGB auf das Innenorganisationsrecht einer Gesellschaft Bezug nimmt, das bei einer *limited* grundsätzlich das englische Recht ist. Fraglich ist allerdings, ob in der konkreten Anwendung des § 14 Abs. 2 S. 1 Nr. 1 StGB auf den *director* der *limited* hingegen eine Beschränkung der Niederlassungsfreiheit erblickt werden kann. Ausgangspunkt dieser Überlegung ist die originäre Funktion des § 14 StGB, der die sog. Organ- und Vertreterhaftung bei Delikten regelt, die ausdrücklich oder nach dem Sachzusammenhang ein besonderes Tätermerkmal voraussetzen, wobei die Erforderlichkeit der Norm darin zu sehen ist, dass der eigentliche Normadressat seine Aufgaben und Pflichten nicht selbst wahrnimmt oder wahrnehmen kann und deswegen andere stellvertretend für ihn handeln müssen.[929] Hierbei handelt es sich letztlich um eine Erscheinung, die in der heutigen Wirtschaft mit ihren modernen Organisationsformen und ihrer weitergehenden innerbetrieblichen Delegation der Arbeit häufig festzustellen ist, so dass sich dem Grundsatz nach bereits daraus eine entsprechende Vergleichbarkeit mit zivilrechtlichen Vertretungsverhältnissen herleiten ließe.[930] Darüber hinaus ist anzumerken, dass dies eine Qualifikation der Norm als reine Marktausübungsregelung darstellt, die – auch im Sinne der hier vertretenen Übertragbarkeit der Grundsätze der „*Keck*"-Rechtsprechung des EuGH auf die Niederlassungsfreiheit – keine Behinderung des Marktzugangs als solchen darzustellen vermag. Letztlich dürfte ein etwaiger Eingriff jedenfalls dadurch gerechtfertigt sein, da es sich bei der Gewährleistung einer effektiven Strafrechtspflege eines Mitgliedstaates um einen Grund des zwingenden Allgemeininteresses handelt. Dementsprechend ist abschließend festzuhalten, dass die bloße Anwendung des § 14 Abs. 2 S. 1 Nr. 1 StGB auf den *director* der *limited* mit den unionsrechtlichen Vorgaben, insbesondere mit der in Artt. 49, 54 statuierten Niederlassungsfreiheit, vereinbar ist.

---

928 *BGH*, NZG 2013, 937 (938).

929 *Perron*, in: Schönke/Schröder, StGB, § 14, Rn. 1.

930 *Perron*, in: Schönke/Schröder, StGB, § 14, Rn. 1.

2. *Die Tätereigenschaft des* de facto directors *sowie des* shadow directors

Weiterhin ist zu ermitteln, wie eine Tätereigenschaft des *de facto directors* sowie des *shadow directors* im Sinne des § 266 Abs. 1 StGB begründet werden kann. Auch bei diesem Problemkreis bedarf es einer Heranziehung des § 14 StGB. In diesem Zusammenhang ist eine Vergleichbarkeit mit dem Rechtsinstitut des faktischen Geschäftsführers nicht von der Hand zu weisen.

Im Rahmen der Rechtsprechung des BGH zu der strafrechtlichen Verantwortlichkeit des faktisch gewollten Geschäftsführers ist es anerkannt, dass das faktische Organ in jeder Hinsicht dem rechtswirksam bestellten Organ gleichsteht.[931] Danach ist unter einem faktischen Geschäftsführer derjenige zu verstehen, der die Geschäftsführung mit Einverständnis der Gesellschafter ohne förmliche Bestellung übernommen hat, diese tatsächlich ausübt und gegenüber dem formellen Geschäftsführer eine überragende Stellung einnimmt oder zumindest das deutliche Übergewicht an Einfluss im Unternehmen hat,[932] so dass derjenige, der diese Merkmale erfüllt, grundsätzlich auch eine entsprechende Tätereigenschaft aufweisen kann.[933] Teile der Literatur hinterfragen dies kritisch und möchten zur Bestimmung der strafrechtlichen Verantwortlichkeit die Regelung des § 14 Abs. 2 S. 1 Nr. 1 StGB heranziehen,[934] indem der faktische Geschäftsführer als faktischer Betriebsleiter oder Beauftragter qualifiziert wird.[935] Auch hier bedarf es dem Grundsatz nach einer feinen Unterscheidung zwischen den Fällen einer *internen* und *externen Schädigung*.[936]

Bei dem *de facto director* bzw. dem *shadow director* – richtet man sich nach den zuvor ermittelten Grundsätzen für den rechtswirksam bestellten *director* (*de iure director*) – erfolgt eine Zuordnung über § 14 Abs. 2 S. 1 Nr. 1 StGB. Dementsprechend sind der *de facto director* und der *shadow director* im Rahmen des § 266 StGB letztlich unabhängig von einer (grundsätzlich sinnvollen) Differenzierung zwischen einer internen und einer externen Schädigung über § 14 Abs. 2 S. 1 Nr. 1 StGB jedenfalls als Beauftragte der *limited* zu qualifizieren. Die Vereinbarkeit der Anwendung des § 14 Abs. 2 S. 1 StGB auf den *de facto director* sowie

---

931 So etwa *BGHSt* 34, 379 (384); 46, 62 (64); *BGH,* NStZ-RR 2012, 80.

932 Vgl. dazu: *BGHSt* 31, 118 (122); 46, 62 (64 f.); sowie *BGHZ* 104, 44 (47 f.) im Rahmen der zivilrechtlichen Rechtsprechung zur faktischen Geschäftsführertätigkeit.

933 *BGHSt* 47, 318 (324 f.).

934 So etwa explizit: *Perron*, in: Schönke/Schröder, StGB, § 14, Rn. 42/43 m.w.N.

935 Vgl. *Seier*, in: Achenbach/Ransiek/Rönnau, Hdb. Wirtschaftsstrafrecht, V, 2. Kapitel, Rn. 313 m.w.N.

936 *Seier*, in: Achenbach/Ransiek/Rönnau, Hdb. Wirtschaftsstrafrecht, V, 2. Kapitel, Rn. 315.

den *shadow director* mit den unionsrechtlichen Vorgaben, insbesondere mit der Niederlassungsfreiheit, ist aus den gleichen zum originären *director* bereits benannten Gründen zu statuieren.

3. *Zwischenfazit*

Abschließend ist an diesem Punkt festzustellen, dass der *de iure director*, der *de facto director* sowie der *shadow director* dem Grundsatz nach als Täter einer Untreue nach § 266 StGB gegenüber der *limited* als Fall der internen Schädigung bzw. als Fall der externen Schädigung auch im Verhältnis zu Dritten, denen die *limited* aus ihrer Geschäftstätigkeit heraus selbst vermögensbetreuungspflichtig ist, in Betracht kommen.[937]

IV. Tatbestandliche Pflichtverletzung im Sinne des § 266 Abs. 1 StGB

Ein tatbestandliches Handeln des *directors* einer *limited* erfordert im Sinne des § 266 Abs. 1 StGB, dass ungeachtet des Eingreifens der Missbrauchs- oder der Treubruchs-Variante ein pflichtwidriges Verhalten des zur Betreuung fremden Vermögens verpflichteten Täters besteht, wobei sich das vom Täter einzuhaltende Pflichtenmaß nach den Vorgaben des betroffenen Vermögensinhabers bestimmt.[938] Während sich diese Voraussetzung bei der Missbrauchsvariante aus den Anforderungen des Tatbestandes selbst ergibt, folgt sie im Rahmen des Treubruchtatbestandes aus der Notwendigkeit treuwidrigen Verhaltens des Täters gegenüber dem Vermögensinhaber.[939] Im englischen Gesellschaftsrecht wird die *limited* als Kapitalgesellschaft und damit als eine eigenständige juristische Person erachtet, die Inhaber des Gesellschaftsvermögens ist.[940] Dies hat zur Folge, dass es sich bei dem Gesellschaftsvermögen der *limited* auch für den *director* als von der Gesellschaft Beauftragten um ein für ihn fremdes Vermögen handelt. Danach bedarf es im Hinblick auf etwaige untreuerelevante Tathandlungen des *directors* der *limited* einer entsprechenden Konkretisierung zwischen den jeweiligen Tathandlungen des Missbrauchs- und des Treubruchtatbestands des § 266 Abs. 1 StGB.

---

937 *Waßmer*, in: Graf/Jäger, Wittig, Wirtschafts- und Steuerstrafrecht, Komm., § 266, Rn. 25, der zutreffend darauf hinweist, dass es der Anwendung des § 14 StGB bei einer *limited & Co. KG* nur in Bezug auf den Geschäftsleiter der *limited* als Komplementärin bedarf, da den Gesellschaftern die Pflicht zur Wahrung der fremden Vermögensinteressen Dritter unmittelbar selbst obliegt.

938 *Fischer*, StGB, § 266, Rn. 24.

939 *Radtke/Hoffmann*, GA 2008, 535 (538).

940 *Ebert/Levedag*, GmbHR 2003, 1337 (1340).

1. *Missbrauchsalternative des § 266 Abs. 1 Alt. 1 StGB*

Im Rahmen der Missbrauchsalternative des § 266 Abs. 1 Alt. 1 StGB setzt der Tatbestand den „*Missbrauch*" der eingeräumten Befugnis voraus, die nicht durch ein entsprechend wirksam erteiltes Einverständnis des Vermögensinhabers gedeckt ist.

Der Missbrauch einer gesellschaftlichen Befugnis, welche dem *director* eingeräumt wurde, ist dem Grundsatz nach unproblematisch durch diesen realisierbar. Unter Missbrauch der ihm eingeräumten Befugnis ist konkret der Fehlgebrauch von Rechtsmacht zu verstehen, die sich dadurch bestimmt, dass die ausgeführte Handlung mit der konkret aus dem Innenverhältnis entspringenden Pflicht nicht in Einklang steht.[941] Ein Missbrauch kann also nur dann vorliegen, wenn von der grundsätzlichen Befugnis in der ihrem Inhalt nach entsprechenden Form in Gestalt einer rechtsgeschäftlichen Verfügung bzw. Verpflichtung wirksam Gebrauch gemacht worden ist.[942] Insoweit ist das interne rechtliche Dürfen des Treunehmers von den jeweils übernommenen Aufgaben abhängig und ergibt sich demnach aus dem Innenverhältnis, d. h. dem zwischen dem Treunehmer und dem Vermögensinhaber als Treugeber bestehenden Rechtsverhältnis, den getroffenen Vereinbarungen und deren Auslegung, wobei je nachdem beachtliche Handlungsspielräume bestehen können.[943] Maßgebliche Beschränkungen können sich dabei vorrangig oder auch ergänzend aus Gesetzen, Satzungen, Geschäftsordnungen, Richtlinien oder ähnlichen statuierten Vorgaben ergeben.[944]

Dem *director* wird grundsätzlich die umfassende Befugnis zugestanden, die Gesellschaft gerichtlich und außergerichtlich zu vertreten,[945] so dass ihm im Rahmen der ihm obliegenden Entscheidungskompetenz ein nicht unerheblicher (freier) Gestaltungsspielraum im Innen- und Außenverhältnis zusteht. Auf den *director* der *limited* bezogen bedeutet dies, dass er bereits dann den potentiellen strafrechtlichen Risiken der Untreue im Sinne des § 266 Abs. 1 Alt. 1 StGB unterliegt, wenn er entgegen der in den *articles of association*, die zusammen mit den in sec. 29 CA 2006 genannten Gesellschafterbeschlüssen die als *constitution* bezeichnete Satzung der *limited* nach sec. 17 CA 2006 bilden, handelt, da sich

---

941 *Fischer*, StGB, § 266, Rn. 24.

942 *BGHSt* 24, 386 (387); 33, 244 (250).

943 *Waßmer*, in: Graf/Jäger/Wittig, Wirtschafts-und Steuerstrafrecht, Komm., § 266, Rn. 86.

944 *Waßmer*, in: Graf/Jäger/Wittig, Wirtschafts-und Steuerstrafrecht, Komm., § 266, Rn. 88.

945 *Servatius*, in: Henssler/Strohn, GesR, Komm., IntGesR, S. 2711, Rn. 136.

aus deren Gesamtheit die für ihn wesentlichen Befugnisse im Außen- und insbesondere auch im Innenverhältnis der Gesellschaft ergeben.

Gedenkt der *director* die ihm im Innenverhältnis zur *limited* zustehende Befugnis zu überschreiten, ist für ihn unmissverständlich in sec. 171 CA 2006 festgelegt, dass er die ihm von der Gesellschaftsatzung (*constitution*) auferlegten Grenzen einzuhalten hat und er von seinen Befugnissen nur für den mit ihrer Übertragung verknüpften Zweck Gebrauch machen darf. Da der *director* aus den vorgenannten Regelungen heraus innerhalb seiner Befugnisse zu handeln hat (*duty to act within power*),[946] stellt jede aus sachfremden Motiven erfolgende Handlung mithin bereits einen konkreten Pflichtenverstoß dar,[947] der als untreuerelevante Handlung im Rahmen des Missbrauchstatbestands zu qualifizieren sein kann.

2. Treubruchsalternative des § 266 Abs. 1 Alt. 2 StGB

Im Gegensatz zu der Missbrauchsvariante des § 266 Abs. 1 StGB knüpft die Variante des Treubruchs nicht an die formale Stellung des Täters zu dem betroffenen Vermögen an. Dabei dürfte es als gesicherte Erkenntnis gelten, dass die Gruppe der Missbrauchstäter auf jeden Fall zum Kreis der Treupflichtigen zu zählen ist.[948] Im Übrigen kennzeichnet die Treubruchsalternative ihren maßgeblichen Täterkreis in „farbloser Weise" als Personen, denen die Pflicht zur Wahrung fremder Vermögensinteressen obliegt und lässt als Tathandlung bereits eine (bloße) Verletzung dieser Pflicht genügen,[949] wobei in der Norm als treupflichtbegründende Umstände insbesondere das Gesetz, der behördlicher Auftrag und das Rechtsgeschäft benannt werden. Die Treubruchsvariante stellt auf die dem Täter tatsächlich zustehende Einwirkungsmacht ab, sofern dieser Macht ein besonderes und schützenswertes Vertrauen in die Wahrnehmung fremder Vermögensinteressen zugrunde liegt.[950] Selbst wenn dies zu einer erheblichen Ausdehnung des Tatbestandes führen kann, ist nach der maßgeblichen Rechtsprechung des Bundesverfassungsgerichts der Wortlaut der Norm (dann noch) mit Art. 103 Abs. 2 GG zu vereinbaren, wenn es zu einer Beschränkung der vorausgesetzten Vermögensbetreuungspflicht auf besonders qualifizierte Pflichtenstellungen in Bezug zu dem fremden Vermögen

946 *Waßmer*, in: Graf/Jäger/Wittig, Wirtschafts-und Steuerstrafrecht, Komm., § 266, Rn. 88.

947 *Witt*, ZGR 2009, 872 (895).

948 *Seier*, in: Achenbach/Ransiek/Rönnau, Hdb. Wirtschaftsstrafrecht, V, 2. Kapitel, Rn. 134.

949 *Seier*, in: Achenbach/Ransiek/Rönnau, Hdb. Wirtschaftsstrafrecht, V, 2. Kapitel, Rn. 131.

950 *Fischer*, StGB, § 266, Rn. 33.

kommt und dabei über allgemeine vertragliche Sorgfalts- und Rücksichtnahmepflichten ebenso wie über eine bloß tatsächliche Einwirkungsmöglichkeit deutlich hinausgegangen wird.[951] Insofern ist im Rahmen des § 266 Abs. 1 Alt. 2 StGB nicht auf die rein formale Stellung des *directors* zu dem Vermögen der *limited* abzustellen, sondern es ist vielmehr erforderlich, dass dem *director*, dem regelmäßig auch ein besonderes Vertrauen in die Wahrnehmung der Vermögensinteressen der *limited* entgegengebracht werden dürfte, die Möglichkeit einer maßgeblichen Einwirkungsmacht auf das Gesellschaftsvermögen zusteht. Die Treubruchsvariante des § 266 Abs. 1 Alt. 2 StGB kann damit auch von diesem tatbestandlich erfüllt werden.

3. *Die Vermögensbetreuungspflicht des* directors

Die dem Tatbestand des § 266 StGB implizierte Vermögensbetreuungspflicht ist von elementarer Bedeutung zur Bestimmung der Strafbarkeit des *directors*. Aus dem Charakter des § 266 StGB als Sonderdelikt folgt, dass tauglicher Täter des Delikts nur der zur Tatzeit Betreuungspflichtige sein kann.[952] Dementsprechend muss auch den *director* diese Betreuungspflicht treffen, sofern die Frage nach einer Strafbarkeit der Geschäftsleitung wegen Untreue nach § 266 StGB dem Grundsatz nach bejaht werden soll.

Die Vermögensbetreuungspflicht im Sinne des § 266 StGB ist derart ausgestaltet, dass den Täter eine besonders hervorgehobene Pflicht zu treffen hat, Vermögensinteressen Dritter zu betreuen, wobei dem die maßgebliche Verpflichtung zur Abwendung drohender Vermögensnachteile innewohnt.[953] Die Vermögensbetreuung ist eine unumstößliche Hauptverpflichtung.[954] Da sich das Treueverhältnis in der Regel nach Gesetz, behördlichem Auftrag oder Rechtsgeschäft bestimmt, ergibt sich der nähere Inhalt und damit auch die Bestimmung einer möglichen Verletzung von Vermögensbetreuungspflichten regelmäßig aus dem allgemeinem Zivil- oder auch Gesellschaftsrecht. Eine konkrete Pflichtenstellung der Geschäftsleitung einer Gesellschaft kann daher namentlich aus der Satzung wie auch aus gesellschaftsrechtlichen Regelungen zum Schutz des Gesellschaftsvermögens abzuleiten sein.[955]

---

951 *Fischer*, StGB, § 266, Rn. 33.

952 *Seier*, in: Achenbach/Ransiek/Rönnau, Hdb. Wirtschaftsstrafrecht, V, 2. Kapitel, Rn. 63.

953 *Fischer*, StGB, § 266, Rn. 35.

954 Ständige Rechtsprechung des *BGH*, vgl. insoweit *BGHSt* 24, 386 (387); 33, 244 (250); weitere Nachweise bei *Fischer*, StGB, § 266, Rn. 36 m.w.N.

955 *BGH*, NStZ 2010, 632 (633).

Dabei ist es von großer Bedeutung, nach welchem nationalen Recht sich die Bemessung einer entsprechenden Vermögensbetreuungspflicht für den *director* der *limited* zu richten hat. In Betracht kommen zur weiteren inhaltlichen Ausfüllung zwar grundsätzlich sowohl das deutsche als auch das englische (Gesellschafts-) Recht, wobei hier bereits der Weg im Sinne einer Anwendung des englischen Gesellschaftsrechts vorgezeichnet ist. Der gegensätzliche Weg einer Anwendung allein deutschen Gesellschaftsrechts zur Konkretisierung einer Treuepflicht und der Verletzung derselben durch den *director* der *limited* ist bereits aufgrund der Rechtsprechung des EuGH zur Niederlassungsfreiheit von Gesellschaften aus der unionsrechtlichen Perspektive heraus nicht gangbar. Die insoweit erforderliche qualifizierte Vermögensbetreuungspflicht ergibt sich aufgrund der Akzessorietät dieses Tatbestandsmerkmals zum Gesellschaftsrecht nach der bereits aufgezeigten Rechtsprechung des EuGH aufgrund der für EU- und EWR-Mitgliedstaaten geltenden Gründungstheorie aus dem ausländischen Gesellschaftsrecht,[956] so dass für den Pflichtenkreis des *directors* der *limited* allein das englische Recht maßgeblich ist. Wie die Entscheidung des BGH vom 13. April 2010 eindrucksvoll aufgezeigt hat, kann auch die für die sog. überseeischen Gebiete assoziationsrechtlich modifizierte Niederlassungsfreiheit nach Artt. 49, 54 AEUV sogar dazu führen, dass eine nach dem Recht der der British Virgin Islands gegründete „Briefkastengesellschaft“ dem Schutz der Niederlassungsfreiheit unterfällt und das dort geltende Recht anzuwenden ist.[957]

Diese Sichtweise ist zwischenzeitlich auch in der Literatur grundlegend anerkannt, so dass im Falle einer EU-Auslandsgesellschaft wie der *limited* zur Bestimmung der Pflichten des *directors* im Rahmen des § 266 Abs. 1 StGB auf das ausländische Gesellschaftsrecht zurückzugreifen ist.[958] So erfolgt in der Kon-

---

956 So explizit der *BGH* in NStZ 2011, 632 (634); aus der Literatur dazu: *Fischer*, StGB, § 266, Rn. 101; *Perron*, in: Schönke/Schröder, StGB, § 266, Rn. 21e; *Schramm/Hinderer*, ZIS 2010, 494 (497); *Schünemann*, in: LK, StGB, § 266, Rn. 264; *Tiedemann/Rönnau*, in: Scholz, GmbHG, Vor §§ 82 ff., Rn. 77; *Waßmer*, in: Graf/Jäger/Wittig, Wirtschafts- und Steuerstrafrecht, Komm., § 266, Rn. 24; *Wilk/Stewen*, wistra 2011, 161 (168).

957 *BGH*, NStZ 2010, 632 (633).

958 *Fischer*, StGB, § 266, 101; *Mankowski/Bock*, ZStW 2008, 704 (757); *Pattberg*, S. 262 u. 287; *Radtke*, GmbHR 2008, 729 (734); *Ransiek/Hüls*, ZGR 2009, 157 (175); *Richter*, in: Festschrift Tiedemann, S. 1023 (1034); *Rönnau*, ZGR 2005, 832 (854); *ders.*, ZStW 2006, 887 (905); *Seier*, in: Achenbach/Ransiek/Rönnau, Hdb. Wirtschaftsstrafrecht, V, 2. Kapitel, Rn. 341; *Schmitz*, in: Joerden/Szwarc, Europäisierung des Strafrechts in Polen und Deutschland, S. 199 (199); *Worm*, S. 108 f.; a.A. soweit ersichtlich nur (noch) *Hoffmann*, in: Sandrock/Wetzler, Deutsches Gesellschaftsrecht

sequenz eine konkrete Bestimmung des in Bezug auf die Betreuung fremden Vermögens jeweilig als pflichtwidrig zu bestimmenden Verhaltens über das in § 266 StGB normativ ausgestaltete Tatbestandsmerkmal der Pflichtwidrigkeit. Von diesem Standpunkt aus erschließt sich die Möglichkeit der konkreten Bestimmung einer Pflichtwidrigkeit über die Heranziehung einfachen Gesetzesrechts oder privatautonomer Satzungen oder Verträge, die ihrerseits als außerstrafrechtliche Regelungen in- wie ausländischen Rechts die eigentliche Grundlage für eine anschließende untreuespezifische Präzisierung des Pflichtenkreises und seiner Verletzung bereiten, wobei die Frage des tatbestandsmäßigen Erfolgs und der konkret herbeigeführten Handlung dann der Beantwortung durch § 266 StGB unterliegt.[959]

Hinsichtlich des konkreten Pflichtenmaßstabs des *directors* der *limited* gilt, dass es zur Bestimmung der Pflichtverletzung grundsätzlich einer Heranziehung der englischen Haftungsinstitute zur Kapitalerhaltung und zum sonstigen Gläubigerschutz, wie etwa des Verbots übermäßiger Vergütung oder der (unberechtigten) Auflösung von Rücklagen bedarf.[960] Entscheidend zur konkreten Bestimmung der jeweiligen Pflichtverletzung des *directors* sind die Treuepflichten (*fidultary duties*), die dem *director* nach sec. 171 ff. CA 2006 zukommen.

4. *Wirksames Einverständnis des Vermögensinhabers im Rahmen des Missbrauchs- und Treubruchtatbestands?*

Die Ausgangssituation ist eindeutig – sofern der Geschäftsleiter einer Gesellschaft ohne jegliche Rücksprache mit anderen Geschäftsleitern bzw. den Gesellschaftern als Vermögensinhabern eine pflichtwidrige, vermögensschädigende Handlung mit dem erforderlichen Vorsatz eigenmächtig vornimmt, liegt bereits eine tatbestandlich relevante Untreuehandlung nach § 266 StGB vor. Sofern jedoch ein

---

im Wettbewerb der Rechtsordnungen, S. 227 (258 ff.), der in diesem Kontext für die Anwendung deutschen Gesellschaftsrechts plädiert.

959 *BGH*, NStZ 2010, 632 (634), der zusätzlich für den subjektiven Tatbereich des § 266 StGB darauf hinweist, dass dem Grundsatz nach Zweifel am Wissen um die durch ausländisches Recht konstituierten Pflichten nicht aufzukommen brauchen, vgl. *BGH*, NStZ 2010, 632 (635).

960 So explizit *Tiedemann/Rönnau*, in: Scholz, GmbHG, Vor §§ 82 ff., Rn. 77, die jedoch exemplarisch auch in der Krise der *limited* das Haftungsinstitut des *wrongful trading* aufführen, das aufgrund seiner insolvenzrechtlichen Qualifikation nach diesseitiger Einschätzung jedoch nicht herangezogen werden dürfte. Gleiches dürfte für den von *Tiedemann/Rönnau*, a. a. O., benannten Fall gelten, in dem das Kapitalerhaltungsrecht durch die in England existierende Staatsaufsicht ersetzt wird.

(potentiell erklärtes) Einverständnis des jeweiligen Vermögensinhabers im Raume steht, stellt sich die Funktion dieses Einverständnisses als sehr praxisrelevant und untreuerechtlich als diffizil dar.

Im Hinblick auf das deutsche Rechtssystem gilt, dass die Grenzen einer hinter der Handlungsbefugnis zurückbleibenden Innenberechtigung durch ein entsprechendes Einverständnis des Vermögensinhabers im Einzelfall oder für bestimmte Arten von Verfügungen erweitert werden dürfen.[961] Dies führt bei einer das Innenrechtsverhältnis eines erweiternden Einverständnisses zugänglichen, d. h. rechtsgeschäftlich begründeten, Befugnis dazu, dass hier eine Anpassung des rechtlichen Dürfens an das rechtliche Können erfolgt und dies in derartigen Fällen ein Entfallen des Missbrauchstatbestands zur Folge hat.[962] Maßgeblich ist demnach grundsätzlich lediglich das *vorherige* und zudem wirksam erklärte Einverständnis des Vermögensinhabers.

Im Rahmen der Treubruchsvariante des § 266 Abs. 1 Alt. 2 StGB erfährt das z. B. von den GmbH-Gesellschaftern erteilte Einverständnis dann eine tatbestandliche Einschränkung, sofern das entsprechende Einverständnis treuwidrig zu geschäftsschädigenden Verfügungen des Geschäftsführers erteilt wird, da eine zu allein sitten- oder gesetzeswidrigen Zwecken eingeräumte Befugnis eine dem Missbrauch zugängliche und wirksame Außenrechtsmacht im Ergebnis nicht zu begründen vermag.[963] Bei der Pflichtwidrigkeit der Tathandlungen handelt es sich letztlich um ein Tatbestandsmerkmal beider Alternativen des Untreue-Tatbestandes, so dass im deutschen Rechtssystem das wirksame und nicht rechtsmissbräuchliche Einverständnis des Treugebers – nicht hingegen die nachträgliche Genehmigung – den Tatbestand des § 266 Abs. 1 StGB grundsätzlich ausschließen kann.[964]

Von besonderer Bedeutung ist an dieser Stelle die Gegensätzlichkeit zum englischen Recht, in welchem dem Grundsatz nach vorherige, d. h. einverständliche, sowie auch nachträgliche, d. h. genehmigende, Pflichtenentbindungen des *directors* denkbar sind. So ist nach sec. 232 CA 2006 eine *vollständige*, für die Zukunft geltende Freistellung des *directors* zum Zwecke einer etwaigen zukünftigen Haftungsfreistellung erfolgenden Pflichtenentbindung zwar grundsätzlich nicht möglich. Im Vorfeld einer konkret beabsichtigten Handlung bzw. Maßnahme des *directors* ist hingegen – dem deutschen Recht insofern ähnlich – eine entsprechende Autorisierung (*authorisation*) im Sinne des sec. 180 (4) (a) CA 2006 möglich, so dass für die *limited* ein entsprechender Spielraum besteht, für ein anderenfalls

961 *Perron*, in: Schönke/Schröder, § 266, Rn. 21 m.w.N.
962 *Fischer*, StGB, § 266, Rn. 29.
963 *Fischer*, StGB, § 266, Rn. 27 m.w.N.
964 Vgl. insoweit exemplarisch für die Rechtsprechung des BGH: *BGHSt* 50, 331 (342).

als Pflichtverletzung zu qualifizierendes Verhalten durch einen vorher erfolgten Gesellschafterbeschluss die jeweilige Zustimmung zu erteilen.[965]

Ist dies für sich genommen im Vergleich zum deutschen Recht nicht von maßgeblicher Divergenz, ist hingegen zu beachten, dass auch im Nachgang zu einer Maßnahme oder Handlung des *directors* eine nachträgliche Genehmigung (*ratification*) ausgesprochen werden kann. Unterstellt, die für einen wirksamen Gesellschafterbeschlusses erforderliche „umfassende Informationslage" im Sinne des sec. 239 (2) CA 2006 liegt vor,[966] erfährt die womöglich im Innenverhältnis pflichtwidrige Handlung des *directors* eine billigende Heilung durch die Gesellschafter, wobei die Grenzen einer nachträglichen Entlastung für den *director* dort begründet sind, wo es etwa zu einer Veruntreuung des Gesellschaftsvermögens kommt oder eine Zahlungsunfähigkeit der *limited* herbeigeführt wird.[967]

5. Potentielle Möglichkeiten der einverständlichen Begrenzung der Pflichtwidrigkeit

Ist im deutschen Recht die nachträgliche Genehmigung des Vermögensinhabers in Bezug auf etwaige Pflichtverletzungen der Geschäftsleitung der Gesellschaft grundsätzlich ausgeschlossen und das vorherige Einverständnis bzw. die Einwilligung des Treugebers auf nichtrechtsmissbräuchliche Intentionen beschränkt, gilt dies nur eingeschränkt im englischen Recht. Es ist jedoch kritisch zu hinterfragen, ob das nach englischem Recht weiterreichende Einverständnis bzw. eine spätere Genehmigung der Vermögensinhaber auch bei einer *limited*, die ihren Verwaltungssitz in Deutschland unterhält, grenzenlos gilt oder nicht einer partiellen Begrenzung erfahren muss. Hierbei ist es erheblich, an welche – womöglich auch kapitalerhaltungsrechtlichen – Grundsätze anzuknüpfen sein könnte, wollte man die Heranziehung potentieller Haftungsdurchgriffe auf den *director* der *limited* gestatten.

a. Heranziehung der Kapitalerhaltungsregeln der §§ 30, 31 GmbHG?

Wie bereits ausgeführt ist bei der *limited* das Einverständnis bzw. sogar unter bestimmten Voraussetzungen eine Genehmigung durch die Vermögensinhaber möglich. Darüber hinaus gilt, dass die Anteile an einer *limited* von einem Alleingesellschafter gehalten werden können, der – ähnlich wie der Geschäftsführer einer Ein-Personen-GmbH – gleichzeitig auch die Position des geschäftsleitenden

---

965 *Doralt*, in: Schall, Companies Act, S. 321, Rn. 9.

966 *Doralt*, in: Schall, Companies Act, S. 373, Rn. 4.

967 *Doralt*, in: Schall, Companies Act, S. 376, Rn. 16 f. m.w.N.

directors der Gesellschaft bekleidet. Folglich bedarf es einer Klärung der Frage, inwiefern die §§ 30, 31 GmbHG auf die *limited* und auf die Einverständniserteilung gegenüber deren *director* Anwendung finden. Die genannten Normen statuieren bei einer Unterbilanz eine Ausschüttungssperre und gewähren der Gesellschaft bei einem Verstoß gegen dieses Auszahlungsverbot einen Erstattungsanspruch gegen den Empfänger der unzulässigen Leistung.

Die höchstrichterliche Rechtsprechung hat zu der Frage, ob das Einverständnis der Gesellschafter zählt oder als unbeachtlich zu behandeln ist, in Deutschland bereits eine wechselvolle Entwicklung durchlaufen.[968] Diese ist nunmehr in der Hinsicht als gefestigt anzusehen[969], dass sich der Geschäftsführer einer GmbH jedenfalls dann nicht auf eine vorher erteilte Zustimmung berufen kann, wenn das Stammkapital im Sinne des § 30 GmbHG angegriffen bzw. konkret gefährdet wird oder die Existenz bzw. die Liquidität der GmbH auf dem Spiel steht; ein etwaig erteiltes Einverständnis der Gesellschafter kann in diesen Konstellationen nicht tatbestandsausschließend wirken, sondern lediglich im Rahmen der Strafzumessung Bedeutung erlangen.[970]

Bezüglich der konkreten Anwendbarkeit der vorgenannten Kapitalerhaltungsregeln der §§ 30, 31 GmbHG auf die englische *limited* ist eine kollisionsrechtliche Einordnung dieser Normen unabdingbar. Sofern der konkrete Sinn und Schutzzweck dieser Vorschriften näher in den Blick genommen wird, zeigt sich deutlich, dass die Ausschüttungssperren der §§ 30, 31 GmbHG Teil eines Kapitalerhaltungssystems darstellen und als solche dem *Gesellschaftsstatut* der Gesellschaft zuzurechnen sind,[971] welche die Auszahlung *in concreto* vornimmt bzw. vorgenommen hat.[972] Bei der in Deutschland ansässigen *limited* betrifft dies das englische Gesellschaftsstatut, so dass bei Ausschüttungen aus dem Gesellschafts-

---

968 *Seier*, in: Achenbach/Ransiek/Rönnau, Hdb. Wirtschaftsstrafrecht, V, 2. Kapitel, Rn. 327 ff. m.w.N. zu den verschiedenen Facetten und Kehrtwendungen in der Rechtsprechung des BGH.

969 Vgl. dazu *Seier*, in: Achenbach/Ransiek/Rönnau, Hdb. Wirtschaftsstrafrecht, V, 2. Kapitel, Rn. 331 (mit einem umfangreichen Rechtsprechungsnachweis in Fn. 648), der zutreffend darauf hinweist, dass die Judikatur des BGH in Strafsachen mit der Rechtsprechung des 2. Zivilsenats des BGH übereinstimmt, wonach auch hier die Zustimmung der Gesellschafter den GmbH-Geschäftsführer dann nicht von der Haftung freistellen kann, sofern der Eingriff existenzbedrohend ist und zudem dadurch das Stammkapital angetastet wird.

970 *BGHSt* 35, 333 (337).

971 *Klöhn/Schaper*, ZIP 2013, 49 (52).

972 *Eidenmüller*, in: Eidenmüller, Ausl. Kapitalgesellschaften im deutschen Recht, § 4, Rn. 13.

vermögen der *limited* ausschließlich das englische Kapitalerhaltungsrecht Anwendung findet.[973] Das sind die sec. 829 ff. CA 2006 sowie die Regeln des *common law* zum Kapitalerhaltungsrecht, wonach Ausschüttungen an die Gesellschafter einer *limited* nur in der Höhe des realisierten Gewinns nach sec. 830 (1) CA 2006 zulässig sind.

Aufgrund des bei der *limited* faktisch nicht erforderlichen Mindeststammkapitals wird hierbei nicht nur an die frei bestimmbare Summe der Nennbeträge (*nominal value*) der ausgegebenen Geschäftsanteile (*share capital*) angeknüpft, sondern zudem auch die Differenz zwischen dem Nennbetrag und dem tatsächlichen Verkaufspreis (*share premium*) erfasst.[974] Sofern die Gesellschafter der *limited* zusätzliches Vermögen ohne den gleichzeitigen Erwerb an Gesellschaftsanteilen zukommen lassen sollten (*capital contribution*), wird auch dieses Vermögen wie *share capital* behandelt, so dass bei einer im Rahmen einer Ausschüttung erfolgten Unterschreitung des aus der Summe des *share capital* und des *share premium* gebildeten Gesellschaftsvermögens (*legal capital*) eine unzulässige Ausschüttung (*unlawful distribution*) vorliegt, die bei bösgläubigen Gesellschaftern eine Zurückerstattungsverpflichtung begründet.[975] Es verbleibt letztlich die Erkenntnis, dass eine Anwendung der Kapitalerhaltungsvorschriften der §§ 30, 31 GmbHG aufgrund der speziellen, gesellschaftsrechtlichen Regelungen des englischen Rechts auf den *director* der *limited* nicht zulässig ist und diese deutschen Normen daher keine Begrenzung im Hinblick auf eine wirksame Einverständniserteilung darstellen können.

b. Strafrechtlich relevante Existenzgefährdung auf Grundlage der zivilrechtlichen Existenzvernichtung

Im Anschluss daran gilt es zu untersuchen, ob die im deutschen Recht entwickelte (zivilrechtliche) Rechtsfigur des existenzvernichtenden Eingriffs unter Beachtung der europarechtlichen Vorgaben auf die *limited* übertragbar sein könnte. Nur bei der kumulativen Bejahung beider Aspekte einer strafrechtlichen Verantwortlichkeit des *directors* der *limited* kann § 266 StGB wegen existenzgefährdenden Eingriffs überhaupt erst einschlägig sind. Erst dann könnte ein womöglich verlässlicher Maßstab für die Begrenzung eines im englischen Recht erteilten Einverständnisses bzw. einer im Nachhinein erteilten Genehmigung herangezogen werden.

---

973 *Huber*, in: Lutter, Europäische Auslandsgesellschaften in Deutschland, S. 131 (151); *Schumann*, DB 2004, 743 (745).
974 *Klöhn/Schaper*, ZIP 2013, 49 (52).
975 *Klöhn/Schaper*, ZIP 2013, 49 (52).

Im deutschen Rechtssystem wird die zivilrechtliche Unbeachtlichkeit der Zustimmung aller Gesellschafter in existenzvernichtende Eingriffe hauptsächlich aus einer Grenzziehung innerhalb des § 30 GmbHG hergeleitet. Ob dies hingegen auch auf eine *limited* mit Verwaltungssitz in Deutschland übertragbar ist, bedarf einer näheren Erläuterung. Dies ist umso mehr diskussionswürdig, da die *limited* im Gegensatz zur GmbH kein vergleichbares Mindestkapitalerfordernis aufweist. Insoweit sind die bei § 266 StGB entwickelten Grundsätze zum existenzgefährdenden Eingriff, der u. a. eine Beeinträchtigung des Stammkapitals in den Fokus nimmt, aufgrund der geringen Mindestkapitalisierung der *limited* wenig hilfreich, um einen existenzgefährdenden Eingriff im Sinne des § 266 StGB auch bei der *limited* ohne weitere Erläuterungen bejahen zu können.[976]

Die Figur des existenzvernichtenden Eingriffs ist dem englischen Recht in seiner in Deutschland praktizierten Form zwar weitestgehend fremd. Jedoch besitzt auch das englische Gesellschaftsrecht durchaus praktikable Möglichkeiten, die Unwirksamkeit der Zustimmung der Gesellschafter in Handlungen, die zu einer faktischen Existenzvernichtung der Gesellschaft führen, zu begründen. So statuiert sec. 172 (1) CA 2006, dass finanzielle Vorteile für die Gesellschafter ausschließlich durch den Erfolg der Gesellschaft erreicht werden dürfen.[977] Die Höhe etwaiger Auszahlungen an die Gesellschafter bemisst sich gemäß sec. 830 (1) CA 2006 ausschließlich nach der Existenz entsprechend erwirtschafteter Gesellschaftsgewinne. Letztlich ist auch der im englischen Recht streng geregelte Erwerb eigener Gesellschaftsanteile, der als versteckte Gewinnausschüttung zu qualifizieren sein könnte, nach sec. 672 (2) (a) CA 2006 lediglich mit ausschüttungsfähigen Gewinnen möglich. Sofern die Herabsetzung eines etwaig bestehenden Gesellschaftskapitals erfolgen soll, ist dies nicht ausschließlich durch einen entsprechenden Gesellschafterbeschluss möglich, sondern bedarf nach sec. 642 (1) CA 2006 zusätzlich einer nur unter strengen Voraussetzungen möglichen Solvenzerklärung der Gesellschafter durch alle *directors*, die sich auf einen Zeitraum von 12 Monaten zu beziehen hat.

---

976 Auch *Mansdörfer/Habetha*, S. 82, Rn. 236, stellen die berechtigte Überlegung an, ob und inwieweit die Strafverfolgungsorgane den Wirtschaftsverkehr (insbesondere bei der ausländischen Gesellschaften wie der *limited*) stattdessen über die Konstellationen des existenzgefährdenden Eingriffs durch Herbeiführen einer Überschuldung bzw. Gefährdung der Liquidität der Gesellschaft kontrollieren werden können.

977 *Ladiges/Pegel*, DStR 2007, 2069 (2072).

aa. Grundsätzliche Anwendbarkeit des existenzvernichtenden Eingriffs

Fraglich erscheint, ob die zivilrechtliche Rechtsprechung des BGH zum existenzvernichtenden Eingriff grundsätzlich auch auf die *limited* anwendbar ist und eine Durchgriffshaftung auf den *director* als Geschäftsleiter der Gesellschaft, überhaupt ermöglicht. Dazu bedarf es einer Betrachtung des Ursprungs dieses Rechtsinstituts und des damit von der Rechtsprechung verfolgten Zwecks.

Rechtshistorisch ist der Haftungsdurchgriff wegen *existenzvernichtenden Eingriffs* an die Stelle der Rechtsprechung zum „qualifiziert faktischen Konzern" getreten.[978] Grundlage dieser Rechtsprechung war, dass ein herrschendes Unternehmen, das bei der Ausübung seiner Leitungsmacht auf die Interessen einer abhängigen GmbH an die Erhaltung ihrer Fähigkeit ihre Verbindlichkeiten zu bedienen, keine angemessene Rücksicht genommen und ihr die hierzu erforderlichen Mittel entzogen hatte.[979] In solchen Fällen wurde das herrschende Unternehmen in entsprechender Anwendung der konzernrechtlichen Regelung des § 303 AktG „persönlich" für die Verbindlichkeiten bei der GmbH haftbar gemacht, sofern sich die zugefügten Nachteile nicht isoliert ausgleichen ließen.[980]

Da tatbestandlich auf das Erfordernis einer Konzernlage verzichtet wird, ist die dogmatische Grundlage des Haftungsdurchgriffs im *Prinzip der Kapitalgesellschaft* als solchem zu verorten. Es kommt zu einem Entzug des Privatvermögens der Mitglieder aufgrund ihrer (ausnahmsweisen) Haftung.[981] Diese Herleitung erfolgt derart, dass in einer juristischen Fiktion die Kapitalgesellschaft als von seinen Mitgliedern gesondertes Haftungssubjekt die Haftungsfunktion übernimmt, wobei als essentielles Korrelat ein Entzug des als Haftungsfonds zur Verfügung gestellten Vermögens vorbehaltlich einer ordnungsgemäßen Liquidation nicht untersagt ist.[982] Kommt es gleichwohl zu einem nicht ordnungsgemäßen Vermögensentzug aus dem Haftungsfond, bewirkt dies als Missbrauch des Prinzips der Kapitalgesellschaft eine faktische Gleichsetzung mit einer Personengesellschaft ohne eine strikte Vermögensbindung und einer dazu korrespondierenden (im Ergebnis nachteiligen) fehlenden Haftungsbeschränkung.[983]

Kollisionsrechtlich wäre eine Anwendung des existenzvernichtenden Eingriffs auf die *limited* dann nicht möglich, wenn die Rechtsfigur gesellschaftsrechtlich

---

978 *Kienle*, in: Süß/Wachter, Hdb. Internationales GmbH-Recht, S. 221, § 3, Rn. 188.
979 *Kienle*, in: Süß/Wachter, Hdb. Internationales GmbH-Recht, S. 221, § 3, Rn. 188.
980 *Röhricht*, ZIP 2005, 505 (513).
981 *Röhricht*, ZIP 2005, 505 (513).
982 *Kienle*, in: Süß/Wachter, Hdb. Internationales GmbH-Recht, S. 221, § 3, Rn. 189.
983 *Röhricht*, ZIP 2005, 505 (513).

einordnen wäre. Dies beruht auf der bereits skizzierten Niederlassungsfreiheit für Kapitalgesellschaften und dem für sie maßgeblichen Recht ihres Gründungsstaates, z. B. dem englischen Recht. So verwundert es nicht, dass in der Literatur in der Vergangenheit vielfach die Ansicht vertreten worden ist, das Haftungsinstitut des existenzvernichtenden Eingriffs sei einer gesellschaftsrechtlichen Qualifikation zuzuführen.[984] Andere Stimmen befürworteten dagegen eine kollisionsrechtliche Einordnung des Haftungsinstituts als insolvenzrechtlich.[985]

Der BGH hat in seiner Entscheidung „*Trihotel*“[986] das bis zu diesem Zeitpunkt bestehende Konzept einer eigenständigen Haftungsfigur, die einzig an den Missbrauch der Rechtsform anknüpfte und als Durchgriffshaftung im Außenverhältnis zu den Gläubigern der Gesellschaft bei einer gleichzeitigen Subsidiaritätsklausel im Verhältnis zu den §§ 30, 31 GmbHG ausgestaltet war, ausdrücklich aufgegeben. Die Existenzvernichtungshaftung des Gesellschafters wird nunmehr an die missbräuchliche Schädigung des im Gläubigerinteresse zweckgebundenen Gesellschaftsvermögens angeknüpft und speziell dem Deliktsrecht zugeordnet.[987] Dementsprechend ist nunmehr eine schadensverursachende Verletzungshandlung erforderlich, die sich als sittenwidrig erweist und welche der Akteur vorsätzlich und im Bewusstsein der die Sittenwidrigkeit begründenden Tatsachen ausgeführt haben muss.[988] Der Verstoß gegen die Pflicht zur Respektierung der Zweckbindung des Gesellschaftsvermögens zur vorrangigen Befriedigung der Gesellschaftsgläubiger während der Lebensdauer der GmbH ist nach Ansicht des BGH die entscheidende, den Schaden der GmbH herbeiführende Verletzungshandlung.[989] Schutzobjekt des neuen Modells der Existenzvernichtungshaftung ist damit das Überlebensinteresse der Gesellschaft.[990] Letztlich soll die

---

984 Exemplarisch *Goette*, ZIP 2006, 541 (545) m.w.N.

985 So etwa *Röhricht*, ZIP 2005, 505 (513 ff.); *Weller*, Europäische Rechtsformfreiheit und Gesellschafterhaftung, S. 235 ff. – beide jeweils m.w.N.

986 *BGH*, NJW 2007, 2689 ff.

987 Insoweit wird im Fortlauf dieser Arbeit an der dogmatischen Einordnung des deliktsrechtlichen Haftungskonzepts durch den BGH festgehalten und insoweit nicht auf den in der Literatur bestehenden Streit über die Einordnung der Existenzvernichtungshaftung im kollisionsrechtlichen Sinne als gesellschafts-, insolvenz- oder deliktsrechtlich eingegangen. Vgl. zu dem auf Grundlage der in der Rechtspraxis gefestigten BGH-Rechtsprechung letztlich nur noch in der Literatur geführten Diskurs die umfassenden Nachweise bei: *Christ*, S. 292 ff., dort insb. Rn. 1579, 1580, 1596; *Staudinger*, AnwBl. 2008, 316 (317 ff.) sowie *Zessel*, S. 140 ff.

988 *Radtke/Hoffmann*, GA 2008, 535 (546).

989 *BGH*, NJW 2007, 2689 (2691).

990 *Radtke/Hoffmann*, GA 2008, 535 (546).

Existenzvernichtungshaftung wie eine über das gesetzliche Kapitalerhaltungssystem hinausgehende Entnahmesperre wirken, indem die sittenwidrige und insolvenzverursachende bzw. -vertiefende Selbstbedienung des Gesellschafters vor den Gesellschaftsgläubigern durch eine repressive Anordnung der Schadensersatzverpflichtung im Hinblick auf das beeinträchtigte Gesellschaftsvermögen ausgeglichen wird.[991]

Im subjektiven Bereich des § 826 BGB genügt es dabei, dass das Bewusstsein des Täters die die Sittenwidrigkeit begründenden Tatsachen umfasst, er also in der konkreten Situation die dauerhafte Entziehung des Gesellschaftsvermögens in Kauf nimmt, obwohl er eine mögliche Insolvenz der Gesellschaft als Folge seiner Handlung erkannt hat.[992] Von besonderer Bedeutung ist in diesem Zusammenhang, dass der BGH die Existenzvernichtungshaftung nun als schadensersatzrechtliche gegenüber der Gesellschaft bestehende Innenhaftung strukturiert und damit als besondere Fallgruppe der sittenwidrigen vorsätzlichen Schädigung in § 826 BGB einordnet.[993] Bei dem Vorliegen aller Tatbestandsvoraussetzungen des § 826 BGB besteht gegen den deliktisch Handelnden ein Anspruch der Gesellschaft, der bei Insolvenzeintritt durch den Insolvenzverwalter wahrgenommen wird.[994] Dies hat zur Folge, dass es sich wegen der zivilrechtlichen Rechtsprechung des BGH zur Existenzvernichtungshaftung nach § 826 BGB um keinen dem Gesellschaftsstatut zuzurechnenden Tatbestand handelt. Auf Grundlage dieser Rechtsprechung ist eine gesellschaftsrechtliche Qualifikation des Haftungsinstituts ausgeschlossen, da eine „Umqualifikation" eines traditionellen Deliktstatbestandes mit den Grundsätzen des Internationalen Privatrechts nicht vereinbar ist.[995] Insofern ist eine auf Existenzvernichtung aus § 826 BGB gestützte Haftung über Art. 40 EGBGB auch auf ausländische Gesellschaften anwendbar.[996] Dabei gilt, dass es sich um einen Schadenersatzanspruch im Sinne des § 826 BGB handelt, so dass der Verletzte einer unerlaubten Handlung nach Art. 40 Abs. 1 S. 2 EGBGB verlangen kann, dass das Recht des Staates angewendet wird, in dem der Vermögensschaden entstanden ist.

---

991 *Wietz*, S. 23 mit Verweis auf die einschlägige „*TRIHOTEL*"-Entscheidung des BGH in BGHZ 173, 246 (258).

992 *BGH*, NJW 2007, 2689 (2692).

993 *Gloger/Goette/van Huett*, DStR 2008, 1141 (1142 f.).

994 *Albrecht*, ZInsO 2013, 1623 (1629).

995 *Gloger/Goette/van Huet*, DStR 2008, 1194 (1196).

996 So etwa exemplarisch *Albrecht*, ZInsO 2013, 1623 (1629); *Gloger/Goette/van Huet*, DStR 2008, 1194 (1196).

Dies ist bei einer *limited* mit einem in Deutschland belegenen Verwaltungssitz deutsches Recht. Es verbleibt abschließend festzuhalten, dass der *limited* durch die zivilrechtliche Figur des existenzvernichtenden Eingriffs durch einen *director* ein entsprechender Innenhaftungsanspruch gegen diesen gewährt wird. Dabei ist ergänzend anzumerken, dass der deliktische Anspruch wegen eines existenzvernichtenden Eingriffs dem Grundsatz nach zwar primär gegen die Gesellschafter der *limited* bestehen mag. Dieser Anspruch kann jedoch auch gegen den Geschäftsführer geltend gemacht werden, zumal es sich bei der *limited* oftmals um eine „Ein-Mann-*limited*" handeln wird, bei welcher der einzige Gesellschafter gleichzeitig die Position des *directors* bekleidet. Insoweit ist die zivilrechtliche Existenzvernichtungshaftung auf EU-Auslandsgesellschaften wie die *limited* vollumfänglich anwendbar.[997]

Es bleibt festzustellen, dass das auf den *director* einer *limited* grundsätzlich anwendbare deutsche Haftungsinstitut des existenzvernichtenden Eingriffs geeignet ist, eine zulässige und wirksame Begrenzung einer nach englischem Recht erteilten Einwilligung bzw. einer nachträglichen Genehmigung durch die Gesellschafterversammlung zu bilden und so der Legalisierung pflichtwidrigen Verhaltens vorzubeugen. Im Falle einer *limited*, in der der *director* alleiniger Gesellschafter ist, wäre dessen (im Ergebnis nur gedachte) Zustimmung ebenfalls nicht geeignet, *de facto* eine pflichtwidrige Handlung zu legalisieren bzw. das Handlungsunrecht zu kompensieren.

bb. Strafrechtliche Relevanz im Sinne des existenzgefährdenden Eingriffs

In diesem Kontext verbleibt es zuletzt abzuklären, inwiefern die vorstehend bejahte Anwendbarkeit der zivilrechtlichen Existenzvernichtungshaftung auf den *director* einer *limited* auch für das Strafrecht von Relevanz ist. Bei der zivilrechtlichen Existenzvernichtungshaftung handelt es sich um das *Pendant* der strafrechtlichen Existenzgefährdung. Sofern die als Innenhaftungsanspruch ausgestaltete Existenzvernichtungshaftung nunmehr aus § 826 BGB hergeleitet wird und als eine insolvenzverursachende- bzw. vertiefende Schädigung des Gesellschaftsvermögens anzusehen ist, sind die Friktionen, die aufgrund der Beseitigung des

---

997 So i.E. mit verschiedenen Begründungsansätzen etwa: *Altmeppen*, NJW 2004, 97 (101 f.); *Altmeppen/Wilhelm*, DB 2004, 1083 (1088); *Borges*, ZIP 2004, 733 (741 ff.); *Schanze/Jüttner*, AG 2003, 661 (669 f.); *Schön*, ZHR 168 (2004), 268 (293 ff.); *Ulmer*, NJW 2004, 1201 (1208 f.); *Zimmer*, NJW 2003, 3585 (3588 f.); a.A.: *Eidenmüller*, in: Eidenmüller, Ausl. Kapitalgesellschaften im deutschen Recht, § 4, Rn. 25 f.; *Eidenmüller*, JZ 2004, 24 (26 u. 28); *Paefgen*, DB 2003, 487 (490 f.); *Schumann*, DB 2004, 743 (748 f.); *Spindler/Berner*, RIW 2004, 7 (11).

Außenhaftungskonzepts zu der strafrechtlichen Existenzgefährdung bestanden, nunmehr aus der Welt geschafft.[998]

Dazu korrespondierend ist im Rahmen der strafrechtlichen Existenzgefährdung die (vorherige oder nachträgliche) Zustimmung hinsichtlich bestimmter Vermögensverschiebungen, wie etwa der Entzug der Produktionsgrundlage und die Liquiditätsgefährdung sowie das Herbeiführen oder Vertiefen einer Überschuldung, die alle zu einer Gefährdung der wirtschaftlichen Existenz der *limited* führen können, unwirksam.[999] Aus der zivilrechtlichen Existenzvernichtungshaftung folgt mithin im akzessorischen Sinne eine strafrechtliche Existenzgefährdung, die sich für den *director* der *limited* als untreuerelevant im Sinne des § 266 Abs. 1 StGB darstellt.

cc. Konformität mit der unionsrechtlichen Niederlassungsfreiheit

Die grundsätzliche Anwendbarkeit des zivilrechtlichen Instituts des existenzvernichtenden Eingriffs auf die *limited* zieht für den Bereich des Strafrechts eine Anwendbarkeit des existenzgefährdenden Eingriffs im Rahmen des § 266 StGB nach sich, so dass sich der *director* der *limited* durch Handlungen, die nicht vom Einverständnis der Vermögensinhaber gedeckt sind, wegen Untreue strafbar machen kann. Dies ist jedoch im Ergebnis nur dann der Fall, wenn die Anwendung des existenzvernichtenden Eingriffs mit den unionsrechtlichen Vorgaben zur Niederlassungsfreiheit im Einklang steht. Käme es bereits auf zivilrechtlicher Ebene zu einer entsprechenden Kollision, verbliebe für die Heranziehung des strafrechtlichen Instituts des existenzgefährdenden Eingriffs kein Raum.

Da der BGH die zivilrechtliche Existenzvernichtungshaftung nunmehr dem Deliktsrecht zuordnet, ist zu prüfen, inwieweit diese Klassifikation über die „*Keck*"-Rechtsprechung des EuGH, die – wie gezeigt – auf die Niederlassungsfreiheit grundsätzlich übertragbar ist, als tätigkeitsbezogen eingestuft werden kann. Gelingt die Einordnung der Existenzvernichtung als tätigkeitsbezogenes Institut, schränkt dies den Anwendungsbereich der Niederlassungsfreiheit derart ein, dass es keiner weiteren Rechtfertigung eines potentiellen Eingriffs bedarf.

---

998 *Wietz*, S. 32 m.w.N., der zutreffend darauf hinweist, dass nach der vorherigen Außenhaftungskonzeption des existenzvernichtenden Eingriffs noch Friktionen bestanden hatten, da aus Durchgriffshaftungsinstituten auf einen Bestandsschutz der GmbH vor ihren Gesellschaftern geschlossen wurde, der im Rahmen einer formal zivilrechtlichen Betrachtungsweise jedoch erforderlich ist, um eine Vermögensbetreuungspflichtverletzung gegenüber der Gesellschaft begründen zu können.

999 *Waßmer*, in: Graf/Jäger/Wittig, Wirtschafts- u. Steuerstrafrecht, Komm., § 266, Rn. 151 jeweils m.w.N.; i.E. so auch *Richter*, in: FS Tiedemann, S. 1023 (1037).

Der Grundgedanke ist hier, dass es sich im Sinne der „*Keck*“-Rechtsprechung des EuGH um ein Rechtsinstitut handeln muss, welches den Marktzugang für eine Auslandsgesellschaft im Vergleich zu einer Inlandsgesellschaft rechtlich oder tatsächlich nicht signifikant erschwert, so dass der Schutzbereich der Niederlassungsfreiheit in zulässiger Weise teleologisch reduziert bzw. der Eingriff gerechtfertigt werden kann.[1000]

Zunächst ist im Gegensatz zu bestimmten Mindestkapitalerfordernissen bzw. einer entsprechenden Geschäftsleiterhaftung, welche Geltung für jede Auslandsgesellschaft beanspruchen würde, eine entsprechende Marktzugangserschwerung bei der situativ eingreifenden zivilrechtlichen Existenzvernichtungshaftung nicht ohne weiteres zu bejahen.[1001] Diese ist folglich nicht geeignet, den Marktzugang für eine ausländische Kapitalgesellschaft wie die *limited* wesentlich zu erschweren. Bei der Existenzvernichtungshaftung handelt es sich nämlich um eine Gläubigerschutzmaßnahme, die an ein missbräuchliches Verhalten während des Gesellschaftsbetriebs anknüpft und keinerlei Anfordernisse an eine Veränderung der Gesellschaftsstruktur noch im Gründungsstadium aufstellt.[1002] Das denkbare Argument, es sei nicht auszuschließen, dass Auslandsgesellschaften gerade deshalb gegründet würden, um der Existenzvernichtungshaftung zu entgehen, verfängt nicht, da diese Gesellschaften diesem Institut gerade unterworfen bleiben. Daran ändert auch die These, dass die Frage, ob die Gesellschaft in Deutschland einer Existenzvernichtungshaftung unterworfen wird, für die Markteintrittsentscheidung relevant sein könnte,[1003] nichts. Die Vertreter der genannten Ansicht verkennen den Charakter der als Fallgruppe der vorsätzlichen und sittenwidrigen Existenzvernichtungshaftung eingestuften Schädigung, die auf § 826 BGB gestützt wird.

Denn die entscheidende Verletzungshandlung stellt sich nach Ansicht des BGH eben als Verstoß gegen die Pflicht zur Respektierung der Zweckbindung des Gesellschaftsvermögens zur vorrangigen Befriedigung der Gesellschaftsgläubiger während der Lebensdauer der Gesellschaft dar.[1004] Im subjektiven Bereich genügt

---

1000 *Eidenmüller*, in: Eidenmüller, Ausl. Kapitalgesellschaften im deutschen Recht, § 4, Rn. 24.

1001 *Eidenmüller*, in: Eidenmüller, Ausl. Kapitalgesellschaften im deutschen Recht, § 4, Rn. 24, der in Rn. 25, 26, a. a. O., eine teleologische Reduktion der Artt. 49, 54 AEUV im Ergebnis jedoch verneint.

1002 So auch *Weller*, IPRax, 2003, 207 (209).

1003 Exemplarisch dazu: *Eidenmüller*, in: Eidenmüller, Ausl. Kapitalgesellschaften im deutschen Recht, § 4, Rn. 25.

1004 *BGH*, NJW 2007, 2689 (2691).

nach dem BGH das Bewusstsein, dass durch die pflichtwidrige Handlung in der konkreten Situation möglicherweise dauerhaft Gesellschaftsvermögen entzogen wird und dies die Insolvenz der Gesellschaft zur Folge haben kann.[1005] Ferner erscheint es aus rechtspolitischen Gründen nicht angebracht, die Markt*zutritts*entscheidung einer Gesellschaft und die ihrer Leitungsorgane, die sich gerade einer derartigen Haftung entziehen möchten, als wirksamen Maßstab anzusetzen. Vielmehr ist in solchen Fällen, in denen bereits vor dem jeweiligen Marktzugang solche konkreten Überlegungen getroffen werden, der von dem EuGH bemühte Missbrauchs- und Betrugsgedanke heranzuziehen. Dieser kann ebenfalls – wenn auch nur unter engen Voraussetzungen – eine entsprechende Rechtfertigung des Eingriffs in den Schutzbereich der Niederlassungsfreiheit begründen. Eine Erschwernis des Marktzugangs für redliche Unternehmensgründer stellt die rein situative Haftung wegen Existenzvernichtung nicht dar. So handelt es sich bei den Vorschriften des Deliktsrechts um Regelungen, die für jedermann an dem von der Gesellschaft gewählten Standort gelten.[1006] Dies bedeutet für Auslandsgesellschaften wie die *limited*, dass die geltenden, allgemeinen zivilrechtlichen Vorschriften nicht das Recht der Unternehmensfreiheit unverhältnismäßig beschränken und Vorschriften hinsichtlich der Existenzvernichtungshaftung, die Anforderungen an die Tätigkeitsausübung sowie die Standortbedingungen formulieren, grundsätzlich nicht geeignet sind, den Marktzugang wesentlich zu erschweren.[1007]

Im Ergebnis entfaltet das Konzept der Haftung wegen existenzvernichtenden Eingriffs keine Abschottungswirkung zulasten ausländischer Gesellschaften. Es handelt sich vielmehr um einen richterrechtlich, durch den BGH geprägten Tatbestand zur Regelung einer speziellen Haftung in einer speziellen Fallkonstellation mit verhältnismäßig eng umschriebenen tatbestandlichen Voraussetzungen, die in- wie auch ausländische Gesellschaften in ihren Wirkungskreis miteinbezieht. Eine konkrete Abschottungsbemühung, welche den Marktzugang für eine *limited* als EU-Auslandsgesellschaft erschweren könnte, ist nicht erkennbar. Es handelt sich bei diesem Haftungsinstitut um keine Markt*zugangs*- sondern vielmehr um eine Markt*rückzugs*bedingung.[1008] Insoweit unterliegen auch die Gesellschafter und Geschäftsführer einer EU-ausländischen Gesellschaft wie der *limited* bei einer entsprechenden kollisionsrechtlichen Verweisung durch Art. 4 Rom II-VO den zu

1005 *BGH*, NJW 2007, 2689 (2692).
1006 *Schanze/Jüttner*, AG 2003, 661 (667 u. 670); *Spindler/Berner*, RIW 2004, 7 (10).
1007 *Zessel*, S. 186 f.
1008 *Kindler*, in: MüKo, BGB, Bd. 11, IntGesR, Rn. 441.

§ 826 BGB anerkannten Haftungsgrundsätzen, da die Gesellschaft letztlich durch den Täter als deliktisches Werkzeug zur Gläubigerschädigung eingesetzt wird.[1009]

Der Vollständigkeit halber ist darauf hinzuweisen, dass selbst wenn die Regelung kollisionsrechtlich dem Gesellschaftsstatut zugeordnet würde, ihre Anwendung als situativ anknüpfende und rein tätigkeitsbezogene Vorschrift den Marktzutritt nicht wesentlich erschwert. Es wird vielmehr ein geordneter Marktaustritt effektuiert, der nach der „*Keck*"-Rechtsprechung des EuGH den Schutzbereich der Niederlassungsfreiheit nicht berührt.[1010] Selbst wenn man geneigt sein sollte, die „*Keck*"-Rechtsprechung des EuGH nicht auf die Niederlassungsfreiheit übertragen zu wollen, beruht die Anwendbarkeit der Existenzvernichtungshaftung auch auf zwingenden Gründen des Allgemeininteresses, hier insbesondere des Gläubigerschutzes durch ein geordnetes Insolvenzverfahren.[1011] Das Informationsmodell des EuGH ist zur Erreichung dieses Zwecks – wie bereits erörtert – nicht geeignet, da dieses nur solche Selbstschutz-Maßnahmen ermöglicht, die aufgrund der abstrakt unzulänglichen Kapitalausstattung der Auslandsgesellschaft angezeigt sind, wobei hingegen eine bösliche Gesinnung oder ein zukünftig erfolgender eigennütziger Vermögensabzug durch die Gesellschafter sich den verfügbaren Informationen nur schwerlich entnehmen lassen wird.[1012] Sofern der Kern der Existenzvernichtungshaftung als Sanktionierung einer rücksichtlosen Ausnutzung einer legitimen Rechtsstellung zur Gläubigerschädigung umschrieben werden kann, liegt damit eine Verletzung einer qualifizierten Verkehrspflicht im Sinne des § 826 BGB vor, so dass der Vermögensentzug einer dem Grundsatz nach im Rechtsverkehr lebensfähigen Gesellschaft, die der Möglichkeit der Erfüllung ihrer Verbindlichkeiten beraubt wird, letztlich als Eingehungsbetrug bei einer Privatperson bewertet werden kann.[1013] Es bleibt abschließend festzuhalten, dass die Anwendung des existenzgefährdenden Eingriffs nach § 266 StGB als strafrechtlich entsprechendes Institut zur zivilrechtlichen Existenzvernichtungshaftung auf die *limited* möglich ist und mit der unionsrechtlich statuierten Niederlassungsfreiheit für die *limited* als Kapitalgesellschaft eines anderen europäischen Mitgliedstaates eine entsprechende Konformität besteht.

1009 *Kindler*, in: MüKo, BGB, Bd. 11, IntGesR, Rn. 432.

1010 *Kienle*, in: Süß/Wachter, Hdb. Internationales GmbH-Recht, S. 224, § 3, Rn. 196.

1011 *Fischer, M.*, ZIP 2004, 1477 (1481).

1012 *Kienle*, in: Süß/Wachter, Hdb. Internationales GmbH-Recht, S. 212, § 3, Rn. 197.

1013 *Schanze/Jüttner*, AG 2003, 661 (669).

V. Fazit

Der *director* einer *limited* kann sich wegen Untreue nach § 266 StGB strafbar machen. Zur konkreten Begründung einer Verletzung der Vermögensbetreuungspflicht bedarf es der Heranziehung allein englischen Gesellschaftsrechts. Die Grenzen einer Einwilligung bzw. einer nachträglichen Genehmigung bemessen sich nicht nach den Vorschriften der §§ 30, 31 GmbHG, sondern grundsätzlich nach englischem Recht. Die zivilrechtliche Existenzvernichtungshaftung, die durch den BGH auf § 826 BGB gestützt wird, findet dagegen Anwendung auf die *limited*, so dass sich der *director* wegen eines existenzgefährdenden Eingriffs im Sinne des § 266 StGB strafbar machen kann. Das Institut des existenzgefährdenden Eingriffs ist geeignet, eine wirksame Begrenzung eines vorherigen Einverständnisses bzw. einer nach englischem Recht grundsätzlich möglichen nachträglichen Genehmigung herbeizuführen. Sowohl die zivilrechtliche Existenzvernichtungshaftung als auch der im Strafrecht maßgebliche existenzgefährdende Eingriff im Rahmen des § 266 StGB sind mit den unionsrechtlichen Vorgaben zur Niederlassungsfreiheit vereinbar.

C. Strafbarkeitsrisiken wegen des Vorenthaltens und Veruntreuens von Arbeitsentgelt (§ 266a StGB)

Im Rahmen der vorangegangenen Untersuchung der Strafbarkeitsrisiken für den *director* einer *limited* im Bereich der Untreuestrafbarkeit nach § 266 StGB hat sich bereits gezeigt, dass für diesen nach deutschem Recht erhebliche strafrechtliche Risiken bestehen. Nachfolgend bedarf es einer weiteren Abklärung, inwieweit dem *director* im Rahmen der gewöhnlichen Geschäftstätigkeit bei der *limited* noch weitere Strafbarkeitsrisiken drohen. Wie sich bereits aus den dargestellten Entscheidungen des AG Stuttgart, des LG Freiburg sowie des LG Duisburg erschließt, werden in nahezu jedem Ermittlungsverfahren im Zusammenhang mit der Insolvenz einer Gesellschaft von deren Geschäftsleiter Arbeitnehmerbeiträge zur Sozialversicherung über zumeist einen längeren Zeitraum nicht bzw. nur teilweise an die zuständigen Stellen abgeführt. Einer besonderen Beachtung bedarf somit die Strafnorm des § 266a StGB, die in engem Zusammenhang zu der Untreue gemäß § 266 StGB steht und gleichzeitig in der wirtschaftsstrafrechtlichen Praxis oftmals auch den Schnittpunkt zu dem Insolvenz- und Bankrottstrafrecht bildet.

I. Tatbestand des § 266a StGB

Bei § 266a StGB handelt es sich neben der Insolvenzverschleppung und noch vor den Bankrotttatbeständen um die wesentlichste Vorschrift des Insolvenzstrafrechts, da – wie sich bereits im Rahmen der strafrechtlichen Rechtsprechungsanalyse gezeigt hat[1014] – oftmals im Zusammenhang mit Insolvenzstraftaten die Arbeitnehmerbeiträge zur Sozialversicherung nicht bzw. nicht rechtzeitig durch den Unternehmer abgeführt werden.[1015] Geschütztes Rechtsgut des § 266a StGB ist insbesondere das Interesse der Solidargemeinschaft an der Sicherstellung des Aufkommens der Mittel für die Sozialversicherung.[1016] Tatbestandlich fordert § 266a StGB ein untreueähnliches Verhalten des Täters[1017] und sanktioniert die pflichtwidrige Nichtzahlung der nach §§ 28e Abs. 1, 28g SGB IV vom Arbeitgeber abzuführenden Beiträge des Arbeitnehmers zur Sozialversicherung, wobei zum Grundverständnis der Norm nochmals festzuhalten ist, dass über § 266a Abs. 1 StGB nicht das Vermögen des Arbeitnehmers geschützt wird.[1018] Über das Interesse der Solidargemeinschaft hinaus wird über § 266a Abs. 3 StGB, der eine ähnliche Regelung für freiwillige Versicherungs-, Renten-, oder Pensionskassen, vermögenswerte Leistungen und auch den Fall der Lohnpfändung enthält,[1019] ein weiter Kreis potentieller Schutzgüter abgebildet. Rechtspolitisch kommt § 266a StGB, der als Schutzgesetz im Sinne des § 823 Abs. 2 BGB zugunsten der Sozialversicherungsträger fungiert, insbesondere im zivilrechtlichen Bereich eine erheblich praktische Bedeutung zu, da oftmals entsprechende zivilrechtliche Schadensersatzklagen gegen Organe von Kapitalgesellschaften erhoben werden,

---

1014 Siehe dazu im zweiten Teil dieser Arbeit unter § 4 B.

1015 *Pelz*, Strafrecht in Krise und Insolvenz, S. 215, Rn. 488, verweist insoweit zutreffend darauf, dass Arbeitgeber in der Unternehmenskrise ungeachtet der zumeist bekannten strafrechtlichen Konsequenzen dazu neigen, die noch zur Verfügung stehende Liquidität für die als vorrangig empfundenen Verbindlichkeiten wie Löhne oder Lieferantenrechnungen zu verwenden und in der Folge entsprechende Sozialversicherungsbeiträge oftmals nicht beglichen werden. Nach *Pelz*, a. a. O., erschließt sich die große praktische Bedeutung der Vorschrift letztlich daraus, dass der Tatnachweis durch die Strafverfolgungsorgane verhältnismäßig leicht zu führen ist und für den Beschuldigten dabei nur sehr geringe Verteidigungsmöglichkeiten bestehen.

1016 *Fischer*, StGB, § 266a, Rn. 2.

1017 *Perron*, in: Schönke/Schröder, StGB, § 266a, Rn. 2.

1018 *OLG Köln*, NStZ-RR 2003, 212 (213), wonach der Arbeitnehmer demzufolge auch nicht als „Verletzter“ im Sinne des § 172 StPO gilt.

1019 *Schuster*, S. 176 m.w.N.

so dass es nicht verwundert, dass der weit überwiegende Teil der Rechtsprechung zu § 266a StGB von Zivilgerichten stammt.[1020]

1. *Der* de iure director, *der* de facto director *und der* shadow director *als taugliche Täter im Sinne des § 266a Abs. 1 StGB*

Zunächst ist der Frage nachzugehen, inwiefern der *director*, der *de facto director* bzw. der *shadow director* einer in Deutschland ansässigen *limited* dem Täterkreis im Sinne des § 266a StGB unterfallen können. Tauglicher Täter einer Straftat nach § 266a StGB können grundsätzlich nur der *Arbeitgeber* im Rahmen des § 266a Abs. 1 StGB und die ihm nach § 266a Abs. 5 StGB gleichgestellten Personen sowie die im Sinne von § 14 StGB für den Arbeitgeber handelnden Personen sein. Es handelt sich mithin um ein typisches Sonderdelikt.[1021] Die *limited* als EU-Kapitalgesellschaft ist damit – wie auch die deutsche juristische Person – selbst Arbeitgeber.[1022] In der Folge bedarf es bei den *directors* einer *limited* einer allgemeinen tatbestandlichen Anknüpfung an den Begriff des *Arbeitgebers* bzw. einer Zuordnung über § 14 StGB. Danach ist eine *für den Arbeitgeber handelnde Person* erforderlich, die ihrerseits bei einer Beschränkung der Ausübung der Niederlassungsfreiheit dem Erfordernis einer entsprechenden Rechtfertigung unterliegt. Die Begrifflichkeit des *Arbeitgebers* richtet sich nach den einschlägigen Kriterien des an das Arbeitsrecht anknüpfenden Sozialversicherungsrechts im Sinne des § 7 Abs. 1 SGB IV, so dass es sich bei dem *Arbeitgeber* um den nach § 611 ff. BGB Dienstberechtigten handelt und der *Arbeitnehmer* im Gegensatz dazu als derjenige zu qualifizieren ist, der Dienste leistet und in einer persönlichen Abhängigkeit steht, die sich vornehmlich in einer entsprechenden Betriebseingliederung widerspiegelt.[1023] Einer derartigen Zuordnung bedarf es auch bei der Bestimmung der Arbeitgebereigenschaft des *directors*, um diesen als potentiellen Täter im Sinne des § 266a StGB ermitteln zu können. Wie bereits im Rahmen der Darstellung der strafrechtlichen Risiken der Geschäftsleitung einer *limited* im Hinblick auf eine mögliche Untreuestrafbarkeit erörtert,[1024] bedarf es dazu im strafrechtlichen Sinne sowohl für den *director*, als auch für den *de facto director* sowie den *shadow director* einer Handlungszurechnung über die Regelung in § 14 Abs. 2 StGB, hier insbesondere über die Norm des § 14 Abs. 2 S. 1 Nr. 1 StGB.

1020 *Fischer*, StGB, § 266a, Rn. 2.
1021 *Perron*, in: Schönke/Schröder, StGB, § 266a, Rn. 20, alle jeweils m.w.N.
1022 *Richter*, in: FS Tiedemann, S. 1023 (1040).
1023 *Fischer*, StGB, § 266a, Rn. 4.
1024 Siehe dazu im dritten Teil dieser Arbeit unter § 6 A. III 1.

Diesbezüglich hat der 2. Zivilsenat des BGH in seiner Entscheidung vom 11. Juni 2013 bereits festgestellt, dass der Geschäftsleiter einer ausländischen Gesellschaft unabhängig von seiner Qualifikation als „Organ“ der Gesellschaft jedenfalls als Täter im Sinne des § 14 Abs. 2 Satz 1 und 2 StGB zu behandeln ist, sofern diesem eine umfassende Geschäftsführungsmacht übertragen und diese von ihm auch ausgeübt worden ist.[1025] Ist dies der Fall, handelt der *director* letztlich als ein Geschäftsleiter, der mit der eigenverantwortlichen Unternehmensleitung beauftragt worden ist, was auch die Wahrnehmung von Aufgaben umfasst, die dem Grunde nach dem Unternehmensinhaber obliegen. Wie im Bereich der Untreue nach § 266 StGB kommt es hierbei entscheidend auf das eigentliche, konkret zu bestimmende Tätigkeitsbild des *directors* an, so dass sowohl der *de facto director* als auch der *shadow director* als tauglicher Täter im Sinne des § 266a i. V. mit § 14 Abs. 2 StGB in Frage kommen.[1026] Schließlich kann auch der faktische Geschäftsführer selbst tauglicher Täter des § 266a StGB sein.[1027] Auf die englische Geschäftsleitung übertragen bedeutet dies, dass wenn sich herausstellt, dass einer Person (mit Einverständnis der eigentlichen Geschäftsleitung) auch ohne eine förmliche Bestellung – bzw. betreffend den *shadow director* über den Rahmen des sec. 251 CA 2006 hinaus – faktisch die tatsächliche Geschäftsleitung obliegt und diese gegenüber dem formellen *director* eine überragende Stellung bzw. das deutliche (Entscheidungs-)Übergewicht im Unternehmen einnimmt, eine faktische Geschäftsführung vorliegt.[1028] Derjenige, der diese Merkmale erfüllt, kann dementsprechend auch Täter des § 266a StGB sein.[1029] Das ist im Hinblick auf den *de facto director* oder auch den *shadow director* dadurch begründet, dass diese sich durch die Aufteilung der Aufgabenbereiche und die Übertragung der sozialversicherungsrechtlichen Pflichten auf einen formell bestellten *director* oder gar einen Angestellten der *limited* nicht der ihnen obliegenden straf- und haftungsrechtlich bewehrten Pflichten entledigen können. Die eigentliche Pflicht zur ordnungsgemäßen Meldung der Arbeitnehmer und zur Entrichtung der geschuldeten Beiträge wandelt sich auch bei einer Delegation auf andere Personen in Kontroll- und Überwachungspflichten um, so dass der *de facto director* bzw. der *shadow*

1025 *BGH*, NZG 2013, 937 (938).

1026 Das *LG Duisburg* hingegen nahm bereits eine Zuordnung des *directors* über § 14 Abs. 1 Nr. 1 StGB an, vgl. *LG Duisburg*, a. a. O., Rz. 350; siehe dazu im zweiten Teil dieser Arbeit unter § 4 B. IV 4.

1027 *Pelz*, Strafrecht in Krise und Insolvenz, S. 233, Rn. 527.

1028 Vgl. etwa: *BGHSt* 31, 118 (122); 46, 62 (64 f.); zur zivilrechtlichen Rechtsprechung des BGH im Rahmen der faktischen Geschäftsführertätigkeit: *BGHZ* 104, 44 (47 f.).

1029 So *BGHSt* 47, 318 (324 f.).

director zum Eingreifen verpflichtet bleiben, sofern Anhaltspunkte für eine nicht mehr gewährleistete ordnungsgemäße Erledigung dieser Aufgaben durch den formellen *director* bestehen.[1030] Dies kann etwa bei einer wirtschaftlichen Krise des Unternehmens, ungeordneten Verhältnissen im Geschäftsablauf oder sonstigen Anhaltspunkten für Unregelmäßigkeiten der Fall sein.[1031]

2. Der originäre Tatbestand des § 266a StGB

Die Vorschrift des § 266a StGB ist in den Absätzen 1 bis 5 vielseitig ausgestaltet. Während § 266a Abs. 1 StGB das reine Vorenthalten der Arbeitnehmerbeiträge unter Strafe stellt, sanktioniert die im Jahr 2004[1032] in § 266a Abs. 2 StGB eingefügte Regelung dazu spiegelbildlich das Vorenthalten von Arbeitgeberanteilen und soll insbesondere betrugsähnliche Begehungsweisen erfassen. Dazu regelt § 266a Abs. 3 StGB ergänzend den Fall, dass der Arbeitgeber bestimmte Teile des Arbeitnehmerentgelts einbehalten, aber auch nicht abgeführt und somit ein gekürztes Arbeitsentgelt ausgezahlt hat, ohne den Arbeitnehmer davon in Kenntnis zu setzen.[1033] Darüber hinaus werden in § 266a Abs. 4 StGB besonders schwere Fälle unter Strafe gestellt, während sich in § 266a Abs. 6 StGB eine Regelung findet, die dem Täter durch eine rücktrittsähnliche Möglichkeit eine goldene Brücke baut, woraus dessen persönliche Straffreiheit resultieren kann. Da § 266a Abs. 1 StGB mit der Sanktionierung des Vorenthaltens von Arbeitnehmerbeiträgen den in der Praxis deutlich relevantesten Anwendungsfall der Vorschrift darstellt, soll dieser zum grundlegenden Verständnis der Norm exemplarisch vorgestellt werden.[1034]

1030 *Metz*, NStZ-RR 213, 297 (298) zu der insoweit vergleichbaren Situationen bei der Übertragung von Pflichten im Rahmen des § 266a StGB auf verschiedene Organe der GmbH.

1031 *BGH*, NJW 2013, 1304 (1305 ff.).

1032 Die Vorschrift des § 266a Abs. 2 StGB wurde erst durch das Gesetz zur Intensivierung der Bekämpfung der Schwarzarbeit vom 23.07.2004 geschaffen (vgl. *BT-Drs.* 15/2573; BGBl. I 1842).

1033 Vgl. dazu *Fischer*, StGB, § 266a, Rn. 22b m.w.N.

1034 *Dornblüth*, ZIP 2014, 712 ff., zu den englischen Betrugstatbeständen des Fraud Act 2006, der in engem Kontext mit der deutschen Norm des § 266a StGB steht und in der wirtschaftsstrafrechtlichen Praxis ebenfalls von Relevanz ist, sofern von Schuldnern im Rahmen eines sog. „*forum shoppings*" gezielt andere Mitgliedstaaten ausgesucht werden, in denen die Schuldner in erster Linie von der schneller zu erreichenden Restschuldbefreiung profitieren möchten. Häufiges Ziel ist hier England, da im Gegensatz zu der in Deutschland geltenden Wohlverhaltensperiode von sechs Jahren dort nach sec. 279 (1) IA 1986 in der Regel automatisch ein Jahr nach Eröffnung des Insolvenzverfahrens ohne einen besonderen gerichtlichen Ausspruch

a. Tatgegenstand des § 266a Abs. 1 StGB

Der Tatgegenstand des § 266a Abs. 1 StGB sind die sog. Arbeitnehmeranteile, d.h. diejenigen Beiträge des Arbeitnehmers zur Sozialversicherung einschließlich der Arbeitsförderung, für deren Zahlung allein der Arbeitgeber der Einzugsstelle gegenüber nach § 28e SGB IV haftet und welche bei der Lohnauszahlung von dem Arbeitgeber – gleichsam kommissarisch für die Einzugsstelle – von dem Lohn bzw. Gehalt des Versicherungspflichtigen abgezogen werden dürfen.[1035]

Der Tatbestand des § 266a StGB ist also *sozialrechts-akzessorisch* ausgestaltet, weshalb nur solche Beiträge als „vorenthalten" zu qualifizieren sind, die auch nach dem materiellen Sozialversicherungsrecht geschuldet sind,[1036] so dass als Bemessungsgrundlage des jeweiligen Arbeitsentgelts grundsätzlich alle dem *Arbeitnehmer* im Rahmen des Arbeitsverhältnisses zufließenden Einnahmen nach § 14 Abs. 1 SGB IV dienen.[1037] Dies bedeutet gleichzeitig, dass die *limited* ihren tatsächlichen Verwaltungssitz auch in Deutschland unterhalten muss. Sofern sich der Hauptsitz der Gesellschaft hingegen (ggfs. wieder) in England befindet, bedarf es einer dortigen Versicherung der Arbeitnehmer der *limited*, so dass eine Anmeldung und daher auch die Beitragsabführungspflicht in Deutschland entfallen.[1038]

Bei Sachverhalten, in denen der *director* einer *limited* betroffen ist, ist es weiterhin von Bedeutung, dass nicht nur die „typischen" Arbeitnehmer-Beiträge tauglicher Tatgegenstand des § 266a Abs. 1 StGB sein können, sondern je nach Anstellungsverhältnis auch für den *director* der *limited* als Geschäftsleiter selbst eine Beitragspflicht bestehen und damit auch er selbst den Ausgangspunkt für Ermittlungen der Strafverfolgungsbehörden bilden kann. Dies liegt wiederum in der Gegensätzlichkeit des deutschen und englischen Rechts begründet.

Während der GmbH-Geschäftsführer im deutschen Recht grundsätzlich nicht als Arbeitnehmer zu qualifizieren ist,[1039] besteht im englischen Recht durchaus die Möglichkeit, einen *director* als solchen zu behandeln, was bei der unterlassenen Abgabe von Arbeitgeberanteilen auch zu einer Strafbarkeit nach § 266a Abs. 1 StGB führen kann. Eine Einordnung des *directors* als Arbeitnehmer (*employee*) kommt dann in Betracht, wenn ein wirksamer Anstellungsvertrag mit einer hinreichenden arbeitsorganisatorischen Unterordnung und Weisungsgebundenheit

---

eine entsprechende Entschuldung erfolgt; vgl. zu weiteren Details: *Dornblüth*, ZIP 2014, 712 (713 f.).

1035 *Fischer*, StGB, § 266a, Rn. 9.

1036 *BGHSt* 52, 67 (70 ff.).

1037 Vgl. *Pelz*, Strafrecht in Krise und Insolvenz, S. 217, Rn. 491.

1038 *Richter*, in: Festschrift Tiedemann, S. 1023 (1040).

1039 *Stöber*, GmbHR 2006, 746 (750).

gegenüber der Gesellschaft besteht, wobei dieser *service contract* nicht nur zum Schein zwischen dem *director* und der Gesellschaft abgeschlossen worden sein darf.[1040] Ob dies so ist, ist unter der Berücksichtigung aller Umstände des Einzelfalls festzustellen, wobei es in der Praxis maßgeblich darauf ankommt, ob und inwieweit der *director* entweder der tatsächlichen Kontrolle der Gesellschaft bzw. der anderen Gesellschafter unterliegt oder aber eigenverantwortlich handelt und faktisch beispielsweise auch seine eigene Entlassung verhindern könnte.[1041] Gerade letzteres würde gegen das Vorliegen einer Arbeitnehmereigenschaft des *directors* sprechen. Ist nach den oben genannten Kriterien dagegen eine Arbeitnehmer-Eigenschaft des *directors* ermittelt, unterliegt auch er der Sozialversicherungspflicht aus § 7 Abs. 1 SGB IV[1042], so dass die auf ihn entfallenden entsprechenden Beiträge – ungeachtet der Strafandrohung in § 266a Abs. 2 StGB – bereits als taugliche Tatgegenstände im Sinne des § 266a Abs. 1 StGB zu verstehen sind.

b. *Tathandlung des § 266a Abs. 1 StGB*

Die eigentliche „Tathandlung" des § 266a Abs. 1 StGB ist als echtes Unterlassungsdelikt[1043] allein das Vorenthalten der nach § 23 Abs. 1 SGB IV fälligen Arbeitnehmeranteile am Gesamtsozialversicherungsbeitrag im Sinne des § 28d SGB IV, so dass es zur Bestimmung des Unrechtskerns der Strafvorschrift keiner darüber hinausgehenden Täuschungs- oder Verschleierungsaktivitäten des *directors* bedarf.[1044] Ein tatbestandsmäßiges Vorenthalten von Arbeitnehmerbeiträgen liegt schlicht vor, wenn der Arbeitgeber diese am Fälligkeitstag nicht oder nicht vollständig an die Einzugsstelle entrichtet.[1045] Der Tatbestand des § 266a Abs. 1 StGB ist mithin bereits mit der Nichtabführung der Beiträge bei entsprechender Fälligkeit vollendet.[1046] Dieses Strafbarkeitsrisiko verwirklicht sich für den *director* einer in Deutschland ansässigen *limited* in dem Moment, in dem er es unterlässt, nach Fälligkeit entsprechende Arbeitnehmer- oder Arbeitgeberbeiträge zur Sozialversicherung an die zuständigen Beitragsstellen abzuführen.

1040 *Stöber*, GmbHR 2006, 746 (750) mit weiteren Nachweisen aus der englischen Judikatur.

1041 *Stöber*, GmbHR 2006, 746 (750) mit weiteren Nachweisen aus der englischen Judikatur.

1042 *BSG*, ZIP 2008, 2231 ff.; *Servatius*, in: Henssler, GesR, Komm., IntGesR, S. 2710, Rn., 125 m.w.N.

1043 *BGHSt* 47, 318 (320).

1044 *Fischer*, StGB, § 266a, Rn. 11.

1045 *Pelz*, Strafrecht in Krise und Insolvenz, S. 218, Rn. 494.

1046 *Fischer*, StGB, § 266a, Rn. 18a.

II. Konformität mit der unionsrechtlichen Niederlassungsfreiheit

Die Konformität der Anwendung des § 266a StGB auf den *director* einer in Deutschland ansässigen *limited* mit der unionsrechtlichen Niederlassungsfreiheit ist vorliegend gegeben. Auch im Rahmen der genannten Vorschrift ergibt sich unter Heranziehung der Grundsätze der „*Keck*"-Rechtsprechung, dass der Tatbestand der Niederlassungsfreiheit eingeschränkt werden muss, da es sich bei dem in § 266a StGB normierten Verhalten um die Missachtung von allgemein geltenden Verhaltensregeln handelt. Unter das allgemeine Verkehrsrecht fallen sämtliche Vorschriften, die unterschiedslos auf natürliche und juristische Personen, auf In- und Ausländer anwendbar sind, wie es bei den Vorschriften der allgemeinen Haftungstatbestände des Deliktsrechts der Fall ist.[1047] Die Verpflichtung zur Abgabe der nach § 23 Abs. 1 SGB IV fälligen Arbeitnehmeranteile zum Gesamtsozialversicherungsbeitrag im Sinne des § 28d SGB IV gilt für sämtliche inländische und ausländische Gesellschaften gleichermaßen und steht erkennbar in keinem wie auch immer gearteten Zusammenhang zu dem Markteintritt der *limited.* Damit begründen die sozialversicherungsrechtlichen letztlich eine Verkehrspflicht, gegen die bei tatbestandlichem Handeln des *directors* im Sinne des § 266a StGB verstoßen wird, so dass die Strafandrohung aus § 266a StGB als unionrechtskonform anzusehen ist.

D. Strafbarkeitsrisiken im Insolvenzstrafrecht

Dem nationalen Insolvenzrecht und dem nachgelagerten Insolvenzstrafrecht kommt im Wirtschaftsleben eine übergeordnete Bedeutung zu. Dies resultiert nicht zuletzt daraus, dass ein ordnungsgemäß funktionierender Wirtschaftskreislauf voraussetzt, dass „gesunde", d. h. *de facto* finanzstarke oder zumindest nicht gefährdete, Gesellschaften im Wirtschaftsverkehr interagieren und solche Gesellschaften, die diesen Anforderungen nicht mehr gerecht werden (können), einem geordneten Marktaustritt zugeführt werden; deshalb ist es bei einer sich abzeichnenden Zahlungsunfähigkeit oder gar schon eingetretenden Überschuldung besonders zum Wohle der Altgläubiger der Gesellschaft angebracht, im Rahmen der gesetzlich vorgegebenen Frist von drei Wochen das Möglichste zur Rettung des Unternehmens zu veranlassen.[1048] Dabei hat die Erfahrung gezeigt, dass ein über diesen Zeitraum fortgeführtes (unbegrenztes) notdürftiges Weiterwirtschaften in der Regel zu einer weiteren Schmälerung der insolvenzverfahrenstauglichen

---

1047 *Kienle*, in: Süß/Wachter, Hdb. Internationales GmbH-Recht, S. 167, § 3, Rn. 52.
1048 *Schuster*, S. 158.

Masse führt und womöglich bislang noch nicht betroffene Drittunternehmen durch einen Vertragsschluss mit der insolventen Gesellschaft in Mitleidenschaft gezogen werden; ein derartiges „endloses Weiterwirtschaften" stellt sich explizit bei juristischen Personen mit beschränkter Haftung als *per se* schädlich dar.[1049] Unter anderem aus diesem Grund sind zivilrechtliche Haftungsinstitute, wie etwa die nunmehr in § 64 S. 3 GmbHG statuierte Insolvenzverschleppungshaftung, sowie eine im Insolvenzstrafrecht verankerte Verpflichtung zur Stellung eines Insolvenzantrags entwickelt worden.

I. Strafbarkeitsrisiken wegen Insolvenzverschleppung aus dem GmbHG?

Sofern sich Strafbarkeitsrisiken für die Geschäftsleitung einer in Deutschland ansässigen *limited* wegen Insolvenzverschleppung ergeben, bedarf es infolge des Inkrafttretens des MoMiG einer zeitlichen Zäsur zur Ermittlung der jeweiligen Rechtslage.

1. *Rechtslage vor dem* MoMiG: *Strafbarkeitsrisiken aus § 84 Abs. 1 Nr. 2 GmbHG a. F. i. V.m. § 64 GmbHG a. F.?*

Vor der Geltung des im Jahre 2008 in Kraft getretenen MoMiG war die Insolvenzantragspflicht für GmbH-Geschäftsführer in § 64 GmbHG a. F. geregelt, während die Strafbarkeit einer Antragsunterlassung in § 84 Abs. 1 Nr. 2 GmbHG a. F. normiert war. Hinsichtlich der Anwendbarkeit des sich aus den beiden Normen ergebenden Insolvenzstraftatbestandes bestand jedoch die nahezu einhellige Ansicht,[1050] dass dieser nicht auf die Geschäftsleiter ausländischer Kapitalgesellschaften wie der *limited* anwendbar war.[1051] Diese Ansicht fußte maßgeblich darauf,

---

1049 *Schuster*, S. 158.

1050 *Kienle*, GmbHR 2007, 696 (697); *Labinski*, S. 207 f.; *Mankowski/Bock*, ZStW 120 (2008), 704 (753); *Müller-Gugenberger*, in: FS Tiedemann, S. 1003 (1014); *Radtke/Hoffmann*, EuZW 2009, 404 (407 f.); *Rönnau*, ZGR 2005, 832 (839); *Schlösser*, wistra 2006, 81 (84*); Schmitz*, in: Joerden/Szwarc, Europäisierung des Strafrechts in Polen und Deutschland, S. 199 (206); *Stärk*, S. 131 f.; *Worm*, S. 47 ff.; a.A.: *Nuys*, S. 137 ff. sowie *Weiß*, S. 122 ff. noch zu § 84 Abs. 1 Nr. 2 a. F.

1051 Vgl. dazu auch *AG Gera*, wistra 2004, 435 (435) sowie *LG Gera*, wistra 2004, 435 (435 f.) als zuständige Beschwerdeinstanz bzgl. einer nicht bestehenden Insolvenzantragspflicht einer panamaischen Domizilgesellschaft, die ohnehin nicht vom Wirkungskreis der Niederlassungsfreiheit erfasst wäre; vgl. dazu auch die Anm. von *Franke*, wistra 2004, 436 (436), der bereits auf bestehende Strafbarkeitslücken im Hinblick auf die *limited* hinweist.

dass es sich bei dieser Normenkette um gesellschaftsspezifische und damit rechtsformspezifische[1052] Spezialregelungen handelte.[1053] Eine unmittelbare Anwendung der Normen war somit nicht möglich, da eine Gleichsetzung des *directors* mit einem „GmbH-Geschäftsführer“ eindeutig dem Gesetzeswortlaut widersprochen und einen Verstoß gegen das in Art. 103 Abs. 2 GG statuierte Analogieverbot dargestellt hätte.[1054] Gleichfalls war eine ersatzweise Anwendung von Strafvorschriften des ausländischen Gründungsstaates der Gesellschaft nicht möglich, so dass in letzter Konsequenz aus den steigenden Gründungen von Gesellschaften nach ausländischem Recht die Abnahme des Strafrechtsschutzes für die jeweiligen Geschäftspartner der Gesellschaft resultierte. Dieses führte zu einer auf Dauer kaum zu begründenden Ungleichbehandlung von vergleichbaren Taten.[1055]

2. *Zwischenfazit*

Dieses strafrechtlich und rechtspolitisch unbefriedigende Defizit sollte beseitigt werden. Insofern wurde am 29.05.2006 mit dem *Referentenentwurf eines Gesetzes zur Modernisierung des GmbH-Rechts und zur Bekämpfung von Missbräuchen – MoMiG*[1056] und dem darauf aufbauenden Regierungsentwurf vom 23.05.2007[1057] das Problem einer fehlenden gesetzlichen und den verfassungsrechtlichen Anforderungen entsprechenden Regelung zur Insolvenzantragspflicht auch für die Geschäftsleiter ausländischer Kapitalgesellschaften angegangen. Bis dahin lag den in verschiedenen Gesetzen normierten Spezialregelungen[1058] der einheitliche Rechtsgedanke zugrunde, dass Gesellschaften, für deren Verbindlichkeiten keine natürliche Person mit ihrem eigenen Vermögen haftet, bei Insolvenzreife verpflichtet sind, einen Antrag auf Eröffnung des Insolvenzverfahrens zu stellen und

---

1052 *Weller*, IPRax, 2003, 207 (208).

1053 *Bittmann*, GmbHR 2007, 70 (74 f.).

1054 Dies entspricht aktuell der einhelligen Rechtsmeinung. Vgl. insoweit exemplarisch: *Bittmann*, NStZ 2009, 113 (114); *Horn*, NJW 2004, 893 (899); *Otte*, in Graf/Jäger/Wittig, Wirtschafts- u. Steuerstrafrecht, Komm., § 15a InsO, Rn. 16; *Wachter*, GmbHR 2003, 1254 (1257); a.A., die sich insoweit als nicht mehr haltbar darstellen dürfte: *Gross/Schork*, NZI 2006, 10 (12 f.).

1055 *Schmitz*, in: Joerden/Szwarc, Europäisierung des Strafrechts in Polen und Deutschland, S. 199 (206).

1056 Vgl. dazu die umfangreichen Literaturnachweise bei: *Bittmann*, GmbHR 2007, 70 (70, Fn. 1).

1057 Vgl. dazu die Literaturnachweise bei: *Bittmann*, wistra 2007, 321 (321, Fn. 4).

1058 Hierbei handelte es sich um § 84 Abs. 1 Nr. 2 GmbHG a. F.; § 401 AktG a. F., § 148 GenG a. F., §§ 130b, 177a HGB a. F.

dessen Unterlassen durch die Verantwortlichen strafbewehrt ist. Dem Grunde nach handelte es sich bei den in verschiedenen Gesetzen enthaltenen Spezialbestimmungen auch schon vor der Reform um zivilrechtliche Bezugsnormen, die in der Systematik insolvenzrechtliche Bestimmungen darstellten.[1059] Solange Inlandsgesellschaften ausschließlich eine nach dem *numerus clausus* der vom deutschen Recht bereitgestellten juristischen Personen die jeweilig gewünschte Rechtsform wählen konnten, war dies unproblematisch. Infolge der in Deutschland zunehmenden Geschäftstätigkeit ausländischer und von der Niederlassungsfreiheit geschützter Kapitalgesellschaften entstand ein unübersehbares Gefälle zwischen Gesellschaften, die nach dem deutschen Gesellschaftsstatut einer Insolvenzantragsverpflichtung unterlagen und Auslandsgesellschaften, deren Geschäftsleiter diese Pflicht jedenfalls nicht (strafbewehrt) traf. Diese Situation führte zu einer „umgekehrten Diskriminierung" der Inlandsgesellschaften, weshalb eine weitere Regelung in einem Spezialgesetz als nicht sachdienlich erachtete wurde.[1060]

II. Strafbarkeitsrisiken wegen Insolvenzverschleppung (§ 15a Abs. 1 i.V.m. Abs. 4 InsO)

Aus diesem Grund hat der Gesetzgeber im Zuge des *MoMiG*[1061] den am 28.10.2008 im Bundesgesetzblatt verkündeten und am 01.11.2008 in Kraft getretenen § 15a Abs. 1 S. 1 InsO nebst dazu korrespondierender Strafandrohung in § 15a Abs. 4 InsO als neuen Tatbestand im Insolvenzstrafrecht geschaffen.

1. *Die Anwendbarkeit des § 15a InsO auf die* limited *als ausländische Kapitalgesellschaft*

Wie bereits dargelegt, besteht für den *director*, den *de facto director* und den *shadow director* eine grundsätzliche Insolvenzantragsverpflichtung nach § 15a Abs. 1 InsO.[1062] Die Norm regelt eindeutig, dass die Mitglieder des Vertretungsorgans oder die Abwickler der Gesellschaft ohne schuldhaftes Zögern, spätestens aber drei Wochen nach Eintritt der Zahlungsunfähigkeit oder Überschuldung, einen Antrag auf die Eröffnung des Insolvenzverfahrens zu stellen haben. Diese Regelung stellt eine rein insolvenzrechtliche Norm dar, die eine entsprechende persönliche Haftung des

---

1059 *Bittmann*, GmbHR 2007, 70 (75) m.w.N.

1060 *Bittmann*, GmbHR 2007, 70 (75).

1061 Vgl. dazu aus strafrechtlicher Sicht vor Inkrafttreten des MoMiG: *Bittmann*, GmbHR 2007, 70 ff.; *ders.*, wistra 2007, 321 ff.; zu den Folgen des MoMiG: *ders.*, NStZ 2009, 113 ff.

1062 Siehe dazu im zweiten Teil dieser Arbeit unter § 3 I. II. 2.

Antragspflichtigen begründen kann. Sie wird allerdings erst im Zusammenspiel mit § 15a Abs. 4 InsO zu einer Strafnorm. Zur Bestimmung des Strafgehaltes des Normengefüges ist der Zweck des Antragsrechts und der damit korrespondierenden Verpflichtung, den Antrag im Bedarfsfall auch zu stellen, in den Blick zu nehmen. Der Zweck des Antragsrechts liegt in der optimalen Gläubigerbefriedigung und dem rechtzeitigen Marktausscheiden des Unternehmens, um die typischen Ziele des Insolvenzrechts, den Schutz der Altgläubiger und die größtmögliche Bewahrung des Gesellschaftsvermögens als Haftungsmasse, sicherzustellen.[1063]

Neugläubiger hingegen sollen davor bewahrt werden, in Unkenntnis der schlechten finanziellen Situation der Gesellschaft mit dieser einen Vertrag zu schließen, was dafür spricht, dass die Antragspflicht zur Verwirklichung und Durchsetzung der Haftung dient und sie deshalb dem Insolvenzrecht zuzuordnen ist.[1064] Der Anwendungsbereich des § 15a InsO erstreckt sich nach dem eindeutigen Willen des Gesetzgebers[1065] rechtsformunabhängig[1066] nicht nur auf Gesellschaften deutschen Rechts, sondern auch ausdrücklich auf ausländische Kapitalgesellschaften, die ihren Verwaltungssitz und Betrieb im deutschen Inland unterhalten und danach dem deutschen Insolvenzrecht unterfallen.[1067] Räumlich stellt § 15a InsO generell auf Auslandsgesellschaften ab, so dass neben den Kapitalgesellschaften der europäischen Mitgliedstaaten prinzipiell jede auf der Welt vorkommende Rechtsform vom Schutzbereich des Gesetzes erfasst wird, sofern die ausländische Gesellschaft mit einer inländischen juristischen Person vergleichbar ist.[1068] Mithin handelt es sich bei § 15a Abs. 1 S. 1 InsO um eine Norm mit einem ubiquitären Geltungsbereich.[1069]

1063 *Hübner*, S. 223.

1064 *Hübner*, S. 224.

1065 *RegE MoMiG*, BT-Drs. 16/6140, S. 47 und explizit auf S. 126 f., wonach auch der Gesetzgeber eindeutig von einer insolvenzrechtlichen Qualifikation ausgegangen ist: „*Unabhängig von der Frage der Einordnung als gesellschafts- oder insolvenzrechtliche Norm haben sich in den Stellungnahmen zum MoMiG mehrere Vorschläge für eine rechtsformneutrale Regelung der Insolvenzantragspflicht ausgesprochen. Das ist sinnvoll, da die Insolvenzantragspflicht juristische Personen und ihnen vergleichbare Gesellschaften möglichst gleichermaßen und wortgleich erfassen sollte. Dies betrifft folglich auch vergleichbare Auslandsgesellschaften, die ihren Verwaltungssitz und Betrieb im Inland haben und deutschem Insolvenzrecht unterfallen.*“

1066 *Bittmann*, NStZ 2009, 113 (113).

1067 *BT-Drs.* 16/6140, S. 55.

1068 *Otte*, in Graf/Jäger/Wittig, Wirtschafts- u. Steuerstrafrecht, Komm., § 15a InsO, Rn. 17.

1069 *Bittmann*, NStZ 2009, 113 (114).

Maßgebliche Voraussetzung für die Anwendbarkeit des § 15a InsO ist der in Deutschland gelegene Sitz der ausländischen Gesellschaft bzw. der zumindest selbstständigen Niederlassung, wobei es sich bei der *limited*, deren satzungsmäßiger Sitz sich in England befindet, nur um den Verwaltungssitz der in Deutschland als Zweigniederlassung tätigen Gesellschaft handeln kann. In diesem Zusammenhang ist festzuhalten, dass sowohl das deutsche als auch das englische Recht darauf ausgelegt sind, die „kranke" Gesellschaft entweder rechtzeitig zu sanieren oder aber dafür Sorge zu tragen, dass eine Liquidation der Gesellschaft erfolgt, um jeglichen weiteren Schaden zu vermeiden.[1070] Folglich ist der *director* einer *limited* – wie der Geschäftsführer einer GmbH – gehalten, alle erdenklichen Maßnahmen zu ergreifen, die einen etwaigen Verlust für die Gläubiger der Gesellschaft minimieren.[1071] Demnach ist es durchaus mit dem Wesen der *limited* vereinbar, eine Verpflichtung des *directors* einer *limited* zur Insolvenzantragstellung einzufordern.[1072]

Das Insolvenzstrafrecht betrifft den Mittelpunkt der wirtschaftlichen Interessen der Gesellschaft, den nach Art. 3 Abs. 1 S. 2, Art. 4 EuInsVO zu bestimmenden *centre of main interest* (COMI), so dass der territoriale Anwendungsbereich des § 15a InsO auf das deutsche Inland beschränkt ist.[1073] Im Rahmen der EuInsVO[1074] gilt für Fremdgesellschaften das nationale Insolvenzrecht, woraus folgt, dass auch die dem Verfahren vorgelagerte Insolvenzantragspflicht dem nationalen Insolvenzstatut unterfällt.[1075] Aufgrund der insolvenzrechtlichen Qualifikation sowohl der reinen Insolvenzantragspflicht als auch der strafbewehrten Insolvenzverschleppung kommt es in dem Geltungsbereich der EuInsVO zu einer Anwendung des Rechts desjenigen Staates, in dem der Mittelpunkt der hauptsächlichen Interessen (COMI) der *limited* angesiedelt ist.[1076] Der COMI einer mit ihrem Verwal-

---

1070 *Borges*, ZIP 2004, 733 (735).

1071 *Schumann*, DB 2004, 743 (747).

1072 So auch *Wilms*, S. 125.

1073 *Bittmann*, NStZ 2009, 113 (114).

1074 Hier gilt es zu beachten, dass die EuInsVO seit ihrem Inkrafttreten am 31.05.2002 innerhalb der EU – mit der Ausnahme Dänemarks (!) – Vorrang vor dem deutschen Internationalen Insolvenzrecht besitzt, vgl. dazu auch: *Vallender*, ZGR 2006, 425 (428).

1075 *Bittmann*, NStZ 2009, 113 (114); *Otte*, in Graf/Jäger/Wittig, Wirtschafts- u. Steuerstrafrecht, Komm., § 15a InsO, Rn. 20.

1076 In der strafrechtlichen Literatur i.E. ebenfalls: *Bittmann/Gruber*, GmbHR 2008, 867 (873); *Hinderer*, S. 164 ff.; *Labinski*, S. 190 ff.; *Mankowski/Bock*, ZStW 120 (2008), 704 (753 f.); *Otte*, in Graf/Jäger/Wittig, § 15a InsO, Rn. 20; *Pattberg*, S. 206 ff.; *Pelz*, in: Wabnitz/Janovsky, 9/33; *Radtke/Hoffmann*, EuZW 2009, 404 (407 f.); *Richter*,

tungssitz in Deutschland ansässigen *limited* dürfte nahezu stets im hiesigen Inland zu verorten sein. Gleiches würde gelten, wollte man die Natur der Antragspflicht und der Insolvenzverschleppung deliktsrechtlich qualifizieren,[1077] da in diesem Rahmen die Klassifikation des anwendbaren Rechts über die Rom II-VO erfolgt und damit gemäß Art. 4 Abs. 1 Rom II-VO das Recht des Staates gilt, in dem der Schaden eingetreten ist. Insofern ist das deutsche Insolvenzrecht eindeutig einschlägig und auf den *director* einer in Deutschland ansässigen *limited* anwendbar.

2. Der mögliche Täterkreis des § 15a Abs. 1 i.V.m. Abs. 4 InsO

Bei der Betrachtung des § 15a InsO drängt sich die Frage auf, ob neben dem *director* auch der *de facto director* und der *shadow director*, der dem *de facto director* im englischen Recht sehr nahe steht,[1078] verpflichtet sind, einen entsprechenden Insolvenzantrag zu stellen und ein Unterlassen strafrechtlich entsprechend zu pönalisieren wäre.

a. Die Tätereigenschaft des de iure directors

Als Adressaten der Norm werden in § 15a Abs. 1 S. 1 InsO unter anderem die Vertretungsorgane juristischer Personen aufgeführt. Für den *director* besteht eine umfassende gerichtliche wie außergerichtliche Vertretungsbefugnis der *limited*,[1079] die sich aus den *articles of association*, den in sec. 29 CA 2006 genannten Gesellschafterbeschlüssen und der *constitution* als Gesellschaftssatzung nach sec. 17 CA 2006 herleiten. Die Tätereigenschaft des *directors* ist insoweit unproblematisch gegeben. Dieser ist tauglicher Täter der Insolvenzverschleppung gemäß § 15a Abs. 1 i.V.m. Abs. 4 InsO.

b. Einbeziehung des de facto directors *in den tauglichen Täterkreis*

Bei dem *de facto director* und dem *shadow director* besteht die Gemeinsamkeit, dass beide zumindest nicht wirksam zu Geschäftsleitern der *limited* bestellt werden können, gleich einem ordentlichen Geschäftsleiter jedoch einen erheblichen

---

in: FS Tiedemann, S. 1023 (1032 f.); *Stärk*, S. 111 f.; *Tiedemann/Rönnau*, in: Scholz, GmbHG, Vor §§ 82 ff., Rn. 75; *Weiß*, S. 215 ff.; *Weyand*, ZInsO 2011, 745 (748); *Wilk/Stewen*, wistra 2011, 161 (163 f.); *Worm*, S. 231 f.

1077 Auch hier rein exemplarisch: *Bayer*, BB 2003, 2357 (2357); *Riedemann*, GmbHR 2004, 345 (348); *Schanze/Jüttner*, AG 2003, 661 (670); *Zöllner*, GmbHR 2006, 1 (7).

1078 *Weiß*, S. 162.

1079 *Servatius*, in: Henssler/Strohn, GesR, Komm., IntGesR, S. 2711, Rn. 136.

Einfluss auf die Geschäftsführung besitzen.[1080] Der Unterschied zwischen beiden besteht darin, dass sich der *de facto director* – im Gegensatz zum *shadow director* – nach außen hin als Geschäftsleiter geriert.[1081] Dies ist mit der Figur des faktischen GmbH-Geschäftsführers vergleichbar.

Zu dem faktischen GmbH-Geschäftsführer wird in der Literatur teilweise vertreten, dass gemäß § 15a Abs. 1 InsO lediglich ordnungsgemäß bestellte Mitglieder des Vertretungsorgans einer juristischen Person die Insolvenzantragsberechtigung besäßen, so dass den faktischen Geschäftsführer einer GmbH weder eine Berechtigung noch eine Verpflichtung treffe, Insolvenzantrag zu stellen, und dieser folglich bei einem Unterlassen nicht in der strafrechtlichen Verantwortung stehe.[1082] Nach der gegenläufigen Ansicht des BGH ist der faktische Geschäftsführer einer GmbH zur rechtzeitigen Stellung des Insolvenzantrags verpflichtet, so dass diesen bei einem Unterlassen die haftungsrechtlichen Folgen seiner Pflichtversäumnis treffen.[1083] Der faktische Geschäftsführer kann damit neben dem formell eingesetzten Geschäftsführer Täter der Insolvenzverschleppung sein, wenn ihm zumindest ein gleichwertiges Entscheidungsgewicht in der Gesellschaft zukommt.[1084] Der Rechtsprechung des BGH ist zuzustimmen, da jedem Organ einer Gesellschaft – ob wirksam bestellt oder rein faktisch handelnd – zugemutet werden kann, unabhängig von einer formellen Bestellung die wirtschaftliche Lage des Unternehmens zu erfassen und im Sinne eines ordentlich handelnden Kaufmanns mit der gebotenen Sorgfalt bei dem Vorliegen eines Insolvenzgrundes zu reagieren. Dementsprechend besteht für den faktischen GmbH-Geschäftsführer

---

1080 *Habersack/Verse*, ZHR 168 (2004), 174 (189).

1081 *Habersack/Verse*, ZHR 168 (2004), 174 (193).

1082 *Schmahl*, in: MüKo, InsO, § 15 Rn. 106; Servatius, in: Henssler, GesR, Komm., IntGesR, S. 2719 f., Rn. 177; a.A., die eine Anwendbarkeit des § 15a Abs. 4 InsO auch auf den faktischen Geschäftsführer bejahen: exemplarisch etwa *Ogiermann/Weber*, wistra 2011, 206 (208) m.w.N.

1083 Dazu jüngst: *BGH*, ZWH 2015, 64 ff. mit Anm. *Kudlich*, ZWH 2015, 63 f.; weitere Bspr. der Entscheidung und der Thematik zur faktischen Geschäftsführung bei *Weyand*, ZInsO 2015, 1773 ff.; vgl. im Rahmen der Rechtsprechung zudem *BGH*, ZInsO 2005, 878 f. noch zu § 64 Abs. 1 GmbHG a. F.

1084 *Ogiermann/Weber*, wistra 2011, 206 (208), wonach aktuell sechs von acht klassischen Merkmalen erfüllt sein müssen, um die Annahme einer faktischen Verantwortlichkeit für das Unternehmen bejahen zu können: Bestimmung der Unternehmenspolitik, Einstellung und Entlassung von Mitarbeitern, Gestaltung der Geschäftsbeziehung zu Vertragspartnern, Verhandlung mit Kreditgebern, Entscheidung der Steuerangelegenheiten, Steuerung der Buchhaltung und letztlich auch die Bestimmung der eigenen Gehaltshöhe.

zumindest eine Verpflichtung, auf den wirksam bestellten Geschäftsführer dahingehend einzuwirken, dass dieser einen entsprechenden Insolvenzantrag stellt.[1085] Im Einzelfall bedarf es letztlich einer Gesamtbetrachtung, ob die Voraussetzungen einer faktischen Organstellung vorliegen, wobei als wesentliches Kriterium für eine faktische Organstellung die maßgebliche Beteiligung an der tatsächlichen Führung der Geschäfte der Gesellschaft heranzuziehen ist; der faktisch Verantwortliche kann jedenfalls dann strafrechtlich belangt werden, wenn er die Stellung eines Geschäftsführers, Vorstandsmitglieds oder Gesellschaftsabwicklers eingenommen hat.[1086] Überträgt man diesen Grundsatz auf den *de facto director*, so ist auch dieser verpflichtet, jedenfalls entsprechend auf den *director* einzuwirken und notfalls selbst rechtzeitig den Insolvenzantrag zu stellen. Dies hat zur Folge, dass bei einem Unterlassen auch den *de facto director* die haftungs- und strafrechtlichen Folgen der Pflichtversäumnis treffen.

c. *Einbeziehung des* shadow directors *in den tauglichen Täterkreis*

Im Hinblick auf den *shadow director* stellt sich vorrangig die Frage, ob dieser tatsächlich Strafbarkeitsrisiken gemäß § 15a Abs. 1 i.V. mit Abs. 4 InsO ausgesetzt ist. Da der *shadow director* im englischen Recht dem de *facto director* in vielen – tatsächlichen wie rechtlichen – Aspekten gleichgestellt ist, ist jedenfalls dann, wenn ein tatsächlicher Einfluss auf die tatsächliche Leitungsmacht besteht, von einer strafrechtlich sanktionierten Antragsverpflichtung im Sinne des § 15a Abs. 1 i.V. mit Abs. 4 InsO auszugehen. Auch wenn die Anforderungen an den Umfang der Geschäftsführung durch einen *shadow director* geringer sind als bei der faktischen Geschäftsführung einer GmbH, ist jedenfalls das Vorliegen eines „*real influence*" erforderlich.[1087]

Ein Sonderfall ist die Fallkonstellation, in welcher der ordnungsgemäß bestellte *de iure director* bei der *limited* faktisch nicht mehr die Geschäftsleitungsposition ausüben kann. In diesem Zusammenhang ist an eine dauerhafte Erkrankung, ein vorzeitiges Ableben, eine Inhaftierung oder gar der – zumindest für einen bestimmten Zeitraum vorgesehenen – Flucht zu denken. Es ist allerdings fraglich, ob einen *shadow director* dann nach sec. 251 CA 2006 im Hinblick auf die insoweit führungslose *limited* bei Vorliegen der Insolvenzgründe eine strafbewehrte Insolvenzantragsverpflichtung nach § 15a Abs. 1 i. V. mit Abs. 4 InsO trifft.

1085 *Schmahl*, in: MüKo-InsO, § 15 Rn. 106.

1086 *Otte*, in Graf/Jäger/Wittig, Wirtschafts- u. Steuerstrafrecht, Komm., § 15a InsO, Rn. 26.

1087 *Weiß*, S. 162.

Diesbezüglich ist zu beachten, dass es für die Rechtsfigur des *shadow director* nach englischem Recht kennzeichnend ist, dass dieser auf den vorhandenen (sic!) *director* einer *limited* mit einer tatsächlichen Leitungsmacht einwirkt und ihm auf diesem Weg ein „*real influence*" zusteht. Eine taugliche Täterqualität des *shadow directors* nach § 15a Abs. 1 i. V. mit Abs. 4 InsO müsste danach, wenn er auf keinen *director* Einfluss nehmen kann, ausscheiden.

Eine solche „Freistellung" des *shadow directors* könnte durch die Anwendung des zur Stärkung des Gläubigerschutzes neu geschaffenen § 15a Abs. 3 i.V. mit Abs. 4 InsO[1088] verhindert werden, da die Norm im Falle der Führungslosigkeit der Gesellschaft die Insolvenzantragspflicht auf Gesellschafter und Aufsichtsratsmitglieder erweitert.[1089] Mit dieser Regelung soll eine Umgehung der Insolvenzantragspflicht unterbunden und gleichzeitig für die (verbliebenen) Gesellschafter ein mittelbarer Anreiz zur Sicherstellung der ordnungsgemäßen Vertretung bei einer faktischen Handlungsunfähigkeit der juristischen Person geschaffen werden.[1090] Die Anwendbarkeit des § 15a Abs. 3 i.V. mit Abs. 4 InsO auf die Gesellschafter bzw. Aufsichtsratsmitglieder ausländischer Kapitalgesellschaften ist allerdings nicht gegeben. Dem steht der ausdrückliche Wortlaut des § 15a Abs. 3 InsO entgegen, da dieser ausschließlich GmbH-Gesellschafter sowie Aufsichtsratsmitglieder einer Aktiengesellschaft oder Genossenschaft in den tauglichen Täterkreis einbezieht.[1091] Dies hat zur Folge, dass eine direkte Anwendung der Norm nicht möglich ist. Eine analoge Anwendung der Norm scheidet aufgrund des strafrechtlichen Analogieverbots ebenfalls aus, so dass der Straftatbestand des § 15a Abs. 1 i. V. mit Abs. 3 InsO in der Sonderkonstellation der führungslosen *limited* auf den *shadow director* der Gesellschaft nicht anwendbar ist.[1092]

1088 *BT-Drs.* 16/6140, S. 55.

1089 *Otte*, in Graf/Jäger/Wittig, Wirtschafts- u. Steuerstrafrecht, Komm., § 15a InsO, Rn. 33.

1090 *Otte*, in Graf/Jäger/Wittig, Wirtschafts- u. Steuerstrafrecht, Komm., § 15a InsO, Rn. 33.

1091 A.A. *Kienle*, in: Süß/Wachter, Hdb. Internationales GmbH-Recht, S. 216, § 3, Rn. 173, der eine insolvenzrechtliche Antragspflicht nach § 15a Abs. 3 InsO im Wege der Substitution auch auf Organe ausländischer Rechtsträger erstrecken möchte, wenn eine funktionale Gleichwertigkeit zu einer GmbH oder AG besteht.

1092 So i.E. auch *Bittmann*, NStZ 2009, 113 (115); *Otte*, in Graf/Jäger/Wittig, Wirtschafts- u. Steuerstrafrecht, Komm., § 15a InsO, Rn. 34; *Römermann*, NZI 2010, 241 (242); *Wilk/Stewen*, wistra 2011, 161 (165).

3. *Konformität mit der unionsrechtlichen Niederlassungsfreiheit*

Nach der Feststellung, dass sich bei einer *limited*, die über eine funktionierende Führungsetage verfügt, sowohl der *director*, der *de facto director* als auch – sofern es sich um keine führungslose *limited* handelt – der *shadow director* einer Insolvenzverschleppung nach § 15a Abs. 1 i.V. mit Abs. 4 InsO strafbar machen können, ist die Vereinbarkeit dieser Strafbarkeit mit der unionsrechtlichen Niederlassungsfreiheit zu prüfen.

Dabei fällt sofort Art. 3 EuInsVO ins Auge, nach dem das Insolvenzverfahren in dem Mitgliedstaat durchzuführen ist, in welchem die Gesellschaft ihren COMI besitzt, was dazu führt dass die Gesellschaft auch nur dieses Insolvenzrecht zu beachten hat.[1093] Die Berufung – selbst wenn es sich bei der EuInsVO um sekundäres Gemeinschaftsrecht handelt – auf *lex fori concursus* tritt aufgrund des integrativen, binnenmarktfördernden Charakters der EuInsVO nicht mit der Niederlassungsfreiheit in Konflikt.[1094] Somit ist auch aus der in Art. 4 Abs. 2 EuInsVO enthaltene Verweisung auf das Recht der einzelnen Mitgliedstaaten abzuleiten, dass sich gläubigerschützenden Haftungstatbestände kollisionsfrei in das System der Grundfreiheiten einfügen.[1095]

Ergänzend ist darauf hinzuweisen, dass nach Ansicht des Verfassers auch die Grundsätze der „*Keck*"-Rechtsprechung des EuGH auf die Niederlassungsfreiheit übertragen werden können,[1096] was dazu führt, dass durch die genannten Regelungen bereits kein tatbestandlicher Eingriff in die Niederlassungsfreiheit erfolgt. Vielmehr wird deren Schutzbereich unionsrechtskonform eingeschränkt. Bei der Antragspflicht handelt es sich um eine tätigkeitsbezogene Beschränkung, die weder den Marktzugang der *limited* in erheblicher Weise erschwert, noch diese rechtlich oder tatsächlich stärker trifft als andere Inlandsgesellschaften. Die Regelung eines geordneten Marktaustritts kann insofern keine Erschwerung des Marktzutritts für eine Gesellschaft bedingen.[1097] Sie gilt für in- wie auch ausländische Gesellschaften – vollkommen unabhängig von dem Gründungsrecht der jeweiligen Gesell-

---

1093 *Kindler*, NJW 2007, 1785 (1786).

1094 *Ulmer*, NJW 2004, 1201 (1205).

1095 *Fischer*, ZIP 2004, 1477 (1479).

1096 Siehe dazu im ersten Teil dieser Arbeit unter § 1 D. I.

1097 A.A. *Wilde*, S. 151 und S. 166, der davon ausgeht, dass die Rechtfertigung des Eingriffs in den Schutzbereich der Niederlassungsfreiheit durch die Insolvenzantragsverpflichtung letztlich dadurch erfolgt, dass die Antragspflicht dem Gläubigerschutz diene und dieser als geeigneter und – mangels des Abstellens auf die Gläubigerschutzvorschriften des Gründungsrechts bzw. des Informationsmodells des EuGH – zudem auch als erforderlicher Grund des Allgemeininteresses zu qualifizieren sei.

schaften.[1098] Letztlich stellt § 15a Abs. 1 InsO somit keine Voraussetzungen für die Errichtung einer Zweigniederlassung in Deutschland auf, sondern knüpft lediglich bestimmte Rechtsfolgen an ein bestimmtes Verhalten des *directors* der *limited* bei bereits eröffnetem Geschäftsverkehr; die Regelung berührt damit deutsche wie auch in einem anderen Mitgliedstaat gegründete Gesellschaften rechtlich wie tatsächlich in gleicher Weise.[1099] Die Antragspflicht stellt einen geordneten Marktaustritt einer Gesellschaft mit beschränkter Haftung aus dem Geschäftsverkehr sicher und ist für den *director* der *limited* nicht schwerer zu befolgen als von Geschäftsleitern anderer Inlandsgesellschaften.[1100] Dies hat schlussendlich zur Folge, dass es bereits an einem Eingriff in die Niederlassungsfreiheit der *limited* fehlt und die Anwendung der Insolvenzantragspflicht sich als mit dem Unionsrecht kompatibel darstellt.[1101]

Der Vollständigkeit halber ist zu erwähnen, dass die Ansicht, die eine Verpflichtung zur Insolvenzantragstellung als einen Eingriff in die Niederlassungsfreiheit ansieht, diesen für gerechtfertigt hält, da die Verpflichtung nicht die Verfassung der Gesellschaft berühre, sondern ausschließlich das allgemeine Verkehrsrecht betroffen sei.[1102] Es sei insoweit zwischen Geschäftsleiterpflichten zu unterscheiden, die auf die Gesellschaftsverfassung Bezug nehmen und solchen, die die bloße Teilnahme am Rechtsverkehr regeln, was dem „Sitzstaat" der Gesellschaft auch zukommt.[1103]

Als Zwischenfazit ist festzuhalten, dass die Strafandrohung wegen Insolvenzverschleppung gemäß § 15a Abs. 1 i.V. mit Abs. 4 InsO gegen den *director* bzw. den *de facto director* sowie (im Fall einer geführten *limited*) gegen den *shadow director* unionrechtskonform mit der Niederlassungsfreiheit in Einklang gebracht werden kann.

1098 *Eidenmüller*, in: Eidenmüller, Ausl. Kapitalgesellschaften im deutschen Recht, § 9, Rn. 29.

1099 *Thüringer OLG*, ZInsO 2013, 1638 ff.

1100 *Eidenmüller*, in: Eidenmüller, Ausl. Kapitalgesellschaften im deutschen Recht, § 9, Rn. 29.

1101 So i.E. auch *Hübner*, S. 226.

1102 *Riedemann*, GmbHR 2004, 345 (348); *Vallender*, ZGR 2006, 425 (441).

1103 *Thüringer OLG*, ZInsO 2013, 1638 (1639) bezüglich der insolvenzrechtlichen Qualifikation des § 64 Abs. 2 GmbHG a. F., wonach die Norm auch keine Voraussetzung für die Errichtung einer Zweigniederlassung in Deutschland aufstellt, sondern lediglich bestimmte Rechtsfolgen an ein bestimmtes Verhalten eines Organs anknüpft. Diese Argumentation ist auf die Verpflichtung zur Stellung eines Insolvenzantrags durch ein Organ der Gesellschaft übertragbar. Das *Thüringer OLG*, a. a. O., verweist ausdrücklich darauf, dass der insolvenzrechtliche Charakter der in § 64 Abs. 1 GmbH a. F. normierten Antragspflicht bereits vor der Überführung in die Insolvenzordnung anerkannt gewesen sei. So auch i.E. auch *Borges*, ZIP 2004, 733 (740).

E. Strafbarkeitsrisiken nach dem Bankrottstrafrecht

§ 283 StGB gilt als die zentrale Bestimmung des im StGB geregelten Insolvenzstrafrechts im engeren Sinne und enthält mit den Absätzen 1 und 2 die diesbezüglichen Grundtatbestände.[1104] Im Rahmen des § 283 Abs. 1 StGB ist im Wesentlichen zwischen drei grundlegenden, strafbewehrten Handlungsweisen zu unterscheiden. Während in § 283 Abs. 1 Nr. 1–4 StGB tätigkeitsbezogene Delikte im Hinblick auf die konkrete wirtschaftliche Führung der Geschäfte benannt sind, betreffen die in § 283 Abs. 1 Nr. 5–7 StGB enthaltenen Tathandlungen inhaltlich die Buchführung und die der Bilanzierung einer Gesellschaft.[1105] Bei § 283 Abs. 1 Nr. 8 StGB handelt es sich um einen verschiedene, im Wesentlichen tätigkeitsbezogene Tathandlungen berücksichtigenden Auffangtatbestand. Als Grundlage einer Strafbarkeit der in den verschiedenen Nummern aufgeführten Tathandlungen verlangt § 283 Abs. 1 StGB ein Handeln bei Überschuldung, drohender oder eingetretener Zahlungsunfähigkeit. Zusätzlich ist es nach § 283 Abs. 6 StGB für eine Strafbarkeit erforderlich, dass sich die mit den Handlungsweisen verbundene Gefahr realisiert und es tatsächlich zu einer Zahlungseinstellung, Insolvenzeröffnung oder Abweisung der Eröffnung mangels Masse gekommen ist. § 283 Abs. 6 StGB stellt eine objektive Bedingung der Strafbarkeit dar.[1106] Vorliegend soll die Betrachtung auf § 283 Abs. 1 StGB beschränkt werden, da diesem im Rahmen des Bankrottstrafrechts im engeren Sinne die größte rechtspolitische Bedeutung zukommt.

I. Einschlägiger Täterkreis bei der *limited*

Tauglicher Täter des Bankrotts nach § 283 Abs. 1 StGB könnte vom Wortlaut der Norm her grundsätzlich jedermann sein. So liegt der Fall hier indes nicht. Obwohl die Norm keinen speziellen Täterkreis aufzählt, handelt es sich bei dem Bankrott um ein Sonderdelikt.[1107] Täter kann nur derjenige sein, der ein Schuldner in der Krise ist und für den sich eine der Bedingungen nach § 283 Abs. 6 StGB realisiert hat. Darüber hinaus statuieren die tatbestandlichen Handlungspflichten des § 283 Abs. 1 Nr. 5–7 StGB etwa das Vorliegen einer Kaufmannseigenschaft.[1108] Täter im Sinne des § 283 Abs. 1 StGB wäre danach zunächst die *limited* an sich. Allerdings

---

1104 *Pelz*, in: Wabnitz/Janovsky, Hdb. WiSteuStra, 9/76.

1105 Dies gilt im Übrigen auch für die einfache Verletzung von Buchführungspflichten nach § 283b Abs. 1–3 StGB.

1106 Vgl. etwa *BGHSt* 28, 231 (234).

1107 *Fischer*, StGB, vor § 283, Rn. 18 ff.

1108 *Pelz*, in: Wabnitz/Janovsky, Hdb. WiSteuStra, 9/82.

hat der Gesetzgeber § 283 StGB vom Wortlaut her nicht an einen bestimmten inländischen Täter- oder Opferkreis gebunden, so dass dem Grundsatz nach auch Organe ausländischer Gesellschaften Täter dieses Delikts sein können.[1109] In solchen Fällen folgt die Täterqualifikation aus § 14 StGB, der sich ebenfalls nicht auf deutsche Gesellschaften beschränkt, so dass die Einbeziehung des *directors* einer *limited* nicht gegen das strafrechtliche Analogieverbot verstößt.[1110]

Allerdings stellt sich die Frage einer konkreten Haftungszuordnung, da im Bereich der §§ 283 ff. StGB die Schuldner-Eigenschaft auf den *director* der *limited* erstreckt werden muss. Dazu gelten die gleichen Überlegungen, die bereits zu § 266 StGB bzw. zu § 266a StGB angestellt worden sind. Der *director* der *limited* ist zwar mit der laufenden Geschäftsführung betraut und besitzt eine nach außen hinwirkende Vertretungsbefugnis der Gesellschaft nach sec. 40 (1) CA 2006, so dass die Überwälzung der Schuldner-Eigenschaft über § 14 Abs. 1 Nr. 1 StGB angedacht werden könnte. Diese führten aufgrund der dem englischen Recht originär zugrundeliegenden Mandatstheorie zu dem Ergebnis, dass von einer Beauftragung des *directors* durch die Gesellschaft als *agent* auszugehen ist und eine Überwälzung der Schuldner-Eigenschaft der §§ 283 ff. StGB über § 14 Abs. 2 Nr. 1 StGB erfolgt.[1111] Auch der *de facto director* und der *shadow director* werden dadurch als taugliche Täter des Bankrotts miteinbezogen, da auch faktische Geschäftsführer oder ein sonstiger faktischer Organwalter tauglicher Täter des Delikts sein kann.[1112]

II. Exemplarisch: Der Bankrottstraftatbestand des § 283 StGB

1. *Tatbestandsmäßigkeit gemäß § 283 Abs. 1 Nr. 1–4 StGB*

Im Insolvenzstrafrecht gehören Vermögensverschiebungen zu den häufigsten Tathandlungen, wobei es einer Zueignungs- oder Bereicherungsabsicht weder für die Tathandlung des Beiseiteschaffens noch für die des Verheimlichens von Vermögensbestandteilen im Sinne des § 283 Abs. 1 Nr. 1 StGB bedarf.[1113] Bezweckt ist damit, die potentielle Insolvenzmasse vor Schmälerung schützen. § 283 Abs. 1 Nr. 2 StGB normiert hier das Verbot, in einer den Anforderungen einer ordnungsgemäßen Wirtschaft widersprechenden Weise Verlust- Spekulations- bzw.

1109 *Tiedemann/Rönnau*, in: Scholz, GmbHG, Vor §§ 82 ff., Rn. 76.

1110 *Tiedemann/Rönnau*, in: Scholz, GmbHG, Vor §§ 82 ff., Rn. 79.

1111 Vgl. *OLG Karlsruhe*, NStZ 1985, 317 (317; aus der Literatur etwa: *Rönnau*, ZGR 2005, 832 (844 f.); *Tiedemann/Rönnau*, in: Scholz, GmbHG, Vor §§ 82 ff., Rn. 76.

1112 *Pelz*, in: Wabnitz/Janovsky, Hdb. WiSteuStra, 9/88.

1113 *Pelz*, in: Wabnitz/Janovsky, Hdb. WiSteuStra, 9/111.

Differenzgeschäfte mit Waren oder Wertpapieren einzugehen oder das Vermögen der Gesellschaft durch zumindest unwirtschaftliche Ausgaben zu verbrauchen. Auch hier soll explizit die Insolvenzmasse geschützt werden. Während § 283 Abs. 1 Nr. 3 StGB Warenbeschaffungen auf Kredit (und die nachfolgende Verschleuderung der Vermögensgegenstände) sanktioniert, nimmt § 283 Abs. 1 Nr. 4 StGB Scheingeschäfte in den Blick. Die Tathandlung der Nr. 4 besteht in dem Vortäuschen von Rechten anderer oder dem Anerkennen erdichteter Rechte, so dass hier im Gegensatz zu den vorgenannten Tatbestandsalternativen des § 283 Abs. 1 StGB nicht das Aktivvermögen geschmälert, sondern vielmehr eine höhere Passivmasse vorgetäuscht wird.[1114] Den Tathandlungen des § 283 Abs. 1 Nr. 1–4 StGB ist gemein, dass es sich um reine Tätigkeitsdelikte handelt, die sowohl der *de iure director*, der *de facto director* als auch der *shadow director* aus rechtlicher Sicht problemlos begehen kann, sofern sich die *limited* zum Zeitpunkt der jeweiligen Tathandlung bereits in der Krise befindet, d. h. die Gesellschaft bereits überschuldet, drohend oder tatsächlich zahlungsunfähig ist.

2. *Tatbestandsmäßigkeit gemäß § 283 Abs. 1 Nr. 5–7 StGB*

Die Bankrottdelikte der § 283 Abs. 1 Nr. 5–7 StGB und darüber hinaus das Buchführungsdelikt des § 283b StGB beziehen sich auf die deutschen Buchführungs- und Rechnungslegungsvorschriften der §§ 238 ff., 242 ff. HGB. Dabei ist Sinn und Zweck dieser Pflichten, dass eine Selbstinformation des Schuldners über seinen Vermögensstand, seinen Umsatz, seine Liquidität und somit seine wirtschaftliche Lage gewährleistet wird und darüber hinaus, dass dem Informationsinteresse gegenwärtiger und potentieller Gläubiger bzw. Kredit gebender Banken in Bezug auf die Bonität des Gläubigers genüge getan wird.[1115] Die Tatbestände bezwecken also eine strafbare Ahndung von Handlungen und Unterlassungen im Kontext von Buchführungs- und Bilanzierungspflichten. Dies erscheint im Hinblick auf die einschlägige Rechtsprechung des EuGH nicht unproblematisch, da insbesondere in den sog. Zuzugskonstellationen das Gesellschaftsstatut des Gründungsstaates bei einer Verlegung des Verwaltungssitzes in einen anderen Mitgliedstaat weiterhin Geltung behält. Insofern stellt sich die Frage, ob für eine *limited* die im deutschen Gesetz vorgeschriebene Verpflichtung zur Führung von Handelsbüchern und zur Bilanzierung überhaupt besteht.[1116] Soweit sich dies

---

1114 *Pelz*, in: Wabnitz/Janovsky, Hdb. WiSteuStra, 9/131.

1115 *Verjans*, in: Böttger, Wirtschaftsstrafrecht in der Praxis, S. 201, Rn. 75.

1116 Das *AG Stuttgart*, wistra 2008, 226 (227), hatte diese Frage auch aufgeworfen, war jedoch zu dem Ergebnis gelangt, dass der in diesem Fall Angeklagte nach beiden

für inländische Gesellschaften unproblematisch aus den §§ 238 ff., 242 ff. HGB erschließt, stehen für die *limited* im englischen Recht, dem Gründungsrecht der Gesellschaft, wonach sich auch ihr eigentliches Gesellschaftsstatut bemisst, mit den sec. 386 ff. CA 2006 umfangreiche Normierungen von Bilanzierungs- und Buchführungspflichten zur Verfügung. Der Nachweis dieser Pflichten wird – wie erwähnt[1117] – von dem in England zuständigen Registergericht, dem *Companies House,* jährlich eingefordert und ein Verstoß der *limited* gegen Buchführungs- und Bilanzierungspflichten hart sanktioniert.

Erschwerend tritt zu dieser Problematik die Streitfrage hinzu, ob es sich bei den §§ 283 Abs. 1 Nr. 5–7 StGB, 283b Abs. 1 Nr. 1–3 StGB um Blanketttatbestände handelt[1118] und ob im Falle einer solchen Qualifizierung die englischen Buchführungs- und Bilanzierungsregelungen überhaupt zur Ausfüllung der deutschen Strafnormen herangezogen werden dürften.[1119]

Der Entscheidung dieses Streits vorgelagert ist jedoch – wie bereits angedeutet – die Klärung der Frage, inwiefern sich aus den §§ 238 ff., 242 ff. HGB für eine in Deutschland tätige *limited* mit Satzungssitz in England überhaupt entsprechende Buchführungs- bzw. Rechnungslegungspflichten herleiten lassen. Insofern bedarf es einer Untersuchung, ob die Buchführungs- und Rechnungslegungsvorschriften der §§ 238 ff., 242 ff. HGB auf die *limited* als europäische Kapitalgesellschaft überhaupt zur Anwendung gelangen können.

Rechtsordnungen die entsprechenden Pflichten verletzt hatte und hatte die finale Qualifizierung letztlich dahinstehen lassen.

1117 Siehe dazu die Darstellungen im zweiten Teil dieser Arbeit unter § 3 G. I.

1118 Dies ist in der Literatur sehr streitig, die ganz überwiegende Ansicht, der im Rahmen dieser Arbeit gefolgt werden soll, geht bei den Vorschriften der §§ 283 Abs. 1 Nr. 5–7 StGB, 283b Abs. 1 Nr. 1 bis 3 StGB von Blanketttatbeständen aus: vgl. dazu etwa: *Pelz,* Strafrecht in Krise und Insolven, S. 208, Rn. 479; *Schmitz,* in: Joerden/Szwarc, Europäisierung des Strafrechts in Polen und Deutschland, S. 199 (208 m.w.N in Fn. 45); *Schuster,* S. 159, 234 u. 362 m.w.N., etwa qualifiziert das „Ob" der Buchführungspflicht nach §§ 238 ff. HGB als Blanketteigenschaft im Rahmen des § 283 Abs. 1 Nr. 5–7 StGB; siehe auch *Wilk/Stewen,* wistra 2011, 161 (166).

1119 Die obergerichtliche Rechtsprechung, hier das *OLG Karlsruhe,* NStZ 1985, 317 (317), hat sich ausdrücklich gegen eine Heranziehung ausländischer Vorschriften zur Ausfüllung eines Blankettmerkmals ausgesprochen, da dies zur Folge hätte, dass Tatbestandsmerkmale unmittelbar dem ausländischen Gesetz entnommen würden und damit unerlaubt deutsches Recht gleichzeitig neben ausländischem Recht zur Anwendung gelangen würde; vgl. dazu auch *Schuster,* S. 362 f.

a. Qualifikation der Buchführungs- und Rechnungslegungsvorschriften der §§ 238 ff., 242 ff. HGB

Die gesetzlichen Grundlagen des Handelsbilanzrechts werden in den §§ 238 ff. HGB statuiert. Hierbei handelt es sich vor allem um die grundsätzlich sämtliche Kaufleute treffende Verpflichtung zur Buchführung nach den §§ 238 ff. HGB, die darauf fußende Pflicht zur Aufstellung eines Jahresabschlusses nach §§ 242 ff. HGB sowie die in § 325 Abs. 1 HGB niedergelegte Pflicht, den testierten Jahresabschluss unverzüglich dem Handelsregister zukommen zu lassen.[1120]

Die Norm des § 238 Abs. 1 HGB definiert bestimmte Mindestanforderungen an Form und Inhalt und somit auch an die Ordnungsgemäßheit der Buchführung.[1121] Nach § 238 Abs. 1 HGB ist jeder Kaufmann im Sinne des § 1 Abs. 1 HGB zur Buchführung verpflichtet. § 1 Abs. 1 HGB qualifiziert als Kaufmann denjenigen, der ein Handelsgewerbe betreibt. § 1 Abs. 2 HGB umschreibt den Begriff das Handelsgewerbes damit, dass dies jeder Gewerbebetrieb ist, es sei denn, dass das Unternehmen nach Art oder Umfang der Geschäftstätigkeit einen in kaufmännischer Weise eingerichteten Geschäftsbetrieb nicht erfordert. Aus § 6 Abs. 1 HGB erschließt sich weiterhin, dass die für Kaufleute geltenden Vorschriften sich auch auf Handelsgesellschaften erstrecken, worunter auch ausländische Kapitalgesellschaften fallen,[1122] so dass die *limited* dem Grundsatz nach auch von diesen Vorschriften erfasst wird.

Als allgemein zulässig wird die bei § 283 Abs. 1 Nr. 5–7 StGB erfolgte Einordnung der ausländischen Gesellschaft als „Kaufmann" oder „Handelsgesellschaft" erachtet, selbst wenn das ausländische Recht eine derartige Rechtsform nicht kennt.[1123] Folglich gilt auch die *limited* als „Kaufmann" im Sinne des § 238 Abs. 1 HGB. Von dieser Feststellung abzugrenzen ist allerdings die Frage, ob ausländische Kapitalgesellschaften dem Grundsatz nach von der in § 238 Abs. 1 HGB statuierten Pflicht zur Buchführung als Grundlage der späteren Rechnungslegung gemäß §§ 242 ff. HGB erfasst werden. Diesbezüglich hat der deutsche Gesetzgeber keine explizite Regelung erlassen. Der BGH und der EuGH haben sich für den hier interessierenden Kreis europäischer Kapitalgesellschaften – soweit ersichtlich – noch nicht mit dieser Fragestellung auseinandersetzen müssen. Die allgemeine Rechnungslegungspflicht

---

1120 *Schön*, in: FS Heldrich, S. 391 (392).

1121 *Verjans*, in: Böttger, Wirtschaftsstrafrecht in der Praxis, S. 202, Rn. 81

1122 *OLG Düsseldorf*, NJW-RR 1995, 1184 (1185); Richter/Braun, GmbHR 2012, 18 (19); *Schumann*, ZIP 2007, 1189 (1190); *Schuster*, S. 363 – alle jeweils m.w.N.

1123 So i.E. auch: *Müller-Gugenberger*, in: Müller-Gugenberger, Wirtschaftsstrafrecht, § 23, 119; *Richter*, in: FS Tiedemann, S. 1023 (1009); *Schumann*, ZIP 2007, 1189 (1190); *Tiedemann/Rönnau*, in: Scholz, GmbHG, Vor §§ 82 ff., Rn. 79.

umfasst insbesondere Inventarisierungs- und Aufbewahrungspflichten sowie die Verpflichtung zur Erstellung und Prüfung des Jahresabschlusses. Hiermit eng verbunden sind die Rechnungslegungspublizität sowie andere steuerlichen Anliegen.[1124]

Bezüglich der Anwendbarkeit der deutschen Buchführungs- und Rechnungslegungsvorschriften auf ausländische Kapitalgesellschaften werden in der Literatur im Wesentlichen zwei Hauptströmungen vertreten, wobei teilweise eine öffentlich-rechtliche und teilweise eine gesellschaftsrechtliche Qualifikation der Vorschriften vorgenommen wird.

aa. Gesellschaftsrechtliche Zuordnung

Die Ansicht, die eine gesellschaftsrechtliche Zuordnung favorisiert, verneint für ausländische Kapitalgesellschaften eine Buchführungspflicht im Sinne des § 238 Abs. 1 HGB und eine darauf folgende Rechnungslegungspflicht im Sinne der §§ 242 ff. HGB.[1125] Zur Begründung wird ausgeführt, es sei bereits aus einer rein nationalen Würdigung nicht zu verkennen, dass die §§ 238 ff. HGB solche Problemfelder und Regelungszwecke beträfen, die typischerweise dem Gesellschaftsrecht zuzuordnen seien, so dass daraus eine Behandlung nach dem jeweiligen Gesellschaftsstatut resultiere.[1126] Die Buchführungs- und Rechnungslegungspflichten dienten im Übrigen ebenso wenig wie das Gesellschaftsrecht primär öffentlichen Allgemeininteressen, sondern letztlich den Interessen von Privatrechtssubjekten wie Gesellschaftern, Gläubigern und solchen, die es werden möchten, so dass die Regeln über die Buchführung, die Rechnungslegung – hier insbesondere die Aufstellung des Jahresabschlusses – sowie dessen Prüfung und Offenlegung dem Gesellschaftsstatut zu entnehmen seien.[1127] Ferner sei die sachliche Nähe zu klassisch-gesellschaftsrechtlichen Problemfeldern, wie dem Gläubigerschutz, angesichts einer beschränkten Haftung der Gesellschafter oder aber einer umfassenden Unternehmenskontrolle relevanter als die bloße Geltung der Buchführungs- und Rechnungslegungsvorschriften auch für Einzelkaufleute.[1128]

1124 *Rehberg*, in: Hirte/Bücker, Grenzüberschreitende Gesellschaften, § 5, Rn. 106.

1125 *Behrens/Hoffmann*, in: Ulmer/Habersack/Löbbe, GmbHG, Einl. B. Rn 118 f.; *Ebert/Levedag*, GmbHR 2003, 1337 (1339); *Großfeld*, in: Staudinger, EGBGB/IPR, IntGesR, Rn. 362.; *Hirsch/Britain*, NZG 2003, 1100 (1102); *Just*, Limited, S. 70, Rn. 258.; *Kaligen*, DB 1985, 1449 (1454); *Rehberg*, in: Eidenmüller, Ausl. Kapitalgesellschaften im deutschen Recht, § 5, Rn. 109; *Rönnau*, ZGR 2005, 821 (845 f.); *Schumann*, ZIP 2007, 1189 (1193); *Zimmer*, Internationales Gesellschaftsrecht, S. 119.

1126 *Großfeld*, in: Staudinger, EGBGB/IPR, IntGesR, Rn. 362.

1127 *Behrens/Hoffmann*, in: Ulmer/Habersack/Löbbe, GmbHG, Einl. B. Rn 118.

1128 *Rehberg*, in: Eidenmüller, Ausl. Kapitalgesellschaften im deutschen Recht, § 5, Rn. 109.

Unter strenger Befolgung der Gründungstheorie könne daher eine entsprechende Buchführungspflicht nur aus dem ausländischen Recht hergeleitet werden.[1129] Um zu vermeiden, dass sich verschiedene nationale Buchführungs- und Rechnungslegungsvorschriften widersprechen, sei im Bereich der Rechnungslegung etwa eine einheitlich international-privatrechtliche Anknüpfung an das Bilanzrecht vorzunehmen, wozu das jeweilige Gesellschaftsstatut heranzuziehen sei.[1130] Zudem bestehe eine so enge Verzahnung zwischen dem Gesellschafts- und Bilanzrecht, so dass beide Rechtsgebiete nicht nach unterschiedlichen Rechtsordnungen beurteilt werden dürften.[1131]

Erfolgt danach eine gesellschaftsrechtliche Zuordnung der §§ 238 ff., 242 ff. HGB, würde dies im Ergebnis bedeuten, dass nicht die deutschen Vorschriften des Handelsgesetzbuches, sondern im Falle der *limited* allein englisches Recht zur Bestimmung der Buchführungs- und Rechnungslegungspflichten anzuwenden wäre. Für den *director* der *limited* würden unter Heranziehung der deutschen Vorschriften keine strafrechtlichen Risiken im Sinne des § 283 Abs. 1 Nr. 5–7 StGB bestehen.

bb. Öffentlich-rechtliche Zuordnung

Die Gegenansicht[1132] beruft sich hingegen auf die Funktion der Buchführung und der Rechnungslegung und folgt einer öffentlich-rechtlichen Qualifikation, was *prima facie* zu einer Anwendung der deutschen Buchführungs- und Rechnungslegungsvorschriften auf eine *limited* führen würde, da dann das auf Auslandsgesellschaften anwendbare Recht an die Betriebsbelegenheit in Deutschland anknüpft. Dabei entwickelt diese Ansicht eine Parallele zu anderen öffentlich-rechtlichen Pflichten, wie etwa der Gewerbeanzeige nach § 14 Abs. GewO oder der Insolvenzantragspflicht nach § 15a Abs. 1 InsO, die auf eine im deutschen Inland tätige Auslandsgesellschaft Anwendung finden. Diese Vorschriften knüpfen nicht an einen dem Gesellschaftsrecht immanenten Interessenausgleich an, sondern dienen der Gewährleistung des Gläubigerschutzes durch Dokumentation und Selbstkontrolle

---

1129 *Schumann*, ZIP 2007, 1189 (1193).

1130 *Rehberg*, in: Eidenmüller, Ausl. Kapitalgesellschaften im deutschen Recht, § 5, Rn. 109.

1131 *Richter/Braun*, GmbHR 2012, 18 (20); *Zimmer*, Internationales Gesellschaftsrecht, S. 182.

1132 *Ebert/Levedag*, GmbHR 2003, 1337 (1339 f.) m.w.N; sympathisierend für eine öffentlich-rechtliche Zuordnung in der Rechtsprechung: *AG Stuttgart*, wistra 2008, 226 (228) sowie in der Literatur: *Eidenmüller/Rehberg*, ZVglRWiss 2006, 427 (443); *Radtke/Hoffmann*, EuZW 2009, 404 (406); *Riegger*, ZGR 2004, 510 (515).

des Kaufmanns.[1133] Die Dokumentation, also die Buchführung, als vorrangige Funktion der Rechnungslegung und die damit verbundene Sicherstellung des Gläubigerschutzes durch die Selbstkontrolle des Kaufmanns werden von dieser Ansicht als maßgebliche Argumentationsgrundlage herangezogen. Denn aus diesen Funktionen lasse sich ausschließlich eine öffentlich-rechtliche Qualifikation der §§ 238 ff., 242 ff. HGB ableiten, da nicht nur die Individualinteressen der Gläubiger durch diese Normen geschützt würden.[1134] Auch könne aus der Rechtsformneutralität der einzelnen Buchführungs- und Rechnungslegungsvorschriften keine gesellschaftsrechtliche Zuordnung begründet werden.[1135]

Bei einer öffentlich-rechtlichen Qualifikation der Rechnungslegungsvorschriften würde ein Vorrang der nationalen Vorschriften vor den international privatrechtlichen Anknüpfungen des Gesellschaftsstatuts stattfinden. Demnach wäre demnach der Ort der kaufmännischen Niederlassung für die Anwendbarkeit der Vorschriften über die Buchführung und die Rechnungslegung als maßgeblich zu betrachten. Dies hätte zur Folge, dass eine *limited* mit deutschem Verwaltungssitz trotz ihrer Eigenschaft als ausländische Gesellschaft den handelsrechtlichen Vorschriften nach §§ 238 ff., 242 ff. HGB sowie auch den ergänzenden Vorgaben aus §§ 264 ff. HGB und den Prüfungspflichten nach §§ 316 ff. HGB unterfallen würde. Im strafrechtlichen Sinne würde dies bedeuten, dass es zu einer Anwendbarkeit des § 283 Abs. 1 Nr. 5–7 StGB kommen könnte und der *director* der *limited* entsprechenden strafrechtlichen Risiken ausgesetzt wäre.

cc. Stellungnahme

Der Ansicht, welche sich einer öffentlich-rechtlichen Zuordnung der Buchführungs- und Rechnungslegungsvorschriften zuwendet, ist zuzugestehen, dass durchaus gewisse Überlagerungen gesellschaftsrechtlicher durch öffentliche Zwecke bestehen. So wird dem jeweiligen Unternehmer durch diese Vorschriften eine entsprechend verbesserte Selbstinformation und damit einhergehend ein gewisser Selbstschutz aufoktroyiert, der auch Geschäftspartnern bzw. potentiellen Gläubigern zu Gute kommt. So ist es unbestritten, dass eine entsprechende Dokumentationspflicht eine wertvolle Hilfestellung bei der Bekämpfung von Betrugs- oder Steuerstraftaten leistet.[1136] Jedoch würde die Anwendung der deutschen Buch-

---

1133 *Schuster*, S. 364 f.

1134 *Ebert/Levedag*, GmbHR 2003, 1337 (1339) m.w.N.; *Kindler*, in: MüKo, BGB, Bd. 11, IntGesR, Rn. 273.

1135 *Kindler*, in: MüKo, BGB, Bd. 11, IntGesR, Rn. 273.

1136 *Rehberg*, in: Eidenmüller, Ausl. Kapitalgesellschaften im deutschen Recht, § 5, Rn. 107.

führungs- und Rechnungslegungsvorschriften auf die *limited* im Speziellen bzw. auf Auslandsgesellschaften im Allgemeinen keine sachgerechte Lösung darstellen. Trotz der grundsätzlichen Rechtsformneutralität der Vorschriften über die Buchführung und die Rechnungslegung ist diesen doch eine spezielle Rechtsformabhängigkeit immanent. So lassen sich für eine gesellschaftsrechtliche Qualifikation der Vorschriften zunächst der Standort im Gesetz sowie die Regelung spezieller, allein den Gesellschaften auferlegter Pflichten aufführen.[1137] Ebenfalls gelten die Buchführungs- und Rechnungslegungspflichten dabei auch als Bestandteil des Innenorganisationsrechts der Gesellschaft, das sich zwingend nach dem Gründungsrecht richtet.[1138] Ferner ist aus europarechtlicher Sichtweise zu beachten, dass es sich bei den Buchführungs- und Rechnungslegungsvorschriften nicht um einen einzelnen, herauslösbaren Regulierungsansatz im internationalprivatrechtlichen Gefüge handelt, sondern vielmehr eine ganzheitliche Betrachtung erfolgen sollte, die auch das Europarecht, und hier speziell die Vorgaben des EuGH zur Niederlassungsfreiheit, in den Blick zu nehmen hat.

Eine öffentlich-rechtliche Qualifikation der Buchführungsverpflichtung sowie der Rechnungslegungsregeln, die eine mit dem Gläubigerschutz begründete Sonderanknüpfung an die inländischen Vorschriften für eine in Deutschland ansässige Auslandsgesellschaft vorzunehmen gedenkt, ist bereits im Hinblick auf die Rechtsprechung des EuGH in der Rechtssache „*Inspire Art*“ nicht unproblematisch. In der Entscheidung hatte der EuGH bekanntermaßen den niederländischen Bestrebungen der Vorgabe eines Mindestkapitals aus Gründen des Gläubigerschutzes eine Absage erteilt und in den maßgeblichen Regelungen des niederländischen Gesetzes (*WFBV*) einen nicht rechtfertigungsfähigen Eingriff in die Niederlassungsfreiheit erblickt. Sofern in diesem Zusammenhang daran gedacht werden könnte, einen Eingriff in die Niederlassungsfreiheit damit zu rechtfertigen, dass durch die Gesellschaftsgründung ausschließlich deren nationale Verpflichtung zur Abrechnungslegung umgangen werden solle, wäre dies ausschließlich unter dem Ansatz eines missbräuchlichen Verhaltens diskussionsfähig, wobei auch hier auf die strikte Linie des EuGH zu verweisen ist, wonach selbst die Gründung einer Gesellschaft zur Umgehung nationaler Kapitalschutzanforderungen nicht als rechtsmissbräuchlich bewertet wird und somit noch von der Niederlassungsfreiheit gedeckt ist.

Darüber hinaus erfolgt im Hinblick auf den Gläubigerschutz in Form der europäischen Harmonisierung der nationalen Buchführungs- und Rechnungs-

---

1137 *Großfeld*, in: Staudinger, EGBGB/IPR, IntGesR, Rn. 362.
1138 *Riegger*, ZGR 2004, 510 (516); a.A.: *Ebert/Levedag*, GmbHR 2003, 1337 (1339).

legungsvorschriften eine unproblematische Anwendung des Inkorpationsrechts innerhalb der Gemeinschaft.[1139] Letztlich könnte neben dem Gläubigerschutz als direktem Ausfluss der Schutzobjekte des Gesellschaftsrechtes auch den nationalen staatlichen Interessen des Mitgliedstaates, in dem sich der tatsächliche Verwaltungssitz der Gesellschaft befindet, hinreichend Rechnung getragen werden, indem eine entsprechende Offenlegung der Rechnungsunterlagen erfolgen würde. Einer Sonderanknüpfung, wie sie die Vertreter der öffentlich-rechtlichen Qualifizierung der Rechnungslegungspflicht einfordern, bedarf es insofern – unabhängig von einer nach der Rechtsprechung des EuGH darüber hinaus anzunehmenden Unionsrechtswidrigkeit – nach diesseitiger Einschätzung nicht. Sind die Buchführungs- und Rechnungslegungspflicht der §§ 238 ff., 242 ff. HGB somit als gesellschaftsrechtlich zu qualifizieren, so ergibt sich daraus, dass sich diese Vorschriften für ausländische Gesellschaften ausschließlich nach dem Recht des Gründungsstaates richten und die inländischen Vorschriften der §§ 238 ff., 242 ff. HGB für eine ausländische Gesellschaft – und damit auch für die englische *limited* – grundsätzlich keine Geltung beanspruchen können.

b. Bestehen von Buchführungs- und Rechnungslegungspflichten gemäß §§ 238 ff., 242 ff. HGB für die inländische Zweigniederlassung einer englischen limited *unter Publizitätsgesichtspunkten?*

Fraglich ist, ob – losgelöst von dem vorstehend ermittelten Ergebnis – unter Publizitätsgesichtspunkten eine inländische Buchführungs- und Rechnungslegungspflicht nach §§ 238 ff., 242 ff. HGB für die inländische Zweigniederlassung einer ausländischen Gesellschaft wie der *limited* konstruiert werden könnte.

Für eine nach englischem Recht gegründeten *limited* mit Verwaltungssitz in Deutschland besteht die Verpflichtung einer Offenlegung ihrer Zweigniederlassung durch eine entsprechende Eintragung im deutschen Handelsregister.[1140] Dies gilt selbst – bzw. erst recht aus Gründen der Rechtssicherheit – dann, wenn es sich um die faktische Hauptniederlassung der *limited* als reiner Scheinauslandsgesellschaft handelt. Von diesem Ansatzpunkt her könnte eine Anwendung der §§ 238 ff, 242 ff. HGB über die „Hintertür" der Publizität auf rein inländische Zweigniederlassungen der *limited* zu erwägen sein. Eine solche Konstruktion einer Buchführungs- und Rechnungslegungverpflichtung bedürfte dazu – zunächst noch losgelöst von der übergreifenden Frage einer entsprechenden Unionrechts-

---

1139 *Großerichter*, DStR 2003, 159 (168); *Rehberg*, in: Eidenmüller, Ausl. Kapitalgesellschaften im deutschen Recht, § 5, Rn. 111.

1140 Siehe oben im zweiten Teil dieser Arbeit unter § 3 H.

konformität – als *Substitution* eine Verwirklichung der Kaufmannseigenschaft der ausländischen Kapitalgesellschaft auch in dem jeweiligen ausländischen Recht.[1141] Dies bedeutet, dass die *limited* auch im englischen Recht eine Handelsgesellschaft darstellen müsste, wobei darüber hinaus eine Vergleichbarkeit der beiden nationalen Handelsgesellschaftsformen erforderlich ist.[1142] Ausweislich des (aktualisierten) Anhangs zur Ersten EG-Richtlinie („*Publizitätsrichtlinie*")[1143], die einander vergleichbare Gesellschaftsformen in den europäischen Mitgliedstaaten benennt, besitzt die *limited* die entsprechende deutsche Kaufmannseigenschaft, so dass für eine Zweigniederlassung grundsätzlich kraft ihrer Kaufmannseigenschaft eine Buchführungs- und Rechnungslegungsverpflichtung im Sinne einer Spezialvorschrift einer fremdenrechtlichen Regelung bestehen könnte.[1144] In diesem Zusammenhang ist jedoch die *Zweigniederlassungsrichtlinie*[1145] zu beachten, nach der die inländische Zweigniederlassung einer ausländischen Kapitalgesellschaft ausschließlich den in Art. 3 der Richtlinie statuierten *Publizitäts*pflichten unterliegt. Entsprechende Buchführungs- und Rechnungslegungspflichten, die über die dort geregelte Verpflichtung zur (reinen) Publizität hinausgehen würden, begründen insoweit einen eindeutigen Verstoß gegen die Zweigniederlassungsrichtlinie, da diese keinen Mindeststandard, sondern vielmehr einen Höchststandard für die Behandlung von Zweigniederlassungen ausländischer Kapitalgesellschaften regelt.[1146] Somit steht fest, dass auch die reine Zweigniederlassung einer in Deutschland ansässigen *limited* auch nicht nach diesem Denkansatz den entsprechenden deutschen Buchführungs- und Rechnungslegungsvorschriften der §§ 238 ff., 242 ff. HGB unterfallen kann.

c. Bestehen einer Publizitätspflicht nach § 325a HGB

Darauf aufbauend ist der Frage nachzugehen, ob die Zweigniederlassung einer *limited* jedenfalls zur Publizität ihrer englischen *Rechnungs*legung in Deutschland verpflichtet ist. Eine Zweigniederlassung ist keine selbstständige juristische Person, so dass deren Rechtsverhältnisse von denen des ausländischen Rechtsträgers nicht unterschieden werden können und demnach auch kein gesonder-

---

1141 *Kindler*, in: MüKo, IntGesR, BGB, Bd. 11, Rn. 273 u. 277.

1142 *OLG Düsseldorf*, NJW-RR 1995, 1184 (1185).

1143 Erste Richtlinie vom 09.03.1968 (Publizitätsrichtlinie"), ABlEG Nr. L 65 vom 14.03.1968, S. 8.

1144 *Westhoff*, in: Hirte/Bücker, Grenzüberschreitende Gesellschaften, § 18, Rn. 45.

1145 Elfte Richtlinie vom 22.12.1989 („Zweigniederlassungsrichtlinie"), ABl. EG Nr. L 395 vom 30.12.1989, S. 36.

1146 *Westhoff*, in: Hirte/Bücker, Grenzüberschreitende Gesellschaften, § 18, Rn. 46 m.w.N.

tes inländisches Personalstatut für diese gilt.[1147] Auch hier ist ein Blick in die Zweigniederlassungsrichtlinie und deren in Deutschland in § 325a HGB erfolgte nationale Umsetzung hilfreich. Ausgangspunkt ist § 325a HGB als nationale Umsetzung der Zweigniederlassungsrichtlinie vom 21.12.1986.[1148] Danach gilt in Art. 3 der Richtlinie, dass das Recht des Gründungsstaates für die Buchführung und Rechnungslegung in einem anderen Land maßgeblich ist. Der Anwendungsbereich des § 325a Abs. 1 HGB erstreckt sich auf Zweigniederlassungen einer Kapitalgesellschaft mit Sitz in einem EU-Mitgliedstaat oder EWR-Vertragsstaat. Daher ist bereits fraglich, ob eine faktische *Haupt*niederlassung überhaupt unter den Wortlaut des § 325a HGB subsumiert werden kann.[1149]

Da sich eine ausdrückliche Definition des Begriffs der „Zweigniederlassung" weder im europäischen noch im deutschen Recht findet,[1150] liegt es nahe, eine Zweigniederlassung nur dort zu verorten, wo eben nicht die Hauptniederlassung der Gesellschaft besteht.[1151] In diesem Kontext ist zu beachten, dass der EuGH den Begriff der Zweigniederlassung rein formal definiert und ausdrücklich auch sog. „Scheinauslandsgesellschaften" in den Anwendungsbereich der Zweigniederlassungsrichtlinie einbezieht. Auf das Vorliegen einer „realen Hauptniederlassung" oder auch nur irgendwelcher wirtschaftlicher Aktivitäten im Gründungsstaat kommt es für die Anwendbarkeit der 11. Richtlinie einschließlich der dortigen Publizitätsregelungen nicht an.[1152] Unter Berücksichtigung der Rechtsprechung

---

1147 *Schön*, in: FS Heldrich, S. 391 (393).

1148 Elfte gesellschaftsrechtliche Richtlinie 89/666/EWG des Rates v. 21.12.1989 über die Offenlegung von Zweigniederlassungen, die in einem Mitgliedstaat von Gesellschaften bestimmter Rechtsformen errichtet wurden, die dem Recht eines anderen Staates unterliegen.

1149 Das *LG Bonn* (unveröffentlichter Beschluss vom 22.01.2013, Az. 37 T 1161/11, abrufbar unter: http://www.juris.de; letzter Abruf: 20.09.2016) vertritt offensichtlich im Falle eines nach § 335 Abs. 1 HGB gegen eine *limited* verhängten Ordnungsgeldes für das Unterlassen des Einreichens des maßgeblichen Jahresabschlusses den zweifelhaften Standpunkt, eine Scheinauslandsgesellschaft wie die in England gegründete *limited*, die ihren Hauptverwaltungssitz in Deutschland unterhalte, unterfalle der Publizitätspflicht nach § 325 HGB und nicht nach § 325a HGB; dagegen zu Recht: *LG Bonn* (unveröffentlichter Beschluss vom 29.08.2013, Az. 12 T 309/13, Rn. 15, abrufbar unter: http://www.juris.de; letzter Abruf: 20.09.2016).

1150 *Rehberg*, in: Hirte/Bücker, Grenzüberschreitende Gesellschaften, § 5, Rn. 17.

1151 So die ausdrückliche Begründung des *LG Frankenthal*, NJW 2003, 762, wonach dieses die Eintragung der Zweigniederlassung einer Scheinauslandsgesellschaft noch verweigert hatte.

1152 *Eidenmüller/Rehberg*, ZVglRWiss 2006, 427 (431) m.w.N. insbesondere in Fn. 16.

des EuGH in der Rechtssache „*Inspire Art*" kann es bei einer rein formellen Abgrenzung nicht auf das Merkmal der Leistungsabhängigkeit ankommen.[1153] Auch eine faktische Hauptniederlassung außerhalb des Gründungsstaates der Gesellschaft ist als „verkappte" Zweigniederlassung im Sinne des § 325a HGB anzusehen. Dadurch soll letztlich eine einheitliche Geltung der europarechtlich vorgesehenen Offenlegungspflichten für alle Niederlassungen in Europa erreicht werden. Insoweit kommt es bei dem europarechtlich (weiter) geprägten Zweigniederlassungsbegriff nicht mehr auf die Unterscheidung zwischen einer Haupt- und einer Zweigniederlassung an.[1154] Eine davon abweichende Einordnung stände darüber hinaus auch nicht im Einklang mit der Zweigniederlassungsrichtlinie, da bereits deren Präambel als Prämisse den Schutz der Personen einfordert, mit denen die ausländische Gesellschaft über ihre inländische Niederlassung in Geschäftsbeziehungen tritt.[1155]

Ist demzufolge eine in Deutschland ansässige faktische Hauptniederlassung der *limited* als Zweigniederlassung im Sinne des § 325a HGB anzusehen, resultiert daraus für die *limited* nach Maßgabe des § 325a HGB jedenfalls die Verpflichtung einer Einreichung und Offenlegung der nach englischem Recht aufgestellten *Rechnungs*legungsunterlagen.[1156] Dies ergibt sich schließlich auch aus Art. 3 der Publizitätsrichtlinie, wonach sich die Pflicht zur Offenlegung lediglich auf die Unterlagen erstreckt, „*die nach dem Recht des Mitgliedstaates, dem die Gesellschaft unterliegt*", erstellt worden sind, so dass im Umkehrschluss für die Erstellung der Unterlagen – dies umfasst damit *e contrario* auch die vorgelagerte Buchführungsverpflichtung – das Recht des Mitgliedstaates maßgeblich ist, in dem die Gesellschaft ihren statutarischen Sitz hat.[1157] Durch diese Regelungen

---

1153 *EuGH*, NJW 2003, 3331 (3333); vgl. dazu *Leible/Hoffmann*, EuZW 2003, 677 (679); *Wachter*, GmbHR 2004, 88 (93).

1154 *Wachter*, in: Süß/Wachter, Hdb. Internationales GmbH-Recht, S. 82, § 2, Rn. 31.

1155 *Westhoff*, in: Hirte/Bücker, Grenzüberschreitende Gesellschaften, § 18, Rn. 46. Insofern dürfte die vorstehend zitierte Einschätzung des *LG Bonn* zur Anwendbarkeit des § 325 HGB kaum noch haltbar sein.

1156 I.E. auch: *Just*, Limited, S. 70, Rn. 259; *Schön*, in: FS Heldrich, S. 391 (394); *Schmitz*, in: Joerden/Szwarc, Europäisierung des Strafrechts in Polen und Deutschland, S. 199 (208), der zutreffend darauf hinweist, dass ein Verstoß gegen die Publizitätspflicht aus § 325a HGB zu der Verhängung eines Ordnungsgeldes nach § 335 Abs. 1 S. 1 Nr. 2 HGB führen kann; *Westhoff*, in: Hirte/Bücker, Grenzüberschreitende Gesellschaften, § 18, Rn. 67 f.

1157 *Riegger*, ZGR 2004, 510 (516 und dort in Fn. 29 m.w.N.), der berechtigterweise darauf verweist, dass – unter nochmaligen Rekurrierens auf die Ansicht, welche die §§ 238 ff. HGB einer öffentlich-rechtlichen Klassifizierung unterwerfen möchte – selbst dann kommt es mithin zum „Import ausländischen Gesellschaftsrechts" in das deutsche Publizitätsrecht.[1158] Die Offenlegung der Unterlagen stellt sich für die *limited* im Übrigen im Hinblick auf die Regelung des § 325a Abs. 1 Satz 3 Nr. 1 HGB, wonach die Einreichung der Unterlagen in englischer Sprache gestattet ist, als sehr geringe administrative Belastung dar.[1159] Das nationale Recht ist bis zur Grenze des eindeutigen Wortlautes richtlinienkonform auszulegen, so dass auch Art. 2 Abs. 1 g) Ziffer 3 der Zweigniederlassungsrichtlinie dahingehend auszulegen ist, dass im Verhältnis zu den Mitgliedstaaten gilt, dass bei Gesellschaften mit einem Satzungssitz im europäischen Ausland ausschließlich eine Rechnungslegung nach dem Gesellschaftsstatut des jeweiligen Mitgliedstaates erfolgen muss.[1160] Insofern gilt somit allein das Gründungsrecht der *limited*, mithin englisches Recht.[1161] Im Übrigen ist festzuhalten, dass die Verpflichtung der *limited* zur englischen und zusätzlich zur deutschen Rechnungslegung auch eine Diskriminierung der Gesellschaft im Rahmen der Niederlassungsfreiheit darstellen würde.[1162]

d. Zwischenfazit

Insoweit folgt bereits aus der Geltung des nationalen Wirtschaftsstrafrechts, dass ein als Blankettstrafgesetz zu qualifizierender Straftatbestand, der ausdrücklich oder gar stillschweigend auf andere deutsche Rechtsvorschriften verweist, zur Vervollständigung und Ausfüllung der Norm ausschließlich inländische Normen heranziehen darf. Konkrete Rechtsfolge ist in einem solchen Fall die Nichtanwendbarkeit der Straftatbestände der §§ 283 Abs. 1 Nr. 5–7, Abs. 2 StGB sowie § 283b StGB auf eine englische *limited.* Die englischen Buchführungs- und Rechnungslegungsvorschriften können ebenfalls nicht zur Ausfüllung der deutschen

---

Gesellschaften aus EU-Mitgliedstaaten nicht noch einen zusätzlichen Jahresabschluss nach deutschem Recht erstellen und offenlegen müssten.

1158 *Schön*, in: FS Heldrich, S. 391 (394).

1159 *Westhoff*, in: Hirte/Bücker, Grenzüberschreitende Gesellschaften, § 18, Rn. 69.

1160 *Drouven/Mödl*, NZG 2007, 7 (12).

1161 *Riegger*, ZGR 2004, 510 (516), der darauf hinweist, dass der damit verbundene Aufwand nicht unterschätzt werden darf, da ggfs. eine ausländische Wirtschaftsprüfungsgesellschaft mit der Erstellung des Jahresabschlusses und auch im Falle der Prüfung mit der Vertretung der Gesellschaft beauftragt werden muss.

1162 So auch *Richter/Braun*, GmbHR 2012, 18 (20), die ergänzend darauf hinweisen, dass für die zugezogene *limited* somit nach § 325a Abs. 1 HGB die Möglichkeit besteht, den auf Basis der IAS/IFRS oder der UK-GAAP erstellten Einzelabschluss in Deutschland zu veröffentlichen.

Strafnorm herangezogen werden.[1163] Hier gilt es zu beachten, dass es – im Gegensatz zur Untreue nach § 266 StGB – bereits an bestimmbaren Anzeichen dafür fehlt, dass die Einbeziehung ausländischer Rechnungslegungsvorschriften auf einem Rechtssetzungswillen des deutschen Gesetzgebers beruht, so dass eine Einbeziehung der ausländischen Vorschriften sich zumindest als Verstoß gegen den verfassungsrechtlichen Parlamentsvorbehalt aus Art. 103 Abs. 2 GG darstellen würde.[1164] Somit kommt es infolge der gesellschaftsrechtlichen Bestimmung der Buchführungs- und Rechnungslegungspflichten ausschließlich zu einer Anwendung des englischen Buchführung- und Bilanzrechts in der englischen Rechtspraxis.[1165] Eine Strafbarkeit des *directors* einer *limited* im deutschen Recht nach § 283 Abs. 1 Nr. 5–7 StGB scheidet mithin aus. Die insoweit aktuell daraus resultierenden Strafbarkeitslücken zumindest im deutschen Recht – eine entsprechende Ahndung von derartigen Verstößen bleibt in England weiterhin möglich – sind in letzter Konsequenz der Europäisierung des Strafrechts geschuldet.

3. *Tatbestandsmäßigkeit gemäß § 283 Abs. 1 Nr. 8 StGB*

Die gesetzliche Regelung des § 283 Abs. 1 Nr. 8 StGB kommt in Betracht, wenn durch die Verletzung der ausländischen Buchführungs- und Rechnungslegungsvorschriften die wirklichen Verhältnisse der Gesellschaft in einer den Anforderungen einer ordnungsgemäßen Wirtschaft grob widersprechenden Weise verheimlicht oder verschleiert werden. Bei dieser Norm handelt es sich um einen Auffangtatbestand, so dass ein Rückgriff auf diese Vorschrift zu erwägen ist, wenn die Anwendbarkeit der Tatbestände der §§ 283 Abs. 1 Nr. 5–7, Abs. 2, StGB und

---

1163 Exemplarisch dazu auch: *Hinderer*, S. 110 ff.; *Lackner/Kühl*, StGB, § 283, Rn. 16; *Pattberg*, S. 112 ff., *Radtke/Hoffmann*, EuZW 2009, 404 (406); *Schuster*, S. 363 u. S. 366, wonach ausländische Buchführungspflichten nicht erfasst werden und eine Strafbarkeit des *directors* einer *limited* nach § 283 Abs. 1 Nr. 5-7 StGB ausscheidet; a.A.: *Labinski*, S. 277 ff.; *Kienle*, GmbHR 2007, 696 (698 f.); *Worms* S. 75 ff., die bereits eine grundsätzliche Anwendbarkeit der §§ 238 ff. HGB auf eine *limited* und damit eine potentielle Strafbarkeit des *directors* nach § 283 Abs. 1 Nr. 5–7 StGB bejahen, bzw. *Schumann*, wistra 2008, 229 (230), der offensichtlich eine Anwendbarkeit der deutschen als auch der englischen Rechnungslegungs- und Bilanzierungsvorschriften und damit eine potenzielle Strafbarkeit nach § 283 Abs. 1 Nr. 5, 7b StGB für möglich hält.

1164 *Tiedemann/Rönnau*, in: Scholz, GmbHG, Vor §§ 82 ff., Rn. 79, die mit dieser Begründung auch einen Verstoß gegen den Parlamentsvorbehalt nach Art. 103 Abs. 2 GG im Rahmen des Untreuetatbestandes verorten möchten.

1165 So i.E. auch *Tiedemann/Rönnau*, in: Scholz, GmbHG, Vor §§ 82 ff., Rn. 79 m.w.N.

§ 283b StGB abgelehnt wird.[1166] Im Rahmen der Norm kommt es letztlich allein auf eine Verschleierung bzw. Verheimlichung der *tatsächlichen* Gesellschaftsverhältnisse an, was auch dadurch erfolgen kann, dass englische Buchführungs- und Rechnungslegungsvorschriften verletzt werden und dadurch, dies ist Normzweck des § 283 Abs. 1 Nr. 8 StGB, die wirklichen Verhältnisse der Gesellschaft nach Außen hin anders dargestellt werden als sie tatsächlich sind. Somit ist § 283 Abs. 1 Nr. 8 StGB als Auffangtatbestand grundsätzlich dann anwendbar, sofern aktiv gegen englische Buchführungs- bzw. Bilanzierungsvorschriften verstoßen wird und – unter Einbeziehung der Voraussetzung des § 283 Abs. 6 StGB – eine tatbestandsmäßige Verschleierung bzw. Verheimlichung der *tatsächlichen* Gesellschaftsverhältnisse erfolgt.[1167] Folglich besteht für den *director* der *limited*, der mit den tatbestandsmäßigen Folgen gegen die englischen Buchführungs- und Rechnungslegungsvorschriften verstößt, jedenfalls das strafrechtliche Risiko der Verwirklichung des § 283 Abs. 1 Nr. 8 StGB.

III. Konformität mit der unionsrechtlichen Niederlassungsfreiheit

Die Anwendung der §§ 283 Abs. 1 Nr. 1–4 sowie Nr. 8 StGB muss – das Vorliegen der objektiven Bedingung der Strafbarkeit nach § 283 Abs. 6 StGB, die unproblematisch dann gegeben ist, wenn ein deutsches Gericht nach Art. 3 Abs. 1 EuInsVO entschieden und nach Art. 4 EuInsVO aufgrund des Mittelpunkts der wirtschaftlichen Interessen der Gesellschaft (COMI) in Deutschland, deutsches Insolvenzverfahrensrecht angewendet hat,[1168] unterstellt – mit der unionsrechtlichen Niederlassungsfreiheit vereinbar sein. Dies ist der Fall, da es über die Heranziehung der Grundsätze der „*Keck*"-Rechtsprechung des EuGH bereits zu keinem tatbestandlichem Eingriff in die Niederlassungsfreiheit kommt, sondern deren Schutzbereich unionsrechtskonform eingeschränkt wird. Bei der Norm des § 283 Abs. 1 Nr. 1–4 und Nr. 8 StGB handelt es sich um eine tätigkeitsbezogene Beschränkung, die weder den Marktzugang der *limited* erschwert, noch diese rechtlich oder tatsächlich stärker trifft als andere Inlandsgesellschaften. Gleiches gilt für die objektive Strafbarkeitsbedingung des § 283 Abs. 6 StGB. Der anwendbare Teil des § 283 StGB setzt lediglich ohne eine Sonderanknüpfung an einen nach zivilrechtlichen Grundsätzen zu beurteilenden Pflichtenmaßstab[1169] be-

1166 *Rönnau* ZGR 2005, 832 (850).
1167 *Rönnau*, ZGR 2005, 832 (850 f.); *Tiedemann/Rönnau*, in: Scholz, GmbHG, Vor 82 ff, Rn. 79; a.A.: *Pattberg*, S. 177 ff.
1168 So exemplarisch auch *Kienle*, ZIP 2007, 1189 (1195).
1169 *Ogiermann/Weber*, wistra 2011, 206 (209).

stimmte Rechtsfolgen an ein bestimmtes Verhalten bzw. Unterlassen des *directors* der *limited* bzw. des Vorliegens der Voraussetzungen der Artt. 3, 4 EuInsVO. Insofern werden durch diese Regelungen deutsche wie auch in einem anderen Mitgliedstaat gegründete Gesellschaften rechtlich wie tatsächlich in gleicher Weise berührt. Dies kann keinen Eingriff in die Niederlassungsfreiheit bedingen. Die Anwendung der § 283 Abs. 1 Nr. 1–4 und Nr. 8 i.V. mit Abs. 6 StGB erfolgt damit unionsrechtskonform.

IV. Fazit

Es bleibt festzuhalten, dass sich der *de iure director*, der *de facto director* sowie der *shadow director* der *limited* im Bankrottstrafrecht gemäß § 283 Abs. 1 Nr. 1–4 StGB sowie nach § 283 Abs. 1 Nr. 8 StGB strafbar machen können. Die in § 283 Abs. 1 Nr. 5–7 StGB strafbewehrte Verletzung der Buchführungs- bzw. Rechnungslegungspflichten ist auf diese – entgegen der Ansicht des Amtsgerichts Stuttgart[1170] – hingegen nicht anwendbar. Eine diesbezügliche Strafbarkeit zumindest nach deutschem Recht scheidet aus.

F. Strafbarkeitsrisiken nach den Bilanzdelikten (§§ 331 ff. HGB)

Die Norm des § 331 HGB ist die zentrale Vorschrift des Bilanzstrafrechts. Dennoch scheint die Norm bei einem Blick auf die Strafverfolgungsstatistik kaum Bedeutung zu erlangen.[1171] Allerdings handelt es sich bei den Bilanzfälschungsdelikten keinesfalls um ein „symbolisches Strafrecht“, sondern vielmehr um einen Auffangtatbestand, bei dem zu vermuten ist, dass aufgrund nicht zu unterschätzender Nachweisschwierigkeiten von den Strafverfolgungsbehörden vielfach anderen Delikten wie etwa den Buchführungs- und Bilanzdelikten des Insolvenzstrafrechts nach §§ 283 Abs. 1 Nr. 5–7, 283b Abs. 1 Nr. 1–3 StGB der Vorzug gewährt wird.[1172]

Doch ist vorliegend zunächst die Frage aufzuwerfen, inwiefern die §§ 331, 334 HGB auf eine *limited* überhaupt Anwendung finden können. Die Normen der §§ 331, 334 HGB beziehen sich auf das „Mitglied des vertretungsberechtigten Or-

---

1170 *AG Stuttgart*, wistra 2008, 226 (227).

1171 *Waßmer*, ZIS 2011, 648 (648), der zudem darauf hinweist, dass im Jahr 2009 lediglich 20 Personen angeklagt, davon 14 Personen verurteilt und von diesen bis auf eine Person, gegen die eine Freiheitsstrafe auf Bewährung ausgesprochen wurde, lediglich Geldstrafen verhängt wurden.

1172 *Waßmer*, ZIS 2011, 648 (648).

gans oder des Aufsichtsrats einer Kapitalgesellschaft", wobei es sich um die Organe *deutscher* Kapitalgesellschaften handeln muss. Dies ergibt sich daraus, dass mit den in den §§ 331–334 HGB genannten Kapitalgesellschaften nur solche im Sinne der Überschrift des 2. Abschnitts des 3. Buchs des HGB (vor § 264 HGB) gemeint sind. Insoweit handelt es sich um eine Legaldefinition, so dass ausschließlich die Gesellschaftsformen der GmbH, der AG und der KGaA vom Schutzbereich der §§ 331–334 HGB erfasst werden.[1173] Dies folgt bereits aus der Erwähnung des seit dem MoMiG exakt bezeichneten Personenkreises des „Geschäftsleiters einer ausländischen juristischen Person" in § 82 Abs. 1 Nr. 5 GmbHG.[1174] Einer Ausdehnung dieser Sonderdeliktsbeschreibung auf ausländische Gesellschaftstypen steht auch hier das strafrechtliche Analogieverbot aus Art. 103 Abs. 2 GG entgegen, so dass dies auch für die auf deutsche Kapitalgesellschaften beschränkten §§ 331, 334 HGB gelten muss.[1175] Demnach bestehen für den *director* einer *limited* bereits mangels Anwendbarkeit der Vorschriften keine Strafbarkeitsrisiken nach §§ 331, 334 HGB.[1176] Die Verhängung eines Ordnungsgeldes nach § 335 Abs. 1 S. 1 Nr. 2 HGB wegen des pflichtwidrigen Unterlassens der rechtzeitigen Offenlegung der Rechnungslegungsunterlagen gemäß § 325a Abs. 1 HGB ist hingegen möglich.

G. Strafbarkeitsrisiken wegen Betruges (§ 263 StGB)

Zuletzt ist auf die strafrechtlich durchaus praxisrelevante Konstellation hinzuweisen, in der eine mit Satzungssitz in England gegründete *limited* bereits aus dem dortigen Register gelöscht worden ist und damit nach englischem Recht nicht mehr existiert, die Gesellschaft aber über ihren Verwaltungssitz in Deutschland weiterhin ihrer originären Geschäftstätigkeit nachgeht. Dies ist vorliegend für den deutschen Rechtsverkehr insofern von gesteigertem Interesse, da zwar die Zweigniederlassung der *limited* nach §§ 13d ff. HGB im deutschen Handelsregister anzumelden ist, ein solches jedoch in vielen Fällen unterbleibt. Im Übrigen erfolgt keine Mitteilung des *Companies House* an deutsche Behörden bzw. Gerichte über die erfolgte Löschung der Gesellschaft aus dem englischen Register. Das führt dazu, dass der deutsche Rechtsverkehr und insoweit auch potentielle Neugläubiger der Gesellschaft nicht darüber informiert sind, dass die Gesellschaft rechtlich nicht mehr existiert.

1173 *Müller-Gugenberger*, in: FS Tiedemann, S. 1003 (1009).

1174 *Tiedemann/Rönnau*, in: Scholz, GmbHG, Vor §§ 82 ff., Rn. 74.

1175 *Tiedemann/Rönnau*, in: Scholz, GmbHG, Vor §§ 82 ff., Rn. 74.

1176 So i.E. auch *Pattberg*, S. 251 und *Worms* S. 96.

I. Tatbestand des Betruges gemäß § 263 Abs. 1 StGB

In einer solchen Situation besteht für die Geschäftsleitung einer (vormaligen) *limited* ein erhöhtes Strafbarkeitsrisiko wegen Betruges nach § 263 Abs. 1 StGB insbesondere ab dem Zeitpunkt der Löschung der Gesellschaft aus dem englischen Register noch weitere vertragliche Verbindlichkeiten eingegangen werden. Die Eingehung dieser Verbindlichkeiten stellt bei dem Vorliegen der weiteren Voraussetzungen einen Eingehungs- bzw. Erfüllungsbetrug dar.[1177] Ein solcher kann bereits während des laufenden Geschäftsbetriebs durch Verantwortliche ausländischer Gesellschaften verwirklicht werden. Für diese gelten die allgemeinen strafrechtlichen Voraussetzungen des § 263 StGB. In der Regel treten derartige Betrugshandlungen erst dann vermehrt auf, wenn sich die Gesellschaft bereits in ersten Zahlungsschwierigkeiten befindet und oftmals „aus der Not heraus" durch die Geschäftsleiter entsprechende strafbewehrte Handlungen vorgenommen werden. Hierbei handelt es sich zumeist um den Erwerb von Gütern oder Leistungen (oder eine sonstige Krediterlangung), die geeignet sind, den Verdacht des Eingehungsbetrugs nach § 263 Abs. 1 StGB zu begründen.[1178] Der Zeitpunkt für eine etwaige Täuschungshandlung ist dabei letztlich entscheidend.

Der Tatbestand des Betrugs ist durch den *de iure director*, den *de facto director* und auch den *shadow director* insoweit ohne weiteres erfüllbar. Es bedarf lediglich des Begründens von Verbindlichkeiten, die aus Sicht des jeweiligen Vertragspartners scheinbar von der zwischenzeitlich aus dem Register gelöschten *limited* eingegangen werden. Dies kann bereits genügen, um einen Eingehungsbetrug tatbestandlich zu erfüllen, da der Gläubiger der Gesellschaft durch den jeweilig handelnden *director* über den wahren Vertragspartner getäuscht worden ist. Kommt es auf dieser Grundlage zu einer entsprechenden Vermögensverfügung, ist der Eintritt eines Vermögensschadens im Falle der Insolvenz der *limited* naheliegend. In der Praxis der Strafverteidigung wird in derartigen Fällen oftmals das subjektive Erfordernis des Vorsatzes sowie einer Bereicherungsabsicht unter Heranziehung eines potentiellen Tatbestandsirrtums nach § 16 Abs. 1 StGB thematisiert werden. Für die Bejahung einer Strafbarkeit auf subjektiver Seite ist daher der Nachweis erforderlich, dass der Beschuldigte in Kenntnis der Löschung der Gesellschaft im englischen Handelsregister weiter im Namen der Gesellschaft gehandelt hat. Dieser Nachweis dürfte nur schwer zu erbringen sein, da der Zugang der Löschungsmitteilung durch das *companies house* aufgrund der im Ausland

---

1177 *Richter*, in: FS Tiedemann, S. 1023 (1040 f.).
1178 *Richter*, in: FS Tiedemann, S. 1023 (1040 f.).

nicht erfolgenden förmlichen Zustellung kaum zu beweisen sein dürfte.[1179] Wird dem jeweiligen *director* allerdings die Kenntnis von der Löschung der *limited* nachgewiesen und hat dieser dennoch über das Fortbestehen der Gesellschaft getäuscht und Vorleistungen von Geschäftspartnern entgegengenommen,[1180] besteht für den *director* der *limited* in einem derartigen Fall ein immens hohes Risiko der Verwirklichung des Betrugstatbestands nach § 263 StGB.

II. Konformität mit der unionsrechtlichen Niederlassungsfreiheit

Für eine Bestrafung des *directors* der *limited* wegen Betrugs nach § 263 Abs. StGB ist eine Konformität mit der unionsrechtlichen Niederlassungsfreiheit gegeben. Es handelt sich bei dem Tatbestand des § 263 StGB um Delikts- bzw. Verkehrsrecht, das die Niederlassungsfreiheit kollisionsrechtlich nicht einzuschränken vermag.

III. Fazit

Für den *director* der aus dem englischen Register gelöschten *limited* besteht ab dem Zeitpunkt der wirksamen Registerlöschung der Gesellschaft und damit spätestens mit der formalen Veröffentlichung des Löschungsvorgangs in der *London Gazette* ein erhebliches Strafbarkeitsrisiko wegen Eingehungsbetruges gemäß § 263 StGB, sofern entsprechende Tathandlungen vorgenommen werden.

1179 *Wilk/Stewen*, wistra 2011, 161 (166), die darauf verweisen, dass unabhängige Zeugen hier nicht zur Verfügung stehen werden und Gesellschaften „dieser Art" häufig über Mitarbeiter oder externe Berater verfügen, die aus dem familiären Umfeld des Beschuldigten stammen, so dass sich häufig auf ein bestehendes Zeugnisverweigerungsrecht nach § 52 StPO berufen werden wird.

1180 So dezidiert *Wilk/Stewen*, wistra 2011, 161 (166).

Schlussteil

§ 7 Die nationale Praxis der Strafverfolgung bei Sachverhalten mit Auslandsbezug – Deutschland *quo vadis*?

Die Gründung einer ausländischen Kapitalgesellschaft wie etwa der *limited*, die ihre eigentliche Geschäftstätigkeit nahezu oder gar ausschließlich in Deutschland ausüben soll, sollte niemals ohne Rücksicht auf den internationalen Geltungsbereich (*jurisdiction*) des ausländischen Strafrechts erfolgen.[1181] Das für die *limited* geltende englische Recht sollte sich der zukünftige deutsche *director* der Gesellschaft vor deren Gründung in England exakt verinnerlichen, um nicht Gefahr zu laufen, erheblichen Strafbarkeitsrisiken in England wie in Deutschland ausgesetzt zu sein. Das englische Strafrecht wird stark vom Territorialitätsprinzip dominiert, das bei grenzüberschreitenden Straftaten grundsätzlich auf den Ort abstellt, an dem das Delikt beendet wurde (*terminatory theory of jurisdiction*).[1182] Für grenzüberschreitende Betrugs- und Vermögensdelikte besteht für die englischen Behörden nach dem *Criminal Law Act 2003* bereits dann eine entsprechende Zuständigkeit, sobald sich ein wesentlicher Teil (sog. *relevant event*) des tatbestandlichen Geschehens in England ereignet.[1183] Allerdings können ausländische Straftatbestände – vorliegend z. B. die des englischen Rechts – selbst wenn sie einschlägig sind, aufgrund des verfassungsrechtlich garantierten Souveränitäts- und Demokratieprinzips in Deutschland nicht angewendet werden.[1184] Dies bedeutet aber nicht, dass aus diesem Grund eine Strafverfolgung in England ausscheidet.

Das Problem einer mehrfachen Strafverfolgung ergibt sich in einem „Europa ohne Grenzen“ bereits deswegen, da das Verbot der Doppelverfolgung nach Art. 103 Abs. 2 GG nach der herrschenden Ansicht[1185] nur zwischen innerstaatlichen Verfahren und Urteilen gilt und dies mit Ausnahme der Niederlande in den europäischen Mitgliedstaaten auch die Regel darstellt.[1186]

1181 *Mansdörfer/Habetha*, S. 83, Rn. 238.

1182 *Mansdörfer/Habetha*, S. 83, Rn. 238.

1183 *Mansdörfer/Habetha*, S. 83, Rn. 238. mit Verweis auf die einschlägige englische Rechtsprechung.

1184 *Tiedemann/Rönnau*, in: Scholz, GmbHG, Vor §§ 82 ff., Rn. 74.

1185 Vgl. *Ambos*, Internationales Strafrecht, S. 535, § 10, Rn. 118, mit zahlreichen Nachweisen zu der in der Literatur herrschenden Ansicht.

1186 *Ambos*, Internationales Strafrecht, § 10, Rn. 118, S. 535.

In dem Kontext der Gefahr einer doppelten Strafverfolgung gilt es insbesondere Art. 50 GRCh in den Blick zu nehmen. Das Doppelverfolgungsverbot ist in Art. 54 SDÜ, Art. 50 GRCh sowie in Art. 4 ZP Abs. 7 EMRK geregelt, wobei letzterer ausschließlich – wie auch Art. 103 Abs. 2 GG – ein erneutes Strafverfahren in demselben Staat verbietet und demzufolge keine zwischenstaatliche Wirkung entfalten kann.[1187] Dagegen statuieren Art. 54 SDÜ und Art. 50 GRCh ein von dem Grundsatz der gegenseitigen Anerkennung getragenes europäisches Doppelverfolgungsverbot, wonach jede Verurteilung in einem EU-Mitgliedstaat einer erneuten Strafverfolgung bzw. Verurteilung auch in jedem anderen Mitgliedstaat entgegensteht.[1188] Der Unterschied zwischen beiden Regelungen ist der, dass Art. 50 GRCh kein Vollstreckungselement voraussetzt, es hingegen nach Art. 54 SDÜ einer bereits vollstreckten Sanktion, aktuell vollstreckten Sanktion oder einer nach dem Recht des Mitgliedstaates nicht mehr möglichen Sanktionsvollstreckung bedarf. Der Anwendungsbereich der SDÜ bezieht sich auf den gesamten Schengen-Raum, während die GRCh sich an die EU und deren Mitgliedstaaten richtet und beispielsweise für Großbritannien und Polen Sonderregelungen vorsieht.[1189]

Die Voraussetzungen für das Einhalten des Grundsatzes *ne bis in idem* innerhalb der EU sind weiter gesunken, da eine Vollstreckung der verhängten Strafe als nicht mehr erforderlich erachtet wird.[1190] Dies resultiert maßgeblich aus zwei neueren Entscheidungen des EuGH.[1191] Nach diesen ist es mit der EU-Grundrechtecharta vereinbar, wenn das Verbot der Doppelbestrafung in Art. 54 SDÜ an die Bedingung einer bereits erfolgten Vollstreckung der verhängten Sanktion geknüpft wird, da der in Art. 50 GRCh verbürgte Grundsatz *ne bis in idem* zwar keine originäre Einschränkung des Grundsatzes vorsehe, es sich jedoch bei Art. 54 SDÜ um eine nach Art. 52 GRCh zulässige Begrenzung handele,

---

1187 *Ambos*, Internationales Strafrecht, § 10, Rn. 116, S. 534, m.w.N. in den Fn. 677 u. 678.

1188 *Ambos*, Internationales Strafrecht, § 10, Rn. 116, S. 534.

1189 Zur Sonderstellung Polens und des Vereinigten Königreichs siehe das Protokoll über die Anwendung der GRCh auf Polen und das Vereinigte Königreich, Abl. EU C 306 v. 17.12.2007, S. 156; vgl. dazu *Ambos*, Internationales Strafrecht, § 10, Rn. 107, Fn. 622, S. 529 sowie § 10, Rn. 116, S. 534 und *Pachel/Rösch*, EuZW 2008, 519 (520 f.).

1190 *Heger*, ZIS 2013, 289 (291 und Fn. 18) m.w.N. zu der deutschen Rechtsprechung, die eine derartige Strafvollstreckung noch als entsprechende Voraussetzung erachtet.

1191 *EuGH*, Urt. v. 27.05.2014 – C 129/14 PPU = BeckRS 2014, 80933; *EuGH*, Urt. v. 05.06.2014 – C 398/12 = BeckRS 2014, 80952 mit Bspr. *Leipold/Beukelmann*, NJW-Spezial 13/2014, 408 (408).

die den Wesensgehalt des Art. 50 GRCh nicht antaste.[1192] Konkret geht es um die Frage, inwiefern die im EU- als auch im Schengen Raum recht großzügige Zulassung eines Doppelbestrafungsverbotes zu einem *forum shopping* einladen könnte, indem im Erstverfolgungsstaat ein mildes Urteil erlangt wird, welches jeglicher weiteren Strafverfolgung in einem anderen EU-Mitgliedstaat bzw. einem Schengen-Staat entgegengehalten werden könnte.[1193] In diesem Zusammenhang ist allerdings – sozusagen als Kehrseite der Medaille – bei vielen Strafverteidigern die gegenteilige Befürchtung auszumachen, eine zukünftige Europäische Staatsanwaltschaft könne eine nahezu willkürliche Auswahl des Gerichtsstands mit der Tendenz zu dem punitivsten Mitgliedstaat treffen.[1194] Es werden auch dahingehend Bedenken geäußert, dass ein europäischer Mitgliedstaat – bestärkt durch politische oder wirtschaftliche Interessen – durch die Durchführung sog. *„fake trials“* bewirken könnte, dass mit einer milden *pro forma*-Verurteilung einem anderen, ebenfalls an einer (womöglich strengeren) Aburteilung interessierten Mitgliedstaat diese Chance genommen wird, zumal in einem solchen Fall eine Auslieferung wegen desselben Delikts auf Basis des Europäischen Haftbefehls unmöglich wird.[1195] Maßgeblich ist nach Ansicht des EuGH, dass eine Vollstreckung der Sanktion im Sinne des Art. 54 SDÜ erst dann eingetreten ist, sofern alle in der Verurteilung ausgesprochenen Sanktionen auch erfolgt sind.[1196] Dabei ist zu beachten, dass auf der anderen Seite auch eine gerichtliche Verfahrenseinstellung ohne Eröffnung der Hauptverhandlung (mangels Beweisen) nach dem EuGH dazu führen kann, dass es sich um eine rechtskräftige Aburteilung im Sinne des Art. 54 SDÜ handelt.[1197] Daraus ergibt sich der Schluss, dass die nach erfolgter

---

1192 *Leipold/Beukelmann*, NJW-Spezial 13/2014, 408 (408).

1193 *Heger*, ZIS 2013, 289 (290 f.).

1194 *Heger*, ZIS 2013, 289 (291) und *Schünemann*, StV 2003, 531 (531 f.).

1195 *Heger*, ZIS 2013, 289 (291).

1196 *EuGH*, a.a.O EuGH, Urt. v. 27.05.2014 – C-129/14 PPU = BeckRS 2014, 80933; in dem betreffenden Sachverhalt war ein Angeklagter in Italien zu einer Freiheits- und Geldstrafe verurteilt worden, wobei dieser lediglich die Geldstrafe beglichen hatte. Die Freiheitsstrafe hatte er nicht angetreten. Nach Ansicht des EuGH greift der Grundsatz *ne bis in idem* dann nicht, da dies eine Entziehung des Täters vor der noch nicht vollstreckten Sanktion darstellen würde und dies mit dem Sinn und Zweck des Doppelbestrafungsverbotes mithin nicht vereinbar sei.

1197 *EuGH*, Urt. v. 05.06.2014 – C-398/12 = BeckRS 2014, 80952; in diesem der Entscheidung zugrundeliegenden Sachverhalt wurde in Belgien gegen einen italienischen Staatsangehörigen der Vorwurf des sexuellen Missbrauchs Minderjähriger erhoben, das Verfahren jedoch von dem zuständigen belgischen Gericht ohne Eröffnung der Hauptverhandlung mangels Beweisen eingestellt. Nachdem gegen den Angeklagten

Sachprüfung ergangene Entscheidung (ob Urteil oder Einstellungsbeschluss[1198]) einen Strafklageverbrauch bewirkt und das Verfahren zumindest nicht mehr auf der Grundlage derselben Beweismittel wieder neu aufgenommen werden kann. Nach einer neueren Entscheidung des EuGH hat dieser im Hinblick auf Art. 54 SDÜ die Anforderungen an eine rechtskräftige Verurteilung dahingehend festgesetzt, dass in dem Ermittlungsverfahren zumindest eine Prüfung in der Sache, d. h. jedenfalls die Durchführung entsprechender Ermittlungen, erforderlich ist, so dass Art. 54 SDÜ ansonsten nicht zur Anwendung gelangen kann.[1199]

Es ist festzuhalten, dass etwa ein wegen einer EU-Staatenübergreifenden Tat rechtskräftig freigesprochener Beschuldigter von dem Freispruch in der Hinsicht profitiert, dass auch in anderen EU-Mitgliedstaaten wegen dieser Tat noch laufende Verfahren unverzüglich einzustellen sind, neue Verfahren sinnlos sind und daher gar nicht mehr eingeleitet werden können.[1200] Diese Konflikte dürften in erster Linie auf der Ebene des Strafverfahrensrechts auf Grundlage der Zuständigkeitslösung durch Art. 54 SDÜ geklärt werden, was bei beendeten Verfahren auf eine Lösung des Problems mittels des Prioritätsprinzips hinauslaufen dürfte.[1201] Anders stellt sich die Lage bei noch nicht durch eine Entscheidung abgeschlossenen Verfahren dar, die mehr oder weniger zeitgleich in mehreren Mitgliedstaaten parallel wegen der derselben Tat ein Strafverfahren eröffnet bzw. geführt werden. In einem solchen Fall sind die Mitgliedstaaten nach Art. 10 des *Rahmenbeschlusses zur Vermeidung und Beilegung von Kompetenzkonflikten im Strafverfahren*[1202] gehalten, eine – ggfs. nach Art. 5 ff. des Rahmenbeschlusses vorgeschalteten Informationsaustausch zwischen den jeweilig für das Verfahren zuständigen Justizbehörden – einvernehmliche Lösung zu finden und die weitere gleichzeitige Verfahrensdurchführung in beiden Ländern zu verhindern.[1203] Die zuständigen Behörden prüfen bei einem solchen „Doppelverfahren" nach Art. 11

---

sodann in Italien ein Ermittlungsverfahren wegen derselben Tat eingeleitet worden war, berief sich dieser auf die belgische Entscheidung und das damit statuierte Verbot der Doppelbestrafung. Der EuGH gab dem Angeklagten in der Sache Recht.

1198 *Leipold/Beukelmann*, NJW-Spezial 13/2014, 408 (408), mit dem Hinweis darauf, dass selbst gerichtliche Einstellungsbeschlüsse nach § 152 Abs. 2 StPO auch zu einem entsprechenden Strafklageverbrauch führen können.

1199 *EuGH*, Urt. v. 29.06.2016 – C-486/14 = BeckRS 2016, 81397.

1200 *Satzger*, in: FS Fuchs, S. 431 (434 u. 435).

1201 *Böse/Meyer*, ZIS 2011, 336 (336).

1202 Rahmenbeschluss 2009/948/JI v. 30.11.2009, ABl. EU 2009 Nr. L 328 v. 15.12.2009, S. 42.

1203 *Böse/Meyer*, ZIS 2011, 336 (336) m.w.N.

des Rahmenbeschlusses die gesamte Sach- und Rechtslage des Falles sowie alle Faktoren, die sie als sachdienlich betrachten; konkrete materielle Kriterien, wie das Einvernehmen erzielt werden soll, enthält der Rahmenbeschluss hingegen nicht.[1204] Insofern kann aus kriminalpolitischer Sicht nur angeregt werden, bei Sachverhalten, die einen erkennbaren Auslandsbezug aufweisen, in der Ermittlungs- und Gerichtspraxis frühzeitig einen regen Informationsaustausch mit den jeweiligen Behörden des anderen betroffenen Staates aufzunehmen. Nur durch einen ausreichenden Informationsaustausch zwischen den Staaten der EU und denen des SDÜ kann eine doppelte Strafverfolgung verhindert werden. Dies dürfte auch aus rechtspolitischer Sicht für alle Beteiligten von erheblichem Interesse sein.

1204 *Böse/Meyer*, ZIS 2011, 336 (336).

§ 8 Thesenartige Zusammenfassung der Arbeit und Resümee

Abschließend sollen die wesentlichen Ergebnisse dieser Arbeit thesenartig zusammengefasst und darauf aufbauend ein übergreifendes Resümee gezogen werden.

A. Thesenartige Zusammenfassung der Arbeit

Zusammenfassend sind im Rahmen dieser Arbeit folgende Thesen aufzustellen:

1. Die Judikatur des EuGH zur Niederlassungsfreiheit nach Artt. 49, 54 AEUV legt den europarechtlichen Grundstein für die Bestimmung des anwendbaren – nicht unionswidrigen – nationalen Rechts auf EU-Auslandsgesellschaften wie die englische *limited* mit Verwaltungssitz in Deutschland.
2. Das nationale Strafrecht unterliegt in seiner Anwendung einer steten Beeinflussung durch das europäische Recht, wird jedoch vor einer übermäßigen Beeinflussung durch dieses über Art. 4 Abs. 2 S. 1 des Vertrages über die Europäische Union (EUV) geschützt. Aus der in Art. 4 Abs. 3 EUV statuierten Loyalitätspflicht folgt, dass bei mehreren Auslegungsvarianten einer nationalen (Straf-)Norm die zu wählen ist, die – unter Beachtung des Wortlauts der Norm – unionsrechtskonform ist.
3. Die in Artt. 49, 54 AEUV verankerte Niederlassungsfreiheit und die dazu ergangene Judikatur des EuGH sind als wesentlicher Motor der Europäisierung des Rechts anzusehen und begründen durch ihre Geltung für alle europäischen Gesellschaftsformen eine ständige Anpassung des nationalen Rechts an europäische Bedürfnisse, was zu einer Harmonisierung der nationalen Rechtssysteme auf europäischer Ebene führt.
4. Auf die Niederlassungsfreiheit berufen kann sich nur eine Gesellschaft, die nach dem Recht eines EU-Mitgliedstaates, des EWR oder innerhalb der assoziierten Gebiete (wirksam) gegründet wurde und die ihren (Haupt-) Sitz innerhalb der EU unterhält.
5. Die Errichtung einer Zweigniederlassung einer Gesellschaft in einem anderen EU-Mitgliedstaat als dem Gründungsstaat ist von der Niederlassungsfreiheit gedeckt, was bei dem Auseinanderfallen von Satzungs- und Verwaltungssitz einer englischen *limited* regelmäßig einen grenzüberschreitenden Sachverhalt begründet.
6. Art. 49 AEUV enthält ein Verbot der offenen oder versteckten Diskriminierung von Ausländern gegenüber Inländern. Dieses Verbot bezieht sich auch auf die

Errichtungsvoraussetzungen für Haupt- oder Zweigniederlassungen in einem Mitgliedsstaat der EU. Daher dürften für gleichartige Situationen nur gleichartige Normen bei gleichartiger rechtlicher Bewertung herangezogen werden. Auf eine *limited* mit Satzungssitz in England und Verwaltungssitz in Deutschland können deutsche Normen nur angewendet werden, wenn diese nichtdiskriminierend wirken. Art. 49 AEUV beinhaltet weiterhin ein allgemeines Beschränkungsverbot. Danach dürfen nationale Normen, die zwar nichtdiskriminierend wirken, aber dennoch geeignet sind, die Niederlassungsfreiheit zu behindern oder weniger attraktiv zu machen, nur angewendet werden, wenn die in den Normen enthaltene Behinderung gerechtfertigt ist. Eine Rechtfertigung ist gegeben, wenn mit der Regelung ein berechtigter Zweck erfüllt wird, ein zwingender Grund des Allgemeininteresses vorliegt und die Regelung geeignet und erforderlich ist, den verfolgten Zweck zu gewährleisten. Die aufgezeigten Grundsätze sind bei der Beurteilung der strafrechtlichen Risiken der Geschäftsleitung der englischen *limited* in Deutschland zu beachten.

7. Der EuGH hat sich bei sogenannten Zuzugskonstellationen darauf festgelegt, dass eine in einem anderen Mitgliedstaat gegründete Gesellschaft in ihrer bisherigen Rechtsform in jedem Mitgliedstaat anerkannt werden muss und ihr der Zuzug weder auf rechtlicher noch sachlicher Ebene erschwert oder verweigert werden darf. Eine solche ausländische Gesellschaft ist von dem Zuzugsstaat als solche anzuerkennen.
8. Die Zuzugsfreiheit ist umfassender ausgebaut, als die Wegzugsfreiheit, da ein Mitgliedstaat berechtigt ist, es einer nach seinem Recht gegründeten Gesellschaft zu untersagen, ihre Eigenschaft als innerstaatliche Gesellschaft bei einer Sitzverlegung ins Ausland zu behalten. Allerdings steht dem Herkunftsstaat ein „Liquidationsrecht“ an der Gesellschaft nicht zu, wenn diese sich in eine vom Aufnahmestaat angebotene Rechtsform umwandelt. Wie auch bei Zuzugsfällen darf ein Mitgliedstaat den Wegzug einer Gesellschaft ohne Rechtfertigung im Sinne der „*Gebhard-Formel*“ nicht erschweren.
9. Ob eine englische *limited* durch die Anwendung einer Norm in ihrer Niederlassungsfreiheit beeinträchtigt ist, ist anhand der rechtlichen, tatsächlichen, direkten und indirekten Auswirkung der Norm zu bestimmen.
10. Nur nationale Normen, die den tatsächlichen Marktzugang für Gesellschaften anderer europäischer Mitgliedstaaten versperren, oder im Vergleich mit inländischen Gesellschaften rechtlich oder tatsächlich zumindest erheblich erschweren, bedürfen der Rechtfertigung. Nationale Normen, die erst nach der Niederlassung einer Gesellschaft Anwendung findet, greifen grundsätzlich nicht in den Schutzbereich der Artt. 49, 54 AEUV ein.

11. Die „*Keck*"-Rechtsprechung des EuGH ist als tatbestandliches Steuerungselement auf die Niederlassungsfreiheit übertragbar. Die Übertragung der in der „*Keck*"-Rechtsprechung entwickelten Grundsätze auf die Niederlassungsfreiheit stellt eine europarechtlich zulässige Beschränkung dieser Freiheit dar.
12. Im Übrigen ist ein Eingriff in die Niederlassungsfreiheit nur dann gerechtfertigt, wenn er nicht diskriminierend wirkt, aus zwingenden Gründen des Allgemeininteresses erfolgt und die nationale Maßnahme zur Verwirklichung des verfolgten Ziels geeignet und auch erforderlich ist. Im Hinblick auf die Geeignetheit der gewählten Maßnahme steht dem Mitgliedstaat eine Einschätzungsprärogative zu („*4-Kriterien-Test*" des EuGH im Sinne der sog. „*Gebhard*-Formel").
13. Eine weitere gerechtfertigte Beschränkung der Niederlassungsfreiheit liegt in sog. Missbrauchs-Konstellationen vor, in denen in Einzelfällen die betrügerische oder missbräuchliche Berufung auf die Niederlassungsfreiheit, durch die die Niederlassungsfreiheit zweckentfremdet wird, durch den EuGH abgelehnt wird. Das bloße Ausnutzen eines Regelungsgefälles zwischen einzelnen Mitgliedstaaten genügt für eine solche Annahme allerdings nicht.
14. Die Rechtfertigung eines Eingriffs in die Niederlassungsfreiheit über Art. 52 Abs. 1 AEUV bedarf einer Gefährdung der Grundinteressen der betroffenen Gesellschaft, weshalb die praktische Bedeutung dieser Norm eher als gering anzusehen ist.
15. Das durch den EuGH entwickelte Informationsmodell ist kritikwürdig, da es bei Gläubigern, deren Anspruch auf Delikt beruht, schlichtweg versagt.
16. Die Niederlassungsfreiheit gilt nach der Rechtsprechung des EuGH auch in vollem Umfang für sog. „Briefkastengesellschaften".
17. Die Rechtsprechung des EuGH hat dazu geführt, dass der BGH die Sitztheorie grundsätzlich aufgegeben und nunmehr die Gründungstheorie entwickelt hat. Dies führt dazu, dass nach europäischem Recht gegründete Gesellschaften, unter Beibehaltung ihres Gründungsstatutes als rechts- und parteifähig anzusehen sind. Dies gilt auch für Gesellschaften aus den assoziierten Staaten und Überseegebieten sowie dem EWR. Lediglich für Gesellschaften aus Drittstaaten, mit denen auch keine bilateralen Staatsverträge geschlossen worden sind, gilt die modifizierte Sitztheorie des BGH weiter fort.
18. Diese Rechtsprechungsänderung hat zu einer erheblichen Kurskorrektur im Wirtschaftsstrafrecht geführt. Für eine Bestimmung der Strafbarkeit bedarf es nunmehr einer Kategorisierung der jeweiligen Gesellschaft nach ihrem (ausländischen) Gesellschaftsstatut, wobei hinsichtlich der Ausübung der wirtschaftlichen Handlungsfreiheit die Regeln des Zuzugslandes zu beachten

sind. Die tatsächlichen nach deutschem Recht begründeten Strafbarkeitsrisiken für Geschäftsleiter ausländischer Gesellschaften – wie der englischen *limited* – richten sich nach den Vorgaben des Internationalen Strafrechts gemäß §§ 3 ff. StGB.

19. Im zivilrechtlichen Bereich ist die Anwendung der „*Keck*"-Rechtsprechung im Rahmen der Einschränkung der Niederlassungsfreiheit durch die deutsche Rechtsprechung soweit ersichtlich anerkannt worden.
20. In der strafrechtlichen Judikatur wurde sich mit der Frage der Fremdrechtsanwendung zwar bisher unzureichend auseinandergesetzt. Dabei verstößt die Ausfüllung eines normativen Tatbestandsmerkmals durch die Heranziehung ausländischen Rechts allerdings nicht gegen den Bestimmtheitsgrundsatz. Auch ein Verstoß gegen das Rechtsstaatsprinzip oder den Vorbehalt eines Parlamentsgesetzes sind nicht ersichtlich. Der nationalen Strafrechtsprechung ist im Ergebnis daher beizupflichten.
21. In der Rechtspraxis hat eine Anwendung des originären, ggfs. auch modifizierten englischen Rechts zu erfolgen. Die Entwicklung einer Ersatznorm aus deutschem Recht ist abzulehnen. Lässt sich unter Ausschöpfung aller Erkenntnisquellen das anzuwendende ausländische Recht nicht ermitteln, ist ein Angeklagter im deutschen Strafprozess in dubio pro reo freizusprechen.
22. Dem ausländischen Recht ist so lange der Vorrang einzuräumen, bis der deutsche *ordre public*-Vorbehalt betroffen ist. In jedem Einzelfall bedarf es jedoch im Vorfeld der gerichtlichen Rechtsfindung einer intensiven Überprüfung der Anwendung des *ordre public* anhand der strikten, europarechtlichen Vorgaben des EuGH in Form seines „*Vier-Kriterien-Tests*" und der damit statuierten „*Gebhard*"-Formel.
23. Der formell bestellte *de iure director* einer in England gegründeten *limited* mit Sitz in Deutschland kann sich sowohl nach englischem als auch nach deutschem Recht strafbar machen. Dies gilt auch für den *de facto director* und den *shadow director* einer *limited.*
24. Im deutschen Strafrecht ist der Tatbestand des § 82 Abs. 1 Nr. 5 GmbHG auf den de *iure director* einer *limited* anwendbar, wenn dieser eine falsche Versicherung nach § 8 Abs. 3 GmbHG über das Nichtvorliegen von Bestellungshindernissen gemäß § 6 Abs. 2 S. 2 Nr. 2 und 3 sowie S. 3 GmbHG abgibt. Dies ist mit der Niederlassungsfreiheit auch zu vereinbaren.
25. Das Unterlassen einer für die *limited* gemäß §§ 13 ff. HGB geltenden Handelsregisteranmeldung kann zur Verhängung eines Ordnungsgeldes (§ 14 S. 1 HGB) gegen die *directors* als verantwortliche Personen führen.

26. Der Tatbestand der Untreue ist auf den *de iure director*, den *de facto director* sowie den *shadow director* einer *limited* anwendbar (§§ 266, 14 Abs. 2 S. 1 Nr. 1 StGB). Dabei erfolgt die Bestimmung des Umfanges der Vermögensbetreuungspflicht und ggf. deren Verletzung allein anhand des englischen Gesellschaftsrechts. An diesem bemessen sich auch allein die Grenzen einer Einwilligung bzw. Genehmigung hinsichtlich des (pflichtwidrigen) Verhaltens.
27. Die zivilrechtliche Existenzvernichtungshaftung aus § 826 BGB und ihr untreuestrafrechtliches Pendant des existenzgefährdenden Eingriffs finden Anwendung auf die *directors* einer *limited* und sind geeignet, die Unwirksamkeit der Einwilligung bzw. Genehmigung in ein zivilrechtlich pflichtwidriges und damit ein dann strafrechtlich sanktioniertes Verhalten herbeizuführen. Einen Verstoß gegen die Niederlassungsfreiheit stellt die Anwendung dieser Rechtsinstitute im Ergebnis nicht dar.
28. Ebenfalls besteht die Möglichkeit, dass sich der *de iure director*, der *de facto director* sowie der *shadow director* unter Anwendung von § 14 Abs. 2 S. 1 Nr. 1 StGB nach § 266a StGB strafbar machen können. Auch dies ist unionrechtskonform.
29. Nach der Einführung des am 01.11.2008 in Kraft getretenen MoMiG besteht in § 15a Abs. 4 InsO eine für den *de iure director* geltende Strafvorschrift, die mit der für ihn geltenden insolvenzrechtlichen Antragsverpflichtung aus § 15a Abs. 1 InsO korrespondiert. Dem Grunde nach gilt die genannte Vorschrift auch für den *de facto director* und den *shadow director*. Bei diesen beiden ist allerdings zusätzlich ein gewisser Einfluss auf die Leitungsmacht der Gesellschaft erforderlich, um eine entsprechende Verpflichtung zu konstruieren. Liegt ein solcher Einfluss nicht vor, weil die Gesellschaft z. B. führungslos ist, scheidet jedenfalls eine Strafbarkeit des *shadow directors* aus. Im Falle der Verwirklichung des § 15a Abs. 1 i.V.m. Abs. 4 InsO ist ein Eingriff in die Niederlassungsfreiheit nicht zu besorgen.
30. Im Bankrottstrafrecht sind der *de iure director*, der *de facto director* sowie der *shadow director* der *limited* über eine Zurechnung nach § 14 Abs. 2 S. 1 Nr. 1 StGB taugliche Täter gemäß § 283 Abs. 1 Nr. 1–4 StGB sowie § 283 Abs. 1 Nr. 8 StGB. Die in § 283 Abs. 1 Nr. 5–7 StGB strafbewehrte Verletzung der Buchführungspflichten ist auf die Geschäftsleitung der *limited* – entgegen der Ansicht in der deutschen Strafrechtsprechung – hingegen nicht anwendbar. Eine diesbezügliche Strafbarkeit nach deutschem Recht scheidet aus. Die Voraussetzung des § 283 Abs. 6 StGB als objektive Bedingung der Strafbarkeit ist regelmäßig als erfüllt anzusehen, da bei einer *limited* mit

Verwaltungssitz in Deutschland ein deutsches Gericht nach Art. 3 Abs. 1 EuInsVO entscheidet und aufgrund des Mittelpunkts der wirtschaftlichen Interessen der Gesellschaft (COMI) in Deutschland deutsches Insolvenzverfahrensrecht nach Art. 4 EuInsVO anzuwenden ist. Soweit die vorgenannten Vorschriften für anwendbar erachtet werden, ist dies mit der unionsrechtlichen Niederlassungsfreiheit bereits mangels eines Eingriffs in deren Schutzbereich vereinbar, da die genannten Vorschriften weder den Marktzugang einer *limited* erschweren noch ausländische Gesellschaften stärker betreffen als inländische.

31. Die als gesellschaftsrechtlich zu qualifizierenden Buchführungsvorschriften gemäß §§ 238 ff. HGB und der Rechnungslegungsvorschriften gemäß §§ 242 ff. HGB können weder für die englische *limited* an sich noch für deren deutsche Zweigniederlassung Geltung beanspruchen. Für diese gilt allein das diesbezüglich englische Recht. Allerdings ergibt sich für die deutsche Zweigniederlassung der *limited* aus § 325a Abs. 1 HGB die unionrechtskonforme Verpflichtung, ihre nach englischem Recht gefertigten Buchführungs- und Rechnungslegungsunterlagen einzureichen und offenzulegen.
32. Als Blankettstrafgesetze zu qualifizierende Straftatbestände wie § 283 Abs. 1 Nr. 5–7 oder § 283b StGB, die ausdrücklich oder stillschweigend auf andere deutsche Rechtsvorschriften verweisen, dürfen nicht zur Ausfüllung der Norm auf ausländische Gesetze zurückgreifen. Dies führt zu einer Nichtanwendbarkeit der genannten Tatbestände auf die *directors* einer *limited*. Eine Ahndung etwaiger Verstöße einer deutschen Niederlassung durch englische Behörden oder Gerichte bleibt jedoch grundsätzlich möglich. § 283 Abs. 1 Nr. 8 StGB stellt einen Auffangtatbestand dar, der auch im Falle einer Nichtanwendung der §§ 283 Abs. 1 Nr. 5–7, Abs. 2, StGB und § 283b StGB anwendbar bleibt.
33. Strafbarkeitsrisiken aus den Bilanzdelikten der §§ 331, 334 HGB für den *director* der *limited* bestehen nicht. Die Verhängung eines Ordnungsgeldes nach § 335 Abs. 1 S. 1 Nr. 2 HGB wegen des pflichtwidrigen Unterlassens der rechtzeitigen Offenlegung der Rechnungslegungsunterlagen gemäß § 325a Abs. 1 HGB ist hingegen möglich.
34. Ab dem Zeitpunkt der wirksamen Registerlöschung einer *limited* in England und der formalen Veröffentlichung des Löschungsvorgangs in der London Gazette besteht insbesondere für den *de iure director* der betroffenen *limited* ein unionsrechtskonformes Strafbarkeitsrisiko wegen Eingehungsbetruges gemäß § 263 StGB, sofern dieser entsprechende Tathandlungen vornimmt.

35. Bei einer grenzüberschreitenden Geschäftstätigkeit einer *limited* mit Verwaltungssitz in Deutschland bestehen für den *director* Risiken der doppelten Strafverfolgung. Die Rechtsprechung des EuGH hierzu ist als tendenziell beschuldigtenfreundlich einzustufen. Die Praxis der deutschen und der europäischen Strafverfolgung bedarf in Zukunft einer weitergehenden Koordination zur Wahrung der Rechtspflege und damit einhergehend auch der Rechte des Beschuldigten.

B. *Resümee*

Für den *de iure director*, den *de facto director* sowie ganz überwiegend auch für den *shadow director* der *limited* bestehen erhebliche strafrechtliche Risiken bei einer Geschäftstätigkeit der Gesellschaft in Deutschland. Es dringt allerdings auch in diesem Bereich die bereits andernorts erlangte Erkenntnis durch, dass sich das Strafrecht als Ausdruck einer nachgelagerten Pönalisierung zivilrechtlich missbilligten Verhaltens darstellt. Gleichsam gilt dies für das Wirtschaftsstrafrecht, welches als nachhaltiges Steuerungselement auch und insbesondere für die Bereiche des Gesellschafts- und des Insolvenzrechts eingesetzt wird. Insofern ist es eine wesentliche Erkenntnis dieser Arbeit, dass die untersuchten Themenkreise nicht ausschließlich, sondern lediglich „ebenfalls“ im strafrechtlichen Bereich angesiedelt sind. Verortet ist der Ursprung des betrachteten Themenkomplexes in den Bereichen des Europarechts, dessen Ausstrahlungswirkung maßgeblich nationales wie auch übergreifend europäisches und internationales Gesellschafts- und Insolvenzrecht aktiv beeinflusst.

Dies gründet auf europarechtlicher Ebene nicht zuletzt auf einer veränderten Spruchpraxis des EuGH, welcher für die Niederlassungsfreiheit europäischer Gesellschaften und der damit verbundenen Rechtsformfreiheit einen sehr weiten Freizügigkeits-Spielraum statuiert, den die jeweiligen nationalen Kapitalgesellschaften auch gerne bereit sind, in der Praxis entsprechend zu nutzen. In diesem Zusammenhang wird gleichzeitig deutlich, wie sehr sich die nationalen Rechtssysteme – insbesondere in den Bereichen des Gesellschafts- und des Insolvenzrechts – partiell noch voneinander unterscheiden und es folglich einer dringenden (weiterführenden) Annäherung auf europäischer Ebene bedarf. Es bleibt von besonderem Interesse, wie unsere europäischen Nachbarstaaten mit gleichartigen Problemen der nationalen Fremdrechtsanwendung umgehen werden.[1205]

1205 *Müller-Gugenberger*, in: FS Tiedemann, S. 1003 (1022).

Ein erster wichtiger Schritt für diese Annäherung ist aus Sicht der europäischen Kapitalgesellschaften die (Fort-)Geltung ihres Gesellschaftsstatutes im „Ausland" und die damit verbundene Anwendbarkeit ihres originären Gründungsrechts in einer Reichweite, die auch die für das Wirtschaftsstrafrecht relevanten Bereiche der Finanzverfassung sowie der persönlichen Haftung von Organen und Gesellschaftern umfasst.

Gleichzeitig wird die Niederlassungsfreiheit durch die Geltung des nationalen deutschen Verkehrsrechtes für alle in- bzw. ausländischen Gesellschaftsformen einer faktischen Beschränkung unterworfen, die keiner Rechtfertigung bedarf. Dies ebnet den Weg für die Anwendbarkeit solcher inländischer Rechtsinstitute – wie des existenzgefährdenden Eingriffs im Rahmen der Untreue nach § 266 StGB – auch auf ausländische Kapitalgesellschaften und deren Geschäftsleiter. Damit wird unabhängig von der „Nationalität" der jeweiligen Kapitalgesellschaft eine übergreifende Regelung gefunden, die sich bedenkenlos auf alle ausländischen Kapitalgesellschaften in dem jeweiligen Land anwenden lässt und somit einen einheitlichen Standard in der jeweiligen strafrechtlichen Bewertung setzen kann.

Es verbleibt die Erkenntnis, dass ein in sich schlüssiges allgemeines Wirtschaftsstrafrecht zunächst einmal ein einheitliches und europarechtskonformes Wirtschaftsrecht voraussetzt.[1206] Damit korrespondieren zustimmungswürdige Tendenzen in der deutschen Gesetzgebung und der höchstrichterlichen Rechtsprechung im Bereich des Insolvenzrechts. Durch die entsprechende Qualifizierung bestimmter Haftungsinstitute wird letztlich nicht nur deren Geltung auch für ausländische Gesellschaftsformen ermöglicht, sondern wiederum ein weiterer ausfüllungsbedürftiger rechtsverbindlicher Standard gesetzt. Dieser erlaubt (und gebietet) – nicht zuletzt aus Gründen einer übergreifenden Rechtssicherheit – eine einheitliche Anwendung auf jede Kapitalgesellschaft jedes europäischen Mitgliedstaates. Zu der erforderlichen Angleichung trägt unter anderem die EuInsVO bei, durch deren Existenz und deren klare, richtungsgebende Zuordnung des entsprechenden Insolvenzverfahrens zum tatsächlichen Sitz des Schuldners dem Gläubigerschutz genüge getan wird und die Geltung insolvenzrechtlicher (deutscher) Haftungsinstitute auf inländische wie auch auf ausländische Gesellschaften zulässt.

Grundsätzlich bleibt es jedem europäischen Mitgliedstaat selbst überlassen, wie attraktiv er sein Gesellschaftsrecht und damit die von ihm angebotenen Rechtsformen ausgestaltet und inwiefern er den Wegzug – den Zuzug für ihn

---

1206 *Schmitz*, in: Joerden/Szwarc, Europäisierung des Strafrechts in Polen und Deutschland, S. 199 (215).

fremder Rechtsformen kann er nach der Rechtsprechung des EuGH *de facto* nicht regulieren – „seiner" Gesellschaftsformen zu unterbinden versucht. Ob schon jetzt von einer Aversion deutscher Instanzgerichte gesprochen werden kann, dem EuGH – gestützt auf den Vorwurf, dieser verstehe die eigentlichen Probleme nicht (richtig) – entsprechende Vorlagen zu unterbreiten,[1207] muss vorerst offen bleiben. Letztlich bedarf es weiterer, an den EuGH adressierter Vorlagebeschlüsse nationaler Gerichte, durch deren Auslegungsfragen das für das nationale Recht der EU-Staaten mittlerweile unabdingbare europäische Recht eine stetige Fortbildung und Ausgestaltung erfährt. Dies gilt erst recht dann, wenn einem solchen Vorlagebeschluss das Risiko innewohnt, dass im Sinne eines faktischen Reflexes womöglich liebgewordene tradierte Anwendungen des nationalen Rechts kassiert werden könnten.[1208]

Ob die Zukunft des deutschen Gesellschafts-, Insolvenz- und Wirtschaftsstrafrechts tatsächlich so aussehen wird, dass in absehbarer Zeit „jede in irgendeinem Staat dieser Welt gegründete Gesellschaft bzw. juristische Person über eine (Zweig- oder Haupt-) Niederlassung – mit allen Gefahren für Gläubiger und Allgemeinheit"[1209] – bei uns frei wirtschaften kann, bleibt abzuwarten. Es steht jedenfalls fest, dass kein Weg daran vorbeiführt, dass in Zukunft eine wachsende Zahl im deutschen Inland tätiger Unternehmen mit einer für uns fremden Rechtsform am Wirtschaftsverkehr teilnehmen wird – soweit dies nicht bereits der Fall ist. Angesichts dieser Aussichten wird gemutmaßt, die Anwendung von potentiell (noch) 28 Rechtsordnungen im deutschen Wirtschaftsstrafrecht führe zu einer Überforderung der Justiz, da nunmehr die Kenntnis aller Rechtsordnungen der europäischen Mitgliedstaaten erforderlich sei, die dafür notwendigen Ressourcen nicht vorhanden seien, zudem es an der Möglichkeit fehle, alle relevanten Gesetzestexte der Mitgliedstaaten (in deutscher Sprache) zu lesen und sich darüber hinaus einen entsprechenden Überblick über die jeweilige Rechtsprechung zu verschaffen.[1210] Dem ist zuzugestehen, dass die Ressourcen der Justiz zur Bewältigung der „Aufgabe Europa" zwingend aufgestockt werden müssen, um den europäischen Weg in Zukunft praktikabel weitergehen zu können. Ein von *Satzger*[1211] vorgeschlagener Auf- und Ausbau von Gutachterzentren auf europäischer Ebene mit Unterstützung der Europäischen Union wäre realisierbar und wünschenswert.

1207 *Hellwig*, ZGR 2013, 216 (225).

1208 *Hellwig*, ZGR 2013, 216 (225).

1209 *Müller-Gugenberger*, in: FS Tiedemann, S. 1003 (1012).

1210 *Schmitz*, in: Joerden/Szwarc, Europäisierung des Strafrechts in Polen und Deutschland, S. 199 (209).

1211 *Satzger*, in: FS Fuchs, S. 431 (441).

Dies gilt umso mehr, da ein ungleicher strafrechtlicher Schutz der Länder bei der Implikation von Gesellschaften mit ausländischen Rechtsformen für bestimmte Unternehmensgründer den zusätzlichen Anreiz schaffen könnte, verstärkt auf diese Gesellschaftsformen auszuweichen und damit nationale Schutzmechanismen gezielt zu unterwandern. Auf diese Weise würde der europäische Gedanke einer grenzüberschreitenden Niederlassungsfreiheit für europäische Gesellschaften konterkariert.

Aus dem rein wirtschaftsstrafrechtlichen Blickwinkel ist das deutsche Rechtssystem – wie gesehen – aktuell verhältnismäßig komfortabel positioniert. Im materiellen (Wirtschafts-) Strafrecht bestehen kaum beklagenswerte bzw. mit dem deutschen Rechtsempfinden nicht in Einklang zu bringende oder gar unerträgliche Strafbarkeitslücken. Auf der Strafverfolgungsebene bedarf es allerdings einer umfassenderen und auch intensiveren Strafverfolgung der Leitungsorgane ausländischer Gesellschaften durch die zuständigen Staatsanwaltschaften. Zu diesem Zweck könnte – wie bereits im Wirtschaftsstrafrecht teilweise geschehen – die zusätzliche Schaffung von entsprechenden Schwerpunktstaatsanwaltschaften ein probates Mittel darstellen, den Boden für eine enger verzahnte Rechtspraxis in Deutschland aufzubereiten, die in weiteren Entscheidungen deutscher Zivil- und Strafgerichte, womöglich – und dies ist ausdrücklich zu begrüßen – auch in Vorlageentscheidungen an den EuGH mündet.

Fest steht, dass die Harmonisierung des europäischen Rechts in all seinen Facetten und damit einhergehend die Europäisierung des deutschen Wirtschaftsstrafrechts weiter fortschreiten wird. Dies bedarf zwar auf mittel- und langfristige Sicht noch eines erheblichen Aufwandes durch intensive Rechtsvergleichung, umfassende Rechtsfortbildung, problemaffine Rechtsprechung sowie eines intensiv geführten rechtswissenschaftlichen Diskurses. Aber der Aufwand wird sich auszahlen. Europa wächst *prima facie* zusammen – und damit trotz aller widrigen Umstände der Gegenwart auch *peu à peu* die nationalen Rechtssysteme der europäischen Mitgliedstaaten. Das ist auch gut so. Denn frei nach dem Zitat eines leider unbekannt gebliebenen Autors gilt: Bekanntlich ist nicht die Größe eines Schrittes, sondern letztlich allein die richtige Richtung entscheidend.

Literaturverzeichnis

Achenbach, Hans / Ransiek, Andreas / Rönnau, Thomas (Hrsg.): Handbuch Wirtschaftsstrafrecht, 4. Auflage, Heidelberg, 2015 (zitiert: *Bearbeiter*, in: Achenbach / Ransiek / Rönnau, Hdb. Wirtschaftsstrafrecht, Kapitel, Rn.).

Albrecht, Achim: Problemstellungen bei der Insolvenz ausländischer Unternehmensformen in Deutschland, ZInsO 2013, 1623–1629.

Altenhain, Karsten / Wietz, Christopher: Die Ausstrahlungswirkung des Referentenentwurfs zum Internationalen Gesellschaftsrecht auf das Wirtschaftsstrafrecht, NZG 2008, 569–573.

Altmeppen, Holger / Roth, Günther H. (Hrsg.): Gesetz betreffend die Gesellschaften mit beschränkter Haftung (GmbHG), 8. Auflage, München, 2015 (zitiert: *Bearbeiter*, in: Altmeppen/Roth, GmbHG, §, Rn.).

Altmeppen, Holger: Schutz vor „europäischen" Kapitalgesellschaften, NJW 2004, 97–104.

Altmeppen, Holger / Wilhelm, Jan: Gegen die Hysterie um die Niederlassungsfreiheit der Scheinauslandsgesellschaften, DB 2004, 1083–1089.

Ambos, Kai: Internationales Strafrecht, Studienbuch, 4. Auflage, München, 2014 (zitiert: *Ambos*, Internationales Strafrecht, §, Rn., S.).

Bauer, Frank / Großerichter, Helge: Zur Durchsetzung deutscher Bestellungshindernisse von Geschäftsleitern gegenüber ausländischen Gesellschaften, NZG 2008, 253–257.

Baumbach, Adolf / Hueck, Alfred (Hrsg.): GmbHG, Gesetz betreffend die Gesellschaften mit beschränkter Haftung, 20. Auflage, München, 2013 (zitiert: *Bearbeiter*, in: Baumbach/Hueck, GmbHG, §, Rn.).

Bayer, Walter: Die EuGH-Entscheidung „Inspire Art" und die deutsche GmbH im Wettbewerb der europäischen Rechtsordnungen, BB 2003, 2357–2366.

Bayer, Walter /Schmidt, Jessica: BB-Gesetzgebungs- und Rechtsprechungsreport Europäisches Unternehmensrecht 2013/14, BB 2014, 1219–1232.

Bayer, Walter /Schmidt, Jessica: Grenzüberschreitende Sitzverlegung und grenzüberschreitende Restrukturierungen nach MoMiG, Cartesio und Trabrennbahn, ZHR 173 (2009), 735–774.

Bayer, Walter /Schmidt, Jessica: Aktuelle Entwicklungen im Europäischen Gesellschaftsrecht (2004–2007), BB 2008, 454–460.

Bayer, Walter / Schmidt, Jessica: Der Schutz der grenzüberschreitenden Verschmelzung durch die Niederlassungsfreiheit, ZIP 2006, 210–213.

Beckemper, Katharina: Anmerkung zu BGH, Urt. v. 13.4.2010–5 StR 428/09, ZJS 2010, 554–557.

Benrath, Daniel / König, Ute: Nicht überraschend doch erforderlich: Die Rechtsprechung des EuGH zur grenzüberschreitenden Umwandlung durch Formwechsel – Anmerkung zu EuGH, Urt. v. 12.7.2012 – Rs. C-378/10 (Vale) –, Der Konzern 2012, 377–382.

Bischoff, Ariane: Missbrauch der Limited in Deutschland, ZInsO 2009, 164–170.

Bittmann, Folker: Anmerkung zu KG, Urt. vom 08.04.2014 – (1) 121 Ss 25/14 (7/14), GmbHR 2015, 869–871.

Bittmann, Folker: Erneut das BVerfG und dreimal die Strafjustiz, Untreue oder auch nicht, ZWH 2013, 55–60.

Bittmann, Folker: Anmerkung zu BGH, Urt. vom 13. April 2010–5 StR 428/09 (LG Hamburg), wistra 2010, 303.

Bittmann, Folker: Strafrecht und Gesellschaftsrecht, ZGR 2009, 931–980.

Bittmann, Folker: Strafrechtliche Folgen des MoMiG, NStZ 2009, 113–120.

Bittmann, Folker: Reform des GmbHG und Strafrecht, wistra, 2007, 321–326.

Bittmann, Folker: Die „limitierte“ GmbH aus strafrechtlicher Sicht, GmbHR 2007, 70–77.

Bittmann, Folker / Gruber, Urs Peter: Limited – Insolvenzantragspflicht gemäß § 15a InsO: Europarechtlich unwirksam?, GmbHR 2008, 867–873.

Böse, Martin / Meyer, Frank: Die Beschränkung nationaler Strafgewalten als Möglichkeit zur Vermeidung von Jurisdiktionskonflikten in der Europäischen Union, ZIS 2011, 336–344.

Böttger, Marcus (Hrsg.): Wirtschaftsstrafrecht in der Praxis, Kommentar, 2. Auflage, Bonn, 2015 (zitiert: *Bearbeiter*, in: Böttger, Wirtschaftsstrafrecht in der Praxis, S., Rn.).

Borges, Georg: Gläubigerschutz bei ausländischen Gesellschaften mit inländischem Sitz, ZIP 2004, 733–744.

Brünkmans, Christian: Die Renaissance der Sitztheorie im europäischen Insolvenzrecht, KSzW 2012, 319–326.

Brutscher, Anna-Maria: Zivilrechtsakzessorietät des Strafrechts bei Sachverhalten mit Auslandsbezug – am Beispiel des § 242 StGB, Tübingen, 2014, zugl. Tübingen, Univ., Diss., 2013 (zitiert: *Brutscher*).

Buchmann, Thomas: Die Insolvenz der englischen Limited in Deutschland, Baden-Baden, 2007, zugl. Trier, Univ., Diss., 2006 (zitiert: *Buchmann*).

Christ, Caroline: Englische Private Limited und französische Société à Responsabilité Limitée, Baden-Baden, 2008, zugl. Augsburg, Diss., Univ., 2007 (zitiert: *Christ*).

Cornils, Karin: Die Fremdrechtsanwendung im Strafrecht insbesondere bei der Auslegung rechtlich-normativer Tatbestandsmerkmale, Berlin, Univ., Diss., 1977 (zitiert: *Cornils*).

Cranshaw, Friedrich L.: Anwendung des § 64 GmbHG auf Geschäftsleiter ausländischer Gesellschaften mit Verwaltungssitz im Inland?, Anmerkung zu BGH 2. Zivilsenat, EuGH-Vorlage vom 02.12.2014 – II ZR 119/14, jurisPR-InsR 4/2015, Anm. 1.

Dernedde, Ines: Companies Act 2006: Auswirkungen auf die englische Limited in Deutschland, NJ 2007, 443–445.

Dierksmeier, Jochen / Scharbert, Markus: GmbH und englische Ltd. im Wettlauf der Reformen 2006, BB 2006, 1517–1523.

Doralt, Walter: Managerpflichten in der englischen Limited, Companies Act, Kommentar, Wien, 2011 (zitiert: *Doralt*, Managerpflichten in der englischen Limited, S., Rn.).

Dornblüth, Susanne: Fortbestehende Geschäftsführerhaftung gem. § 823 Abs. 2 BGB, § 266a StGB trotz in England erlangter Restschuldbefreiung?, ZIP 2014, 712–716.

Drouven, Ralph / Mödl, Robert: US-Gesellschaften mit Hauptverwaltungssitz in Deutschland im deutschen Recht, NZG 2007, 7–13.

Drygala, Tim: Europäische Niederlassungsfreiheit vor der Rolle rückwärts?, EuZW 2013, 569–574.

Dünchheim, Thomas / Joppich, Tim Gero / Hermann, Hendrik: Renten- und Arbeitslosenversicherungspflicht von Vorstandsmitgliedern ausländischer Gesellschaften – Sind Mitglieder des Board of Direktors einer Public Limited Company versicherungspflichtig? –, DB 2013, 2210–2214.

du Pois-Pedain, Antje: Die Strafbarkeit untreueartigen Verhaltens im englischen Recht: „Fraud by abuse of position“ und andere einschlägige Strafvorschriften, ZStW 122 (2010), 325–353.

Ebert, Sabine / Levedag, Christian: Die zugezogene „private company limited by shares (Ltd.)“ nach dem Recht von England und Wales als Rechtsformalternative für in- und ausländische Investoren in Deutschland, GmbHR 2003, 1337–1346.

Eidenmüller, Horst (Hrsg.): Ausländische Kapitalgesellschaften im deutschen Recht, München, 2004 (zitiert: *Bearbeiter*, in: Eidenmüller, Ausl. Kapitalgesellschaften im deutschen Recht, §, Rn.).

Eidenmüller, Horst: Die GmbH im Wettbewerb der Rechtsformen, ZGR 2007, 168–211.

Eidenmüller, Horst: Geschäftsleiter- und Gesellschafterhaftung bei europäischen Auslandsgesellschaften mit tatsächlichem Inlandssitz, NJW 2005, 1618–1621.

Eidenmüller, Horst: Mobilität und Restrukturierung von Unternehmen im Binnenmarkt, JZ 2004, 24–33.

Eidenmüller, Horst / Rehberg, Markus: Rechnungslegung von Auslandsgesellschaften, ZVglRWiss 2006, 427–455.

Ensenbach, Kai: Der Vermögensschutz einer Auslands-GmbH im deutschen Strafrecht, wistra 2011, 4–11.

Fischer, Thomas: Strafgesetzbuch mit Nebengesetzen, Kommentar, 63. Auflage, München, 2016 (zitiert: *Fischer*, StGB).

Fischer, Michael: Die Verlagerung des Gläubigerschutzes vom Gesellschafts- in das Insolvenzrecht nach „Inspire Art", ZIP 2004, 1477–1486.

Fornauf, Marc / Jobst, Stefan: Die Untreuestrafbarkeit von GmbH-Geschäftsführer und Limited-Director im Vergleich, GmbHR 2013, 125–132.

Franke, Friedrich: Anmerkung zu LG Gera, Beschl. v. 30.04.2004 1 Qs 165/04, wistra 2004, 436.

Geibel, Stefan J.: Anmerkung zu BGH, Urt. v. 27.10.2008 – II ZR 290/07 (OLG Hamm) – („Trabrennbahn"), ZJS 2009, 83–84.

Geiger, Rudolf / Khan, Daniel-Erasmus / Kotzur, Markus (Hrsg.): EUV/AEUV, Vertrag über die Europäische Union und Vertrag über die Arbeitsweise der Europäischen Union, Kommentar, 5. Auflage, München, 2010 (zitiert: *Bearbeiter*, in: Geiger/Khan/ Kotzur, EUV/AEUV, Komm., Art., Rn.).

Gloger, Christian / Goette, Constantin / van Huet, Fabienne: Die neue Rechtsprechung zur Existenzvernichtungshaftung mit Ausblick in das englische Recht (Teil I), DStR 2008, 1141–1146.

Gloger, Christian / Goette, Constantin / van Huet, Fabienne: Die neue Rechtsprechung zur Existenzvernichtungshaftung mit Ausblick in das englische Recht (Teil II), DStR 2008, 1194–1197.

Goette, Wulf: Wo steht der BGH nach „Centros" und „Inspire Art"?, DStR 2005, 197–201.

Goette, Wulf: Zur systematischen Einordnung des § 64 Abs. 2 GmbHG, ZInsO 2005, 1–5.

Graf, Jürgen Peter / Jäger, Markus / Wittig, Petra (Hrsg.): Wirtschafts- und Steuerstrafrecht, Kommentar, München, 2011 (zitiert: *Bearbeiter*, in: Graf/Jäger/ Wittig, Wirtschafts- u. Steuerstrafrecht, Komm., §, Rn.).

Grau, Carsten / Airey, Simon / Frick, Stefan: Neuere Strafbarkeitsrisiken im Geschäftsverkehr mit England & Wales – The Fraud Act 2006, BB 2009, 1426–1431.

Greulich, Sven / Rau, Thomas: Zur Insolvenzverursachungshaftung des Geschäftsleiters einer Auslandsgesellschaft mit Inlandsverwaltungssitz, NZG 2008, 565–569.

Gross, Bernd / Schork, Alexander T.: Strafbarkeit des directors einer Private Company Limited by Shares wegen verspäteter Insolvenzantragsstellung, NZI 2006, 10–15.

Großerichter, Helge: Ausländische Kapitalgesellschaften im deutschen Rechtsraum: Das deutsche Internationale Gesellschaftsrecht und seine Perspektiven nach der Entscheidung „Überseering“, DStR 2003, 159–169.

Haas, Ulrich: Die internationale und örtliche Zuständigkeit für Klagen nach § 64 II GmbHG a. F. (bzw. § 64 S. 1 GmbHG n. F.), NZG 2010, 495–497.

Haas, Ulrich: Der Entwurf des „MoMiG“ und weitergehende Vorschläge zur Bekämpfung des Missbrauchs der GmbH, GmbHR 2006, 729–737.

Habersack, Mathias / Verse, Dirk A.: Europäisches Gesellschaftsrecht, 4. Auflage, München, 2011 (zitiert: *Habersack/Verse*, Europäisches Gesellschaftsrecht, S., Rn.).

Habersack, Mathias / Verse, Dirk A.: Wrongful Trading – Grundlage einer europäischen Insolvenzverschleppungshaftung?, ZHR 168 (2004), 174–215.

Hefendehl, Roland: Der Straftatbestand der Insolvenzverschleppung und die unstete Wirtschaft: Ausländische Gesellschaftsformen – faktische Organe – Führungslosigkeit, ZIP 2011, 601–606.

Heger, Martin: Die Beeinflussung des deutschen Strafrechts durch EU-Recht und der Gedanke des Rechtsmissbrauchs, ZIS 2013, 289–296.

Hellweg, Hans-Jürgen: Das deutsche Gesellschaftsrecht und Europa – Ein Appell zu mehr Offenheit und Engagement, ZGR 2013, 216–236.

Henssler, Martin / Strohn, Lutz (Hrsg.): Gesellschaftsrecht, Kommentar, 3. Auflage, München, 2016 (zitiert: *Bearbeiter*, in: Henssler/Strohn, GesR, Komm., Gesetz, S., Rn.).

Hey, Andreas: Die ökonomische Analyse ausgewählter Wirtschaftsstraftaten im historischen Normenkontext, Berlin, 2001, zugl. Kassel, Univ., Diss., 2001 (zitiert: *Hey*).

Hinderer, Alf: Insolvenzstrafrecht und EU-Niederlassungsfreiheit am Beispiel der englischen private company limited by shares, Freiburg, 2010, zugl. Tübingen, Univ., Diss., 2010 (zitiert: *Hinderer*).

Hirsch, Alexander / Britain, Richard: Artfully Inspired – Werden deutsche Gesellschaften englisch?, NZG 2003, 1100–1104.

Hirte, Heribert / Bücker, Thomas (Hrsg.): Grenzüberschreitende Gesellschaften – Ein Praxishandbuch, 2. Auflage, Berlin, München, 2006 (zitiert: *Bearbeiter*, in: Hirte / Bücker, Grenzüberschreitende Gesellschaften, §, Rn.).

Hirte, Heribert / Mock, Sebastian: Wohin mit der Insolvenzantragspflicht?, ZIP 2005, 474–478.

Hirte, Heribert: Die Grundsätze der „Wrongful-Trading-Alternative“ zur gesetzlichen Insolvenzantragspflicht, ZInsO 2010, 1986–1996.

Hoffmann, Niels: Anmerkung zu BGH, Urt. v. 13.4.2010–5 StR 428/09, StRR 2010, 432.

Hoos, Jan-Philipp / Köhler, Oliver: Anmerkung zu BGH, Beschl. v. 2.12.2014 - II ZR 119/14, ZWH 2015, 78–79.

Horn, Norbert: Deutsches und europäisches Gesellschaftsrecht und die EuGH-Rechtsprechung zur Niederlassungsfreiheit – Inspire Art, NJW 2004, 893–901.

Hübner, Leonhard: Kollisionsrechtliche Behandlung von Gesellschaften aus „nicht-privilegierten“ Drittstaaten, Baden-Baden, 2011, zugl., Heidelberg, Univ., Diss., 2010 (zitiert: *Hübner*).

Hübner, Leonhard: Kollisions- und europarechtliche Einordnung von § 64 S. 1 GmbHG (zu BGH, 2.12.2014 - II ZR 119/14, unten S. 334, Nr. 30), IPRax 2015, 297–303.

Joerden, Jan C. / Szwarc, Andrzej J. (Hrsg.): Europäisierung des Strafrechts in Polen und Deutschland – rechtsstaatliche Grundlagen, Berlin, 2007 (zitiert: *Bearbeiter*, in: Joerden/Szwarc, Europäisierung des Strafrechts in Polen und Deutschland, S.).

Just, Clemens: Die englische Limited in der Praxis, 4. Auflage, München, 2012 (zitiert: *Just*, Limited, S., Rn./Fn.).

Just, Clemens: Anmerkung zu LG Kiel, Urt. v. 20.4.2006–10 S 44/05, ZIP 2006, 1251–1254.

Kaligen, Thomas: Das Internationale Gesellschaftsrecht der Bundesrepublik Deutschland, DB 1985, 1449–1456.

Kienle, Florian: Zur Strafbarkeit des Geschäftsleiters einer in Deutschland ansässigen Limited englischen Rechts, GmbHR 2007, 696–700.

Kindler, Peter: Der reale Niederlassungsbegriff nach dem VALE-Urteil des EuGH, EuZW 2012, 888–892.

Kindler, Peter: Zum Kollisionsrecht der Zahlungsverbote in der Gesellschaftsinsolvenz (zu KG, 24.9.2009–8 U 250/08), IPRax 2010, 430–432.

Kindler, Peter: Die Begrenzung der Niederlassungsfreiheit durch das Gesellschaftsstatut, NJW 2007, 1785–1788.

Kindler, Peter: Auf dem Weg zur Europäischen Briefkastengesellschaft? Die „Überseering"-Entscheidung des EuGH und das internationale Privatrecht, NJW 2003, 1073–1079.

Klöhn, Lars / Schaper, Martin: Grenzüberschreitende Kombination von Gesellschaftsformen und Niederlassungsfreiheit, ZIP 2013, 49–56.

Knierim, Thomas C.: Anmerkung zu BGH, Urt. v. 13.04.2010–5 StR 428/09, BeckRS 2010, 12190, FD-StrafR 2010, 304011 – beck-online (kostenpflichtig abrufbar unter: http://www.beck-online.de; letzter Abruf: 20.09.2016).

Kornblum, Udo: Bundesweite Rechtstatsachen zum Unternehmens- und Gesellschaftsrecht (Stand 1.1.2015), GmbHR 2015, 687–696.

Kornblum, Udo: Bundesweite Rechtstatsachen zum Unternehmens- und Gesellschaftsrecht (Stand 1.1.2016), GmbHR 2016, 691–701.

Krell, Paul: Zur Bedeutung der „Drittnormen" für die Untreue, NStZ 2014, 62–66.

Kretschmer, Joachim: Anmerkung zu BGH, Urteil vom 22.07.2015–2 StR 389/13, NJW 2016, 423.

Krüger, Frank: Die persönliche Haftung der handelnden Personen einer Private Limited Company im Überblick, ZInsO 2007, 861–869.

Krüger, Matthias: Unmittelbare EU-Strafkompetenzen aus Sicht des deutschen Strafrechts, HRRS 2012, 311–317.

Kudlich, Hans: Anmerkung zu BGH, Beschl. v. 18.12.2014–4 StR 323/14 u. 4 StR 324/14, ZWH 2015, 64–65.

Kuntz, Thilo: Die Insolvenz der Limited mit deutschem Verwaltungssitz – EU-Kapitalgesellschaften in Deutschland nach „Inspire Art", NZI 2005, 424–432.

Labinski, Carsten: Zur strafrechtlichen Verantwortlichkeit des directors einer englischen Limited, Freiburg, 2010, zugl. Bayreuth, Univ., Diss., 2010 (zitiert: *Labinsiki*).

Lackner, Karl / Kühl, Kristian: Strafgesetzbuch, Kommentar, 28. Auflage, München, 2014, bearbeitet von Kristian Kühl und Martin Heger (zitiert: *Lackner/Kühl*, StGB, Komm., §, Rn.).

Ladiges, Manuel: Strafrechtliche Risiken des „Directors" einer Limited nach dem Fraud Act 2006, wistra 2012, 170–173.

Ladiges, Manuel / Pegel, Christian: Neue Pflichten für directors einer limited durch den Companies Act 2006, DStR 2007, 2069–2075.

Lanzius, Tim: Die Directors Disqualification des englischen Rechts – ein Baustein zum Schutz des deutschen Rechtsverkehrs vor Scheinauslandsgesellschaften, ZInsO 2004, 296–302.

Lawlor, Daniel G.: Die Anwendbarkeit englischen Gesellschaftsrechts bei Insolvenz einer englischen Limited in Deutschland, NZI 2005, 432–436.

Leible, Stefan / Lehmann, Matthias: Auswirkungen der Löschung einer Private Limited Company auf ihr in Deutschland belegenes Vermögen, GmbHR 2007, 1095–1098.

Leible, Stefan / Hoffmann, Jochen: Wie inspiriert ist „Inspire Art"?, EuZW 2003, 677–683.

Leipold, Klaus / Tsambikakis, Michael / Zöller, Mark A. (Hrsg.): AnwaltKommentar StGB, 2. Auflage, Heidelberg, München, Landsberg, Frechen, Hamburg, 2015 (zitiert: *Bearbeiter*, in: Leipold / Tsambikakis / Zöller, AnwaltKommentar StGB, §, Rn.).

Leipold, Klaus / Beukelmann, Stephan: Verbot der Doppelbestrafung, Anm. zu EuGH, Urt. v. 27.05.2014 – C 129/14 PPU = BeckRS 2014, 80933 und EuGH, Urt. v. 05.06.2014 – C 398/12 = BeckRS 2014, 80952, NJW-Spezial 13/2014, 408.

Leipziger Kommentar: Strafgesetzbuch, Großkommentar, 12. neu bearbeitete Auflage, Erster Band (§§ 1 bis 31 StGB), Berlin, 2007 (zitiert: *Bearbeiter*, in: LK, StGB, §, Rn.).

Leipziger Kommentar: Strafgesetzbuch, Großkommentar, 12. neu bearbeitete Auflage, Neunter Band (§§ 263 bis 283 d StGB), 1. Teilband (§§ 263 bis 266b StGB), Berlin / Boston, 2012 (zitiert: *Bearbeiter*, in: LK, StGB, §, Rn.).

Leipziger Kommentar: Strafgesetzbuch, Großkommentar, 12. neu bearbeitete Auflage, Neunter Band (§§ 263 bis 283d StGB), 2. Teilband (§§ 267 bis 283d StGB), Berlin, 2009 (zitiert: *Bearbeiter*, in: LK, StGB, §, Rn.).

Leitzen, Mario: Die GmbH mit Verwaltungssitz im Ausland, NZG 2009, 728–733.

Leuering, Dieter: Von Scheinauslandsgesellschaften hin zu „Gesellschaften mit Migrationshintergrund", ZIP 2008, 73–77.

Limmer, Peter (Hrsg.): Handbuch der Unternehmensumwandlung, 5. Auflage, Köln, 2016 (zitiert: *Bearbeiter*, in: Limmer, Handbuch der Unternehmensumwandlung, S., Rn.).

Lutter, Marcus (Hrsg.): Europäische Auslandsgesellschaften in Deutschland, Köln, 2005 (zitiert: *Bearbeite*r, in: Lutter, Europäische Kapitalgesellschaften in Deutschland, S.).

Mankowski, Peter / Bock, Stefanie: Anmerkung zu BGH, Urt. v. 13.4.2010–5 StR 428/09, GmbHR 2010, 822–823.

Mankowski, Peter / Bock, Stefanie: Fremdrechtsanwendung im Strafrecht durch Zivilrechtsakzessorietät bei Sachverhalten mit Auslandsbezug für Blanketttatbestände und Tatbestände mit normativem Tatbestandsmerkmal, ZStW 120 (2008), 704–758.

Mansdörfer, Marco / Habetha, Jörg: Strafbarkeitsrisiken des Unternehmers, München, 2015 (zitiert: *Mansdörfer/Habetha*, S., Rn.).

Melchior, Robin: Die englische Limited in der Praxis – zwei Jahre nach dem MoMiG, Juristische Eckdaten zu Gründung, Betrieb, Veränderungen und Löschung, AnwBl. 2011, 20–22.

Metz, Jochen: Aktuelle Rechtsprechung zum Vorenthalten und Veruntreuen von Arbeitsentgelt – 1. Teil, NStZ-RR 2013, 297–300.

Mock, Sebastian: Anmerkung zu KG Berlin, Urt. v. 24.9.2009-8 U 250/08, GmbHR 2010, 102.

Mock, Sebastian / Schildt, Charlotte: Insolvenz ausländischer Kapitalgesellschaften mit Sitz in Deutschland, ZInsO 2003, 396–402.

Möser, Katharina: Berufsverbote für Geschäftsleiter – Überlegungen zu einer Weiterentwicklung des § 6 Abs. 2 Satz 2 Nr. 2, 3 GmbHG und des § 76 Abs. 3 Satz 2 Nr. 2, 3 AktG vor dem Hintergrund des englischen Companies Directors Disqualification Act 1986, ZVglRWiss 2011, 324–369.

Mosiek, Marcus: Fremdrechtsanwendung – quo vadis? – Zur Anwendung ausländischen Rechts im deutschen Wirtschaftsstrafrecht –, StV 2008, 94–100.

Mülbert, Peter O. / Bruinier, Stefan: Die Anwendung inländischer Schutzbestimmungen am Beispiel ausländischer Kreditverträge, WM 2005, 105–115.

Müller, Klaus J.: Die englische Limited in Deutschland – für welche Unternehmen ist sie tatsächlich geeignet?, BB 2006, 837–843.

Müller-Gugenberger, Christian / Bieneck, Klaus (Hrsg.): Wirtschaftsstrafrecht, Handbuch des Wirtschafts- und

Ordnungswidrigkeitenrechts, 6. Auflage, Köln, 2015, (zitiert: *Bearbeiter*, in: Müller-Gugenberger / Bieneck, Hdb. Wistra-OwiR, §, Rn.).

Müller-Gugenberger, Christian: Glanz und Elend des GmbH-Strafrechts – Einige Bemerkungen zum Problem der Auslandsgesellschaften im deutschen Strafrecht –, in: Ulrich Sieber, Gerhard Dannecker, Urs Kindhäuser, Joachim Vogel, Tonio Walter (Hrsg.), Strafrecht und Wirtschaftsstrafrecht – Dogmatik, Rechtsvergleich, Rechtstatsachen – Festschrift für Klaus Tiedemann zum 70. Geburtstag, Köln, München, 2008, S. 1003–1022.

Münchener Kommentar zum Bürgerlichen Gesetzbuch: Band 11, Internationales Privatrecht II, Internationales Wirtschaftsrecht, Einführungsgesetz zum Bürgerlichen Gesetzbuch (Art. 25–248), 6. Auflage, München, 2015 (zitiert: *Bearbeiter*, in: MüKo, BGB, Bd. 11, IntGesR, Rn.).

Münchener Kommentar zum Gesetz betreffend die Gesellschaften mit beschränkter Haftung (GmbHG): Band 1, Gesetz betreffend die Gesellschaften mit beschränkter Haftung (GmbHG), §§ 1–34, 2. Auflage, München, 2015 (zitiert: *Bearbeiter*, in: MüKo, GmbHG, Einl., §, Rn.).

Münchener Kommentar zum Gesetz betreffend die Gesellschaften mit beschränkter Haftung (GmbHG): Band 3, Gesetz betreffend die Gesellschaften mit beschränkter Haftung (GmbHG), Band 3, §§ 53–85, 2. Auflage, München, 2016 (zitiert: *Bearbeiter*, in: MüKo, GmbHG, §, Rn.).

Münchener Kommentar zur Insolvenzordnung: Band 1, Insolvenzordnung, §§ 1–79, Insolvenzrechtliche Vergütungsverordnung (InsVV), 3. Auflage, München, 2013 (zitiert: *Bearbeiter*, in: MüKo, InsO, §, Rn.).

Nuys, Marcel: Die englische Limited als faktische GmbH im strafrechtlichen Sinne? Gedanken zur strafrechtlichen Verantwortlichkeit des directors in der Insolvenz der Limited als Beitrag zu Grund und Grenzen der wirtschaftlichen/ faktischen Betrachtungsweise im Strafrecht, Hamburg, 2009, zugl. Trier, Univ., Diss., 2008 (zitiert: *Nuys*).

Ogiermann, Eva Maria / Weber, Johannes: Insolvenzstrafrecht in Deutschland – status quo und Perspektiven, wistra 2011, 206–213.

Pachel, Eckhard / Rösch, Franziska: Europäischer Grundrechtsschutz nach Lissabon – die Rolle der EMRK und der Grundrechtecharta in der EU, EuZW 2008, 519–522.

Paefgen, Walter: Wider die gesellschaftsrechtliche Ausländerphobie, ZIP 2004, 2253–2262.

Paefgen, Walter: Auslandsgesellschaften und Durchsetzung deutscher Schutzinteressen nach „Überseering“, DB 2003, 487–492.

Palandt, Otto (Hrsg.): Bürgerliches Gesetzbuch mit Nebengesetzen, 75. Auflage, München, 2016 (zitiert: *Bearbeiter*, in: Palandt, BGB, §, Rn.).

Pannen, Klaus / Riedemann, Susanne: Anmerkung zu AG Bad Segeberg, Urteil vom 24.03.2005–17 C 289/04, NZI 2005, 413–414.

Pattberg, Jan Holger: Die strafrechtliche Verantwortlichkeit des Directors einer englischen Limited in Krise und Insolvenz, Hamburg, 2010, zugl. Mannheim, Univ., Diss., 2009 (zitiert: *Pattberg*).

Pelz, Christian: Strafrecht in Krise und Insolvenz, 2. Auflage, München, 2011 (zitiert: *Pelz*, Strafrecht in Krise und Insolvenz, S., Rn.).

Peukert, Matthias: Strafbare Untreue zum Nachteil einer in Deutschland ansässigen *Limited*, Frankfurt am Main, 2015, zugl. Hamburg, Bucerius Law School, Diss., 2014 (zitiert: *Peukert*).

Pläster, Sebastian: Mitgliedschaftliche Treuepflicht in der GmbH, der Limited und im Statut der Europäischen Privatgesellschaft, Baden-Baden, 2013, zugl. Hamburg, Bucerius Law School, Diss., 2012 (zitiert: *Pläster*).

Poertzgen, Christoph: Anmerkung zu OLG Jena, Schlussurt. v. 17.7.2013–2 U 815/12, NZI 2013, 809–810.

Pohl, Alexandra: Bankrott durch faktisches Vertreterhandeln – zugleich eine Anmerkung zu BGH, wistra 2012, 346 –, wistra 2013, 329–334.

Radtke, Henning: Rechtsprechung kontrovers: Untreue durch den „Director“ einer Offshore-Gesellschaft, NStZ 2011, 556–558.

Radtke, Henning: Untreue (§ 266 StGB) zu Lasten von ausländischen Gesellschaften mit faktischem Sitz in Deutschland?, GmbHR 2008, 729–736.

Radtke, Henning / Hoffmann, Maike: Die Anwendbarkeit von nationalem Insolvenzstrafrecht auf EU-Auslandsgesellschaften, EuZW 2009, 404–408.

Radtke, Henning / Hoffmann, Maike: Gesellschaftsrechtsakzessorietät bei der strafrechtlichen Untreue zu Lasten von Kapitalgesellschaften? – oder: „Trihotel“ und die Folgen, GA 2008, 535–551.

Ransiek, Andreas / Hüls, Silke: Strafrecht zur Regulierung der Wirtschaft, ZGR 2009, 157–189.

Rehberg, Markus: Anmerkung zu BGH, Urteil v. 14.3.2005 – II ZR 5/03 (LG Hagen), JZ 2005, 849–852.

Richter, Hans: “Scheinauslandsgesellschaften“ in der deutschen Strafverfolgungspraxis, in: Ulrich Sieber, Gerhard Dannecker, Urs Kindhäuser, Joachim Vogel, Tonio Walter (Hrsg.), Strafrecht und Wirtschaftsstrafrecht – Dogmatik, Rechtsvergleich, Rechtstatsachen – Festschrift für Klaus Tiedemann zum 70. Geburtstag, Köln, München, 2008, S. 1023–1043.

Richter, Lutz / Braun, Stephan: Eignung einer britischen Limited mit Geschäftsleitung in Deutschland als Organgesellschaft? – Eine kritische Analyse unter Berücksichtigung des BMF-Schreibens vom 28.3.2011 –, GmbHR 2012, 18–24.

Riedemann, Susanne: Das Auseinanderfallen von Gesellschafts- und Insolvenzstatut, „Inspire Art“ und die Insolvenz über das Vermögen einer englischen „limited“ in Deutschland, GmbHR 2004, 345–349.

Riegger, Bodo: Centros – Überseering – Inspire Art: Folgen für die Praxis, ZGR 2004, 510–530.

Ringe, Wolf-Georg: Englische Limited in Deutschland auf dem Rückzug, NJW-aktuell 27/2013, 14.

Ringe, Wolf-Georg / Willemer, Charlotte: Zur Anwendung von § 64 GmbHG auf eine englische Limited (Besprechung von KG, Urt. v. 24.09.2009–8 U 250/08), NZG 2010, S. 56–58.

Ringe, Wolf-Georg / Willemer, Charlotte: Die „deutsche Limited“ in der Insolvenz, EuZW 2006, 621–624.

Röhricht, Volker: Insolvenzrechtliche Aspekte im Gesellschaftsrecht, ZIP 2005, 505–516.

Römermann, Volker: Anmerkung zu EuGH, Urt. vom 10.12.2015 – Rs. C-594/14, Der GmbH-Kommentar, GmbHR 2016, 27–29.

Römermann, Volker: Anmerkung zu BGH, Beschl. v. 2.12.2014 – II ZR 119/14, GmbHR 2015, 81–84.

Römermann, Volker: Aktuelles zur Insolvenzantragspflicht nach § 15a InsO, NZI 2010, 241–244.

Römermann, Volker: Der Entwurf des „MoMiG“ – die deutsche Antwort auf die Limited, GmbHR 2006, 673–681.

Rönnau, Thomas: Rechtsprechung kontrovers: Untreue durch den „Director“ einer Offshore-Gesellschaft, NStZ 2011, 558–559.

Rönnau, Thomas: (Rechts-)Vergleichende Überlegungen zum Tatbestand der Untreue, ZStW 122 (2010), 299–324.

Rönnau, Thomas: Untreue als Wirtschaftsdelikt, ZStW 119 (2007), 887–926.

Rönnau, Thomas: Haftung der Direktoren einer in Deutschland ansässigen englischen *Private Company Limited by Shares* nach deutschem Strafrecht – eine erste Annäherung, ZGR 2005, 832–858.

Roth, Herbert: Die Reversibilität ausländischen Rechts und die Klugheit des Gesetzes, NJW 2014, 1224–1226.

Rubel, Jörgen / Nepomuck, Lutz: Zur Strafbarkeit des Directors einer Limited wegen Untreue, EWiR 2010, 761–762.

Safferling, Christoph: Internationales Strafrecht, Berlin, Heidelberg, 2011 (zitiert: *Safferling*, Internationales Strafrecht).

Sandrock, Otto / Wetzler, Christoph (Hrsg.): Deutsches Gesellschaftsrecht im Wettbewerb der Rechtsordnungen, Heidelberg, 2004 (zitiert: *Bearbeiter*, in: Sandrock / Wetzler, Deutsche Gesellschaften im Wettbewerb der Rechtsordnungen, S.).

Sandrock, Otto: Die Konkretisierung der Überlagerungstheorie in einigen zentralen Einzelfragen, in: Otto Sandrock (Hrsg.), Festschrift für Günther Beitzke zum 70. Geburtstag am 26. April 1979, Berlin, New York, 1979, S. 669–696.

Satzger, Helmut: Internationales und Europäisches Strafrecht, 7. Auflage, Baden-Baden, 2016 (zitiert: *Satzger*, Internationales und Europäisches Strafrecht, §, Rn., S.).

Satzger, Helmut: Die Fremdrechtsanwendung als überlegene Alternative zu einer prozessualen Zuständigkeitsordnung in der EU?, in: Susanne Reindl-Krauskopf (Hrsg.), Festschrift für Helmut Fuchs, Wien, 2014, S. 431–452.

Satzger, Helmut: Die Europäisierung des Strafrechts – Eine Untersuchung zum Einfluß des Europäischen Gemeinschaftsrechts auf das deutsche Strafrecht, Köln, Berlin, Bonn, München, 2001, zugl. Passau, Univ., Habil., 2000 (zitiert: *Satzger*, Europäisierung des deutschen Strafrechts).

Schäuble, Philipp: Die Auswirkungen des Gesetzes zur Modernisierung des GmbH-Rechts und zur Bekämpfung von Missbräuchen auf das GmbH-Strafrecht, Frankfurt am Main, Berlin, Bern, Brüssel, New York (NY), Oxford, Wien, 2012, zugl. Köln, Univ., Diss., 2012 (zitiert: *Schäuble*).

Schall, Alexander (Hrsg.): Companies Act, Kommentar, München, 2014 (zitiert: *Bearbeiter*, in: Schall, Companies Act, S., Rn.).

Schall, Alexander: Das Kornhaas-Urteil gibt grünes Licht für die Anwendung des § 64 GmbHG auf eine Limited mit Sitz in Deutschland – Alles klar dank EuGH, ZIP 2016, 289–295.

Schall, Alexander: Anspruchsgrundlagen gegen Direktoren und Gesellschafter einer Limited nach englischem Recht, DStR 2006, 1229–1238.

Schall, Alexander: Englischer Gläubigerschutz bei der Limited in Deutschland, ZIP 2005, 965–975.

Schanze, Erich / Jüttner, Andreas: Die Entscheidung für Pluralität: Kollisionsrecht und Gesellschaftsrecht nach der EuGH-Entscheidung „Inspire Art", AG 2003, 661–671.

Schlösser, Jan: Europäische Aktiengesellschaft und deutsches Strafrecht, NZG 2008, 126–131.

Schlösser, Jan: Die Strafbarkeit des Geschäftsführers einer private company limited by shares in Deutschland – Zu den Folgen der „Inspire Art"-Entscheidung des EuGH für die Anwendbarkeit deutschen Strafrechts –, wistra 2006, 81–88.

Schlösser, Jan / Mosiek, Marcus: Anwendbarkeit ausländischen Gesellschaftsrechts im Rahmen der Untreue zum Nachteil einer EU-Auslandsgesellschaft, zugleich Anmerkung zu BGH, Urteil vom 13. April 2010–5 StR 428/09 = HRRS 2010 Nr. 493, HRRS 2010, 424–427.

Schmidt, Jessica: Insolvenzantragspflicht und Insolvenzverschleppungshaftung bei der „deutschen" Limited – Das LG Kiel auf dem richtigen Weg?, ZInsO 2006, 737–742.

Schmidt, Karsten / Lutter, Marcus: Kommentar zum Aktiengesetz, 3. Auflage, Köln, 2015 (zitiert: *Bearbeite*r, in: Schmidt / Lutter, AktG, IntGesR, Rn.).

Schmittmann, Jens M. / Bischoff, Ariane Katharina: De facto director, shadow director und dissolved companies: Aktuelle Rechtsfragen der scheinausländischen Limited, ZInsO 2009, 1561–1571.

Schneider, Carsten: Internationales Gesellschaftsrecht vor der Kodifizierung, BB 2008, 566–575.

Schneider, Henning / Schneider, Vera Maria: Geschäftsführerhaftung bei einer Private Limited Company mit Verwaltungssitz in Deutschland, GmbHR 2005, 1288–1291.

Schön, Wolfgang: Das System der gesellschaftsrechtlichen Niederlassungsfreiheit nach VALE, ZGR 2013, 333–365.

Schön, Wolfgang: EU-Auslandsgesellschaften im deutschen Handelsbilanzrecht, in: Stephan Lorenz / Alexander Trunk / Horst Eidenmüller / Christiane Wendehorst / Johannes Adolff (Hrsg.), Festschrift für Andreas Heldrich zum 70. Geburtstag, München, 2005, S. 391–403.

Schön, Wolfgang: Zur Existenzvernichtung der juristischen Person, ZHR 168 (2004), 268–297.

Schönke, Adolf / Schröder, Horst (Hrsg.): Kommentar zum Strafgesetzbuch, 29. Auflage, München, 2014 (zitiert: *Bearbeiter*, in: Schönke / Schröder, StGB, §, Rn.).

Scholz, Franz (Hrsg.): Kommentar zum GmbH-Gesetz, III. Band §§ 53–85, 11. Auflage, Köln, 2015 (zitiert: *Bearbeiter*, in: Scholz, GmbHG, §, Rn.).

Schramm, Edward / Hinderer, Patrick: Die Untreue-Strafbarkeit eines Limited-Directors, § 266 StGB, insbesondere im Lichte des Europäischen Strafrechts, ZIS 2010, 494–502.

Schünemann, Bernd: Der Straftatbestand der Untreue als zentrales Wirtschaftsdelikt der entwickelten Industriegesellschaft, in: Georg Freund (Hrsg.), Grundlagen und Dogmatik des gesamten Strafrechtssystems, Festschrift für Wolfgang Frisch zum 70. Geburtstag, Berlin, 2013, S. 837–856.

Schünemann, Bernd: Zur 35. Strafrechtslehrertagung in Zürich vom 9.-12.5.2013, Die großen wirtschaftsstrafrechtlichen Fragen der Zeit, Eine Vorschau auf die Zürcher Strafrechtslehrertagung, GA 2013, 193–205.

Schünemann, Bernd: Die parlamentarische Gesetzgebung als Lakai von Brüssel? Zum Entwurf des Europäischen Haftbefehlsgesetzes, StV 2003, 531–533.

Schumann, Alexander: Die englische Limited mit Verwaltungssitz in Deutschland: Buchführung, Rechnungslegung und Strafbarkeit wegen Bankrotts, ZIP 2007, 1189–1196.

Schumann, Alexander: Anmerkung zu AG Stuttgart, Urt. vom 18. Dezember 2007–105 Ls 153 Js 47778/05, wistra 2006, 229–231.

Schumann, Alexander: Die englische Limited mit Verwaltungssitz in Deutschland: Kapitalaufbringung, Kapitalerhaltung und Haftung bei Insolvenz, DB 2004, 743–749.

Schuster, Frank Peter: Das Verhältnis von Strafnormen und Bezugsnormen aus anderen Rechtsgebieten, Eine Untersuchung zum Allgemeinen Teil im Wirtschafts- und Steuerstrafrecht, Berlin, 2012, zugl. Mainz, Univ., Habil., 2010 (zitiert: *Schuster*).

Schwarz, Philipp: Die Vertretung der Restgesellschaft, DB 2013, 799–806.

Schwarze, Jürgen (Hrsg.): EU-Kommentar, 3. Auflage, Baden-Baden, 2012 (zitiert: *Bearbeiter*, in: Schwarze, EU-Kommentar, Art., Rn.).

Seitz, Stefan: Die Geschäftsführer einer monistischen Societas Europaea (SE) mit Sitz in der Bundesrepublik Deutschland, Baden-Baden, 2010, zugl. Würzburg, Univ., Diss., 2009 (zitiert: *Seitz*).

Servatius, Wolfgang: Insolvenznahe Geschäftsleiterhaftung bei EU-Auslandsgesellschaften – Zugleich eine Besprechung von BGH, Vorlagebeschluss vom 02.12.2014 – II ZR 119/14 –, DB 2015, 1087–1094.

Shearman, Jennifer: Die Gesellschaft mit beschränkter Haftung in England und Wales, GmbHR 1992, 149–157.

Spahlinger, Andreas / Wegen, Gerhard: Internationales Gesellschaftsrecht in der Praxis, München, 2005 (zitiert: *Spahlinger/Wegen*, Internationales Gesellschaftsrecht in der Praxis, S.).

Spindler, Gerald / Berner, Olaf: Der Gläubigerschutz im Gesellschaftsrecht nach Inspire Art, RIW 2004, 7–16.

Stärk, Liisa-Anneli: Strafbarkeit des geschäftsführenden Organs einer *Private Company Limited by Share*s in Deutschland, Hamburg, 2012, zugl. Berlin, Univ., Diss., 2011 (zitiert: *Stärk*).

Staudinger, J. von (Hrsg.): Kommentar zum Bürgerlichen Gesetzbuch mit Einführungsgesetz und Nebengesetzen, EGBGB/IPR, Internationales Gesellschaftsrecht, Neubearbeitung 1998 (14. Auflage) von Bernhard Großfeld, Berlin, 1998 (zitiert: *Großfeld*, in: Staudinger, EGBGB/IPR, IntGesR, Rn.).

Staudinger, Ansgar: Existenzvernichtender Eingriff und Haftung des Gesellschafters, Aktuelle sach- und kollisionsrechtliche Zweifelsfragen, AnwBl 2008, 316–326.

Steffek, Felix: Wrongful Trading – Grundlagen und Spruchpraxis, NZI 2010, 589–596.

Steffek, Felix: Geschäftsleiterpflichten im englischen Kapitalgesellschaftsrecht – Kodifizierung der directors‘ duties im Companies Act 2006, GmbHR 2007, 810–815.

Stöber, Michael: Die Bestellung und Abberufung des Geschäftsführers einer englischen Limited, GmbHR 2006, 746–752.

Streinz, Rudolf (Hrsg.): EUV/AEUV, Vertrag über die Europäische Union und Vertrag über die Arbeitsweise der Europäischen Union, Kommentar, 2. Auflage, München, 2012 (zitiert: *Bearbeiter*, in: Streinz, EUV/AEUV, Komm., Art., Rn.).

Stürner, Michael: Europäisierung des (Kollisions-)Rechts und nationaler ordre public, in: Herbert Kronke und Karsten Thorn (Hrsg.), Grenzen überwinden – Prinzipien bewahren, Festschrift für Bernd von Hoffmann zum 70. Geburtstag am 28. Dezember 2011, Bielefeld, 2011, S. 463–482.

Süß, Rembert / Wachter, Thomas (Hrsg.): Handbuch des internationalen GmbH-Rechts, Bonn, 3. Auflage, 2016 (zitiert: *Bearbeiter* in: Süß/Wachter, Hdb. Internationales GmbH-Recht, S., §, Rn.).

Swierczok, Artur M.: Anmerkung zu EuGH, Urteil vom 10.12.2015 – C-594/14 (Kornhaas), NZI 2016, 50–51.

Teichmann, Christoph: Die Auslandsgesellschaft & Co., ZGR 2014, 220–251.

Theile, Hans: Konvergenzen und Divergenzen zwischen Gesellschaftsrecht und Strafrecht, Das Merkmal der gravierenden Pflichtverletzung (§ 266 StGB) aus systemtheoretischer Sicht, ZIS 2011, 616–628.

Thole, Christoph: Anwendung und Revisibilität ausländischen Gesellschaftsrechts in Verfahren vor deutschen Gerichten, ZHR 176 (2012), 15–66.

Thole, Christoph: Die binnengesellschaftlichen Pflichten des Direktors einer englischen Gesellschaft nach dem neuen Companies Act 2006, RIW 2008, 606–612.

Thomas, Heinz / Putzo, Hans: Zivilprozessordnung, Kommentar, 37. Auflage, München, 2016 (zitiert: *Bearbeiter*, in: Thomas/Putzo, ZPO, §, Rn.).

Ulmer, Peter / Habersack, Matthias / Löbbe, Marc (Hrsg.): Gesetz betreffend die Gesellschaften mit beschränkter Haftung (GmbHG), Band I, Einleitung, §§ 1 bis 28, 2. Auflage, Tübingen, 2013 (zitiert: *Bearbeiter*, in: Ulmer / Habersack / Löbbe, GmbHG, §, Rn.).

Ulmer, Peter: Gläubigerschutz bei Scheinauslandsgesellschaften, Zum Verhältnis zwischen gläubigerschützendem nationalem Gesellschafts-, Delikts- und Insolvenzrecht und der EG-Niederlassungsfreiheit, NJW 2004, 1201–1210.

Vallender, Heinz: Die Insolvenz von Scheinauslandsgesellschaften, ZGR 2006, 425–460.

Vallender, Heinz / Fuchs, Karlhans: Die Antragspflicht organschaftlicher Vertreter einer GmbH vor dem Hintergrund der Europäischen Insolvenzordnung, ZIP 2004, 829–836.

Vergil: Aeneis, Buch 2, Vers 49, abrufbar unter: http://www.gottwein.de/Lat/verg/aen02la.php#Verg.Aen.2,48 (letzter Abruf: 20.09.2016).

von Hase, Karl: Insolvenzantragspflicht für *directors* einer Limited in Deutschland?, BB 2006, 2141–2149.

Vorpeil, Klaus: Neuere Entwicklungen im englischen Handels- und Gesellschaftsrecht, RIW 2014, 632–652.

Vorpeil, Klaus: Neuere Entwicklungen im englischen Handels- und Gesellschaftsrecht, RIW 2013, 657–677.

Vorpeil, Klaus: Neuere Entwicklungen im englischen Handels- und Gesellschaftsrecht, RIW 2012, 577–596.

Vorpeil, Klaus: Neuere Entwicklungen im englischen Handels- und Gesellschaftsrecht, RIW 2006, 221–234.

Wabnitz, Heinz-Bernd / Janovsky, Thomas

(Hrsg.): Handbuch des Wirtschafts- und Steuerstrafrechts, 4. Auflage, München, 2014 (zitiert: *Bearbeiter*, in: Wabnitz / Janovsky, Hdb. WiSteuStra).

Wachter, Thomas: Persönliche Haftung des Gründers einer englischen private limited company, BB 2006, 1463–1466.

Wachter, Thomas: Der Entwurf des „MoMiG" und die Auswirkungen auf inländische Zweigniederlassungen von Auslandsgesellschaften, GmbHR 2006, 793–801.

Wachter, Thomas: Aktuelle Probleme bei der Ltd. & Co. KG (Anm. zu LG Bielefeld v. 11.8.2005–24 T 19/05), GmbHR 2006, 79–85.

Wachter, Thomas: Auswirkungen des EuGH-Urteils in Sachen Inspire Art Ltd., Auf Beratungspraxis und Gesetzgebung, Deutsche GmbH vs. englische private limited company, GmbHR 2004, 88–105.

Wachter, Thomas: Errichtung, Publizität, Haftung und Insolvenz von Zweigniederlassungen ausländischer Kapitalgesellschaften nach „Inspire Art", Rechtspraktische Anleitung und Wegweisung, GmbHR 2003, 1254–1257.

Wagner, Magnus: Insolvenzantragstellung nur im EU-Ausland? Zivil- und strafrechtliche Risiken für den GmbH-Geschäftsführer, ZIP 2006, 1934–1941.

Waßmer, Martin Paul: Defizite und Neuerungen im Bilanzstrafrecht des HGB, ZIS 2011, 648–659.

Wegner, Carsten: Anmerkung zu BGH, Urteil vom 13.04.2010–5 StR 428/09 (LG Hamburg), BeckRS 2010, 12190, GWR 2010, 267.

Weiß, Mattthias: Fraud Act 2006: Unternehmensstrafbarkeit, Prävention und Reaktion – zugleich ein Überblick über *Deferred Prosecution Agreements* nach englischem Recht, CCZ 2014, 81–85.

Weiß, Udo: Strafbare Insolvenzverschleppung durch den director einer Ltd., Baden-Baden, 2009, zugl. Potsdam, Univ., Diss., 2008 (zitiert: *Weiß*).

Weiß, Udo: Die Versicherung des GmbH-Geschäftsführers über das Nichtvorliegen strafrechtlicher Verurteilungen (§ 8 Abs. 3 S. 1 GmbHG), GmbHR 2013, 1076–1084.

Weiß, Udo: Ausschluss vom Geschäftsführeramt bei strafgerichtlichen Verurteilungen nach § 6 Abs. 2 GmbHG n. F., wistra 2009, 209–215.

Weller, Marc-Philippe: Europäische Rechtsformwahlfreiheit und Gesellschafterhaftung, Köln, Berlin, München, 2004, zugl. Heidelberg, Univ., Diss., 2004 (zitiert: *Weller*, Europäische Rechtsformwahlfreiheit und Gesellschafterhaftung).

Weller, Marc-Philippe: Scheinauslandsgesellschaften nach Centros, Überseering und Inspire Art: Ein neues Anwendungsfeld für die Existenzvernichtungshaftung, IPRax 2003, 207–210.

Weller, Marc-Philippe: Deutsches Gesellschaftsrecht unter europäischem Einfluss, AnwBl. 2007, 320–325.

Weller, Marc-Philippe / Hübner, Leonhard: Anmerkung zu EuGH, Urt. vom 10.12.2015 – C-594/14, NJW 2016, 225.

Weller, Marc-Philippe / Schulz, Alix: Die Anwendung des § 64 GmbHG auf Auslandsgesellschaften (zu OLG Jena, 17.7.2013–2 U 815/12), IPRax 2014, 336–340.

Weller, Marc-Philippe / Rentsch, Bettina: Die Kombinationslehre beim grenzüberschreitenden Rechtsformwechsel – Neue Impulse durch das Europarecht, IPRax 2013, 530–536.

Weyand, Raimund: Faktische Geschäftsführung – eine aktuelle Bestandsaufnahme, ZInsO 2015, 1773–1777.

Weyand, Raimund: Wichtige Entscheidungen zum Insolvenzstrafrecht aus den Jahren 2014/2015, ZInsO 2015, 995–1001.

Weyand, Raimund: Ausgewählte höchstrichterliche Entscheidungen zum Insolvenz- und Wirtschaftsstrafrecht aus den Jahren 2010/ 2011, ZInsO 2011, 745–750.

Wicke, Hartmut: Zulässigkeit des grenzüberschreitenden Formwechsels, DStR 2012, 1756–1759.

Wietz, Christopher: Vermögensbetreuungspflichtverletzung gegenüber einer im Inland ansässigen Auslandsgesellschaft; Eine verfassungs- und europarechtliche Diskussion, Baden-Baden, 2009, zugl. Düsseldorf, Univ., Diss., 2009 (zitiert: *Wietz*).

Wilde, Jan-Philip: Die Strafbarkeit des *director* einer englischen *limited* wegen Insolvenzverschleppung, Berlin, 2012, zugl. Hamburg, Bucerius Law School, Diss., 2011 (zitiert: *Wilde*).

Wilhelmi, Rüdiger: Das Mindestkapital als Mindestschutz – eine Apologie im Hinblick auf die Diskussion um die Reform der GmbH angesichts der englischen Limited, GmbHR 2006, 13–24.

Wilk, Hanno / Stewen, Tobias: Die Insolvenz der Limited in der deutschen Strafrechtspraxis, wistra 2011, 161–169.

Wilms, Tobias: Die englische Ltd. in deutscher Insolvenz, Baden-Baden, 2006, zugl. Düsseldorf, Univ., Diss., 2006 (zitiert: *Wilms*).

Witt, Carl-Heinz: Modernisierung der Gesellschaftsrechte in Europa, ZGR 2009, 872–930.

Worm, Eva-Maria: Die Strafbarkeit eines directors einer englischen Limited nach deutschem Strafrecht, Baden-Baden, Zürich, St. Gallen, 2009, zugl., München, Univ., Diss., 2008 (zitiert: *Worm*).

Zessel, Marco: Durchgriffshaftung gegenüber einer in Deutschland ansässigen Limited?, Baden-Baden, 2008, zugl., Bremen, Univ., Diss., 2007 (zitiert: *Zessel*).

Zieschang, Frank: Der Einfluss der Europäischen Union auf das deutsche Strafrecht – Eine Bestandsaufnahme –, in: Ulrich Sieber, Gerhard Dannecker, Urs Kindhäuser, Joachim Vogel, Tonio Walter (Hrsg.), Strafrecht und Wirtschaftsstrafrecht – Dogmatik, Rechtsvergleich, Rechtstatsachen – Festschrift für Klaus Tiedemann zum 70. Geburtstag, Köln, München, 2008, S. 1303–1319.

Zimmer, Daniel: Nach „Inspire Art“: Grenzenlose Gestaltungsfreiheit für deutsche Unternehmen? NJW 2003, 3585–3592.

Zimmer, Daniel: Internationales Gesellschaftsrecht: Das Kollisionsrecht der Gesellschaften und sein Verhältnis zum Internationalen Kapitalmarkt- und Unternehmensrecht, Heidelberg, 1996, zugl. Göttingen, Univ., Habil., 1995 (zitiert: *Zimmer*, Internationales Gesellschaftsrecht).

Zöller, Richard: Zivilprozessordnung, Kommentar, 31. Auflage, Köln, 2016 (zitiert: *Bearbeiter*, in: Zöller, ZPO, §, Rn.).

Zöllner, Wolfgang: Konkurrenz für inländische Kapitalgesellschaften durch ausländische Rechtsträger, insbesondere durch die englische Private Limited Company, GmbHR 2006, 1–12.

Deutsches, europäisches und internationales Strafrecht und Strafprozessrecht

Herausgegeben von Martin Paul Waßmer

Band 1 Jan-Maximilian Zeller: Folter vor dem Forum des Rechts. 2014.

Band 2 Heiko Löw: Strafrechtliche Risiken der unterlassenen Aufklärung über Vertriebsprovisionen. 2016.

Band 3 Navid Aliabasi: Die staatsgefährdende Gewalttat. Eine Analyse der §§ 89a, 89b und 91 StGB. 2017.

Band 4 Eva Maria Bongartz: Korruptionsstrafbarkeit niedergelassener (Vertrags-)Ärzte wegen bevorzugender Verordnung von Arznei-, Heil- und Hilfsmitteln. Eine Untersuchung des Phänomens, des Neuregelungsbedürfnisses der Bestechlichkeit von Ärzten und der neu eingeführten §§ 299a, 299b StGB. 2017.

Band 5 Dominik Bender: Strafrechtliche Risiken des Directors einer Private Company Limited by Shares mit Verwaltungssitz in Deutschland. Eine Untersuchung unter besonderer Berücksichtigung der nationalen Rechtsprechung im Spiegel der Judikatur des Europäischen Gerichtshofs. 2017.

www.peterlang.com

www.ingramcontent.com/pod-product-compliance
Ingram Content Group UK Ltd.
Pitfield, Milton Keynes, MK11 3LW, UK
UKHW021835290926
8980IPUK00004B/467

9 783631 738283